"十三五"国家重点出版物出版规划项目

转型时代的中国财经战略论丛

制度禀赋视角下
中国政府规制政策选择及治理结构重构

张红凤　张新颖　等著

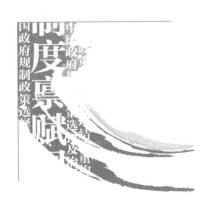

中国财经出版传媒集团

经济科学出版社
Economic Science Press

图书在版编目（CIP）数据

制度禀赋视角下中国政府规制政策选择及治理结构重构/
张红凤等著 . —北京：经济科学出版社，2020. 12
（转型时代的中国财经战略论丛）
ISBN 978 - 7 - 5218 - 2241 - 0

Ⅰ . ①制…　Ⅱ . ①张…　Ⅲ . ①行政干预 - 研究 - 中国
Ⅳ . ①F123. 16

中国版本图书馆 CIP 数据核字（2020）第 261737 号

责任编辑：于海汛　陈　晨
责任校对：杨　海
责任印制：李　鹏　范　艳

制度禀赋视角下中国政府规制政策选择及治理结构重构

张红凤　张新颖　等著

经济科学出版社出版、发行　新华书店经销
社址：北京市海淀区阜成路甲 28 号　邮编：100142
总编部电话：010 - 88191217　发行部电话：010 - 88191522
网址：www. esp. com. cn
电子邮箱：esp@ esp. com. cn
天猫网店：经济科学出版社旗舰店
网址：http://jjkxcbs. tmall. com
北京季蜂印刷有限公司印装
710 × 1000　16 开　25. 75 印张　410000 字
2020 年 12 月第 1 版　2020 年 12 月第 1 次印刷
ISBN 978 - 7 - 5218 - 2241 - 0　定价：106. 00 元
（图书出现印装问题，本社负责调换。电话：010 - 88191510）
（版权所有　侵权必究　打击盗版　举报热线：010 - 88191661
QQ：2242791300　营销中心电话：010 - 88191537
电子邮箱：dbts@ esp. com. cn）

总　序

　　山东财经大学《转型时代的中国财经战略论丛》（以下简称《论丛》）系列学术专著是"'十三五'国家重点出版物出版规划项目"，是山东财经大学与经济科学出版社合作推出的系列学术专著。

　　山东财经大学是一所办学历史悠久、办学规模较大、办学特色鲜明，以经济学科和管理学科为主，兼有文学、法学、理学、工学、教育学、艺术学八大学科门类，在国内外具有较高声誉和知名度的财经类大学。学校于 2011 年 7 月 4 日由原山东经济学院和原山东财政学院合并组建而成，2012 年 6 月 9 日正式揭牌。2012 年 8 月 23 日，财政部、教育部、山东省人民政府在济南签署了共同建设山东财经大学的协议。2013 年 7 月，经国务院学位委员会批准，学校获得博士学位授予权。2013 年 12 月，学校入选山东省"省部共建人才培养特色名校立项建设单位"。

　　党的十九大以来，学校科研整体水平得到较大跃升，教师从事科学研究的能动性显著增强，科研体制机制改革更加深入。近三年来，全校共获批国家级项目 103 项，教育部及其他省部级课题 311 项。学校参与了国家级协同创新平台中国财政发展 2011 协同创新中心、中国会计发展 2011 协同创新中心，承担建设各类省部级以上平台 29 个。学校高度重视服务地方经济社会发展，立足山东、面向全国，主动对接"一带一路"、新旧动能转换、乡村振兴等国家及区域重大发展战略，建立和完善科研科技创新体系，通过政产学研用的创新合作，以政府、企业和区域经济发展需求为导向，采取多种形式，充分发挥专业学科和人才优势为政府和地方经济社会建设服务，每年签订横向委托项目 100 余项。学校的发展为教师从事科学研究提供了广阔的平台，创造了良好的学术生态。

习近平总书记在全国教育大会上的重要讲话，从党和国家事业发展全局的战略高度，对新时代教育工作进行了全面、系统、深入的阐述和部署，为我们的科研工作提供了根本遵循和行动指南。习近平总书记在庆祝改革开放 40 周年大会上的重要讲话，发出了新时代改革开放再出发的宣言书和动员令，更是对高校的发展提出了新的目标要求。在此背景下，《论丛》集中反映了我校学术前沿水平、体现相关领域高水准的创新成果，《论丛》的出版能够更好地服务我校一流学科建设，展现我校"特色名校工程"建设成效和进展。同时，《论丛》的出版也有助于鼓励我校广大教师潜心治学，扎实研究，充分发挥优秀成果和优秀人才的示范引领作用，推进学科体系、学术观点、科研方法创新，推动我校科学研究事业进一步繁荣发展。

伴随着中国经济改革和发展的进程，我们期待着山东财经大学有更多更好的学术成果问世。

山东财经大学校长

2018 年 12 月 28 日

目　录

第1章 导 论

政府规制（government regulation）又称政府管制或政府监管，是指在市场经济条件下，政府（或规制机构）依法对微观经济主体进行直接的经济、社会控制或干预，其规范目标是克服市场失灵，包括克服微观经济无效率和社会不公平，实现社会福利的最大化，即实现公共利益。政府规制包括经济性规制和社会性规制①。通常来讲，经济性规制是指为了防止资源配置低效的发生和确保利用者的公平利用，政府机关用法律权限，通过许可和认可手段，对企业的进入和退出、价格、服务的数量和质量、投资、财务会计等有关行为加以规制。社会性规制是指以保障劳动者和消费者的安全、健康、卫生、环境保护和防止灾害为目的，对产品和服务的质量以及伴随着提供它们而产生的各种活动制定一定的标准，并禁止、限制特定行为的规制。作为现代市场经济不可或缺的制度安排，政府规制赖以存在的基础是一国的经济、法律和社会等制度禀赋，制度禀赋的差异往往决定了政府规制模式和治理结构的差异，并最终影响规制绩效。不同的制度禀赋要求有不同的规制理论与其相适应。

政府规制改革是从 20 世纪 70 年代开始逐步席卷世界各国的、全球性的政府改革运动，中国也不例外。但中国与西方发达国家政府规制改革所不同的是，中国是经济转轨国家，转轨时期独特的经济、法律和社会等制度禀赋决定了中国与西方国家的规制改革进程、轨迹和特征不同，是从计划经济条件下的强经济性规制及其相应的行政性垄断向放松规制与新兴市场发育所需要的再规制转换，从缺乏法律基础的弱社会性规制向建立在完善法律基础上的强社会性规制转换。在转轨时期的制度

---

① Magill，F.，N.，Rodriquez，J.，*Survey of Social Science：Psychology Series*，Salem Press Inc，1993，P. 67.

禀赋约束下，遵循哪种理论来指导中国政府规制改革实践，沿着怎样的路径去推进中国政府规制改革，如何构建与社会主义市场经济内在要求相适应的政府规制，如何利用政府规制去培育市场、维护市场秩序、弥补市场失灵、纠正市场缺陷，一直是理论界争论不休的问题。因此，只有澄清这些问题，消除对这些问题的模糊认识，才能避免规制改革步入误区，从而推动、加快社会主义市场经济体制的建立、健全以及经济社会全面协调发展。基于此，本书将立足于中国特殊制度禀赋，分析特殊制度禀赋约束下中国政府规制改革的阶段性及其所具有的独特性，并借助相关数据和模型对规制绩效进行实证分析和检验，进而进行基于中国本土的政府规制政策选择及规制治理结构重构。

1.1 选题背景与意义

如何处理和协调政府规制与市场的关系，是市场经济的重大理论与现实问题，是任何一个市场经济国家都不能回避的。市场经济发展的国际经验和几代学者们的研究显示，随着古典型市场经济向现代型市场经济的演进，单纯依靠市场这只"看不见的手"是会出现失灵的，经济资源无法达到最优配置。现代经济是混合经济，既要承认市场的作用，又要承认政府的作用，二者是互补关系而非替代关系。市场失灵体现在三个层面：微观经济失灵（包括自然垄断、外部性、公共品、信息不完全等）、社会不公平、经济过热或经济萧条等周期性困扰。相应地，政府弥补作用主要表现为（资源）再配置、（收入）再分配、稳定经济。进一步可将政府的弥补作用从客体上区分宏观调控（宏观经济政策）与微观规制（又称政府规制或规制）两种方式，二者共同构成狭义的政府调节体系。没有市场，没有民间工商企业，政府就不能兑现对公民做出创造和维护繁荣的承诺。同样，没有适当的政府规制，市场和工商企业就不能良性运转。纵观西方市场经济国家的规制，自19世纪末20世纪初以来，秉承效率原则的经济性规制经历了"较少规制—强化规制—放松规制—再规制与放松规制并存"的变革过程。与之相对照，秉承公平、正义和安全原则的社会性规制自20世纪六七十年代以来呈现持续加强的态势。正是在政府规制动态变革的框架下，西方国家的经济取得了长足的发展。

回顾中国 40 多年的经济体制改革历程，不难看出，政府主导的市场化改革成为具有中国特色的经济转轨方式。中国的市场经济是自上而下通过政府推动的整体社会变迁，市场经济制度是靠政府培育出来的。中国市场化改革的起点是一个高度集中的计划经济体制，这决定了中国的经济转轨过程具有与发达国家不同的逆向过程。随着中国经济转轨的逐渐完成和市场经济向纵深发展以及经济社会全面转型期的来临，经济获得高速增长的同时，一系列因市场失灵而亟待政府规制的问题日益凸显。如医疗卫生、安全生产、产品质量、环境污染等领域的问题日益严峻；初次分配按生产要素分配，社会分配不公日趋明显。这诸多问题客观上要求尽快建立适合于中国社会主义市场经济发展动态阶段的政府规制体制以及相应的治理结构。

现代意义的政府规制是成熟市场经济制度下的产物，而中国面向市场化的规制改革由于脱胎于计划经济体制，至今尚未完善。因此，中国的政府规制必然不同于西方市场经济条件下的政府规制，这决定了探究中国特殊制度禀赋成为分析和研究中国政府规制和规制改革的一个逻辑起点。

中国的规制改革是以放松经济性规制和加强社会性规制为主要内容的，其阶段性与特殊制度禀赋交互影响，共同决定了中国政府规制的独有特性。这在客观上要求尽快建立适合于中国特色社会主义市场经济发展动态阶段的政府规制体制以及相应的规制理论。但中国与西方发达国家政府规制改革有所不同，作为经济社会全面转轨国家，中国转轨时期具有独特的经济、法律和社会等制度禀赋，这决定了中国与西方国家的规制改革进程、轨迹和特征也不同，是从计划经济条件下的强经济规制及其相应的行政性垄断向放松规制与新兴市场发育所需要的再规制转换，从缺乏法律基础的弱社会性规制向建立在完善法律基础上的强社会性规制转换。由于这一改革进程受制于制度的路径依赖和缺乏相应的基于中国特殊制度禀赋的规制理论做指导，因此造成非均衡的政府规制格局和规制的无效率。因此，如何从制度禀赋视角出发，充分认识基于中国特殊制度禀赋约束下的政府规制阶段性和独特性，选择与制度禀赋相协调的政府规制政策体系，以提升规制绩效，真正实现利用政府规制去培育市场、维护市场秩序、弥补市场失灵、纠正市场缺陷的作用，进一步健全和完善社会主义市场经济体制，促进经济社会全面协调发展，成为现阶段政府规制改革的核心目标和重要内容。特别是在目前，随着以"放管服"改革为主要内容的政府职能转变的深入进行，选择怎样的路径推进中国政府规制改革，显得意义更加非凡。这对中国政府规制改革实践与规制理论的本土化都提出了新的挑战。

在此背景下，中国学者目前面临的任务是在规制研究领域，借鉴西方规制理论，结合具体发展阶段中的经济、法律和社会等制度禀赋，构建基于本土的政府规制政策体系与治理结构，以提高规制绩效，由此可知，本书研究具有重大理论与实践意义。其理论意义在于：拓展了规制理论和政策学的相关研究领域，深化了政府规制的系统化研究，构建了基于中国特殊制度禀赋的规制理论，对于规制理论体系具有突破性贡献；其实践意义在于：一方面，能够为中国政府规制政策的动态性选择和生态性变革提供理论依据和决策参考作用，促进与宏观调控体系相匹配的政府规制政策体系的完善；另一方面，构建了相对合理的、符合国情的规制治理结构，以深化经济体制改革与政治体制改革，为最优政府规制政策实现应有的经济绩效提供最终的制度保障。

1.2　国内外研究述评

1.2.1　国外研究述评

随着西方国家市场经济向纵深发展，市场失灵范围逐渐扩大和加深，规制日益成为政府介入市场经济的主要方式。迄今，秉承效率原则的经济性规制经历"较少规制—强化规制—放松规制—再规制与放松规制并存"的变迁过程，而秉承公平、正义和安全原则的社会性规制自20世纪60年代末以来一直呈现持续加强的态势。在此背景下，规制成为西方学术界的一个主要研究领域，主要集中于经济学，同时涉及法学、政治学、公共管理学等。不同时期的学者从不同范式或角度论及规制问题，从而形成一大批规制理论成果。

最初这些研究成果更多地散见于微观经济学和产业组织理论中，直

到 20 世纪 70 年代芝加哥学派开始用经济学标准的供求分析方法来研究
规制，并试图将以前的研究成果系统化，规制经济学（是一门与政治
学、法学、公共管理学相交叉的边缘性学科）逐步从产业组织理论中分
离出来，成为一门相对独立的学科。70 年代末 80 年代初，随着信息经
济学、机制设计理论、动态博弈论等前沿理论与规制理论的融合，激励
性规制理论产生和发展，规制经济学逐渐融入主流经济学，与"产业组
织的相关领域"一起成为应用微观经济学最重要的领域之一。目前，已
围绕政府为什么规制、怎样规制和规制效果如何形成系统的研究成果。
同时在规制治理结构方面也进行了初步探索。

（1）"政府为什么规制"先后出现公共利益和利益集团两大范式的
规制理论。公共利益规制理论（the public interest theory of regulation）
是规制经济学发展的逻辑起点，认为规制的动因是市场失灵，规制能减
少或消除市场失灵带来的无效率，实现社会福利最大化。但经验与该理
论并不相符，引发西方学者从实证和规范两个视角对其质疑、评析，利
益集团规制理论（the interest group theory of regulation）应运而生。它认
为规制是经济系统的内生变量，由规制供需双方决定，特别强调利益集
团在公共政策形成中发挥重要作用。该理论包括规制俘获理论、规制经
济理论、新规制经济理论、内生规制变迁理论、利益集团政治的委托—
代理理论。施蒂格勒（Stigler，1971）、波斯纳（Posner，1974）、佩尔
兹曼（Peltzman，1976）、贝克尔（Becker，1983）、麦克切斯尼（Mc-
Chesney，1987；1999）、埃利格（Ellig，1991）、拉丰和蒂若尔（Laf-
font & Tirole，1991；1993；2003；2005）是该理论的主要代表人物。关
于政府为什么要规制等问题，从规制依据研究向规制需求转变，着手研
究规制推动产业发展的作用（Dawson，2013）；涉及健康安全的供应链
中，技术的合理利用需要政府规制等（Zhou Wei，2013）；在采用推广
新技术（例如云计算）的决策中政府规制的作用（Ali & Osmanaj，
2020）；以及创造和获取社会价值，实现公共利益需要政府规制等
（Kim，2020）。在规制经济学研究演进的过程中，规制目标经历了在公
共利益目标与利益集团目标之间裂变与统一的沿革，特别是伴随着市场
失灵与规制范围向环境、健康与安全保护问题扩展，规制的公共利益目
标逐渐凸显并得以回归。在价值目标一元化的基础上，社会性规制理论
得到长足发展，这是规制经济学晚近发展的一条逻辑主线。

（2）"政府怎样规制"主要建立在激励性规制理论（the incentive theory of regulation）的基础上。该理论直接源于对传统规制理论危机（传统规制方案如回报率规制应用于实践时无效率）的反思。目前已获得长足发展，包括一系列建立在信息不对称条件下的最优规制模型，如勒布和马加特（Loeb & Magat，1979）的 L－M 模型，巴伦和梅耶森（Baron & Myerson，1982）的最优规制模型，拉丰和蒂若尔（Laffont & Tirole，1986；1988）的静态、动态委托—代理模型，价格上限规制模型以及信息结构内生化模型（Sobel，1993；Lewis & Sappington，1997；Cremer，1998；Iossa & Stroffolini，2002）；关于政府如何规制，汤普森论述了财政政策规制机制的构建问题（Thompson，2014）；波特莱分析了规制机构的工作机制（Pautler，2015）；莱斯提出基于投入产出分析的规制方法（Leuz，2016）；弗洛雷斯和纽科姆提出建立综合信息系统来规制服务质量（Flores & Newcome，2019）；等等。

（3）"规制效果如何"是在对公共利益规制理论进行质疑时的关注焦点。规制实践的动态变迁给学者们验证规制和放松规制的效果提供了天然的实验室。大量经济学家进行规制与放松规制的理论评价和效应的实证检验工作，特别是随着计量经济学、运筹学等工具的不断发展，有关规制效果检验的方法拓展也成为规制经济学研究领域创新的重要来源（Morrison & Winston，1986；Peltzman，1989；Winston，1993；Braeutigam & Panzar，1993；Vietor，1994；Kridel，Sappington & Weisman，1996；Hirsh，1999；MacAvoy，2001；Rossi，2002；Nicoletti & Scarpetta，2003；Trebing，2004；Flores－Guri，2005；Quigley & Raphael，2005；Brocas et al.，2006；Berman & Bui，2008；Dawson & Seater，2009；Pedro Simoes，Kristo De Witte & Rui Cunha Marques，2010；Karpovich，2014；Silberberger，2016；Ma，2018；Brandao－Marques，2018；Mendoza et al.，2019；Graafland & Bovenberg，2020）。对于规制效果的研究派生和发展了规制替代理论——规制框架下的竞争理论。该理论主张在规制领域引入间接竞争乃至直接竞争代替规制。包括特许经营权竞标理论、可竞争市场理论、标尺竞争理论、直接竞争理论等。如，艾伦（Alain，2015）对2000年以来法国高速公路行业的规制历程进行了分析，认为法国高速公路控制权私有化的公司特许经营规制使得法国的高速公路事业得到了进一步发展，控制权私有化的趋势势在必行。路易斯（Luis, 2015）认为，在市场均衡状态下，竞争对手对新进入市场的企业所采取的举措是不可知的，这种信息的不完全使得竞争双方不会轻易采取新的举措，使得市场价格不至于大幅下跌。由于新进入企业不存在沉没成本问题，这使得市场监管出现新的挑战。

上述研究同时渗透在规制的行政管理中。前者如布雷耶（Breyer, 1982）的《规制及其改革》、布雷耶和斯图尔特（Breyer & Stewart, 2003）的《行政法与规制政策》，等等；后者如米尼克（Mitnick, 1980）的《规制政治经济学》、苏珊（Susan, 1992）的《反思进步议程：美国规制型国家的改革》，等等。

（4）"政府规制治理结构"是由于政府规制失灵而逐渐成为西方理论界关注的焦点。在此背景下，强调权力多元化的"治理"理念及相应理论引入公共管理实践，成为规制设计的重要组成部分。治理理念提供了一个包含集体和个人行为层面以及政治决策的纵横模式在内的相当宽泛的理解，它强调上下互动的管理过程。多中心治理强调的是社会治理主体的多元化及主体间的协同与合作。因此，"更少的统治（government），更多的治理（governance）"成为当前一些国家政府规制改革的目标选择。这样，政府规制改革不仅涉及政府职能内容，还涉及治理方式的转型，最终落脚到对传统规制型政府模式的根本变革。相应的研究由此展开。例如，莫偌（Morrall, 2007）的《规制效应分析：效率、责任和透明度》，经济合作与发展组织（OECD）国家公共管理委员会出具的报告《OECD 国家的规制政策——从干预主义到规制治理》，及其形成的文件《规制效应分析的运用》《规制替代措施》《规制透明度》《规制问责制——改进程序正当性和行政确定性》《现存规制审查策略》等。拉丰较早就提出需要打开治理结构黑箱，才能建立系统的规制治理结构理论（Laffont, 1991, 1995），后人沿此方向进行不断的探索（Estache & Wren - Lewis, 2009）。此外，建立在利维和斯比勒（Levy & Spiller, 1994）一篇关于规制治理的具有开创性意义文献的基础上，众多学者对于良好规制治理的原则以及发展中国家的规制治理状况进行了扩展和深入研究（Kirkpatrick & Parker, 2004；Stern & Cubbin, 2005；Jacobs, 2005；Monsreal et al., 2019）。赛恩斯（Science, 2012）分析了欧洲规制机构能力，规制政策完善途径、改革路径和共治协商机制；尼可莱斯库（Nicolescu, 2013）讨论了关于规制的权利分配机制，治理结构的科学性问题；布伦南（Brennan，2016）基于市场主体的行为经济可持续性和市场有效性的互动机制，分析了治理结构优劣问题；马拉维洛等（Maravillo et al.，2019）以墨西哥石化行业为例，提出了一种双层规划模型用来改进政府干预下的市场监管问题。

综上，西方政府规制理论大多是对西方成熟市场经济的微观失灵及其规制政策的经验总结，虽然中国已基本确立社会主义市场经济体制，但计划经济的影响尚存，市场经济处于不完善、不发达阶段，加上影响规制的经济、法律和社会等制度禀赋存在原则性差异，因此这些理论主要适用于发达市场经济，不能直接为我所用，从而中国政府规制改革不能照搬西方理论，而应从中国特殊制度禀赋出发，重构政府规制的相应理论。但鉴于市场经济的共性，西方规制理论的研究成果值得在批判的基础上加以借鉴，因此，国外学者的研究为本书奠定了良好的研究基础。此外，立足于发展中国家或转型国家的规制研究文献也逐渐出现，比较有影响的是拉丰（Laffont，2005）的《规制与发展》。它是从发展中国家和转型国家的需求和限制的角度来探讨规制的，因此，其中部分观点可以借鉴。

1.2.2 国内研究述评

国内学术界对于已经遇到的规制问题研究起步较晚，大规模的政府规制研究集中出现在 20 世纪 90 年代以来。目前，国内政府规制研究主要表现为如下方面：

（1）涌现出一批政府规制研究的译著。如施蒂格勒（1989）的论文集《产业组织与政府规制》、植草益（1992）的《微观规制经济学》、史普博（1999）的《规制与市场》、麦金尼斯（2000）的《多中心治道与发展》、奥斯特罗姆（2000）的《公共事务的治理之道》、维斯库斯等（2004）的《反垄断与规制经济学》以及拉丰（2009）的《规制与发展》、费恩塔克（2014）的《规制中的公共利益》、艾斯纳（2015）的《规制政治的转轨》等，这些译著对于西方政府规制理论及规制治理理论在中国的传播发挥了重大作用。

（2）规制研究主要集中在应用性研究上。许多学者在吸收和运用国外规制理论以及吸取规制经验教训的基础上，结合中国垄断性产业的规制改革做出了理论与实践相结合的开创性贡献。比如张昕竹（2000）、于良春（2003）、夏大慰和史东辉（2003）、王俊豪（2005）、肖兴志和齐鹰飞（2010；2015）等从几个典型的垄断性产业出发进行总体规制设计；冉勇（2005）、岳中刚（2006）、傅英略（2007）与张昕竹（2007）等对中国商业银行相关的规制政策进行探讨；白让让（2006）、干春晖（2006）、叶泽（2006）、于立宏（2006）、肖兴志（2006）、付强和于良春（2012）等对中国电力行业的规制政策及其效果进行深入研究；黄少安（1997）、骆玲（2007）、郭庆（2012）等对中国铁路行业的规制进行分析并提出了政策建议；张维迎和盛洪（1998）、于良春等（2007）、高锡荣（2010）、李再扬和杨少华（2010）、顾强和郑世林（2012）等对电信行业的规制政策进行分析；另外，陈勇（2006）、林木西（2007）、杨骞和刘华军（2009）、胡安源（2016）等对烟草行业的规制研究；王文群（2006）、王吓忠（2007）与苑韶峰（2007）等对房地产行业的规制研究；马唯星（2003）、曹锦周和戴昌钧（2009）等对民航业的规制研究；成金华等（2014）、肖兴志（2014）等对天然气行业的政府规制进行了研究；程波辉和奇飞云（2018）、陈丹和陈阳（2018）、何东和卢志朋（2019）对共享经济的规制研究；黄蝶君等（2016）、朱红根和葛继红（2018）、盖豪等（2020）、罗玉辉和廖敏伶（2020）对农业发展的政府规制也进行了较为深入的研究与讨论。

（3）另有一些学者开始涉及外部性、信息不对称等市场失灵及职业安全与健康、环境、食品安全等社会性规制领域。如李郁芳（2003）的《国外政府行为外部性理论评价》，张红凤等（2008）的《美国职业安全与健康规制变迁、绩效及借鉴》，肖兴志（2008）的《中国煤矿安全规制效果实证研究》，应瑞瑶（2006）的《外商直接投资、工业污染与环境规制——基于中国数据的计量经济学分析》，黄德春（2006）的《环境规制与企业自主创新——基于波特假设的企业竞争优势构建》，张红凤等（2009）的《环境保护与经济发展双赢的规制绩效实证分析》，刘宁（2006）的《中国食品安全社会规制的经济学分析》，张锋（2007）的《论中国食品安全的社会性规制》，刘录民等（2009）的《食品安全监管绩效评估方法探索》，张红凤和陈小军（2011）的《中国食品安全问题的政府规制困境与治理模式重构》，龚强等（2013）的

《激励、信息与食品安全规制》，王杰等（2014）的《环境规制与企业全要素生产率——基于中国工业企业数据的经验分析》，元毅军等（2014）的《环境规制的产业结构调整效应研究——基于中国省际面板数据的实证检验》等，高秦伟（2019）的《食品安全法治中的自我规制及其学理反思》，张娟等（2019）的《环境规制对绿色技术创新的影响研究》，肖挺（2020）的《政府规制的歧视性与服务贸易：基于中国上市企业数据的检验》，夏艳玲（2020）的《"放管服"改革背景下我国养老服务规制研究》。

（4）还有许多学者对规制理论的发展、变迁做了系统化研究；或立足于中国本土，试图构建规制经济学学科体系。前者如张红凤（2005）的《西方规制经济学的变迁》，后者如于立（2005）的《规制经济学的学科定位与理论应用》，王廷惠（2005）的《微观规制理论研究：基于对正统理论的批判和将市场作为一个过程的理解》，王俊豪（2007）的《规制经济学原理》，张红凤和杨慧（2011）的《规制经济学沿革的内在逻辑及发展方向》，沈宏亮（2011）的《中国规制政府的崛起：一个供给主导型制度变迁过程》，顾昕（2016）的《俘获、激励和公共利益：政府管制的新政治经济学》等。

（5）也有学者尝试从公共管理或政治学角度来探讨规制治理问题，如余晖（2008）的《市场失灵、管理失灵与建设行政管理体制的重建》，李东红和李蕾（2006）的《竞争者联盟与政府规制》，刘圣中（2006）的《公共治理的"自行车难题"——政府规制中的信息、风险与价格要素分析》，孙曙生和刘涛（2007）的《论行政公共权力的限度及其法律规制——以政府参与房屋拆迁案为对象的考察》，朱光磊和孙涛（2005）的《"规制—服务型"地方政府：定位、内涵与建设》，徐邦友（2008）的《自负的制度——政府规制的政治学研究》，黄秋菊和景维民（2011）的《后危机时代中国治理模式提升的策略选择》，仝尧（2016）的《"互联网＋"时代行政监管的转变》，李志错（2017）的《论地方政府间最低工资标准竞争及其治理》，王爱国等（2019）的《政府规制、股权结构与资本成本——兼谈我国公用事业企业的"混改"进路》，陈刚（2020）的《简政放权、职业选择与人才配置》等。

综上，从目前中国规制研究的现状来看，学者们在吸收和运用国外规制理论以及吸取规制经验教训的基础上，结合中国规制改革做出理论与实践相结合的开创性贡献，尚存诸多问题。例如，规制研究在学科上以经济学为主，研究途径与方法过于单一；引入和分析规制理论的思路雷同，多直接将西方已有的理论用于研究中国政府规制面临的问题，而结合中国规制实践问题进行理论创新的研究相对较少，分析宏观与中观层次的规制结构治理和规制政策过程的成果相对匮乏；研究焦点集中于垄断性产业等传统规制领域，对社会性规制等领域的关注度尚显不足。同时，缺乏比较制度分析的视角。因此，中国学者目前面临的任务是在规制研究领域，进行比较制度分析和政府规制的生态学研究，注意规制经济学与公共管理学、法学、政治学等多学科之间的相互交叉与利用的问题，结合中国经济、法律、社会等制度禀赋，构建基于中国本土的政府规制政策选择与治理结构理论，以提高规制绩效，最终提高整体经济绩效。因为超越一切社会关系和制度因素的"共享"规制理论在现实世界并不存在。对于中国学者而言，这项任务任重而道远。

1.3　基本思路与研究方法

1.3.1　基本思路

本书在充分收集掌握国内外第一手资料和综合运用规制经济学、公共管理学、法学、政治学等交叉学科相关研究工具的基础上，经过梳理、消化、吸收和分析，形成"提出问题—厘清问题—分析问题—解决问题"的研究思路：第一，运用比较分析、文献研究等方法，对中国特殊制度禀赋进行分析，提出怎样建立适应中国特殊制度禀赋的政府规制体制以及相应的规制理论这一问题；第二，通过分析中国规制改革的阶段性与特征，进一步厘清了问题；第三，通过先进的工具和方法测度政府规制绩效，从中推论出中国规制政策选择和治理结构重构的必要性；第四，依据当前政府规制治理结构存在的问题和现实需求，构建了基于不同治理机制的多元主体共同参与的多中心规制治理结构模型，并提出其实现路径，为政府规制政策的有效性提供了最终的制度保障。研究思路如图1-1所示。

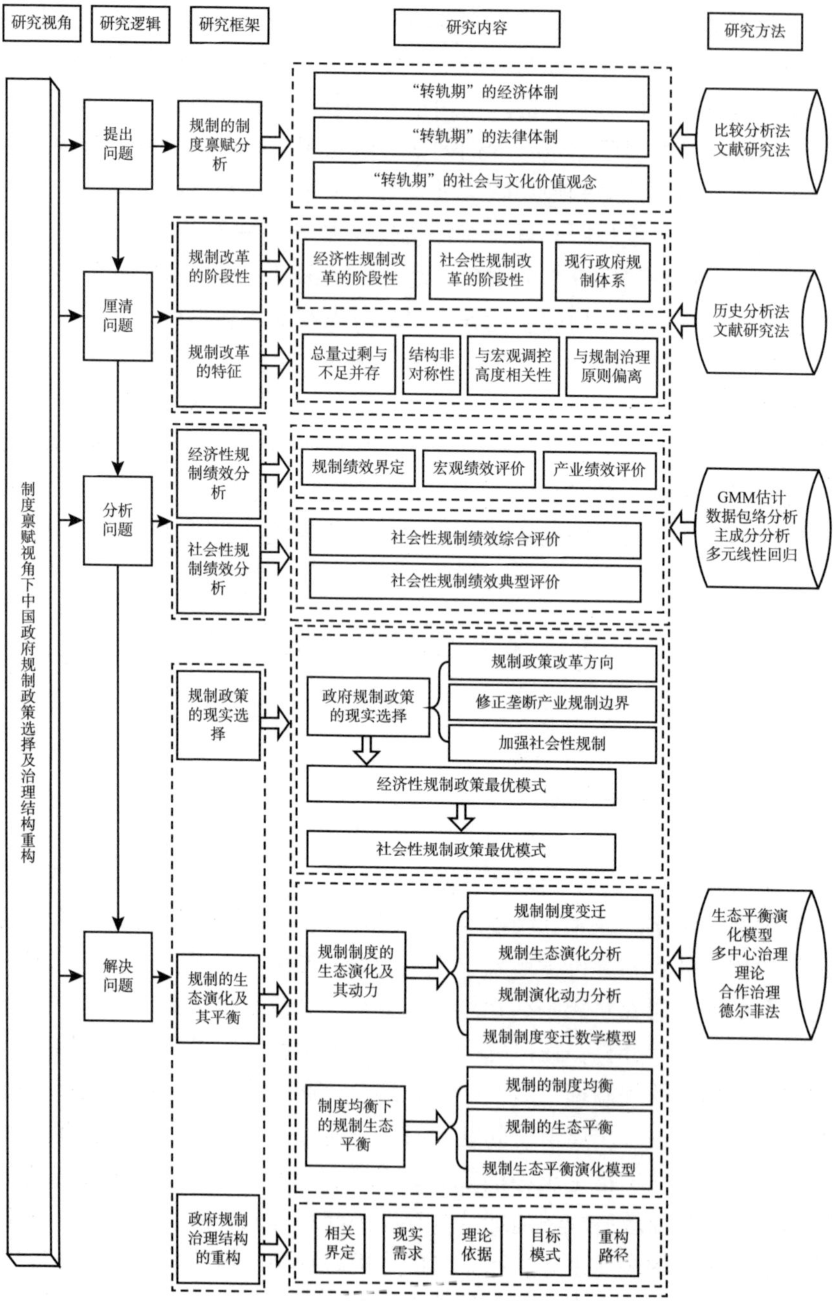
研究视角
研究逻辑
研究框架
研究内容
研究方法
制度禀赋视角下中国政府规制政策选择及治理结构重构
提出问题
厘清问题
分析问题
解决问题
规制的制度禀赋分析
规制改革的阶段性
规制改革的特征
经济性规制绩效分析
社会性规制绩效分析
规制政策的现实选择
规制的生态演化及其平衡
政府规制治理结构的重构
“转轨期”的经济体制
“转轨期”的法律体制
“转轨期”的社会与文化价值观念
经济性规制改革的阶段性
社会性规制改革的阶段性
现行政府规制体系
总量过剩与不足并存
结构非对称性
与宏观调控高度相关性
与规制治理原则偏离
规制绩效界定
宏观绩效评价
产业绩效评价
社会性规制绩效综合评价
社会性规制绩效典型评价
政府规制政策的现实选择
规制政策改革方向
修正垄断产业规制边界
加强社会性规制
经济性规制政策最优模式
社会性规制政策最优模式
规制制度的生态演化及其动力
规制制度变迁
规制生态演化分析
规制演化动力分析
规制制度变迁数学模型
制度均衡下的规制生态平衡
规制的制度均衡
规制的生态平衡
规制生态平衡演化模型
相关界定
现实需求
理论依据
目标模式
重构路径
比较分析法
文献研究法
历史分析法
文献研究法
GMM估计
数据包络分析
主成分分析
多元线性回归
生态平衡演化模型
多中心治理理论
合作治理
德尔菲法

图1-1　研究思路

1.3.2　研究方法

为确保研究的科学性、前瞻性和可行性，本书采用如下研究方法：

（1）采用交叉学科移植综合分析方法，以规制经济学、公共管理学、政治学、法学的交叉为论证视角，将制度经济学、行为经济学、计量经济学、演化经济学、系统学等学科的前沿理论、方法交叉运用和融合，揭示和透析政府规制的内在机理、最优模式和治理结构。

（2）注重历史分析法和比较分析法的综合运用，以辩证唯物主义和历史唯物主义为指导，将研究置于中国政府规制实践动态演进的背景下，通过对阶段性政府规制实践的归纳、整理和分析，从中提炼出基本观点和认识。在展开历史现象分析过程的同时把握逻辑演绎脉络，依照中国特色社会主义的逻辑和规制体系建设的自身逻辑，确保历史与逻辑的高度统一。

（3）注重实证分析方法与规范分析方法的结合。从规范视角与实证视角分别对中国目前政府规制绩效进行分析，侧重实证分析；对政府规制目标选择也采用这两种方法，如最优规制模式选择中使用数量分析方法，也以最优规制原理（规范原理）为基础。

（4）凸显计量经济学方法的运用。在动态面板（DPD）模型构建基础上，运用广义矩估计（GMM）对放松经济性规制的规制改革对中国经济增长的影响进行研究；采用数据包络分析法（DEA），对经济性规制绩效从宏观层面和产业层面进行检验，衡量社会总福利得失；在社会性规制绩效分析中，采用指标体系方法，定量分析规制绩效受到各因素影响的方向、程度及绝对数量。进一步，针对环境规制的相对效率表现，采用 SE – DEA 方法展开具体评价。

（5）采用数理经济学方法，建立多个数理模型。在经济规制最优模式部分，建立最优价格规制模型；在社会性规制最优模式部分，建立基于市场的激励型和强调合作模式的新型规制政策模型；在政府规制治理结构重构部分，建立多中心治理结构模型。

1.4　研　究　内　容

根据以上研究思路与技术路线，本书各章节内容如下：

第 1 章导论。主要从选题背景与意义、国内外研究述评、基本思路与研究方法、研究内容、创新与不足五个方面进行阐述。

第 2 章中国政府规制的制度禀赋分析。本章主要从经济体制、法律体制以及社会和文化三个方面探讨中国政府规制的制度禀赋。本章将中国政府规制及其改革所面临的制度禀赋归结为："转轨期"的经济体制、法律体制以及社会和文化三个主要方面。"转轨期"的经济体制具体表现为市场经济体制尚不健全和政府主导市场化的进程；"转轨期"的法律体制则体现在规制立法不足、司法审查需要进一步加强、行政程序需要进一步规范等方面；最后，"转轨期"社会和文化方面表现为社会组织发展不完善难以形成治理结构中的有效制约力量，以及传统文化与价值观念的掣肘等共同构成了中国政府规制及其改革的约束条件。

第 3 章中国政府规制改革的阶段性。本章从经济性规制改革和社会性规制改革两个层面展开，对中国在特殊制度禀赋下的政府规制改革的时序性进行了规范性描述。由于起始背景与西方国家迥异，中国规制改革经历了不同于西方的改革进程：经济性规制改革经历了从政府直接干预市场、限制市场以及政府选择替代市场机制到政府逐渐放松价格规制、进入规制，实施激励性规制、引入竞争机制的过程，即由传统管理模式向新兴管理模式转化的过程，此过程相应经过严格规制阶段、改革破冰阶段、改革迅速推进阶段和改革攻坚阶段；社会性规制改革则经历了计划经济时期的相对匮乏，到改革初期的逐步加强，再到改革中期的快速发展，以及改革近期的日渐成熟和完善的发展过程。简言之，中国规制改革是在特殊的制度禀赋约束下展开的，是一个逐步走向完善的过程。

第 4 章中国政府规制改革的特性。本章对中国特殊制度禀赋下的规制改革特性进行了深入分析。首先，政府主导经济背景下的中国政府规制表现出总量上的过剩与不足并存，即传统规制领域的规制过剩与确保各方利益均衡，特别是保护新兴经济形态和弱势群体（消费者）权益的规制法规建设滞后导致的规制不足并存。而在规制改革过程中，规制政策的结构呈现出经济性规制和社会性规制在目标、结果、环节、方式等诸多方面的非对称性。此外，政府规制行为与宏观调控的相互交叉渗透，表现为宏观调控泛化下的规制缺陷、规制行为应对宏观经济周期问题的局限性以及强化规制对于放松经济性规制改革制度的基础性侵害等弊端。

第5章经济性规制绩效分析。本章首先从影响经济增长、社会公平的规制绩效与规制成本、规制失灵所导致的绩效损失三个方面展开对于规制绩效的相关界定。然后从宏观和产业两个层面检验和评估经济性规制绩效，并以此作为评价中国政府规制改革效果、提出相关政策建议的实证基础。在经济性规制的宏观绩效方面，采用规范的计量分析方法，在控制自然资源、教育、对外开放度、投资率、人口增长率等一系列经济增长影响因素后就经济性规制的宏观效应进行评估，得出了中国规制改革对于经济增长具有正面促进作用但并未达到预期的显著带动作用的结论。经济性规制产业绩效方面，系统梳理和分析了以放松进入规制和价格规制为主的规制政策对典型垄断性产业的发展所造成的影响，并选取总量、价格、效率、利润等指标考察不同产业的规制效果以及规制目标实现情况。在此基础上，进一步对放松进入规制的绩效进行了实证检验，从而验证了放松进入规制、政企分开以及对自然垄断产业进行价格规制的政策选择方向上的正确性。最后，综合以上有关经济性规制绩效的分析进行了综合评价。

第6章社会性规制绩效分析。本章构建了全新的社会性规制绩效指标体系，并就特定领域（环境规制）的规制绩效进行了定量分析检验。本章将社会性规制绩效界定为社会福利最大化的实现程度，既包括资源配置效率，又体现维护公平正义，由此构建全国层面与区域层面的实证指标体系，并进行了相应的定量分析，考察社会性规制绩效受到各因素影响的方向、程度及绝对数量。实证检验表明，中国社会性规制绩效整体呈现上扬趋势，但与其他发达国家相比尚有一定差距，总体规制质量有待提高。进一步，本章采用SE - DEA模型对于社会性规制的重要领域——环境规制绩效进行实证分析，通过基于国家层面和区域层面的绩效评价，发现中国环境规制的相对效率处在不断变动中，而且区域之间很不平衡。

第 7 章政府规制政策的现实选择。本章在确立中国政府规制未来改革方向的基础上，提出了经济性规制最优模式和社会性规制最优模式。本章提出，政府规制要确定的改革方向主要包括：修正垄断产业规制边界，推进市场主体能力成长；加强社会性规制，改进公共品供给。在经济性规制领域，本章分析了经济性规制政策均衡及其实现，并在此基础上构建了进入规制与价格规制最优模式的理论模型。在社会性规制领域，本章以环境规制、职业安全与健康规制以及消费者安全与健康规制三大领域的基本规制模式现状与存在问题为前提，构建了统一的社会性规制最优政策模式模型，并以此为基础提出了环境规制、职业安全与健康规制以及消费者安全与健康规制方面的最优政策模式。

第 8 章中国政府规制的生态演化及其平衡。在对制度变迁理论、演化经济学及行政生态学相关理论梳理的基础上，提出规制政策的生态性分析框架。政府规制系统是一个开放的巨系统，经济性规制与社会性规制为规制系统的内部组织结构，规制环境（规制的制度禀赋）为系统的外部制度环境。在理论分析的基础之上构建规制制度变迁及生态平衡演化模型，对规制系统生态演化与生态平衡动态过程进行分析。以中国经济性规制与社会性规制绩效分析结果为依据，得到规制生态系统的影响因素及演化过程，发现规制制度变迁效果受政府主体推动力影响，规制生态平衡为一个具有周期性、阶段性和波动性的动态平衡。

第 9 章政府规制治理结构的重构。本章重构规制治理结构，为规制政策的有效性提供了最终制度保障。基于中国政府规制治理结构的内在缺陷和规制治理结构重构的现实需求，引入治理理论与多中心治理理论，构建了包括规制机构、立法机构、司法机构、被规制者、公众（消费者）等多元主体共同参与的多中心治理结构目标模式，并围绕多主体及其间的委托—代理关系，建立主体间博弈框架，以有效约束政府和规制机构，为规制政策的有效性提供最终的制度保障。进一步，提出政府规制多中心治理结构的实现路径：合理界定政府边界，规范政府职能；完善规制立法；加强司法机构在规制治理结构中的地位和作用；增强规制机构的独立性，完善对规制者的规制；深化国有企业改革，培育成熟的企业和消费者主体。

1.5　研　究　创　新

本书主要从研究视角与思路、研究内容、研究方法体系三个层面上进行了创新：

（1）运用历史归纳分析方法、比较制度分析方法以及规制经济学、行政生态学等基本研究工具，在中国具体国情和具体发展阶段上，基于现有的经济、政治与法律、社会等制度禀赋约束条件，把握转轨时期中国政府规制的独特性，进行现行规制绩效分析，进而设计政府规制政策的最优模型，重构政府规制的治理结构。这不仅实现了规制理论的本土化，而且给其他学科在中国的发展给予深刻的启示。

（2）基于对目前中国经济性规制和社会性规制实践的实证分析，揭示规制领域中存在的问题并在其基础上制定最优规制模式，构建合理的、符合国情的规制治理结构，为最优规制政策的动态性选择和生态性变革提供理论依据，为深化经济体制改革与政治体制改革以及实现应有的经济绩效提供最终的制度保障，同时促进与宏观调控体系相匹配的政府规制政策体系的完善。

（3）实现研究方法体系上的创新，为相关研究提供方法论支持。首先，创新性地采用跨学科综合移植分析方法，丰富和深化了对于中国特殊制度禀赋条件下的规制改革进程、基本特征、绩效评价以及政策设计的研究。其次，采用历史分析和比较分析相结合的方法，在展开历史现象分析过程的同时把握逻辑演绎脉络，达到了历史与逻辑的高度统一。最后，使用了较为前沿的计量检验方法与数理模型构建。例如，在DPD 模型构建基础上，运用 GMM 估计方法对放松经济性规制的规制改革对中国经济增长的影响进行研究；采用 SE – DEA 模型对于中国环境规制绩效进行实证分析，实现了基于国家层面和区域层面的绩效评价方法上的创新。在数理模型构建方面，提供了规制生态平衡模型及政策选择方面的经济性、社会性规制的最优模式。

第2章 中国政府规制的制度禀赋分析

    政府规制作为现代市场经济不可或缺的制度安排，其赖以存在的基础是一国的经济、政治、法律、社会等制度禀赋，制度禀赋的差异往往决定了政府规制模式和治理结构的差异，并最终影响到规制绩效。现代意义的政府规制起源于西方，是市场经济制度下的产物。但中国现代意义上的政府规制则是伴随 40 多年来市场化改革而产生的，即诞生和成长于改革开放后由传统计划经济体制向市场经济体制转化的摸索和后者的建设过程之中。因此，中国的政府规制必然不同于西方市场经济下的政府规制，这也决定了探究中国特殊制度禀赋成为分析和研究中国政府规制和规制改革的一个逻辑起点。

2.1 制度、制度禀赋与政府规制

    制度是新制度经济学的核心概念之一。新制度经济学的代表人物诺思认为："制度是一系列被制定出来的规则、守法秩序和行为道德、伦理道德，它旨在约束主体福利或效用最大化利益的个人行为。""制度提供了人类相互影响的框架，它们建立了构成一个社会，或确切地说一种经济秩序的合作与竞争关系"①。在《制度、制度变迁与经济绩效》一书中，诺思进一步指出："制度是一个社会中的一些游戏规则；或者，更正式地说，制度是人类设计出来调节人类相互关系的一些约束条件；这些规则与社会、政治和经济活动有关，支配和约束社会各阶层的行为""制度是由非正式约束（道德的约束、禁忌、习惯、传统和行为准

---

① ［美］道格拉斯·C. 诺思：《经济史中的结构与变迁》，陈郁、罗华平等译，上海三联书店、上海人民出版社 1994 年版，第 225～226 页。

则）和正式的规范（宪法、法令、产权）组成的"①。新制度经济学另一代表人物舒尔茨则将制度界定为一系列行为规则，"这些规则涉及社会、政治及经济行为"②。总体而言，新制度经济学倾向于把制度理解为与具体行为集有关的规范体系，即约束人们行为的一整套规则。制度禀赋则是决定这一规则的内在要素。按照诺思等人的观点，一个国家的制度禀赋主要包括五个要素：立法和行政制度；司法制度；习俗和其他非正式的但被广泛公认的规范；社会中标志竞争的社会利益和它们之间的平衡的符号，包括意识形态的作用；国家行政能力③。

人们在考虑问题时，总是把一部分因素作为外生变量或参数给定，另外一部分则作为内生变量或因变量，这些内生变量是由外生变量所导致的，从而是这些外生变量的函数。在新制度经济学看来，制度可进一步划分为制度环境和制度安排两个层次。制度环境是一系列基本的经济、政治、社会及法律规则的集合，它是制定生产、交换以及分配规则的基础。制度安排则是支配经济单位之间和经济单位内部可能合作与竞争的方式的一种安排。制度安排是制度的具体化，"制度安排可能最接近于'制度'一词的最通常使用的含义。安排可能是正规的，也可能是非正规的；可能是暂时的，也可能是长久的。但是，它必须至少用于下列的一些目标：提供一些结构使其成员的合作获得一些在结构之外不可能获得的追加收入，或提供一种能够影响法律或产权变迁的机制，以改变个人（或团体）可以合法竞争的方式。"④

尽管制度环境与制度安排属于不同层次的制度，但二者之间却存在着非常密切的关联。概括而言，制度环境与制度安排之间的相关性主要体现在两个方面：一是制度安排在制度环境的框架里进行，制度环境决定制度安排。从社会经济运行和发展的角度来看，制度环境可被解释为

① ［美］道格拉斯·C. 诺思：《制度、制度变迁与经济绩效》，杭行译，格致出版社、上海三联书店、上海人民出版社 1994 年版，第 3 页。
② ［美］舒尔茨：《制度与人的经济价值的不断提高》，引自 R. 科斯、A. 阿尔钦、D. 诺思：《财产权利与制度变迁——产权学派与新制度学派译文集》，刘守英等译，上海三联书店、上海人民出版社 1994 年版，第 253 页。
③ B. 列维、P. 斯皮尔、罗燕明：《规制、制度和承诺：电信比较研究》，载于《经济社会体制比较》1999 年第 3 期，第 3～5 页。
④ Davis, L. E. and North, D. C., *Institutional Change and American Economic Growth*, Cambridge：Cambridge University Press，1971，pp. 270 – 271.

一套对所有个体或组织的行为选择都具有直接或间接的约束和引导作用的基础性制度安排，它往往作为一种外围力量决定着个人或组织活动的"合法"边界范围，制度安排只能在这一范围之内进行。一般来说，制度环境决定着制度安排的性质、范围、进程等。从这个角度来看，与制度环境不相适应的制度安排是不会有效率的。正因如此，新制度经济学一般把制度环境看作是制度安排变迁的外生变量。二是制度安排可反作用于制度环境。当制度环境对制度安排产生作用力时，制度安排也会对制度环境产生一种反作用力。这种反作用力的大小主要取决于新的制度安排所能够带来的收益与对制度环境进行变革所需要的成本之间的差额，新的制度安排带来的净收益（收益与成本之差）越大，这种反作用力就越强。在某些因素的影响下，当这种反作用力增强到足够大时，它也会对制度环境造成一定的"伤害"，从而引起基础性制度的变革。这可看作是制度安排对制度环境的一种反馈作用。

结合新制度经济学对于制度、制度禀赋的分析以及本书的研究对象，在本书中，制度禀赋和制度环境被视为等同概念，即影响并决定具体制度安排的一系列基础性制度安排，它包括政治、经济、法律等正式制度，也包括社会、文化、价值观念、意识形态等非正式制度。制度禀赋的差异形成了一国经济发展和体制改革的基本约束条件，影响并决定着制度安排的性质、范围和进程。作为现代市场经济不可或缺的制度安排，政府规制同样受到一国特定的制度禀赋约束，制度禀赋决定了政府规制的形式以及解决规制问题的选择范围、规制治理的制度现实等。因此，研究政府规制及其改革，需要结合现有的制度禀赋进行。

当今世界各国的制度禀赋各不相同，经济发达国家与发展中国家、欠发达国家的制度禀赋差异很大。而主流规制理论所研究的对象主要是市场经济成熟、制度环境完善的发达国家，对发展中国家和转型经济制度约束下规制治理机制的选择关注不多，其中具有代表性的是列维和斯皮尔（Levy & Spiller, 1996）、拉丰（Laffont, 2005）。列维和斯皮尔以电信业为例，用交易成本方法考察了发展中国家制度安排如何与规制程序相互作用，认为三项制度变量"独立司法、民主立法及强行政能力"，能影响政府规制承诺的状况。研究表明，独立司法能约束行政性相机抉择，可信承诺更易做出；议会对约束行政性相机抉择的立法能做出可信规制承诺；具有强行政能力的国家能限制武断行为、建立高效的规制体系，以吸引投资、促进效率。为进一步理解不同国家制度禀赋的作用，他们将规制设计分别从规制治理和规制激励两个方面进行了分析。其中，规制治理提供了一种限制规制者的行动范围，以及解决这些限制所带来的矛盾和冲突的机制，而规制激励则由价格规定、补贴、竞争和市场准入以及互联互通等规制规则（即规制政策）构成。在经济学理论中对规制激励的研究比较普遍，而对规制治理的讨论却并不多。列维和斯皮尔认为："虽然激励确实影响绩效，但是只有当合适的规制治理结构到位，它才能充分发挥作用"，"规制激励不能在制度真空中实现，它将受国家的制度禀赋、分权政治和规制治理结构的影响。"①总之，只有规制治理的制度设计与一国的制度禀赋相匹配，才能提高被规制产业的绩效；若规制治理设计未考虑到制度条件约束，规制绩效将受到损害。拉丰在其著作《规制与发展》中探讨了在发展中和转型国家实施政府规制的制度禀赋约束和相应的规制选择，对制度禀赋的分析主要是从公共资金的高成本、监督和审计体系、科层规制和腐败、承诺缺乏可信性、法制薄弱、金融约束等方面进行的。拉丰的研究表明，这些制度约束提高了合约签订和实施的交易成本，增加了投资风险，不利于发展中国家扩大投资规模和进行基础设施建设，在很大程度上限制了规制改革的实际效果。不同的制度禀赋约束对于规制改革的影响程度各不相同。因此对于不同国家存在的制度禀赋约束，需要通过综合分析找到制约规制改革的因素②。

中国政府规制的进程不同于西方国家的规制演变之路。中华人民共和国成立后相当长的时期内，对于社会主义的认识处于传统阶段，认为单一公有制基础上的计划经济是社会主义经济的基本制度，也是社会主义制度优越于资本主义制度的重要标志③。计划经济体制的逻辑起点涵盖了当时政府规制的价值诉求，即国家能够掌握社会生活中的一切经济活动的信息，并且全社会趋向共同的经济目标。公民权利完全服从于国家权力，公共利益置于国家经济利益之后，政府能够以整个社会的同一

① Levy, B. and Spiller P. T., *Regulations, Institutions and Commitment: Comparative Studies of Telecommunications*, Cambridge University Press, 1996, pp. 5 - 10.

② ［法］让 - 雅克·拉丰：《规制与发展》，聂辉华译，中国人民大学出版社 2009 年版，第 4 ~ 5 页。

③ 陈云生、马英娟：《论宪法修正案对私有财产权保障制度的完善》，载于《辽宁大学学报（社会科学版）》2004 年第 4 期，第 54 ~ 60 页。

利益使用指令性计划确保将有限的资源集中到重点经济建设，从而建立合理正当的经济秩序和社会秩序。在此背景下，"政府对社会事务的管理是一种直接的、微观的、权力无限制的管理方式；是一种高度集权、政企不分、政事不分的管理方式。"① 鉴于资源需求的复杂性和易变性，政府行政主导的资源配置往往是低效的。政府不仅控制着产业的进入和退出、投资的规模与结构、产品的数量与质量，而且也控制着企业所提供之产品与服务的价格。事关国计民生的战略商品如石油、电力、通信的价格自然由政府规制，即便是细微如日常生活用品也要由政府物价部门规制其价格。除了对经济生活的规制外，政府还实施着对社会生活的广泛规制，劳动就业、入学教育、新闻出版、广播影视、医疗卫生、社会保障、环境质量无不在政府规制的范围之内。承受此种管理模式的社会极为有序，但也极度缺乏源于自主性的动力。因此，计划经济时期的中国并不是没有政府规制，而恰恰是有世界上最严厉最彻底的政府规制。这种政府规制模式在初期基本上符合当时的经济、社会状况，满足了人们对公共物品的需求，但这绝非是那种为弥补市场失灵、以协调私人利益与公共利益之间矛盾为目标而建立的现代意义上的政府规制。

中国现代意义上的政府规制是从计划经济向市场经济转轨过程中逐步建立起来的。以十一届三中全会为起点，中国开启了以市场化为取向的经济体制改革。伴随着经济生活的市场化，经济生活和社会生活在比过去有更高的效率和更强的活力的同时，也在很大程度上出现了无序化的趋向。由于长期的物品短缺和利益饥渴，人们对自己的利益有一种比丰裕社会中的人们更强烈的心理冲动，而对如何通过正当竞争来获取自身利益却表现出无知和陌生，再加上初级阶段的市场机制很不完善，垄断定价、产品和服务质量、劳动安全、环境污染、金融欺诈等问题日益突出。为了维护正常的市场秩序，保护社会的公共利益和交易弱势一方的合法权益，中国政府在原有的计划性规制制度基础上逐步建立了现代意义上的政府规制制度。

对从计划经济体制向市场经济体制转轨的中国而言，政府规制是一个全新的制度，其特点、路径、目标和方式与中国经济体制的转轨相互联系，也与政治、行政体制以及法律框架紧密联系。借鉴新制度经济学

① 邵海军：《转轨时期中国的政府管制发展》，载于《江汉大学学报（社会科学版）》2005年第2期，第54~57页。

对于制度以及制度禀赋的理解，同时考虑中国目前正处于经济社会转型期的特殊阶段，我们在此将中国政府规制及其改革所面临的制度禀赋归结为："转轨期"的经济体制、法律体制以及社会组织发展不完善和传统文化与价值观念影响尚存。

2.2　"转轨期"的经济体制

从规范意义来看，政府规制作为政府的一项重要职能，"是在市场经济有了一定程度发展的基础上逐步形成的。一般来说，政府规制是在自由竞争市场经济向垄断阶段过渡时产生的，与市场经济的较高发展阶段相联系。其发展和演变路径为：市场竞争—自然垄断、外部性等市场失灵现象严重影响到市场经济的正常运行—政府放弃自由放任政策、转而规制市场。也就是说，政府规制产生的前提是，自由竞争有了充分发展，市场体系较为健全，市场机制的基础性调节作用得以充分发挥，以至于出现了较为严重的、影响市场经济正常进行的垄断及其他市场失灵现象。"[1] 市场失灵的广泛存在，为政府规制的产生与发展提供了理论依据。政府规制的目的是克服或弥补市场失灵，其存在是以市场经济体制的存在为基础。因此，市场经济体制的发育、完善程度直接影响政府规制体系的建立和发挥作用。

经过 40 多年的市场化改革，中国已经初步建立起市场经济体制，成为一个发展中的市场经济国家。与西方国家成熟的市场经济体制不同，中国虽已建立起社会主义市场经济体制的初步框架，但计划经济体制的某些深层问题没有完全解决，主要表现为滞后的行政管理体制改革和国有企业改革，这成为市场经济体制进一步改革的障碍。而长期计划经济体制的显性影响（计划经济的实践）和隐性影响（计划经济的观念）还在一定程度上制约着经济运行，甚至在一定程度上成为完善市场经济体制的阻力。因此，在中国经济市场化过程中，尽管市场调节在社会资源配置中的地位日益重要，但迄今仍不能完全有效地发挥其决定性作用。中国的市场经济与真正意义上的成熟市场经济尚

23

---

① 李郁芳：《体制转轨时期的政府微观规制行为》，经济科学出版社 2002 年版，第 76 页。

有一定的距离。

另外，回顾中国 40 多年来经济体制的改革历程，不难看出，政府主导的市场化改革是具有中国特色的经济转轨方式。在西方国家，市场经济在很大程度上是一个自发形成的过程，政府在这一过程中的作用主要是以间接引导的方式发生的。与西方国家的市场经济不同，中国的市场经济是自上而下通过政府推动的整体社会变迁，市场经济制度是靠政府培育出来的。中国市场化改革的起点是一个高度集中的计划经济体制，这决定了中国的经济转轨过程具有与发达国家不同的逆向过程，而且现实也决定了它不能走自然发育的过程，必须在短时间内完成。因此，在中国特定体制和历史条件下，经济转轨的过程隐含着"转轨—制度变迁—政府主导"的内在逻辑，政府主导是中国经济体制变迁的一个显著特征。在这一过程中，政府主动地推动市场化进程，并持续不断地对自身的目标、角色、制度和能力进行适应性调整，从而保持了对社会经济变迁的有效掌控与调节。而市场发育的特殊性也赋予了政府市场组织者、推动者的地位，政府的作用是努力培育和扩大市场，不仅仅是提供制度供给和安排，谋求构建启动市场运行的规则和制度框架，矫正市场失灵，而且要直接参与市场的形成和运作，实现对不完善或残缺市场机制的部分替代。市场化改革以来，中国已经初步建立了社会主义市场经济体制，在社会主义市场经济体制下，市场在资源配置中的地位不断得到巩固。党的十二大提出"计划经济为主、市场调节为辅"；党的十四大提出"市场在社会主义国家宏观调控下对资源配置起基础性作用"；党的十七大提出"从制度上更好发挥市场在资源配置中的基础性作用"；党的十八届三中全会提出"处理好政府和市场的关系，使市场在资源配置中起决定性作用和更好发挥政府作用"；党的十九大进一步强调"使市场在资源配置中起决定性作用和更好发挥政府作用"。从"计划为主、市场为辅"到"市场在资源配置中起决定性作用"，以往单纯的经济体制演化开始向经济社会全面转型阶段过渡，具体的改革历程如表 2-1 所示。政府职能定位发生改变，简政放权、放管结合、优化服务的政府改革持续推进，政府与市场的关系从"强政府、弱市场"逐步转向"强政府、强市场"的"双强体制"。

表2-1　　　　市场在中国经济体制中发挥作用的定位变迁

时期	对市场作用的定位
"六五"计划（1981～1985年）	计划经济为主、市场调节为辅
"七五"计划（1986～1990年）	逐步完善各种经济手段和法律手段，辅之以必要的行政手段
"八五"计划（1991～1995年）	计划经济和市场调节相结合
"九五"计划（1996～2000年）	更多领域运用市场机制作用
"十五"计划（2001～2005年）	充分发挥市场资源配置的基础性作用
"十一五"规划（2006～2010年）	更大限度地发挥市场在资源配置中的基础性作用
"十二五"规划（2011～2015年）	完善社会主义市场经济体制
"十三五"规划（2016～2020年）	市场在资源配置中起决定性作用

资料来源：笔者根据相关资料整理所得。

2.2.1　市场经济体制尚不健全

改革开放以来，特别是1992年正式确立"社会主义市场经济体制"目标后，中国的市场化改革取得了很大的成效，社会主义市场经济体制的基本框架已经形成：商品、货币、价值、价值规律、市场机制逐步获得了应有的地位；市场已经成为经济交换与资源配置的决定性手段和方式；市场化程度也一直在稳步提高，市场化指数从1978年的15.08%增长到2016年的86.5%[①]，其中市场化程度评价的五个基本因素"政府行为规范化""经济主体自由化""生产要素市场化""贸易环境公平化""金融参数合理化"的改革均取得了长足进展，为市场在资源配置中决定性作用的发挥创造了极为有利的条件[②]。习近平总书记在党的十九大报告中强调"坚持社会主义市场经济改革方向""加快完善社会主义市场经济体制"，并指出"经济体制改革必须以完善产权制度和要素市场化配置为重点，实现产权有效激励、要素自由流动、价格反应灵

①　林永生等：《中国市场化改革绩效评估》，载于《北京师范大学学报（社会科学版）》2019年第1期，第147～157页。
②　曾学文等：《中国市场化指数的测度与评价：1978～2008》，载于《中国延安干部学院学报》2010年第4期，第47～60页。

活、竞争公平有序、企业优胜劣汰"。这些重要论述，在党的十八届三中全会提出"使市场在资源配置中起决定性作用和更好发挥政府作用"的基础上，进一步深化了对社会主义市场经济规律的认识，进一步坚定了社会主义市场经济的改革方向，明确了加快完善社会主义市场经济体制的重点任务。

但是，市场化是一个过程，从"初步建立"到形成"比较完善"的社会主义市场经济体制，还有一段很漫长的路要走。目前，某些领域甚至是关键领域、某些环节包括重点环节，市场配置资源的决定性作用还没有得到应有的、充分的发挥。市场经济的不完善可以归纳为：

1. 市场经济的微观基础不完善

市场经济的基础是存在数目众多的多元化的所有制企业，没有多元化的所有制结构，不可能形成充分竞争的市场格局，也难以形成市场经济。市场经济微观基础的不完善主要表现为：

第一，国有经济战略性调整和国有企业改革还没有到位。中国经济体制改革的根本任务是建立现代市场经济体制，使市场机制在资源配置中起决定性调节作用。这个根本任务的完成有赖于市场主体的培育和市场秩序的建立。综观世界上转轨国家的实践，不难发现，在国民经济中占有重要地位的国有企业能否顺利完成角色转换，是培育市场主体的关键所在。从改革开放以来的经济实践看，虽然公有制经济的比重不断下降，但公有制经济在国民经济中仍保持了较大的份额。国有经济在中国混合所有制结构中的功能定位比较复杂，体现为：一是保持社会主义制度，必须保证公有制为主体；二是实现国家战略利益和弥补市场不足；三是促进社会公平和调控国民经济的运行。中国的国有企业不仅大量分布于基础性产业、支柱产业、主导性产业和自然垄断行业，而且还广泛进入一般性竞争行业，从而在国民经济中占据了主导地位。而且，由于受到各种条件的制约，国有企业体制创新的难度很大。

第二，垄断产业改革得不彻底、不充分。中国垄断性产业的突出问题是行政垄断和自然垄断的结合，"由于国有资产尚未找到保值增值的有效实现方式，因而中国在市场化过程中采取向地方、部门行政分权的方式，以造就地方或部门推动经济增长的主体格局。这种渐进式改革战略使得地方政府和行业主管部门可以通过行政管理权排除竞争，取消市场，谋求行政垄断地位。这一垄断格局不是以企业的市场渗透力、经济辐射力为边界的垄断，而是以人为的行政区划、行政隶属关系为边界的政企合一的垄断，企业在各地区、行业内部自我封闭、自我循环，对市场的分割和占据的影响程度极为严重。"[1] 在市场经济体制已经基本建立的条件下，行政垄断损害了消费者的利益，阻碍了技术进步和产业升级，增加了开放市场与引进竞争的成本和难度，不利于形成充分竞争的市场格局。自然垄断行业中的行政垄断现象是中国政府规制中的突出问题，也是引发自然垄断产业规制改革诸多问题的原因。在此背景下，目前中国垄断行业规制改革所呈现出的主要特征是放松规制、规制重建相结合，规制改革目标是政企分离、政资分开、政监分立。

　　第三，非国有经济发展存在限制和障碍。从中国经济转轨的实际过程来看，伴随着市场化进程，民营经济的发展环境较之过去已经有了很大的改善，但民营经济发展仍存在不少法律法规及政策方面的限制和障碍，例如在市场准入、企业融资和土地使用等方面存在障碍、待遇不公；由于缺乏向民间资本开放市场的"时间表"，相关可操作的程序不完善，即使有的市场制定了开放政策，也没有完全得到落实；由于民营经济和国有经济的经济地位不平等，导致民营企业在开展经济活动时与国有企业的竞争机制不对称，民营企业的经营自由度受到削弱。"对目前遇到的困难，有的民营企业家形容为遇到了'三座大山'：市场的冰山、融资的高山、转型的火山。"[2]

2. 市场体系不健全、缺乏制度支撑

　　相对而言，中国产品市场化的程度较高，而生产要素市场（包括劳动力市场、资本市场、土地市场等）的市场化改革进程滞后，是中国市场经济体制建设中一个十分突出的"短板"。具体表现为：

　　第一，劳动力市场发展仍旧滞后。中国劳动力市场还存在一定程

27

　　[1]　刘森：《中国政府规制改革途径分析》，载于《当代世界与社会主义》2006 年第 4 期，第 105～108 页。
　　[2]　习近平：《毫不动摇坚持我国基本经济制度　推动各种所有制经济健康发展》，载于《人民日报》，2016 年 3 月 9 日第 02 版。

度的分割，表现为城市劳动力市场与进入城市的农民工劳动力市场的分割①。各种排斥农村劳动力流动的制度性障碍和非制度性障碍对农村劳动力向城市转移造成一定影响，使城乡劳动力市场处于分割状态，农民工就业具有很大的不稳定性。

第二，土地市场发育尚不健全。中国土地市场化程度低主要表现为土地主要是由国家所有和控制，市场难以对土地供给和交易进行有效配置与调节。虽然在新一轮农村土地制度改革中提出"三权分置"的制度设计，即形成所有权、承包权、经营权三权分置的经营权流转格局，这在保证土地公有制性质的基础上，极大地推动了农村土地的流转与经营②。但当前中国城乡统一的土地市场建设尚处于起步阶段，现行法律制度、配套政策有待修改完善，土地经营权确权登记、农村土地流转交易平台以及农村土地财产权保护等相关基础工作有待加强，集体经营性建设用地入市、宅基地制度改革以及土地二级市场建设也有待深入③。

第三，多层次资本市场体系尚未完善。目前我国虽已初步形成多层次市场体系，但多层次资本市场建设仍存在许多不足④。主要体现在层次结构不合理，仍以沪深主板市场为主，新三板、区域股权市场不够活跃，直接融资比例较低，股票市场和债券市场的比例失衡⑤；多层次资本市场体系和资本市场的发行制度、退市制度、转板制度等基础性制度有待完善，缺乏市场间合作机制，各层次市场间不能有效互联互通⑥；资本市场整体规模有待扩大，投资者结构单一，仍以国内投资者为主且个人投资者比重较大，投资者同质化不利于资本市场稳定，也无法满足不同企业的融资需求。

---

① 王静等：《双重分割视角下城市劳动力市场工资差异比较分析——基于2013年八城市流动人口动态监测数据》，载于《南开经济研究》2016年第2期，第25~40页。

② 王建武、周尚斌：《我国土地市场运行特征与对策分析》，载于《中国土地》2017年第2期，第37~39页。

③ 卢为民、唐扬辉：《我国土地市场的发展变迁与展望》，载于《中国土地》2019年第1期，第45~48页。

④ 陈泽等：《我国多层次资本市场的发展与完善》，载于《金融市场研究》2018年第11期，第38~51页。

⑤ 田辉、陈道富：《制约多层次资本市场融资功能的因素与政策建议》，载于《经济纵横》2019年第3期，第45~54，2页。

⑥ 鲜军：《我国多层次资本市场与创新型企业发展的关系》，载于《商业经济研究》2019年第5期，第54~97页。

第四，资源性产品的价格形成机制和价格调控机制改革滞后。长期以来，中国的资源性产品价格多由政府定价或者是由政府指导定价，与国际资源性产品价格相比，中国的资源性产品定价明显偏低，特别是煤炭、石油、天然气等资源性产品，其价格长期处于较低的水平，其中主要的原因在于目前的资源性产品价格形成机制不合理①。尽管改革开放以来中国不断探索建立以国家宏观调控为主导、以市场调节为基础的价格形成机制，但这一价格形成机制在诸如煤炭、成品油、铁矿石等资源性产品的定价中尚未真正实现②。以"煤电之争"为例，尽管中国自2002 年开始着手进行电煤价格形成机制改革，但目前电煤的价格依旧是由价格主管部门制定参考性协调价格为主，电煤价格尚未真正由市场供求关系决定，这也使得资源性产品的市场效率大大降低。

在市场基础制度支撑方面，由于市场进出入的自由、价格决定、竞争方式、全国一体化程度等方面存在不完善，以法制为基础的市场规则正在建立之中，而信用制度的建设起步较晚，尚待进一步完善，一定程度上影响了市场体系的健康、快速成长，从而延缓了整顿和规范市场经济秩序的步伐，制约了市场机制在资源配置中发挥决定性作用。

3. 市场运行低效率

市场运行低效率表现在以下方面：企业费用上升，例如，由于部分市场不健全，造成企业生产所需的要素不能有效地从市场获得，增大了企业的生产成本；消费者福利损失，法律的不健全和法律、制度规定的不清晰，导致消费者权益不能得到有效维护；一定程度上尚存地方保护主义，部分市场被人为地分割成"条条块块"，既不利于平等竞争，也不利于资源的有效配置，更不利于技术进步，反而造成垄断，阻碍开放、竞争和有序的市场形成。

鉴于此，市场经济体制改革尚需进一步深化的领域，需要政府的力量来积极促进市场的发育。一方面，减弱由于市场经济体制不完善引起的经济紊乱；另一方面，可以增加市场制度的供给，引导和促进市场的

---

①　温桂芳：《深化资源性产品价格改革的基本思路与总体构想》，载于《价格理论与实践》2013 年第 7 期，第 18 ~ 20 页。

②　王小兵、袁达：《供给侧改革背景下资源性产品价格机制的重构》，载于《价格理论与实践》2016 年第 7 期，第 65 ~ 67 页。

发育。从这个意义上讲，伴随着计划经济体制向市场经济体制的转轨，政府主导也就成为一种客观必然。

2.2.2 政府主导型市场经济

如前所述，中国从高度集权的计划经济体制向社会主义市场经济体制的转轨过程，是将资源配置权力不断从政府手中移交给市场的过程。从政府对市场的干预方式来看，是将计划经济时期无所不在的政府所有制转化为市场经济条件下的规制型政府的构建过程，同时也需要通过对市场的培育和政府自身职能的转变，为市场和产业充分发挥其自我规制功能创造必要的制度环境。此外，由于中国是一个发展中国家，要建立的是社会主义市场经济，这决定了政府不仅要担负对市场竞争制度、对经济运行中的总量和结构以及市场分配结果和社会发展进程进行调节和干预的任务，而且还要在促进国家工业化发展、保障社会公平、实现共同富裕和可持续发展方面发挥重要作用。所有这些，都使得经济社会全面转型期的政府会掌握更多的资源，以保持对经济的干预，保证经济社会全面转型的顺利进行。因此，中国的经济体制改革给制度安排创新所框定的路径，是在保存一定比例的政府干预基础上的市场化。如何转变政府职能，使市场在资源配置中起决定性作用和更好发挥政府作用，是政府必须面对的问题。

在市场经济条件下，政府在经济活动中应当主要扮演"裁判员"的角色，政府职责包括基于立法调节和司法调节的一般市场条件的创立与维护、政府规制、宏观调控三个方面。在给定市场经济制度前提下，后两者则是政府职能的基本内容，主要体现在资源再配置、收入再分配、稳定经济的三大功能上。只有在政府职能改革上取得实质性的进展，才能保证经济体制改革的深化和社会主义市场经济体制的建立，进而保证经济社会顺利转型。相应地，建立规制的过程也是消减或限制政府原有权力，转变政府职能、规范政府行为的过程。目前，政府的目标、体制、行为、功能等领域仍然存在一些不适应市场经济与社会发展的问题。促进和保障市场配置资源决定性作用充分发挥的政府职能体系尚未完全建立，主要表现为：

1. 政府与市场的边界尚未明确厘清

"政府主导型"发展模式对中国过去 40 多年的飞速发展功不可没，但是，也产生了一系列负面影响：一方面，导致政府与市场边界划分不清，政策制定具有较强的随意性，具有过度干预市场的倾向。政府的过度干预一定程度上造成了经济运行的低效率，形成政府职能不同层面的越位和缺位。另一方面，行政权力得不到有效约束，权力与利益相结合，设租、寻租现象普遍。

2. 政府经济管理职能尚未彻底转变

国有企业在经历了放权让利、建立"产权明晰、权责明确、政企分开、管理科学"的现代企业制度、抓大放小等改革阶段后，从 2014 年开始，明确了以在国有企业中引入非国有资本为特征的混合所有制改革的新方向，国有企业也基本成为自负盈亏的法人实体与市场竞争主体。但目前部分国有企业离规范的现代公司制度、规范的法人治理结构还有一定差距，政府与国有企业经营管理尚未完全脱离，政府对微观经济主体活动的干预仍然存在。

3. 政府与社会的合理关系尚未形成

目前，中国逐渐由经济体制转轨转为经济社会全面转型阶段，正步入建立与经济体制相适应的社会管理体制基本框架的时期。一方面，随着经济发展水平的提高，人们更加关注自己的生命价值、生活质量和社会福利；另一方面，环境污染、产品质量安全对健康的威胁以及职业安全难以保障等外部性问题越来越严重。这都要求政府不断加强其社会管理职能，在经济效率原则之外，同时考虑实现社会公平、正义和安全，建立与经济体制相适应的社会管理体制①。这对于作为联结政府与社会纽带的社会组织提出了严格的要求。然而在市场化改革逐步推进的过程中，原有计划经济体制下强政府—弱社会的关系模式虽有所改变，但社会组织无论是在数量上还是在质量上，都无法满足市场发展和政府改革对它们的要求。

---

① 张红凤、陈小军：《我国食品安全问题的政府规制困境与治理模式重构》，载于《理论学刊》2011 年第 7 期，第 63～67 页。

4. 中央政府与地方政府存在目标冲突

在经济和政治体制改革过程中，中央政府逐步将权力下放，地方政府有更多的自主决策权，地方政府的经济主体地位得到显现。财政体制上，分税制明确了地方政府参与地方产出的分配权利，地方政府成了经济参与人。但是这些措施并没有从根本上解决中央与地方在经济和社会发展上的目标冲突，也不能自发形成责任和权利相结合的约束机制。地方政府有其自身的利益诉求，与中央政府的目标函数未必完全一致，由此引发了地方保护主义、地区之间发展不平衡等问题，使国民经济的整体发展水平受到影响。

综上，在经济社会全面转型过程中，由特殊经济制度禀赋决定的中国政府规制必然表现出其独特性。在市场经济体制改革深化过程中，政府发挥主导性作用，但由于政府职能转变不到位，市场化改革步伐缓慢，市场经济体制尚不健全，这在规制领域突出表现为部分领域的规制缺位与越位乃至错位并存。

2.3 "转轨期"的法律体制

在新制度经济学的视角中，法律是一种重要的制度禀赋。诺思在对交易的历史发展的考察中，认为人们制定出各种法律来建立秩序并降低交易中的不确定性。完善的法律法规体系是政府规制有效实施的重要保障，其中包括完善的相关立法、有效的司法审查和规范的行政程序等。目前，中国市场经济还处于不断发展和完善阶段，法律的制定和执行不能满足经济快速发展的需要，无论是在立法、司法还是执法环节都存在一定的问题。

2.3.1 立法供给不足

立法的完备与否是政府规制是否完善的重要标志。在西方国家，规制过程基本上是采取"先立法、后改革"的路径。通过制定和颁布新的产业规制法律，明确产业规制的基本目标、原则和主要政策，并对规制机构的职责权限做出新的明确的法律规定，将法律作为规制改革的基本依据和政策框架基础。伴随规制改革的进行与法治化进程的逐步深入，中国目前也形成了一定规模的规制法律体系，这些法律在一定程度上形成了对规制的制约。如《反不正当竞争法》《商标法》《反垄断法》中规定了政府对竞争秩序的规制权力及其界限；《价格法》规定了政府对价格的规制权力及其界限；《消费者权益保护法》规定了政府有为维护消费者合法权益进行规制的权力；等等。总之，现行的法律体系已经初步解决了政府规制权力来源的合法性问题，同时也在一定程度上限制了政府权力的边界，使规制有法可依。然而，目前中国的规制性法律自身尚存严重不足。

第一，行政主导立法现象严重。作为规制法律依据的法规规章更多的是由国务院及其各职能部门制定。据统计，全国人大通过的法律有 75% ～ 85% 是由国务院各部门提出来的，另外各产业主管部门还出台了大量的行政法规和部门规章，政府部门主导立法现象严重[1]。行政主导的立法模式导致有关规制权的立法活动缺乏民主参与的制度安排，导致立法缺乏科学性，呈现出较强的部门特征。

第二，法律相对于政府规制存在滞后性。由于中国市场经济还处于不断发展过程中，高速转型的经济社会使得西方国家工业革命以来的几百年中所发生的一些经济社会现象在中国改革开放 40 多年的过程中以"压缩"的方式出现。迫于经济体制改革和行政体制改革的需要，以及改革摸索中先搞试点、总结经验再普遍推行的惯性做法的影响，中国的政府规制往往是边实践边总结边立法，法律总是依据规制的经验而做出，而非立法或修法在先，本来应当由法律明确授权的规制行为变成了行政机关依职权做出的行政行为。尤其是在中国垄断行业改革中，法律不是推进改革的直接动力，而更多地体现为对传统体制的肯定和维护，行业法律法规成为垄断行业改革的重要障碍。

第三，规制法律对规制的约束不足。回顾中国若干产业的规制改革，一个明显的特征就是法律或法律干预的不足。这一方面使规制者的权力没有得到有效界定，规制依据要么来自原有体制的惯性，要么以所有者的身份行使规制者的职能，造成规制者、企业管理者和股东的角色

---

① 王俊豪、肖兴志、唐要家：《中国垄断性产业管制机构的设立与运行机制》，商务印书馆 2008 年版，第 206 页。

错位。中立地位的丧失，必然使规制行为难以保持足够的公正性。另一方面由于没有法律的授权，规制者的权威和威信难以树立，如果规制行为影响了某些垄断企业的利益，讨价还价的结果经常以规制机构的退让、折中来结束。这种结局的不断重复必然使规制机构的独立性受到影响，如果规制者自身的利益又与企业的经营活动直接相关，就会导致规制者被俘获现象的发生。缺乏相对独立的规制法律体系，在一定层次或范围内用行政规则直接或间接替代法律，是有效规制缺失的现实表现。

第四，法律的缺陷还体现在部分领域的立法空白上。例如，许多垄断性产业事实上至今并无法律上的控制，而对这些占据垄断地位的企业的规制至今也只能依照国家行政部门的控制，如国务院国资委出台了大量的部门规章对企业的运营状况、盈利指标等方面做出规定。但是，这些规章的法律位阶①不高。同样的状况还发生在国家发改委等机构的规章之中，这些规章虽然对垄断性产业滥用支配地位的定价方式形成了一定的约束，但由于缺少高级别的立法与相应的规制权力，使得这些部门的规章不能从根本上对这些产业进行彻底的规制。

简言之，法律体系本身的不完善使中国的法律难以对政府规制实现有效的规范、约束与监督。在放松规制的过程中为了解决规制退出留下的制度空白，中国也出台了许多相应的法律，但是在这些领域仍然不得不依赖行政机关的主动规制。同时，规制机构制定的规则在很多时候起到了法律的作用，这种情形也是在法律不完善条件下的替代性选择，而许多时候法律的制定也来源于规制经验。由于在这一过程中政府占据了主导地位，规制性法律的任务在于配合规制政策的实施，使得这一过程中缺少对规制的法律制约，表现为规制权力大量集中于行政机关。同时，这种权力的取得和行使状态在很大程度上反映了规制机构的利益取向，中国规制性法律的弱势地位因而可见一斑。这也使得中国出现行政机关对市场规制权力的垄断状态，而这种高度集中且缺乏制约的规制权力显然与现代意义的规制理念存在某种程度的不一致。

---

① 所谓法律位阶，是指每一部规范性法律文本在法律体系中的纵向等级。下位阶的法律必须服从上位阶的法律，所有的法律必须服从最高位阶的法律。在我国，按照宪法和立法法规定的立法体制，法律位阶共分六级，它们从高到低依次是：根本法律、基本法律、普通法律、行政法规、地方性法规和规章。

2.3.2　司法审查需要进一步加强

司法审查是现代法治国家普遍设置的监督制度，是指司法机关通过对立法机关和行政机关制定的法律、法规及其他行使国家权力的活动进行审查，宣告违反宪法的法律、法规无效及对其他违法活动通过司法裁判予以纠正。司法审查是对规制机构及其行为效果进行监督制约的有效机制。对政府规制的司法审查主要包括以下三个方面的内容：第一，形式合法性审查，即审查规制机构的具体行政行为是否遵循了法定的程序和依法定形式作出；第二，实体合法性审查，即规制具体行政行为是否存在越权、是否遵循实质性证据标准、是否正确地适用了法律和是否存在滥用职权的行为；第三，行政法规合法性的审查，即规制行政法规是否与上一位阶的法律相抵触。概言之，司法审查的制度效果是全面控制行政机关的行政活动，实现行政争议和救济的司法最终原则。

21世纪以来中国经历了三轮司法改革。第一轮司法改革是在2004年，改革的思路是"积极稳妥地推进、分步进行、自上而下、分阶段评估"，主要目标是健全司法体制、实现公正司法等。第二轮司法改革是在2008年，改革的主要内容是深化司法体制改革、优化司法职权配置、加强司法队伍建设、加强司法经费保障等。第三轮司法改革自2013年开始启动，改革的重要举措是"省级统领""员额制改革"与"司法管辖"。长期以来，中国司法制度所面临的核心问题是司法权力的地方化。在法院体系设置上，地方各级人民法院主要按行政区域设置，地方人民法院的法官任免、司法经费等都在同级地方政府、地方权力机关、地方党委的直接控制之下，地方司法机关的经费来源于地方财政。在具体的干部考核和人事管理上，法院系统也都受同级党政机关的领导。这样一种体制安排造成了地方各级司法机关对地方政府在人、财、物等方面的严重依赖，从而为地方政府干预司法提供了条件。司法权地方化，使地方司法与地方利益形成依附关系，地方司法往往更多地从发展和保护本地经济出发去执行法律，而不是着眼于维护国家法制的统一和司法公正。司法权地方化，从司法机关内部的管理体制、组织机构、工作程序和人员构成上看，也造成严重的行政化的问题。第三轮司法改革主要解决的就是司法权地方化的难题，"省级统领"即实现人力、财力、物力由省以下地方法院、检察院统一管理，逐步构建起"中央—省"二阶分层的司法预算体系，促进权力的集中化；"员额制改革"关系到法官身份的确认与认同；"司法管辖"改革主要涉及最高人民法院设立巡回法庭、建设跨行政区划的司法机构、调整行政诉讼案件管辖制度等内容，其主要目的是解决"省级统领"改革后省级司法权地方化、分散最高人民法院案件审理压力等难题。

虽然经过三轮司法改革，中国特色社会主义的司法制度建设得到了强力推进，但是司法权地方化并未得到彻底的解决，再加上政府规制缺乏充分的行政救济和司法救济制度保障，司法审查工作仍然需要进一步加强。1989 年通过的《行政诉讼法》是中国司法审查制度最直接的法律依据，但是人民法院行使司法审查权只能在审理行政案件的行政诉讼过程中进行，在行政诉讼程序之外不能对行政机关的活动行使司法审查权。而且，司法审查仅限于具体的行政行为，对行政机关的行政立法行为，法院无权进行审查。因此，人民法院行使司法审查权的主要功能是监督功能，而不是对行政权力的制约。

2.3.3　行政程序需要进一步规范

政府规制的有效性和规制的过程密切相关，良好的规制行政程序安排有利于减少政府规制的不确定性，确保政府规制决策的正确性，以及在需要规制时能迅速、及时、准确地做出规制决策。现代规制体制的构建理念更多地强调通过程序控制来塑造有效的规制权治理机制，认为规制过程实际上是一个公共选择的过程，规制应该具有包容性或者参与性的程序，规制过程应该最大限度地让受规制决策影响的各种利益主体了解相关的信息，有机会参与决策过程，表达自己的观点，维护自己的利益，实现有效的规制决策的公众参与。政府规制作为一种典型的行政行为，规制程序的目的在于保证行政主体将公共利益置于优先地位，通过规制程序体制建设可以防止规制机构的权力滥用，减少规制过程中相关各方之间的摩擦，维护公众对规制机构的信任和良好关系，最大限度地促进规制目标的实现。从国际经验来看，制定统一的行政程序法，使行政程序法典化、行政权力行使规范化是一个大趋势。以美国为例，其规制改革特别注重通过增强公共咨询来实现规制的公平与透明，联邦规制必须按照既定的行政程序来制定，通过规制影响评估等多种措施与程序保证有效的公共咨询和咨询过程的公开性。

20 世纪 90 年代后期，中国行政法治步入快速发展阶段，建设社会主义法治国家明确成为党和国家追求的目标，依法行政成为行政改革的重要内容，保障行政相对人的权利包括程序权利成为对行政机关的必然要求。2004 年国务院发布《全面推进依法行政实施纲要》，确立了建设法治政府的目标，规定了依法行政的主要任务和具体措施。2010 年国务院出台了《关于加强法治政府建设的意见》，对法治政府建设提出了明确的要求。2015 年中共中央、国务院印发《法治政府建设实施纲要（2015—2020年）》为当前和未来一段时间内的法治工作奠定了坚实的基础。此前，中国出台了《行政处罚法》（1996 年）、《立法法》（2000 年）、《行政许可法》（2003 年）等法律，对相应的行政程序做出了规范。国务院也制定了《行政法规制定程序条例》（2001 年）、《行政规章制定程序条例》（2001年）以及《政府信息公开条例》（2007 年）等行政法规，各地方政府也制定了一些有关行政程序的规章。此后，也针对这些法律进行过几次修订，但尽管修订后的法律在听取民意、保证公众知情权方面取得了一定的进步，可距离实现行政透明化、维护公民知情权仍然有一定的距离。

2.4　"转轨期"的社会与文化价值观念

政府规制是市场经济发展的必然结果，但市场失灵并不是政府规制的充分条件。公共领域的制度安排是社会利益群体争夺权力资源的互动博弈过程中诸多社会因素相互作用的结果，而不单纯是人为设计的产物。但制度安排是"镶嵌"于民族文化传统和社会生活习俗之中的，人们对制度安排的态度取舍及其在制度变迁实践中的行为选择，都是在特定的文化价值背景下进行的。因而政府规制的有效与否还受到一国社会组织发展、传统文化与价值观念等因素的影响。

2.4.1　社会组织发展不完善

社会组织在经济发展中起到愈加明显的推动作用，同时也成为社会治理结构中的重要力量。"现代社会治理需要积极培育各类现代社会组织，动员社会多元主体力量，形成提升公共服务质量、优化公共生活的合力。"① 而"社会组织作为社会治理的重要主体，广泛参与社区治理、参与公共服务供给，促进了协商治理的实现，提高了社会力量参与社会建设的积极性。"② 社会组织有三个显著特点：一是非官方性，即这些组织是以民间的形式出现的，它不代表政府或国家的立场；二是独立性，即它们拥有自己的组织机制和管理机制，有独立的经济来源，无论在政治上、管理上、财政上它们都在相当程度上独立于政府；三是自愿性，参加社会组织的成员都是自愿的。正是基于它的这些特点，社会组织在政府与公众之间开拓了一个具有中介性质的公共领域，公众可以自愿参与社会组织，同时社会组织也可以凭借其独立、自主的特性为成员谋福利或增进社会福祉。在当下，社会组织被视为能够缓解市场失灵和政府失灵的第三种治理机制，它有助于提高公共物品供给的效率和质量，能够塑造社会成员的自治与合作精神，减少社会对政府的过分依赖；它还可以孕育出丰厚的社会资本，增进信任、克服集体行动中的协调问题。这些优势都使得社会组织成为一种提高社会自我组织能力，促进资源配置效率，实现社会利益整合的重要制度安排。较旧式的社会组织而言，现代社会组织意识到自身发展的局限性、彼此间恶性竞争的可能性以及对政府的依附性等，所创造的是相对自由的、有约束的公共领域，由此成为社会治理、自我规制的主体性力量。

党的十八大明确提出"走中国特色社会组织发展之路"，2016 年中共中央办公厅、国务院办公厅印发《关于改革社会组织管理制度促进社会组织健康有序发展的意见》，民政部发布了《关于通过政府购买服务支持社会组织培育发展的指导意见》，社会组织得到健康有序的发展。但是，由于中国社会组织发展起步较晚，从改革开放到现在，仅有 40 多年的时间，且期间由于经验的不足，还出现了社会组织建设的反复与停滞。因此，社会组织的发展尚处在生长发育阶段，仍然面临着一系列问题，难以充分有效地提供公共服务、维护公共利益，结构合理的社会组织体系没有真正建立，一些社会中介组织无力独立承担由其承担的职

① 韩升、高健：《现代社会治理需要警惕社会组织发展的丛林化》，载于《东南学术》2019 年第 1 期，第 23~31 页。
② 石国亮、廖鸿：《推动新时代社会组织高质量发展的战略思考》，载于《理论与改革》2019 年第 1 期，第 35~43 页。

能，还不能够与政府和市场形成多元的治理结构。此外，在中国既有的政治体制下，经济制度的创新速度使中国经济在一定时期内获得了较快发展，但改革过程中的混合性、二元性和双轨性大量存在于市场和社会，带来了较大的累积制度成本，也影响了社会组织的发育。

整体来看，中国社会组织的发展还存在着如下缺陷：社会组织分布结构的不均匀，在地理上表现为社会组织多集中于东中部地区，在形式上表现为东部主要为民办非企业单位，而西部主要为社会团体，直接提供社会服务的比例较小；社会组织之间发展不平衡，力量强弱对比悬殊，尤其是基层社会组织力量较弱、活动较少，缺少完善的内部治理结构；社会组织缺少专业人才，尤其是规模较小的社会组织，人才匮乏问题更为严重；公众对社会组织认识的不足、舆论的偏差等问题。总体而言，当代中国社会组织普遍面临发展基础薄弱、内部管理不完善、参与公共事务的能力不足等问题，这导致其应有的作用无法得到有效发挥。由于社会组织发展的资金来源主要是政府财政支持或企业捐赠，为了持续获得援助，会导致社会组织主动与政府或企业进行合谋，从而无法保持其相对独立性。在此情形下，政府行为难以受到有力约束、企业行为无法得到有效监督、公众需求无法得到有效表达。

2.4.2　传统文化与价值观念影响尚存

任何一种制度结构都不是由单一的正式制度安排组成的，它是正式制度安排和非正式制度安排的总和。非正式制度，又称非正式约束、非正式规则，是指人们在长期社会交往过程中逐步形成，并得到社会认可的约定成俗、共同恪守的行为准则，包括意识形态、文化传统、习惯风俗、道德伦理、价值信念等。与正式制度相比，非正式制度没有强制性，它的实施主要依靠自我实施。尽管如此，非正式制度在整个制度结构中，仍有独特地位和奇妙作用。制度经济学研究发现，尽管正式制度具有很大的强制性，但"即便是在最发达的经济中，正式规则也只是决定选择的总约束中的一小部分（尽管是非常重要的部分），人们行为选择的大部分空间是由非正式制度约束的。"[①] 这是因为，传统文化与价

① 道格拉斯·C. 诺思：《制度、制度变迁与经济绩效》，杭行译，格致出版社、上海三联书店、上海人民出版社 1994 年版，第 4～5 页。

值观念等非正式制度，它们经过长期的历史沉淀，固化在人们的思想与行为中，影响到人们方方面面的行为选择。从对政府规制制度的演进影响来看，非正式制度的演进滞后于经济社会变革，往往具有"惰性"，短时间内难以发生改变，并通过各种方式影响新的正式制度的作用效果，从而影响中国政府规制制度的演进过程。

与正式制度相比，中国与西方在非正式制度方面区别更大。在中国，非正式制度一直都发挥着重要的作用。中国是一个有着悠久文化传统的国家，传统政治文化对人们的影响深远。从中国传统政治文化的特质看，不可否认中国在几千年的文明史中创造了具有中国特色的政治文化，显示了中国古人高超的政治智慧。但同样不可否认的是，中国传统政治文化和现代政治文化之间存在裂缝，传统政治文化中的部分构成因素对现代民主政治的发展在一定程度上具有阻碍作用。中国传统社会，国家政治结构上的家国同构，社会关系结构以伦理关系为基础，道德观念的形成、道德教育的理论和实践与人们的行为密切联系在一起，追求人格的道德完善，强调君主和臣民道德人格自修。"身国共治"是中国传统政治文化的一大民族特色。中国古代封建国家是君主的家天下，君主专制制度和君主的主观要求强化政治权力的目的性，使伦理关系同政治关系合为一体，因而将道德与政治融为一体。德治的治国方略使君主以伦常道德观念对臣民进行道德教化，以保证统治秩序和统治者的利益。道德教化的内容、原则、方式方法，都以君主和臣民的个体道德人格自修为导向。德治理论和治国方略引导统治者对上、对下都以"德"求之，都以道德人格的自我完善为标准。一方面，按照君子人格论，主张治国依靠君王和群臣在社会道德和政治伦理道德上的高尚，具有"仁德之主"的人格，强调"正己"——以身作则的身教教化，以达到国治，抑制或消除"小人"作乱；另一方面，主张对百姓进行道德规范——纲常教育，"纲常伦理"逐渐成为约束民众的日常思维方式和行为准则。两方面结合起来，成为治国理政的基础，成为国家、社会安定的社会政治条件。概而言之，中国固有的主流文化总体上有至善论的倾向。作为文化主流的儒家思想基础即"人皆可以为尧舜"，对人性作了正面肯定，认为人人皆有善端，并有向善发展的无限可能，人性至善是通过修炼即内省和践行的功夫达到的，从而把人的内在超越与天人合一的宇宙秩序联系起来。通过内在超越达到天下大治是政治思维的基本点，这种内圣外王之道可以看出中国传统政治文化的"人治"性质。

中国是一个受传统的中央集权历史影响极深的国家，政府在国家社会经济事务中一直扮演着重要的角色。中国传统文化将集体、国家、社会的利益放在首要的位置上，政府在国家经济社会事务中一直扮演着重要的角色，在几乎所有社会活动领域，都形成由政府部门发挥作用并依赖政府部门的社会定势。崇尚国家干预、过度依赖政府乃至盲目扩张规制权的观念十分鲜明，而信赖市场机制、依赖社会自治、限制并控制包括规制权在内的政府权力的意识却较为匮乏。不可否认，行政主导体制对于集中资源和高效实施集体意志具有一定的优势。但是，从长远来看，由于它在一定程度上违背了制度安排结构平衡的基本原则，会留下诸多隐患。这不仅导致规制法律自身缺乏对控制规制权的有效制度设计，如有关规制者责任的规定极其薄弱，而且更高层次、更大范围的制约机制，如司法审查制度也迟迟不能推行。另外，权力文化也间接压制了权利救济、社会自治等多元调节机制的生成和培养。

与经济、法律等正式制度相比较，非正式制度的约束经常会被人忽略，但这种无形的东西往往又最具有力量并深刻影响着正式制度的实施绩效。中国传统文化以其博大精深的内涵，阐明修身之道，以非正式制度的形式约束人们的日常行为方式，传统文化对于礼仪和道德的推崇，对当代法治社会的建设具有借鉴意义。但是从对中国的传统文化、意识形态等的分析来看，在传统文化和价值观念潜移默化的影响过程中，可能会限制个人和机构的活动能力，政府权力过大；公民依附性强，参与性弱；人治强，法治弱。这也成为我们分析中国政府规制和规制改革必须考虑到的重要约束条件。

概括而言，政府规制作为一种治理方式和制度安排，受到一国特定的制度禀赋约束。中国目前正处于经济社会全面转型的过程中，市场经济制度有待进一步加快完善，法律制度也处在改革进程中，社会组织发展的不完善以及传统文化与价值观念的掣肘等都使得中国政府规制体制还处在不断完善之中，规制效果受到一定制约。中国的特殊制度禀赋形成了中国政府规制和规制改革的基本约束条件，决定了政府规制及其改革的特殊性和复杂性，并对规制理论与实证研究提出了新的挑战。

第 3 章　中国政府规制改革的阶段性

　　回顾中国 40 多年来以放松经济性规制和加强社会性规制为主要内容的市场化改革进程，由于规制改革是在扬弃计划经济体制和部分放开政府所有权的条件下自上而下展开的，改革起始背景与西方国家迥异，因而经历了不同于西方的改革进程。在中国，政府规制的逻辑起点是一个高度集中的计划经济体制，其改革进程经历了计划经济体制向市场经济体制转轨的阶段，进而步入经济社会全面转型的阶段。其间，政府规制表现出不同于西方政府规制演进的阶段性特征，是从计划经济条件下的强经济规制及其相应的行政性垄断，向有关产业旧体制内行政垂直管理的规制放松与新兴市场发育所需要的再规制转换，从缺乏法律基础的弱社会性规制向建立在完善法律基础上的强社会性规制转换。依据市场化改革进程，我们将经济性规制、社会性规制改革的进程区分为改革之前、改革初期、改革中期与改革近期等若干阶段，以反映典型规制产业的经济性规制与典型规制领域的社会性规制的总量变化历程和趋向成熟的政府规制体制的形成过程。

3.1　经济性规制改革的阶段性

　　经济性规制体现的是对于微观经济活动的干预，其改革的阶段性体现了中国经济管理中政府直接干预市场、限制市场以及政府选择替代市场机制等传统管理模式的渐趋淡化，体现了政府放松价格规制、进入规制，实施激励性规制、引入竞争机制的新兴管理模式渐趋强化。我们将经济性规制改革的阶段划分为：改革之前（高度计划经济体制下）——严格规制阶段，改革初期（改革开放以来至 20 世纪末以前）——规制改革破冰阶段，改革中期（20 世纪末）——规制改革迅速推进阶段，改革近期（2003 年左右至今）——规制改革攻坚阶段。

3.1.1 改革之前：严格规制阶段（1978 年以前）

改革开放前，中国政府实行的是高度集中的计划经济体制，经济性规制呈现"两严两缺"的格局，即严格的进入规制与价格规制，缺少独立规制机构和规制法规。例如，自然垄断产业基本都是国家垄断，其他民营资本很难进入该领域，因此很多自然垄断产业只能依赖政府投资，造成严重的资金短缺。价格方面实行严格的国家定价，排斥市场机制，企业的亏损由财政支出弥补，造成多数产业发展缓慢，连年亏损。政府主管部门往往也是垄断产业的经营者，造成政企不分，没有独立的规制机构。对自然垄断产业的管理主要依靠行业法律法规，而大部分法律法规是由其行业主管部门负责起草或制定的，其指导思想往往是保证国家基础设施的安全，并使行业利益合法化，而不是为了规范市场主体的行为。与此同时，与规制程序相关的法律建设滞后。当时的行政法律体系，在行政程序、抽象行政行为的行政诉讼、行政违法行为的法律责任以及行政法与刑法、民法补救措施的接轨等方面，也都缺乏完整的建设，从而不利于建立起透明、合理的规制决策程序①。

以具体产业为例，改革前，中国的各个垄断行业由中央直接管理和经营，多年来一直实行政企合一的管理体制，对内对外都实行严格的价格规制和进入规制。在这种情况之下，各行业都面临机制僵化、生产效率低下、连年亏损的局面，基本上靠财政补贴维持发展。企业本身缺乏自主经营权，缺乏改革动力，造成供给不足和质量低下。例如，电信和邮政业（当时未实现邮电分营）归邮电部所属，从投入、生产到销售，实施严格的价格规制和进入规制。由于缺乏经营自主权，机制僵化，生产效率低下，自我积累能力差，只能依赖政府投资，致使电信行业发展缓慢。铁路更是计划经济体制下中国传统政府垄断的典型案例。20 世纪 80 年代以前，中国国家铁路由中央政府和地方政府建设和经营管理，投资权高度集中于政府。铁道部既是管理者又是经营者，集铁路运营与

---

① 和军：《自然垄断产业规制改革理论研究》，经济科学出版社 2008 年版，第 44 页。

管理于一身。而航空业则实施军事化管理，实行部队建制。在 1980 年以前，中国民航实行以军队领导为主的政企合一的管理体制，民航局身兼二职，既是政府管理机构，又是直接的经营机构，其隶属关系几经变化，有时归国务院领导，有时归交通部领导，从"文化大革命"到 20 世纪 70 年代末的很长一段时间内，由空军领导或代管，实行准军事化的管理。这种体制之下的中国民航业发展缓慢，连年亏损，基本上靠财政补贴维持发展①。电力业在改革开放前一直实行着中央垂直垄断管理体制，从新中国成立后至 1985 年的 30 多年间，一直维持政企合一，国家独家办电，实行收支两条线、统收统支的财务管理模式。电力工业的投资和运营费用由中央拨款，收入全部上缴国库，规制方式是由国务院和中央多个部委决策，电力工业部（包括原料工业部、水利电力部）作为电力行政主管部门对电力行业进行全面的管理，政府直接配置资源和干预企业的生产经营活动。这种典型的计划经济体制、投资体制和管理方式，严重制约了电力行业的发展，造成了中国长达 20 多年的严重缺电局面，成为阻碍中国国民经济发展的一大瓶颈②。

3.1.2 改革初期：规制改革破冰阶段（1978～1991 年）

1978 年中国共产党召开了十一届三中全会，开启了以经济建设为中心、实行改革开放的新篇章。1984 年十二届三中全会通过了《中共中央关于经济体制改革的决定》，中国经济体制改革由此全面展开。随着经济体制改革的全面推进，经济性规制改革开始破冰，价格规制、进入规制逐渐开始放松，政府开始有步骤地放权让利，甚至开始了名义上的政企分开。

以自然垄断产业规制改革为例。由于自然垄断行业与政府各级部门之间存在着千丝万缕的联系，改革进程相当缓慢，但仍然取得了一些成果，主要体现在以下几个方面：

---

① 戚聿东、柳学信：《自然垄断产业改革国际经验与中国实践》，中国社会科学出版社 2009 年版，第 62 页。

② 李青：《自然垄断行业管制改革比较研究》，经济管理出版社 2010 年版，第 97 页。

1. 价格规制的放松渐趋开始

政府逐渐向企业放权，某些产品或服务的定价机制向市场定价过渡。如在电信业，1980 年政府放松了电信业的价格规制，1980 年 6 月允许市话企业收取电话初装费，1986 年允许长话、电报和邮政等业务收取附加费[①]；在民航业，运输价格也出现松动，很多航空公司推出打折机票吸引顾客。民航业从 1980 年开始尝试价格改革，这一阶段虽然没有实现政企分开的初衷，但航空公司、机场等部门成为具有相对独立利益的主体，它们之间开始按照市场原则进行核算。在此背景下，航空公司开始了尝试通过竞争来实现市场化定价的道路，对顾客执行折扣票价，但国家对此仍进行了严格规制。总体而言，这一阶段还是以政府定价、统一定价为主。

2. 放松进入规制初显端倪

为了改变过去规制管得过严、统得过死的局面，盘活国有资产，特别是解决公共事业的融资问题，政府开始逐步放松进入规制。如 1986 年政府开始鼓励外资企业竞争性提供电信终端设备；1987 年民航业在航线进入、机场建设、飞机购买等方面的政府规制开始松动；1986 年政府为了缓解中国长达 20 多年的严重缺电局面，推出集资办电政策，鼓励地方政府和外国投资者参与电力建设；市政公用事业在网络业务以外环节的市场进入也开始有所放松。

3. 政府开始放权让利

为了改善自然垄断行业多年亏损的局面，政府改革采取两种手段：放权、让利。20 世纪 80 年代初，铁道部为了调动铁路运输企业的生产积极性，在财务、物资等方面放权让利。1986 年，推出"投入产出、以路建路"的经济承包责任制，开始尝试实行全行业的经济责任大包干，将计划、财务、劳资、物资、人事等方面的权力下放到下属路局，同时在税收、贷款等方面给予支持和优惠[②]。为了减轻邮电部门的负

---

① 张汉林、刘光溪：《规制改革与经济发展》，上海财经出版社 2005 年版，第 107 页。

② 张红凤、杨慧：《西方国家政府规制变迁与中国政府规制改革》，经济科学出版社 2007 年版，第 57 页。

担，国家在所得税方面予以减免，1982 年将所得税减少到 10%，并且邮政免缴；外汇收入的 10% 上缴给政府；1986 年允许邮政企业获得的"拨改贷"资金只偿付 10% 的本息。这些措施有效减轻了企业负担，刺激了生产积极性，使得某些自然垄断部门扭亏为盈①。

4. 开始政企分开改革

1987 年，民航业开始进行政企分开的改革，管理局、航空公司和机场分设，并先后组建东方、国际、南方等六大国有航空公司，将经营部门分割成几家独立的核算公司。

总体来讲，在中国规制改革初期，多数行业开始打破高度集中的国家垄断体制，放松进入规制和价格规制。但是这一阶段的改革在很多方面都仅仅是个开始，由于受到原有体制的制约与路径依赖，规制改革遇到重重阻碍，新的市场结构也出现诸多问题。

3.1.3　改革中期：规制改革迅速推进阶段（1992～2002 年）

1992 年党的十四大召开，明确提出经济体制改革的目标是建立社会主义市场经济体制。这一体制与社会主义基本制度结合在一起，其本质是要使市场在社会主义国家调控下对资源配置起基础性作用。伴随着社会主义市场经济体制建设步伐的推进，经济性规制进入迅速推进的实质性阶段。在初期改革的基础上，政府进一步放松价格规制与进入规制，同时成立了很多名义上的规制机构，逐渐实现政企分离②。

1. 进一步放松进入规制

1994 年 7 月中国联通的成立标志着电信业的改革进入放松进入规制的阶段，改变了多年来中国电信业的垄断局面，进入双寡头垄断时期。电力行业在发电业务领域也进一步放松进入规制。航空运输业也开始部分地允许民营资本和外资进入。武汉航空公司重组中均瑶集团的介

---

① 李青：《自然垄断行业管制改革比较研究》，经济管理出版社 2010 年版，第 110 页。
② 肖竹：《论政府规制革新——兼顾中国的现实及改革方向》，载于《社会主义研究》2009 年第 3 期，第 56～61 页。

入投资，标志着中国对国内民营资本的市场进入限制开始放松。此外，对外资的进入限制也开始放松，在 1994 年颁布的《外商投资民航业规定》中，外资投资比例已经由 35% 提高至 49%。

2. 引入竞争机制

在逐步放松进入规制的同时，在一些垄断行业的可竞争领域，政府逐步进行结构重组，适时引入竞争机制，企图打破国有垄断的局面。例如，1999 年电信业进行了第一次大规模结构重组，对原有一体化运营模式进行以不同业务分离为主的纵向拆分，将中国电信切分为中国电信、中国移动、中国寻呼和中国卫星，并对中国联通业务予以加强。这次结构重组虽然对原有的垄断格局有所改善，但在各项专业业务领域依然维持垄断。于是 2002 年，又进行了第二次结构重组，将中国电信集团公司按照电信网络覆盖的区域范围分为南北两个电信公司。电力行业也在上海、浙江、山东、吉林和黑龙江等地进行"厂网分开、竞价上网"的市场化改革试点，探索打破垂直一体化经营的可能路径。

3. 进一步放松价格规制

在初期价格规制改革的基础上，本阶段价格规制进一步放松。尤其是在引入竞争机制以后，电信业、电力业等的价格进一步放开，同时垄断程度较高的铁路行业价格也开始有所松动。

在电信业，1999 年 3 月，国家大幅度降低互联网、出租电路、国际及港澳台通话、固定电话初装费和移动电话入网费等资费标准，规范了本地电话资费；1999 年 10 月，进一步降低了出租电路和互联网资费；2001 年 1 月，对电信资费再次进行了有升有降的结构性调整，这也是建网以来最大的一次结构性调整；2001 年 7 月，取消了固定电话初装费和移动电话入网费，中国固定电话的一次性安装费已经大大低于世界平均水平[1]。

在电力业，这一阶段主要是采用了发电价格一厂一价，甚至是一台机组一个电价的定价政策。例如，对 1985 年以前利用政府拨款建设的电厂和 1985～1992 年利用补贴的政府贷款建设的电厂，其电价以原电

---

[1]　姚允柱：《自然垄断产业规制理论的演化与我国电信业的规制改革》，载于《江苏大学学报（社会科学版）》2006 年第 4 期，第 82～86，90 页。

力部和国家计委每年颁布的目录电价表为依据（又被称作"老电价"），综合考虑劳动工资、燃料和维修费用等运行成本（但不包括基建成本，如折旧、利息和投资的偿还）；而对 1986～1992 年建设的非中央政府投资电厂和 1992 年以后建设的所有电厂，电价则以"新电新价"政策为依据，即允许电厂售电时考虑还本付息的目标[①]。这些政策对于吸引社会资金办电，特别是提高合资、独资电厂的积极性起到了重要作用，有力地促进了电力生产的发展，但同时也大大提高了发电厂的平均售电价格。2002 年，原国家计委对电力业实施"厂网分开、竞价上网"的新的规制改革方案，将原国家电力公司拆分重组为两大电网公司、五大发电集团和四个辅业集团，并在此基础上开始实行"厂网分开、竞价上网"。

在民航领域，为改变民航价格居高不下的状况，同时也为促进航空公司竞争，中国民航总局从 1997 年起实行放开票价的尝试，于当年 11 月推出"一种票价、多种折扣"的定价政策。然而，由于开放无序，此次改革引发了各航空公司的票价大战，民航市场价格混乱，航空公司全面亏损。无奈之下中国民航总局又于 1999 年 1 月颁布"禁折令"，规定除对团体、寒暑假师生等部分客户群实行特殊优惠票价外，各航空公司实行统一票价。随后，国内各主要航空公司于 2000 年 4 月建立起价格同盟，在 102 条航线上共同制定票价。这直接导致中国民航总局决定自当年 5 月中旬起，试点实行旅游团队优惠票价，后又决定从 10 月起放松对支线票价的规制，实行最高限价规制，最高票价不得超过公布票价的 10%。2001 年 3 月，中国民航总局最终决定解除"禁折令"，实行机票价格部分放开。随后为进一步放开价格，促进航空公司之间的竞争，中国民航总局又于 2002 年 6 月上旬起对国内航线（港、澳航线除外）团体票价试行幅度管理，即团体票价最低折扣率可根据购票时限、航程性质、人数不同而不同[②]。总之，这一时期民航价格规制几度放开又几度收紧，这种反复变化本身也说明，民航产业依靠市场决定价格的机制尚未形成。同时在 2002 年，中国民航业出台了新的重组方案，中

---

① 张红凤、杨慧：《西方国家政府规制变迁与中国政府规制改革》，经济科学出版社 2007 年版，第 84 页。

② 戚聿东、柳学信：《自然垄断产业改革国际经验与中国实践》，中国社会科学出版社 2009 年版，第 134 页。

国航空集团公司、中国东方航空集团公司、中国南方航空集团公司、中国民航信息服务集团公司、中国航空油料集团公司和中国航空器材进出口集团公司 6 家集团公司挂牌成立，这是我国民航体制改革取得的重大成果，标志着航空企业自主发展、互相竞争的局面初步形成。

4. 成立规制机构

这一阶段的改革突出表现在各个自然垄断产业进行了不同程度的政企分开改革，成立了名义上的规制机构。例如，1994 年中国联通成立以后，邮电部与中国电信脱离，成为名义上的规制机构。1998 年又在原邮电部、电子部的基础上组建了信息产业部，中国电信行业逐步实现政企分开，电信规制机构开始建立并行使其职能①。航空运输方面成立了民用航空管理总局，民航脱离了军事建制。电力业则在 1997 年成立国家电力公司，保留电力部，国家电力公司与电力部双轨运行，1998 年撤销电力工业部，组建国家经贸委电力司，电力行政管理职能移交国家经贸委，在中央层面实现电力工业的政企分开。虽然很多垄断行业实现了政企分开并且成立了规制机构，但由于新的规制机构是国有垄断行业的原有经营者，所以两者之间在人事、财务等方面还有千丝万缕的联系，造成规制机构的规制决策并不能完全独立于被规制企业。这就使得下一阶段的规制改革任重而道远。

3.1.4　改革近期：规制改革攻坚阶段（2003 年以来）

2003 年召开的党的十六届三中全会，做出了《关于完善社会主义市场经济体制若干问题的决定》，对建立完善的社会主义市场经济体制进行了全面的部署。至此，中国经济体制改革进入完善社会主义市场经济体制的新阶段。进入 21 世纪之后，经济性规制特别是各个垄断行业的经济性规制，在总结前期规制改革经验的基础上，纷纷开始了新一轮的改革进程。但相对于之前的改革阶段而言，规制改革在市场与政府的相互作用下，步入了更彻底、更深入的攻坚阶段。

---

① 袁正、高伟：《中国电信业改革回顾、经验与问题》，载于《宏观经济研究》2009 年第 9 期，第 65～69，74 页。

49

1. 进一步深化竞争机制改革

在自然垄断产业的可竞争环节引入竞争机制是最大化减少福利损失的有效手段。前期放松进入规制、引入竞争机制的改革措施虽然取得一定成效，但仍然不够深入彻底。本阶段在此基础上进一步进行机构整合。例如，中国电信业 2008 年进行了第三次大规模机构重组，形成了中国移动（合并了铁通）、中国电信（合并了原联通的 C 网及部分人员）和中国联通（将 G 网及部分人员与中国网通合并）"三足鼎立"的局面，改变了过去业务垄断、区域垄断的格局，真正实现了把三大运营商放在一个竞争平台上。2017 年《电信业务经营许可管理办法》取消了基础电信和跨地区增值电信业务经营许可证备案管理，取消了申请经营许可时提交财务会计报告、验资报告和提交企业名称预核准通知书的要求，简化了取得电信许可证的程序。电力行业方面，随着 2007 年"920"和"647"资产处理完毕，"厂网分开"的目标已经彻底实现。此次改革打破了原有的垂直一体化的垄断格局，通过结构性重组引入了市场竞争机制。民航方面，国务院于 2010 年发布的《关于鼓励和引导民间投资健康发展的若干意见》指出，要建立公开、透明的准入环境，平等对待各类投资主体，不得单独针对民间资本设置额外的限制，这充分说明了民航业的进入门槛在不断降低。

2. 继续推进政企分开改革

在自然垄断产业中，铁路业和邮政业是中国规制改革相对落后的两个产业，多年以来形成的政企合一、国有垄断经营的模式在近期开始有所松动并逐渐实现政企分开①。中国铁路企业自 1997 年开始全面实行资产经营责任制，使铁道部从对铁路生产经营的具体管理转向对国有资产的监督和管理，其职能从微观管理向宏观管理的转变中迈出了实质性的一步。但是，资产经营责任制并未改变铁路企业的产权问题，铁路行业"政企合一"的规制体制并未得到根本性改变。2013 年 3 月，根据《国务院关于提请审议国务院机构改革和智能转变方案》的议案，铁道部实行铁路政企分开。将铁道部拟定的铁路发展规划和政策的行政职责划入

---

① 杨梅枝：《我国铁路业的发展现状与政府规制改革》，载于《经济研究导刊》2009 年第 9 期，第 61~63 页。

交通运输部；组建国家铁路局，由交通运输部管理，承担铁道部的其他行政职责；组建中国铁路总公司，承担铁道部的企业职责；不再保留铁道部。中国铁路总公司机关设置 20 个内设机构，下设 18 个铁路局、3 个专业运输公司等企业。2017 年 3 月，中国铁路总公司确定了"三步走"的改革计划，第一步是对中国铁路建设投资公司等非运输类企业进行公司制改革，第二步是让全国 18 家铁路局进行公司制改革，而第三步就是中国铁路总公司自身进行公司制改革。2017 年 11 月 19 日，中国铁路总公司 18 个铁路局完成企业身份转换，改制为集团有限公司，这标志着铁路公司制改革取得重要成果，为中国铁路总公司实现从传统运输生产型企业向现代运输经营型企业发展迈出了重要一步。同时官方宣布，总公司机关组织机构改革顺利完成，机关部门、内设机构、定员编制分别精简 10.3%、26.6%、8.1%，并将进一步理清总公司和铁路局集团公司的管理关系，明确权责界限，全面确立铁路局集团公司市场主体地位。

关于邮政业的政企分开改革，2005 年邮政业重组国家邮政局，归信息产业部管理，其下设立省级邮政监管机构，组建中国邮政集团公司和邮政储蓄银行。此次改革基本实现了政企分开，明确了规制者与被规制者的职能与定位。

3. 进一步完善价格形成机制

总体而言，垄断产业的价格形成机制改革是沿着由计划到市场，逐步放开，并引入竞争的方向进行的。其充分考虑了规制领域的信息不对称，实现了将价格决定权分散化。

在电力业，根据 2003 年颁布的《国务院办公厅关于印发电价改革方案的通知》，对上网电价改革的方向是引入竞争机制，实现电价由供需双方竞争形成。上网电价主要实行两部制定价。其中，容量电价由政府制定，电量价格由市场竞争形成。在水电比重大的地区，为调节和平衡丰枯季节电力供求，实行上网环节的丰枯定价。具备条件的地区，实行集中竞价的同时，在合理制定输配电价的基础上，允许较高电压等级或较大用电量的用户、独立核算的配电公司与发电企业进行双边交易，双边交易的电量和电价由买卖双方协商确定。此次改革迈出了通过竞争机制形成电力价格的真正一步，对于提高电力企业效率和降低电价无疑具有积极意义。2015 年，开展首轮输配电定价成本监审，制定了《输配电定价成本监审办法》，是我国历史上首次在全国范围内组织的对自然垄断环节开展定价成本监审的办法，该办法按照"准许成本＋合理收益"原则，对输配电成本进行全方位监管。2018 年根据《关于创新和完善促进绿色发展价格机制的意见》清理取消对高耗能行业的优待类电价政策，完善差别化电价政策。

在电信业，2005 年 8 月，对国内长途通话费、国际及台港澳通话费、移动电话国内漫游通话费和固定电话本地网营业区间通话费 4 项电信业务资费实行价格上限管理。至此，对电信业的定价问题，政府干预的内容已经很少，市场竞争成为价格的主要形成机制。这对于提高运营商的经营激励，无疑具有重要意义。

在民航业，实行拆分重组之后，价格改革也进一步推进。2003 年起国家发改委、中国民航总局等五部委开始酝酿对民航运价进行联合整治，并于 2004 年 4 月公布了《中国民航国内航空运输价格改革方案》（该方案于 2004 年 3 月中旬获得国务院批准，同年 4 月 20 日起正式实施），决定以境内执行的各航线票价水平（不含燃油加价）作为基准价，在上浮不超过基准价的 25%、下浮不超过 45% 的范围内，允许航空公司自行制定具体航空票价种类和水平。至此，国家对民航价格的规制变为上下限规制，从而赋予了企业和市场更大的自主权，依靠市场决定价格的改革又向前推进了重要一步。同时，国家允许民营航空公司参与竞争。"鹰联""春秋""奥凯"等航空公司如雨后春笋般破土而出，虽然规模不大，但对分割民航市场和保持对价格竞争的压力不可忽视。

3.2 社会性规制改革的阶段性

相对于经济性规制而言，社会性规制所涉及的产业和领域更为广泛，与国民安全和健康的关系也更密切。虽然中国对社会性规制理论的研究只是在近些年才成为热点，但是社会性规制的相关内容，从新中国成立开始就已经产生，伴随着社会主义市场经济改革的推进，中国社会性规制在不同的历史阶段也表现出不同的阶段性，具体为改革之前即计划经济时期的相对匮乏，改革初期即市场经济改革探索阶段的逐步加强，改革中期即市场经济制度建立阶段的快速发展，以及改革近期的日渐成熟和完善①。

3.2.1　改革之前：规制相对匮乏阶段（1978 年以前）

改革开放前，政府实行的是高度集中的计划经济体制，国民经济为集中管理，国家决定日常经济过程、经济秩序以及社会秩序，中央政府为全体人民利益的代表，全体人民的福利成为中央政府行为的目标②。在集中管理模式下，从规范视角来看，全体社会成员的利益会得到最大限度的满足，资源会按照全民意志得到最优的配置。另外，产权在法律层面的界定是清晰的。因此，在集中管理的计划经济条件下，诸如环境污染、生产安全等社会性规制领域的问题也只是由于计划不完善和缺失而造成。此时虽然没有现代意义上的政府规制，但有关生产安全、劳动保护、产品质量、环境保护等方面的机构与行政准则、条例已经出现。这一时期建立的规制机构和出台的行政法规尚不能满足规制的需求，社会性规制领域还存在许多空白，因此，该时期社会性规制领域问题主要归结为规制机构和规制法规数量的匮乏上。

在机构设置方面，1949 年新中国成立之初，成立了燃料部下属的安全监察处，这是新中国第一个负责煤矿安全问题的政府机构。1953年参照苏联模式引入了矿场监察体系，至 1955 年末，全国 10 个产煤区和 27 个矿区都建立了规制机构。除了煤矿安全规制具有独立的规制机构之外，其他的社会性规制均由相应的政府部门负责。食品安全规制相关的政府部门大致包括：一是管理食品卫生标准和进行食品卫生检验的部门主要是国家计量局（1954 ~ 1972 年）和国家标准计量局（1972 ~ 1978 年）；二是管理粮食生产和畜牧兽业的部门主要是农业农村部（1949 ~ 1970 年）和农林部（1970 ~ 1979 年）；三是管理食品、盐业、制糖、油脂、酿酒等加工业的主要是轻工业部（1970 ~ 1978 年）；四是管理食品市场交易的主要是中央工商行政管理局（1954 ~ 1970 年）和

---

① 张晓莹、张红凤：《中国经济性规制改革的动态演进及现实选择》，载于《教学与研究》2012 年第 9 期，第 32 ~ 38 页。
② 崔友平：《中国经济体制改革：历程、特点及全面深化——纪念改革开放 40 周年》，载于《经济与管理评论》2018 年第 6 期，第 5 ~ 14 页。

商业部（1970～1978 年）；五是卫生部于 1953 年设立了卫生防疫司，并在各级卫生防疫站内设食品卫生科，负责食品卫生的监督工作和技术指导。此外，这一时期的环境规制主要是由国家环保总局执行。

在规制法规方面，为解决相关社会问题，这一时期中国制定了相关办法、标准、条例等，但缺乏相关的正式立法。具体包括：

1. 职业安全与健康规制方面

1951 年颁布了《关于搬运危险性物品的几项办法》，1956 年颁布了《防止沥青中毒办法》和《工厂安全卫生规程》，1963 年相继出台《建筑安装工程安全技术规程》《国务院关于加强企业生产中安全工作的几项规定》《防止矽尘危害工作管理办法》。以上几部法律法规的出台确保了生产场所的安全和生产过程的规范，进而使劳动者的安全和健康得以保障[①]。

2. 消费者安全与健康规制方面

1953 年卫生部颁布了《清凉饮食物管理暂行办法》，为新中国第一个食品卫生规制方面的法规。1964 年，国务院转发了《食品卫生管理试行条例》，规定了卫生部门对食品卫生进行监督和各有关食品生产经营部门的职责与卫生要求。

3. 环境规制方面

（1）大气污染。1953 年，原劳动部制定了《工人安全卫生暂行条例》，其中包含了防治大气污染的内容；1973 年，制定了《工业"三废"排放试行标准》，以标准的形式对大气污染物的排放做出了定量的规定。

（2）水污染。1955 年制定了《自来水水质暂行标准》，1957 年国务院有关部门颁布了《关于注意处理工矿企业排除有毒废水、废气问题的通知》，第一次对防治水污染做出了具体规定。

（3）噪声污染。1956 年劳动部颁布的《工厂安全卫生规程》中，

---

① 《工厂安全卫生规程》（1956）、《建筑安装工程安全技术规程》（1956）、《国务院关于加强企业生产中安全工作的几项规定》（1963）、《防止矽尘危害工作管理办法》（1963），国务院已于 2008 年 1 月 15 日宣布废止。

对工厂内各种噪声源规定了防治措施；1957 年制定了《治安管理处罚条例》，对在城市任意发出高大声响影响周围居民工作休息，且又不听制止者规定了具体的处罚条例。

总之，在计划经济体制下，虽然存在着一系列社会性规制活动，但规制依据多为办法、标准、条例等，缺乏对这些活动的正式立法，法律效力较弱，而且各种管理规定中没有规定相关法律责任或惩罚办法，所以，这些规章更类似于企业内部的工作规程。而且这一时期规制的范围十分有限，像药品安全等许多问题还没有纳入政府规制的范围。同时，计划经济时期的部门管理体制导致社会性规制职能分散在各个生产经营单位的主管部门手中，形成了各自为政、多头管理的局面。这种规制体制不仅浪费人力、物力和财力，造成社会性规制机构臃肿、人浮于事、政企不分和官僚主义，更使各部门在管理经验、方法和手段方面缺乏有效沟通，降低了规制效率。但是，在计划经济体制下，由于各部门和地方政府并不存在明显的自身利益，因部门利益及地方保护等导致的利益冲突和矛盾并不突出。在该阶段社会性规制供求的结构性矛盾，即规制机构设置的缺乏与规制范围的狭窄同规制需求之间的矛盾，对社会总体福利水平造成的负面影响也并没有成为社会关注的焦点。

3.2.2　改革初期：规制逐步加强阶段（1978 ~ 1991 年）

计划经济体制因无法解决激励和信息问题，抑制了社会主义经济的活力，造成效率低下、经济衰退和人民生活贫困。随着 1978 年中国共产党十一届三中全会和 1984 年十二届三中全会的召开，中国经济体制改革由此全面展开，并向前推进，随之经济活动产生的社会性问题日益突出，如假冒伪劣产品问题、工作场所安全问题、环境保护问题等。同时，当时的法律法规制度很不完善，市场经济的道德诚信体系也没有形成，加上信息的严重不对称，使得市场失灵问题严重，并极大地影响了社会的总体福利水平。为解决这些问题，国家加强了社会性规制活动，具体表现在：

1. 出台了一系列有关社会性规制的法律法规，社会性规制立法活动开始在中国兴起

1978 年以后，尤其是 20 世纪 80 年代中后期中国颁布了一系列有关社会性规制的法律和规章，初步建立了社会性规制的法律体系。

（1）环境规制。1979年国家制定首部环境保护法律《环境保护法（试行）》（该法于1989年正式通过），对环境污染的防治作了原则性规定。随后又颁布了多项法律和行政法规，如：《海洋环境保护法》（1982）、《水污染防治法》（1984）、《水污染排放许可证管理暂行办法》（1988）、《关于防治造纸业水污染的规定》（1988）、《水污染防治法实施细则》（1989）、《饮用水源保护区污染防治管理规定》（1989）等。

（2）消费者安全与健康规制。中国在1982年颁布，并从1983年7月开始实施《中华人民共和国食品卫生法（试行）》，这是中国在食品安全方面颁布的第一部内容比较详细的正式法规①。之后又针对药品及一般消费品颁布了《药品管理法》（1984）、《计量法》（1985）、《标准化法》（1988）、《化妆品卫生管理条例》（1989）等，从多方面切实保护消费者的利益、健康和安全。

（3）职业安全与健康规制。在生产安全和劳动保护方面有《海上交通安全法》（1983）、《职业病范围和职业病处理办法的规定》（1987）等。

这些法律法规明确了中国环境规制、产品质量规制和安全规制的基本原则和基本方法，使中国的社会性规制开始走上了法制化的轨道。

2. 建立了一些社会性规制机构，初步明确了社会性规制的主体

1985年国务院批准成立了全国安全生产委员会，办公室设在劳动人事部；1988年在国务院环境保护领导小组（1974年成立）、城乡建设环境保护部、环境保护局的基础上成立了直属国务院的国家环境保护局，行使政府的环境规制职能；同年在国家标准局、国家计量局和原国家经委质量管理局的基础上组建了国家技术监督局，总揽全国的质量监督、标准化等工作。但此时的社会性规制机构缺乏足够的权威，无权直接执法。如环保局要封存一台污染设备或关闭一家制造严重污染又拒不治理的企业，必须征得企业主管部门的同意。

在这一时期，改革开放刚刚启动，市场经济基础较为薄弱，生产和经营并没有完全摆脱计划经济的烙印。同时，社会性规制体制改革也刚刚兴起，行业的主管部门在较大程度上仍然可以影响或者决定企业行

---

① 张涛：《食品安全法律规制研究》，厦门大学出版社2006年版，第165页。

为。因此,社会性规制职能仍分散在各主管部门的手中,主要涉及安全
生产、产品质量、劳动保护、环境保护等领域。随着经济快速发展,社
会性规制问题日益突出,社会性规制体制改革在各主管部门负责的基础
上,逐渐强化了其他政府部门的规制职责。这是由于,一方面,在双轨
制的条件下强调各主管部门的规制职责仍具有其合理性;另一方面,强
化其他政府部门的规制职责对于克服部门利益主义和保护主义是非常必
要的。20 世纪 80 年代初中国开始实行分权化改革,地方政府发展地方
经济的积极性被大大提升。

在该时期社会性规制领域的问题逐渐凸显,但是与市场经济相适应
的规制体制在短时间内还未建立起来,多头管理是这一时期最明显的特
征,各部门在规制职责上存在着严重的权责不清和职能重叠等问题,从
而严重地影响了规制的效率。而在部门利益日益抬头的情况下,这种混
乱的规制结构加剧了各部门的利益矛盾和冲突,并且难以进行有效的调
和。在这一时期的社会性规制中,不仅规制的结构性冲突依然存在,各
政府部门间的利益目标冲突也表现得愈加剧烈,这也极大地降低了社会
性规制的效率。

57

3.2.3 改革中期:规制快速发展阶段(1992 ~ 2002 年)

1992 年党的十四大召开,确立了中国经济体制改革的目标是建立
社会主义市场经济体制,标志着中国的经济体制改革开始进入社会主义
市场经济体制框架构建阶段。市场经济发展的历史证明,市场经济的有
序运行离不开有效的政府规制,伴随着社会主义市场经济体制改革进程
的加速,中国社会性规制体系初步形成,主要表现在两个方面:

1. 基本形成了比较完善的社会性规制法律体系

党的十四大以来,中国社会性规制立法的步伐明显加快,不但新颁
布了一些法律、法规,而且对一些重要的法律、法规也进行了修订。

(1)环境规制方面。1995 年出台《固体废物污染环境防治法》,
1996 年出台《环境噪声污染防治法》和《煤炭法》,1997 年、2001 年
和 2003 年中国相继颁布了《节约能源法》《防沙治沙法》《放射性污染
防治法》。除了新的环境规制法规出台之外,在 1999 年和 2002 年,分

别对《海洋环境保护法》和《水法》进行了修订。

（2）消费者安全与健康规制方面。1993 年，中国颁布了《消费者权益保护法》和《产品质量法》，1994 年、1995 年和 1997 年分别颁布了《广告法》《食品卫生法》和《动物防疫法》。

（3）职业安全与健康规制方面。在这一时期，《矿山安全法》《劳动法》《消防法》《职业病防治法》《安全生产法》分别于 1992 年、1994 年、1998 年、2001 年和 2002 年相继出台。

2. 通过政府机构改革，转变了政府职能，进一步明确了社会性规制的主体

建立社会主义市场经济体制必须转变政府职能，改革政府机构。改革开放以来中国共进行了六次大的机构改革，1981 年国务院的工作部门有 100 个，达到了新中国成立以来的最高峰，1982 年的机构改革主要是精简机构，实现干部队伍年轻化，改革后国务院工作部门从 100 个减少到 61 个。1988 年明确提出转变政府职能是政府机构改革的关键，改革的重点是政府的经济管理部门，也正是在这次改革中成立了一些专门的社会性规制机构。党的十四大后围绕转变政府职能、完善社会主义市场经济体制、深化政治体制改革，国务院于 1993 年、1998 年进行了机构改革。通过历次改革进一步强化了政府的社会管理和公共服务职能，建立了一批社会性规制机构。如 1998 年将国家环保局改为国家环保总局，升格为正部级，同年又组建了劳动和社会保障部。2001 年将国家质量技术监督局与国家出入境检验检疫局合并，组建国家质量监督检验总局，将国家工商行政管理局调整为国家工商行政管理总局。

从总体看，中国在这一时期颁布和修改了一系列的法律法规和标准，政府的规制职能和机构也进行了较大的调整，各部门的规制职责也进一步得以明确和细化。但是，中国的社会性规制效率却没有得到明显的改进。主要原因在于中国这种按环节监管式的社会性规制结构诱发和加剧了相关部门之间的各种矛盾和冲突，从而严重影响了中国社会性规制的效率。

3.2.4 改革近期：规制日渐成熟和完善阶段（2003 年以来）

从 2003 年开始，中国改革进入完善社会主义市场经济体制的新阶段。在这一时期，伴随着经济体制的完善，社会性规制法律法规得到进一步的发展，中国的社会性规制也日渐成熟与完善。

环境规制方面：2004 年、2013 年、2015 年、2016 年、2020 年对《固体废物污染环境防治法》进行了多次修订；2008 年、2017 年对《水污染防治法》进行了两次修订；2015 年制定了《水污染防治行动计划》，进一步加大了环境保护的力度和对环境破坏的惩罚；2012 年制定了《气象设施和气象探测环境保护条例》，2016 年对其进行修订，2015 年、2018 年对《中华人民共和国大气污染防治法》进行了两次修订，进一步加大了对大气环境的保护力度。

消费者安全与健康规制方面，这里主要聚焦于食品安全规制和药品规制。

食品安全规制方面，针对食品的生产加工环节，2003 年出台了《食品生产加工企业质量安全监督管理办法》，2005 年出台了《食品生产加工企业质量安全监督管理实施细则（试行）》。2006 年起开始实施的《农产品质量安全法》，是我国农产品质量安全的主要法律制度，与《农产品质量安全法》同期实施的相关配套规章制度还有《农产品产地安全管理办法》《农产品包装与标识管理办法》。2007 年，《关于加强食品等产品安全监督管理的特别规定》《食品标识管理规定》《食品召回管理规定》《中华人民共和国食品安全法（草案）》等一系列法律法规的出台，使食品安全领域的法律体系得到进一步的完善。2009 年《中华人民共和国食品安全法》颁布，标志着我国的食品安全工作进入了新阶段，具有里程碑式的意义，此后 2015 年、2018 年经历了两次修订。除此以外，食品安全方面的法律法规还有 2010 年制定的《食品生产许可管理办法》《食品安全国家标准管理办法》，2012 年制定的《食品安全国家标准管理办法》《农产品质量安全检测机构资格认定管理办法》《农产品质量安全监测管理办法》，2015 年制定的《食品安全抽样检验管理办法》《食品召回管理办法》等。

药品规制方面，历经 5 年修订的《药品生产质量管理规范》于2011 年 3 月正式开始实施，2013 年制定了《药品经营质量管理规范》，并于 2015 年修订了《药品经营质量管理规范》，2015 年出台了《中华人民共和国药品管理法》，2016 年对《疫苗流通和预防接种管理条例（修订）》进行了修订，这些法律法规的出台和修订一方面是适应社会和经济的发展，另一方面使得人民生活的需要得到满足，更好地保护了消费者的利益。

职业安全与健康规制方面，2003 年出台了《道路交通安全法》，2004 年出台了《中华人民共和国行政许可法》，2007 年出台了《劳动争议调解仲裁法》《劳动合同法》《中华人民共和国突发事件应对法》，2008 年出台了《中华人民共和国消防法》，2011 年出台了《中华人民共和国社会保险法》，2014 年出台了《中华人民共和国安全生产法》《中华人民共和国工会法》。这一时期社会性规制法律和法规的修订与出台表明中国社会性规制的不断推进和完善，同时也确保了社会的稳定和社会主义市场经济改革的顺利进行。

截至 2018 年，中国有关社会性规制方面的法律达到 90 多部，行政法规、部门规章则更多。仅在环境规制领域国务院制定颁布的行政法规就达 70 余项，部门规章和规范性文件近 470 件，国家环境经济政策约 360 件，地方环境政策约 330 件，批准和签署多边国际环境条约 62 项，较为完善的法律法规体系为中国的社会性规制提供了基本依据。

中国于 2018 年开展第七次政府机构改革。本次改革围绕转变政府职能和理顺部门关系展开，着眼保障和改善民生，加强社会管理和公共服务，将一些职能相近的部门进行整合，进一步强化了社会性规制。如：组建生态环境部、自然资源部，不再保留环境保护部、国土资源部、国家海洋局、国家测绘地理信息局，加大环境政策、规划和重大问题的统筹协调力度，强化环境保护责任；强化了关系人民群众身体健康和生命安全的食品药品安全规制，组建国家市场监督管理总局，不再保留国家工商行政管理总局、国家质量监督检验检疫总局、国家食品药品监督管理总局，明确了国家市场监督管理总局承担食品安全监督管理综合协调、食品安全监督管理的责任；进一步完善了人力资源和社会保障体制；组建了国家卫生健康委员会和国家医疗保障局，不再设立国务院深化医药卫生体制改革领导小组办公室；组建应急管理部，不再保留国家安全生产监督管理总局。这一系列举措，意味着中国在完善社会主义市场经济体制的进程中，更加注重发挥政府的社会性规制职能。

从该阶段的社会性规制来看，一方面，各部门之间的职责分工更加明确，同时也加强了对部门和部门领导的法律责任约束，从而减少了各部门由于利益目标不一致所带来的激烈冲突；另一方面，努力加强各部门在信息和行动方面的沟通与配合以改进规制效率已经成了一个较为普遍的共识，而在协调机制的设计和协调机构的构建方面，也做出不少有益的尝试。虽然目前各政府部门之间仍然存在着各种各样的矛盾和冲突，但通过近年来一系列的规制改革举措所体现出的发展趋势来看，在未来的社会性规制体制中，各部门之间的各种矛盾和冲突将会逐步得以缓解和克服，规制效率也会逐步得到提升。

　　总之，通过改革开放以来40多年的建设，中国已初步建立起了适应社会主义市场经济要求的社会性规制体系，具有了较为明确的规制主体、规制对象、规制依据和规制方式。

3.3　现行政府规制体系概览

　　在梳理以上规制改革历程的基础上，对现行的主要经济规制模式与主要社会性规制领域进行简要的图表式概览。

3.3.1　经济性规制体系

　　整体而言，在延续计划经济体制下政府对垄断产业实施行政垂直管理的基础上，中国政府的规制广度和深度发生了一定的变化。主要的经济规制模式主要表现为进入规制、价格规制、投资规制等。这里只列举典型垄断产业的现行经济性规制模式，其体系如表3-1所示。

3.3.2　社会性规制体系

　　从新中国成立初期至今，中国进行了大量的社会性规制实践，并形成了大量的社会性规制法律法规，覆盖消费者安全与健康规制、职业健康与安全规制、环境规制三大规制领域，社会性规制的立法体系不断健全。规制方式和主要负责的规制机构也逐步明确，使得社会性规制进入了规范和健康发展阶段。现行社会性规制体系概况如表3-2所示。

表 3 - 1　典型垄断产业的经济性规制体系概况

产业	主要规制法规	进入规制	价格规制	主要规制机构
电信	《中华人民共和国无线电管理条例》(1993)(2016修订)、《中华人民共和国计算机信息系统安全保护条例》(1994)、《中华人民共和国电信条例》(2000)(2016修订)、《计算机信息网络国际联网管理规定》(2000)、《互联网信息服务管理办法》(2000)(2011修订)、《电信服务标准(试行)》(2000)、《公用电信网间互联管理规定》(2001)、《电信服务质量监督管理办法》(2001)、《电信用户申诉处理暂行办法》(2001)、《中华人民共和国电信管理条例》(2001)、《公用电信网间互联管理规定》(2001)、《电信建设管理办法》(2001)、《外商投资电信企业管理规定》(2002)、《通信工程质量监督管理规定》(2002)、《电信网络运行监督管理办法》(2009)、《中华人民共和国无线电管制规定(草案征求意见稿)》(2009)、《电信业务经营许可管理办法》(2010)、《电信网络运行监督管理办法》(2017)	○	○	中华人民共和国工业和信息化部
邮政	《中华人民共和国邮政法实施细则》(1990)、《快递市场管理办法》(2008)(2013修订)、《中华人民共和国邮政法》(2009)(2015修订)、《仿印邮票图案管理办法》(2000)、《邮政用品用具监督管理办法》(2015)、《快递业务经营许可管理办法》(2009)(2015修订)、《邮票发行监督管理办法》(2010)(2013修订)、《邮政行业安全监督管理办法》(2011)(2013修订)、《邮政普遍服务监督管理办法》(2015)、《集邮市场管理办法》(2016)、《禁止寄递物品管理规定》(2016)	○	●	国家邮政局
铁路	《中华人民共和国铁路法》(1990)(2015修订)、《铁路旅客运输规程》(1990)(2015修订)、《铁路旅客、行李、包裹运输管理规则》(1997)、《铁客客运运价规则》(1997)、《铁路旅客运输管理办法》(2000)、《铁路运输货物运杂费管理暂行办法》(2000)、《铁路建设管理办法》(2003)、《铁路安全管理条例》(2013)、《外商投资铁路货物运输业审批与管理暂行办法》(2005)、《铁路运输安全保护条例》(2014)、《铁路运输企业准入许可办法》(2014)、《铁路危险货物运输安全监督管理办法》(2015)	●	●	国家铁路局

续表

产业	主要规制法规	进入规制	价格规制	主要规制机构
民航	《民用机场管理暂行规定》(1986)、《民用航空运输销售代理业管理规定》(1993)、《中华人民共和国民用航空法》(1995)(2018修订)、《中国民用航空国内航线经营许可规定》(1996)、《外商投资民用航空业规定》(2002)、《中国民用航空货物国内运输规则》(2004)、《民航国内航空运输价格改革方案》(2004)(2016修订)、《外国公共航空运输承运人运行合格审定规则》(2004)、《民用航空信息管理规定》(2005)、《中国民用航空国内航线经营许可规定》(2006)、《外商投资民用航空业规定》(2006)、《外国航空运输企业常驻代表机构审批管理规定》(2006)、《民用机场建设工作规则》(2006)、《中国民用航空总局规章制定程序规定》(2007)、《民用航空总局职能部门规范性文件制定程序规定》(2007)、《国际航班载运人员信息预报实施办法》(2008)、《外国航空运输企业航线经营许可管理规定》(2008)、《公共航空旅客运输飞行中安全保卫规则》(2008)、《民用机场管理条例》(2009)(2019修订)、《民用航空导航设备开放与运行管理规定》(2013)、《中国民航安全方案》(2015)、《民用航空信息管理规定》(2016)、《中国民用航空监察员管理规定》(2016)(2019修订)、《通用航空经营许可管理规定》(2016)、《民用机场建设管理规定》(2016)、《民用航空经营许可管理规定》(2016)(2018修订)、《民用航空统计管理规定》(2016)、《关于印发落实民航安全生产管理责任指导意见的通知》(2016)	○	○	中国民用航空局
电力	《电力设施保护条例》(1987)(2011修订)、《电网管理条例》(1993)(2011修订)、《中华人民共和国电力法》(1995)(2015修订)、《供电营业区划分及管理办法》(1996)、《供用电监督管理办法》(1996)、《电力监管条例》(2003)、《关于区域电力市场建设的指导意见》(2003)、《电力用户向发电企业直接购电试点暂行办法》(2004)、《电力市场运营基本规则》(2005)、《电力市场监管办法》(2005)、《供用电监管办法》(2008)、《电力安全事故应急处置和调查处理条例》(2009)、《电力安全隐患监督管理暂行规定》(2013)、《电力用户用电信息发布办法》(2012)、《燃煤发电厂汞污染物排放监督管理暂行规定》(2013)	○	○	国家电力监管委员会

续表

产业	主要规制法规	进入规制	价格规制	主要规制机构
供水	《城市供水条例》（1994）（2016 修订）、《中华人民共和国水法》（2002）、《中华人民共和国水污染防治法》（2008）（2017 修订）、《中华人民共和国水土保持法》（2010）、《城镇排水与污水处理条例》（2013）、《实行最严格水资源管理制度考核办法》（2014）、《污水处理费征收使用管理办法》（2014）、《南水北调工程供用水管理条例》（2014）、《农田水利条例》（2016）	●	●	中华人民共和国住房和城乡建设部
广播电影电视	《卫星电视广播地面接收设施管理规定》（1993）（2018 修订）、《有线电视管理规定》（1994）、《广播电视管理条例》（1997）（2020 修订）、《关于建立有线广播电视频道审批管理条例》（1999）、《广播电视设施保护条例》（2000）、《电影管理条例》（2001）（2013 修订）、《境外卫星电视频道落地管理规定》（2006）、《信息网络传播权保护条例》（2006）（2013 修订）、《广播电台电视台播放录音制品支付报酬暂行办法》（2009）、《广播电视安全播出管理规定》（2009）、《中华人民共和国电影产业促进法》（2016）、《公益广告促进和管理暂行办法》（2016）、《国家新闻出版广电总局关于进一步加强医药类节目监督管理的通知》（2016）、《出版物进口备案管理办法》（2016）	●	○	国家广播电视总局
金融	《金融机构管理规定》（1994）、《中华人民共和国银行法》（1995）（2015 修订）、《中华人民共和国票据法》（1995）（2004 修订）、《证券交易所管理办法》（1997）、《中华人民共和国证券法》（1999）（2019 修订）、《期货交易管理暂行条例》（1999）（2007 修订）、《中华人民共和国外资金融机构管理条例》（1999）（2001 颁布）（2001 修订）、《进入资产管理公司条例》（2000）、《商业银行中间业务暂行规定》（2001）、《中华人民共和国信托法》（2001）、《中华人民共和国外资保险公司管理条例》（2001）（2019 修订）、《证券公司管理办法》（2001）、《中华人民共和国人民币银行结算账户管理办法》（2003）（2006 修订）、《中华人民共和国银行业监督管理法》（2003）（2006 修订）、《金融机构撤销条例》（2001）（2019 修订）、《中华人民共和国证券投资基金法》（2003）（2005）（2013 修订）、《中华人民共和国物权法》（2007）、《转融通业务监督管理试行办法》（2011）、《中华人民共和国反洗钱法》（2006）、《证券期货市场诚信监督管理暂行办法》（2012）（2014 修订）、《征信业管理条例》（2013）、《银行业金融机构外汇业务管理办法》（2013）、《征信机构管理办法》（2013）（2017 修订）、《证券期货经营机构私募资产管理业务管理暂行办法》（2017 修订）、《金融资产管理公司监管办法》（2014）、《征信办理结售汇业务管理办法》（2014）	○	●	中国人民银行、中国证券监督管理委员会、中国银行保险监督管理委员会

64

续表

产业	主要规制法规	进入规制	价格规制	主要规制机构
金融	《期货公司监督管理办法》(2014)、《大额存单管理暂行办法》(2015)(2018 修订)、《中华人民共和国外资银行管理条例实施细则》(2015)(2016 修订)、《中国银监会外资银行行政许可事项实施办法》(2015)、《商业银行流动性风险管理办法》(2016)(2018 修订)、《中国人民银行金融消费者权益保护实施办法》(2016)、《银行业金融机构全面风险管理指引》(2016)、《金融机构大额交易和可疑交易报告管理办法》(2016)、《企业征信机构备案管理办法》(2016)、《汽车贷款管理办法》(2017)、《商业银行委托贷款管理办法》(2017)、《融资担保公司监督管理条例》(2017)、《中国进出口银行监督管理办法》(2018)、《商业银行理财业务监督管理办法》(2018)、《银行业金融机构联合授信管理办法》(2018)、《商业银行理财子公司管理办法》(2018)、《金融控股公司监督管理试行办法》(2020)、《商业银行理财业务监督管理办法》(2020)、《公开募集证券投资基金销售机构监督管理办法》(2020)、《合格境外机构投资者境内证券期货投资管理办法》(2020)	○	●	中国人民银行、中国证券监督管理委员会、中国银行保险监督管理委员会

注：表中●表示非常严厉的规制，○表示程度适中的规制。
资料来源：中华人民共和国工业和信息化部网站；中华人民共和国住房和城乡建设部网站；国家邮政局网站；中华人民共和国交通运输部网站；中国人民银行网站；国家广播电视总局网站；国家铁路局网站；中国民用航空局网站；国家能源局网站；中国水利部网站；国务院国有资产监督管理委员会网站；中国证券监督管理委员会网站；中国银行保险监督管理委员会网站。

表 3-2　主要社会性规制领域规制体系概况

大类	中类	小类	主要规制方式	主要规制法规	主要规制机构
	消费者保护	消费者基本权益	民事责任	《中华人民共和国消费者权益保护法》(1993)(2013修订)、《关于实施〈消费者保护法〉的若干意见》(1995)(2013修订)、《工商行政管理机关受理消费者申诉暂行办法》(1996)(1998修订)、《侵害消费者权益行为处罚办法》(2015)	国家市场监督管理总局
		广告	市场准入规制（合格证、许可证、营业执照）	《中华人民共和国广告法》(1994)(2015修订)、《广告管理条例》(2015)、《广告管理条例施行细则》(2004)(2011修订)、《房地产广告发布规定》(2015)	国家市场监督管理总局、国家广播电视总局
消费者与健康规制	产品质量	药品质量	市场准入规制（合格证、许可证、营业执照）、标准规制（确定产品质量标准和安全卫生标准）、产品质量监督检查制度、质量认证制度、产品召回制度	《中华人民共和国药品管理法》(1984)(2019修订)、《药品生产质量管理规范》(1988)(2010修订)、《中华人民共和国药品管理法实施办法》(1989)、《药品卫生检验办法》(1991)、《国务院关于进一步加强药品管理工作的紧急通知》(1994)、《中华人民共和国中医药条例》(2016修订)、《中华人民共和国药品管理法实施条例》(2002)、《药品经营质量管理规范》(2015)、《药品经营质量管理条例》(修订)(2016)、《疫苗流通和预防接种管理条例》(2003)、《药品注册管理办法》(2020)。此外，还有《麻醉药品管理办法》(1987)、《药品生产监督管理办法》(2020)、《放射性药品管理办法》(1989)(2017修订)、《精神药品管理办法》(2005)、《医疗用毒性药品管理办法》(1988)、《麻醉药品经营管理办法》(1988)、《精神药品管理办法》(2000)、《药品包装管理办法》等药品管理办法	国家市场监督管理总局

续表

大类	中类	小类	主要规制方式	主要规制法规	主要规制机构
消费者安全与健康规制	产品质量	医疗及器械质量	市场准入规制（合格证、许可证、营业执照、标准规制）、标准规制（确定产品质量标准和安全卫生标准）、产品质量监督检查制度、质量认证制度、产品召回制度	《医疗器械产品质量管理办法》（1985）（2014修订）、《医疗事故处理条例》（1987）（2002修订）、《中华人民共和国传染病防治法》（1989）（2004修订）、《医疗机构管理条例》（1994）（2016修订）、《医疗器械监督管理条例》（1999）（2014修订）、《一次性使用无菌医疗器械监督管理办法（暂行）》（2000）、《医疗器械广告审查办法》（2009）（2014修订）、《医疗器械召回管理办法》（2011）、《医疗器械生产监督管理办法》（2014）（2015）、《药品医疗器械飞行检查办法》（2015）、《医疗器械分类规则》（2016）、《医疗器械标准管理办法》（2016）、《医疗器械使用质量监督管理办法》（2015）、《药品医疗器械试验质量管理规范》（2016）、《医疗器械临床试验质量管理规范》（2017）	国家市场监督管理总局
		食品质量	市场准入规制（合格证、许可证、营业执照、标准规制）、标准规制（确定产品质量标准和安全卫生标准）、产品质量监督检查制度、质量认证制度、产品召回制度	《动物性食品中兽药最高残留限量》（1997）、《生猪屠宰管理条例》（1997）（2016修订）、《食品添加剂氢氧化钠管理规定》（2002）、《禁止在食品中使用吊白块（甲醛次硫酸氢钠）产品的监督管理规定》（2002）、《食品生产企业质量安全监督管理规定》（2003）、《食品生产加工企业质量安全监督管理实施细则（试行）》（2005）、《国务院关于加强食品等产品安全监督管理的特别规定》（2007）、《食品标识管理规定》（2007）（2009修订）、《中华人民共和国食品安全法》（2009）（2018修订）、《食品安全信息管理办法》（2010）、《农产品质量安全检测机构资格认定管理办法》（2012）、《农产品质量安全监管办法》（2014）、《食品安全抽样检验管理办法》（2015）、《食品安全国家标准管理办法》（2012）、《食品生产许可管理办法》（2019）	国家市场监督管理总局

续表

大类	中类	小类	主要规制方式	主要规制法规	主要规制机构
消费者与安全与健康规制	产品质量	化妆品质量	市场准入规制（许可、批准文号、特殊化妆品生产证书）、化妆品质量标准规制（确定产品卫生质量标准）、产品质量监督检查制度、质量认证制度、产品召回制度	《化妆品卫生监督条例》（1989）（2019 修订）、《化妆品审批工作程序》（1989）、《化妆品卫生监督条例实施细则》（2005 修订）、《化妆品广告管理办法》（1993）、《进出口化妆品监督检验管理办法》（2000）、《卫生部化妆品检验规定》（2002）、《化妆品生产企业卫生规范》（2007）、《化妆品标识管理规定》（2007）、《化妆品行政许可检验管理办法》（2010）、《化妆品行政许可检验机构资格认定管理办法》（2010）、《化妆品安全技术规范》（2015）	国家市场监督管理总局
		普通产品质量	标准规制（确定产品安全卫生质量标准）、产品质量监督检查制度、质量认证制度、产品召回制度	《中华人民共和国计量法》（1985）（2018 修订）、《中华人民共和国计量法实施细则》（1986）（2007 修订）、《国境卫生检疫法》（1987）（2018 修订）、《中华人民共和国进出口商品检验法》（1989）（2018 修订）、《中华人民共和国进出境动植物检疫法》（1991）、《动物防疫法》（1990）、《中华人民共和国进出口商品检验法及其实施条例》（1991）（2018 修订）、《中华人民共和国产品质量法》（1993）（2018 修订）、《中华人民共和国认证认可条例》（2003）、《中华人民共和国进出口商品检验法实施条例》（1997）（2013 修订）、《中华人民共和国进出口商品检验行政许可实施办法》（2013）、《中华人民共和国工业产品生产许可证管理条例》（2005）、《质量监督检验检疫监管办法》（2019 修订）、《进出口乳品检验检疫监督管理办法》（2012）、《中华人民共和国工业产品生产许可证管理条例实施办法》（2014）	国家市场监督管理总局、中华人民共和国商务部、国家卫生健康委员会
	服务质量	执业资格审查	标准规制、进入规制	《中华人民共和国会计法》（1985）（2017 修订）、《中华人民共和国注册会计师法》（1993）（2014 修订）、《中华人民共和国护士管理办法》（1993）、《中华人民共和国注册建筑师法》（1995）、《中华人民共和国执业医师法》（1998）、《医疗美容服务管理办法》（2001）（2016 修订）、《护士执业资格考试办法》（2010）	财政部、各级卫生行政管理部门、各级卫生法行政部门、各级建设行政部门、各级人事行政主管部门、各行业自律条例

续表

大类	中类	小类	主要规制方式	主要规制法规	主要规制机构
消费者安全与健康规制	服务质量	执业行为监管	标准规制、进入规制	《律师职业道德和执业纪律规范》（1993）、《中国注册会计师职业道德守则》（1997）（2009修订）、《中国会计师质量控制基本准则》（2010）、《中国注册会计师职业道德基本准则》（1997）、《中华人民共和国法官职业道德基本准则》（2014）、《中华人民共和国检察官职业道德基本准则》（2016）	财政部、各级卫生行政管理部门、各级司法行政部门、各级建设行政部门、各级人事行政主管部门、各行业自律条例
职业安全与健康规制	职业安全		标准规制（确定安全卫生标准、安全实施三同时制度、信息规制（危险物品标识、安全警示标志）、安全教育与培训）	《中华人民共和国海上交通安全法》（1983）、《中华人民共和国铁路法》（1990）（2015修订）、《中华人民共和国工会法》（1992）（2009修订）、《中华人民共和国矿山安全法》（1992）（2009修订）、《中华人民共和国劳动法》（1994）（2007修订）、《中华人民共和国煤炭法》（1996）（2011修订）、《中华人民共和国消防法》（1998）（2019修订）、《中华人民共和国安全生产法》（2002）（2014修订）、《中华人民共和国道路交通安全法》（2003）（2011修订）、《中华人民共和国行政许可法》（2003）、《中华人民共和国劳动合同法》（2007）、《中华人民共和国突发事件应对法》（2007）、《劳动争议调解仲裁法》（2007）（2012修订）、《中华人民共和国社会保险法》（2010）（2018修订）	中华人民共和国人力资源和社会保障部、中华人民共和国国家卫生健康委员会、产业主管部门
	职业健康		标准规制（确定卫生标准）、教育与培训	《职业病范围和职业病患者处理办法的规定》（1987）（2013修订）、《中华人民共和国尘肺病防止条例》（1987）、《国家职业卫生标准管理办法》（2001）（2018修订）、《职业病诊断与鉴定管理办法》（2013）、《职业病防治法》（2002）、《职业健康检查管理办法》（2015）、《用人单位职业病危害防治八条规定》（2015）	

大类	中类	小类	主要规制方式	主要规制法规	主要规制机构
环境规制	公害防治	大气污染防治	标准规制（标准设立）、三同时制度、申报、超标排污费	《大气环境保护质量标准》（1982）（2012修订）、《中华人民共和国大气污染防治法》（1987）（2015修订）、《汽车排气污染监督管理办法》（1990）（2010修订）、《大气污染防治法》（2000）、《地方机动车大气污染物排放标准审批办法》（2001）（2018修订）、《中华人民共和国防沙治沙法》（2001）（2018修订）、《气象设施和气象探测环境保护条例》（2010）、《消耗臭氧层物质管理条例》（2012）（2016修订）	各级环保、公安、交通、铁路、渔业、经贸主管部门
		水污染防治	标准规制（标准设立）、三同时制度、申报、超标排污费	《中华人民共和国水污染防治法》（1984）（2018修订）、《城镇排水与污水处理条例》（2011）、《太湖流域管理条例》（2014）、《水污染防治行动计划》（2015）	各级环保、航政、水利、卫生、地矿、市政管理机关及重要江河的专门水管机构
		环境噪声污染	标准规制（标准设立）、三同时制度、申报、超标排污费	《中华人民共和国环境噪声污染防治法》（1996）（2018修订）、《关于乡村社会生活噪声污染防治的通知》（1999）、《关于加强社会生活噪声管理的通知》（2001）、《关于加强铁路噪声污染防治的紧急通知》（2005）、《关于中高考期间噪声污染防治的监督与管理政策》（2010）、《地面交通噪声污染防治技术政策》（2010）、《噪声超标排污费征收标准》（2016）	各级环保、交通、铁路、民航、公安部门
		固体废物污染	申报、排污费、经营许可证	《城市放射性废物管理办法》（1987）、《中华人民共和国固体废物污染环境防治法》（1995）（2020修订）、《关于废物进口环境保护管理的补充规定》（1996）、《放射性同位素与射线装置安全管理条例》（2005）、《放射性物品运输安全管理条例》（2009）（2019修订）、《废弃电器电子产品回收处理管理办法》（2009）、《固体废物进口管理办法》（2011）、《放射性废物安全管理条例》（2011）、《国家危险废物名录》（2016）	各级环保、住建及经贸主管部门

续表

大类	中类	小类	主要规制方式	主要规制法规	主要规制机构
环境规制	产业灾害防治	核能利用	标准规制（标准设立）、三同时制度、申报、超标排污费	《中华人民共和国民用核设施安全监督管理条例》（1986）（2016 修订）、《中华人民共和国核材料管理条例》（1987）、《核电厂核事故应急管理条例》（1993）（2011 修订）、《并网核电厂生产安全管理规定》（1997）、《中华人民共和国核出口管制条例》（1997）（2006 修订）、《中华人民共和国核两用品及相关技术出口管制条例》（1998）（2007 修改）、《中华人民共和国放射性污染防治法》（2003）、《民用核安全设备监督管理条例》（2007）（2019 修订）、《中华人民共和国核安全法》（2018）	国家核安全局、中国核工业总公司
	环境保护	水土保持规制	标准规制（标准设立）、三同时制度、申报	《中华人民共和国水土保持法》（1991）（2010 修订）、《中华人民共和国水土保持法实施条例》（1993）（2011 修订）、《开发建设项目水土保持方案编报审批管理规定》（1995）（2017 修订）、《开发建设项目水土保持设施验收管理办法》（2002）（2015 修订）、《水土保持生态环境监测网络管理办法》（2000）（2014 修订）	各级水利行政部门
		海洋保护	标准规制（标准设立）、三同时制度、申报	《中华人民共和国海洋环境保护法》（1982）（2016 修订）、《中华人民共和国对外合作开采海洋石油资源条例》（1982）（2011 修改）、《中华人民共和国海洋石油勘探开发环境保护管理条例》（1983）、《中华人民共和国海洋倾废管理条例》（1985）（2017 修订）、《中华人民共和国海洋倾废管理条例实施办法》（1990）（2017 修订）、《中华人民共和国防治海岸工程建设项目污染损害海洋环境管理条例》（1990）（2017 修订）、《中华人民共和国防治海洋工程建设项目污染损害海洋环境管理条例》（2006）（2017 修订）、《海洋石油勘探开发环境保护管理条例实施办法》（1990）、《防治船舶污染海洋环境管理条例》（2009）（2013 修订）、《中华人民共和国船舶及其有关作业活动污染海洋环境防治管理规定》（2010）（2017 修订）、《海洋观测站点管理办法》（2017）（2019 修订）	各级环保、海洋、港务、渔政等部门

续表

大类	中类	小类	主要规制方式	主要规制法规	主要规制机构
环境规制	环境保护	水资源保护及河道保护	标准规制（标准设立、三同时制度、申报	《中华人民共和国水法》(1988)(2016修订)、《取水许可证制度实施办法》(1993)、《淮河流域水污染防治暂行条例》(1995)、《中华人民共和国防洪法》(1997)(2016修订)、《中华人民共和国河道管理条例》(1998)(2017修订)、《关于流域管理机构实施〈防洪法〉规定的行政处罚和行政措施权限的通知》(1999)	各级水利及相关行政部门
		草原保护	标准规制（标准设立、三同时制度、申报	《中华人民共和国草原法》(1985)(2013修订)、《草原防火条例》(1993)(2008修订)、《国务院关于加强草原保护与建设的若干意见》(2002)	中华人民共和国自然资源部
		森林资源保护	标准规制（标准设立、三同时制度、申报	《中华人民共和国森林法》(1984)(2019修订)、《森林和野生动物类型自然保护区管理办法》(1985)、《森林采伐更新管理办法》(2000)(1987)(2010修订)、《中华人民共和国森林法实施条例》(2018修订)、《森林防火条例》(2008)	中华人民共和国自然资源部
		野生动植物保护	标准规制（标准设立、三同时制度、申报	《中华人民共和国野生动物保护法》(1988)(2018修订)、《中华人民共和国陆生野生动物保护实施条例》(1992)(2016修订)、《中华人民共和国水生野生动植物保护实施条例》(1993)(2013修订)、《中华人民共和国野生植物保护条例》(1996)(2017修订)、《中华人民共和国野生动物利用特许办法》(1999)(2017修订)、《农业野生植物保护办法》(2002)、《中华人民共和国濒危野生动植物进出口管理条例》(2006)(2019修订)	中华人民共和国自然资源部、农业农村部

续表

大类	中类	小类	主要规制方式	主要规制法规	主要规制机构
环境规制	环境保护	水产资源保护	标准规制（标准设立）、三同时制度、申报	《中华人民共和国渔业法》（1986）（2013修订）、《中华人民共和国渔业法实施细则》（1987）（2020修订）、《渔业资源增殖保护费征收使用办法》（1988）（2011修订）、《渔业捕捞许可管理规定》（2002）（2020修订）、《中华人民共和国防治海岸工程建设项目污染损害海洋环境管理条例》（2006）（2018修订）	中华人民共和国农业农村部
		矿产资源保护	标准规制（标准设立）、三同时制度、申报	《中华人民共和国矿产资源法》（1986）（2009修订）、《矿产资源勘查、采矿登记收费标准及其使用范围的暂行规定》（1987）、《石油及天然气勘查、开采登记收费暂行规定》（1988）、《矿产资源补偿费征收管理规定》（1994）（1997修订）、《中华人民共和国矿产资源法实施细则》（1994）、《中华人民共和国煤炭法》（1996）（2016修订）、《矿产资源勘查区块登记管理办法》（1998）（2014修订）、《矿产资源开采登记管理办法》（1998）（2014修订）	中华人民共和国自然资源部、国家发展和改革委员会、水利部、财政部
		土地资源保护	标准规制（标准设立）、三同时制度、申报	《中华人民共和国土地管理法》（1986）（2019修订）、《中华人民共和国土地管理法实施条例》（1998）（2014修订）、《土地利用年度计划管理办法》（2004）（2006修订）、《不动产权证书和权证证明监制办法》（2016）、《土地利用总体规划管理办法》（2017）	中华人民共和国自然资源部、国家发展和改革委员会

资料来源：笔者根据下列网站及各年年鉴整理所得。它们分别是：中华人民共和国生态环境部网站；国家市场监督管理总局网站；国家药品监管局网站；国家广播电视总局网站；中华人民共和国应急管理部网站；中华人民共和国人力资源和社会保障部网站；中华人民共和国自然资源部网站；中华人民共和国商务部网站；中华人民共和国国家卫生健康委员会网站；中华人民共和国农业农村部网站；中华人民共和国财政部网站；中华人民共和国水利部网站；中华人民共和国住房和城乡建设部网站；国家矿山安全监察局网站。《中国统计年鉴》（1949~2019年）；《中国安全生产年鉴》（1979~2016年）；《中国环境统计年报》（1998~2016年）；《中国医药统计年报》（2002~2019年）。

第4章 中国政府规制改革的特性

按照标准的规制经济学，市场经济制度是现代政府规制的逻辑起点，而在中国，政府规制的逻辑起点是高度集权的计划经济体制向市场经济体制的转轨。由此，目前中国的政府规制与西方国家面临的制度禀赋约束不同，这些特殊制度禀赋与中国政府规制的阶段性交互影响，共同决定了中国政府规制的独特性。具体表现为：规制总量过剩与不足同时并存，规制结构非对称性特征明显，规制行为与宏观调控高度相关，规制改革与规制治理原则的偏离。

4.1 规制总量的过剩与不足并存

由于中国的规制改革是自上而下的政府主导型制度变迁，因而规制更多地反映了供给方面因素的影响。制度的供给受组织结构的影响，处于层级结构较高位置的个人比处于较低位置的个人拥有更大的制度供给权重，因而组织的设立提供了一种产权结构，由这种产权结构规范了一组制度供给权重。在中国的规制改革中，中央政府充当规制制度供给主体的角色，作为中央政府政治代理人的不同部门和地方政府组成利益主体享有较高的制度供给权重；企业特别是国有企业通过所隶属的行政部门间接影响制度供给；消费者集团则受困于"搭便车"等因素对规制制度施加的影响有限。供给主导的特征导致规制改革长期忽视社会对规制的需求，造成供求矛盾，表现为规制总量失衡，规制过剩与不足并存。

4.1.1　经济性规制的过剩与不足

在中国经济体制改革过程中，国民经济由计划向市场转变，逐步建立起社会主义市场经济体制。然而经济性规制改革的步伐却相对比较缓慢。在经济体制转轨过程中，旧有的规制方式和政策不适应新的经济形态，造成一方面缺少与时俱进的规制政策，另一方面又充斥着大量的不合时宜的陈旧规制法规，形成规制结构的失衡，规制过剩与不足并存。

1. 经济性规制的过剩

经济性规制的过剩主要体现在进入规制与价格规制方面。

进入规制方面，虽然通过前期改革已经开始逐步放松，但是各行业进入规制的放松程度并不一致。即使是电信和民航两个较为宽松的产业，迄今为止对市场准入仍然实行较为严格的管理。电信业仍对基础电信业务实施严格限制，尽管电信业务经营许可制度被作为该产业市场进入规制的主要手段，但全国范围内完善的许可制度尚未形成。民航产业不仅对航空公司资质还存在严格限制，即便在机票代理市场也实行了严格的进入规制，从而明显降低了航空运输市场的竞争程度。电力、铁路产业的市场准入则更为严格。

价格规制方面，很多行业仍然实行政府定价或者政府指导价。且长期形成的多头价格管理模式加大了价格规制中信息不对称的程度。价格规制职能被不同的部门割裂，成本审计和监控、财政补贴由行业主管部门和财政部门负责，价格由国家发改委审批，负责审批价格的部门不直接掌握企业的成本材料。在这种情况下，企业虚报成本的动机很强，价格规制主客体关系颠倒，成本定价成了"倒逼"定价[①]。成本的不断增加成为企业提高价格的"合理"理由，也为维持高收入提供了来源。以铁路为例，长期以来铁路实行以成本为基础，并加上合理利润的"成本加成定价法"。这种典型的政府定价机制以企业上报的成本为依据，由于政府通常难以掌握企业成本的完全信息，因而往往企业上报多少，政府批准多少，导致企业缺乏创新的动力，从而效率低下，产业成本居

75

---

① 张汉林、刘光溪：《规制改革与经济发展》，上海财经出版社 2005 年版，第 13 页。

高不下。此外，铁路行业高度统一的价格制定，无法真正反映市场的供需状况以及行业的竞争情况，市场的作用被弱化。在民航方面，民航客运价格一直存在双重定价主体：第一主体是政府（既包括国家发改委，又包括中国民航总局），根据航空运输的社会平均成本、市场供求状况和社会承受能力，政府确定基准价及浮动幅度；第二主体是航空公司，在政府规定的幅度内引入多级票价制度，根据运输淡旺季、购票时间等因素航空公司实行差别票价，确定具体价格。但这种格局并不合理。一方面，因为政府的定价行为一般以航空公司上报的成本和其主管部门提出的调价方案为依据，而价格规制部门与被规制的航空公司之间存在明显的信息不对称性，这导致规制者实际上处于一种不利地位，很难制定出合理的价格区间；另一方面，航空公司的定价自主权仍然过小，这就限制了它们之间竞争的激烈程度，从而不利于民航价格的下降。

另外，很多部门存在着政出多门、多头规制的现象。以电力业为例，虽然已经成立了专门的规制机构，但目前电力投资和电价控制权仍由发改委掌握，绝大部分国有电力企业绩效管理职能归中央或地方国资委，生态环境部负责电力环保规制职能，电力安全和电力市场规制在国家能源局。这种职能划分造成责、权、利严重不对称，有权的部门没有责任，有责任的部门却又没有权力，规制主体的激励行为受到扭曲。

2. 经济性规制的不足

现阶段中国经济性规制的不足主要体现在：

（1）规制立法不足。规制立法是规制过程的核心，规制改革要以规制立法为先导。立法是规范市场的有效手段，如果没有相关的法律法规进行约束，整个市场就会出现无序状态。随着改革的不断深入，相关的法律却未能与之相匹配。目前，很多时候规制机构制定规制措施、实施规制行为仍然缺乏法律依据，这极大地影响了产业改革的进度与效果。另外，部分产业基本法也尚未出台，使得新形势下自然垄断产业发展的行政规章出台滞后，产业创新激励不足，限制了竞争、产业升级和发展。

（2）规制程序不透明，规制者行为缺乏合理制约。政府对相关规制机构缺乏有效的监督和制约，规制无规可循，人为因素大，决策过程透明度低，寻租风险加大。中国目前尚无行政程序法，规制机构缺乏权力制衡机制，较易成为被规制者俘获的对象，忽视公共利益①。现行体制没有合理的制度化程序和监督机制来抑制权力滥用，也无法降低规制机构的决策失误。

（3）缺乏真正意义上的独立规制机构。目前，中国产业规制机构的类型分为两种：一种是产业政策与规制机构混合；另一种是单独设置的规制结构。第一种类型的规制结构首先是产业发展的指导者、产业重大计划的制定者和执行者，不仅担负着从宏观上调控和指导整个产业发展的职能，而且还往往需要主持乃至参与产业内有关重大计划的执行，并对有关计划执行和整个产业发展的具体业绩负有事实上的责任，同时作为产业的规制者来履行部分进入规制或价格规制职能。第二种类型如工信部下设电信管理局对电信与信息服务产业进行规制，国家能源局承接原电监会职责对电力产业进行规制，但这一类型与混合型的规制机构其实没有实质区别，都不是真正意义上的独立规制机构。在规制职能上，国家发改委、财政部、国资委等政府部门涉足了垄断性产业的进入规制、价格规制，并且国家发改委掌握最终控制权，所以，无论是哪种类型的规制机构，实质上都只有不完整的规制职能。

4.1.2　社会性规制的过剩与不足

社会性规制是以确保健康、安全、环境及教育、文化、福利为目的政府规制，实施社会性规制就是为了纠正市场无法自主调节的不公平与低效率问题。故随着经济社会的发展，社会性规制体系也有必要实行相应的变革。目前，虽然社会性规制整体进入了规范和健康发展阶段，但其变革仍落后于实际经济和社会发展的要求，不仅表现为局部的规制过剩，更重要的是规制不足或规制缺失，严重降低社会性规制的效率并阻碍社会公平的实现。

1. 社会性规制的过剩

社会性规制的过剩主要表现为社会性规制系统中普遍存在的多部门规制及大量与现实不符的陈旧规制体系、制度及方法。

---

① 李郁芳：《转轨时期政府规制过程的制度缺陷及其治理》，载于《管理世界》2004 年第 1 期，第 137～138 页。

（1）多部门规制问题存在于社会性规制的各个领域。多部门规制普遍存在于社会性规制的各个领域之中，具体表现为：

在职业安全规制领域，从横向来看多个行政管理部门如自然资源部、应急管理部、生态环境部、国家市场监督管理总局等都可以对煤矿进行管理。从纵向来看，存在国家、省、地区三级垂直的职业安全规制体制。如，中国煤矿安全规制体制存在三个主体：一是国家能源局、应急管理部及其管理的国家矿山安全监察局；二是省能源局、应急管理局；三是各市的能源局、应急管理局，构成了国家、省、地区三级垂直的煤矿安全规制体制。因此，从纵横两个方面来看，政府在担负职业安全规制责任时，多个部门职能重叠、规制内容繁杂产生"越位"与"缺位"并存。

在环境规制方面，随着环境规制体制的变迁，中国的环境规制机构设置，进行了一定的调整和改革。环境规制体制正在经历"自上而下"集权式向综合管理过渡阶段。但环境规制相关的各部门各自为政，机构设置多有重叠，造成职能交叉和重叠。

（2）相对滞后的规制体系、制度和方法阻碍创新和经济发展。随着技术的革新，产品与制造设备的安全性、可信赖性显著提高，企业的质量管理与检查鉴定制度也有了明显的加强，这就使一些原有的社会性规制变得徒有虚名，或者在原有规制体系下，现有技术不能得到最有效的利用，这是规制过度的突出表现。这一类的社会性规制过剩导致一些社会性规制背离了其本来的公共利益目的。

由于中国制度变迁的渐进性，一些社会性规制模式明显落后于实际经济发展要求，这些社会性规制不但不能提高社会福利，促进社会公平，反而成为经济发展与社会创新的绊脚石。例如，在2014年《环境保护法》修订以前，中国一直沿用1989年修订的《环境保护法》，受当时的社会、经济条件所限，该法并没有明确地将可持续发展作为环境资源保护与污染防治的指导思想。但早在1997年，党的十五大就已经把可持续发展战略定为我国"现代化建设中必须实施"的战略。而1989年的《环境保护法》并不能控制环境资源高消耗的发展方式，其缺乏对环境资源的市场机制建构，带有计划经济体制烙印的部分规定，明显落后于市场经济体制的要求，但却一直到2014年才得以更新。

2. 社会性规制的不足

社会性规制的问题还表现为规制不足或规制缺失，需要政府进行社会性规制的领域，存在政府不作为或者政府作为不充分的现象。具体表现为：

（1）规制的法律法规体系不健全。新中国成立以来，中国在社会性规制方面不断进行法律法规的制定、修订和完善，在一定程度上保证了社会性规制的顺利进行。但纵观规制法律法规体系的发展过程，仍存在许多不足。

如食品安全规制领域，虽然中国对食品安全问题的重视程度不断增加，同时不断推进食品安全治理体系与法律法规体系改革。但伴随着科学技术、生物技术的快速发展，网络食品、外卖食品、转基因食品等区别于传统餐饮消费模式的食品形式也在迅速发展。这其中蕴藏着巨大的安全隐患，但这些类型食品的安全规制却明显不足，集中表现在：法律体系不健全，立法层次不高；严重的信息不对称，消费者知情权难以保障；检验检测难度高；标识制度不健全；市场准入门槛低等。

如药品安全规制领域，《药品管理法》规定药品包装必须按规定印有或者贴有标签并附有说明书，但对于说明书是否能被患者清楚容易地看到却未做规定。国家药监局 2007 年就出台了《药品召回管理办法》，但是药品管理法规中并未对其加以规定，使得召回制度缺乏法律依据。另外，药品行业的企业诚信建设问题也非常重要，目前药品行业普遍缺失信用档案，消费者无法获取企业资质、信用水平等相关信息与数据，信用危机问题愈发突出，因而也应尽快出台药品行业信用体系建设的相关法律依据。

（2）缺乏独立的社会性规制机构，规制实施困难、无效率。所谓规制机构"独立"是指规制机构既与被规制企业、消费者等利益相关者保持一定的距离，又与政府行政部门保持一定的距离[1]。独立的规制机构应具有以下几个条件：一是拥有法律授权。法律授权是独立规制机构能够独立于行政部门的首要条件，通过法律授权，独立规制机构可以

79

---

[1] 马骏：《独立规制：含义、实践及中国的选择》，引自中国（海南）改革发展研究所和德国技术合作公司主办的"新阶段 新抉择 新路径——中国基础领域改革第五次论坛"论文，2003 – 10 – 18.

获得必要的权力和资源；二是机构设置独立。独立规制机构设置上应独立于行政部门，实行自治管理；三是拥有健全的内部制度。独立规制机构的管理者应实行固定任期，并建立职业标准和有吸引力的薪酬标准。按照以上定义及标准，目前中国并没有相对独立的社会性规制机构，一定程度上影响了社会性规制的效果和效率。

（3）社会性规制中介组织不健全。世界各国的社会性规制中第三方机构（如协会、检测机构）在进入规制中发挥了很好的作用。如有些协会是行业标准的制定者和准入的把关人；很多大的检验机构具有国际权威性，在社会性规制领域中起着重要作用。相比之下，中国的行业协会和检验检测中心在实质上都没有承担起对企业有影响力的第三方责任，使得社会性规制缺乏第三方制约，进而造成公众参与的监管权力结构缺失。这种社会监督以及其他部门权力的有效制约的缺失，直接表现为寻租导向的规制腐败现象。在缺乏行之有效的监督机构制约，缺乏规制政策评价体系和透明的行政程序情况下，就会导致规制者裁量权扩张，规制机构执法权力演变成个人权力。因此，在各种博弈中，政府的行政行为优先考虑其自身利益，导致与被规制企业的博弈过程中轻易被"俘获"。

4.2 规制结构的非对称性

伴随着规制改革历程的阶段性推进，中国规制政策的结构特征呈现典型的经济性规制和社会性规制的双重非对称性。这一方面，反映了改革过程中先后次序与轻重缓急的策略选择，符合垄断产业内在的经济属性；另一方面，某些领域利益的部门化或地方化所形成的改革死角所导致的规制效率低下、社会利益最大化目标受损等问题的严重性，也不容忽视。

4.2.1 经济性规制结构的非对称性

因为自然垄断产业是经济性规制的主导区，所以这里考察经济性规制结构的非对称性主要以自然垄断产业规制为例。自然垄断产业的经济性规制结构非对称性主要体现在两个层面：一是规制机构对自然垄断产业内部不同企业的规制政策的非对称性；二是规制机构对自然垄断产业内部垄断环节和可竞争环节的规制政策的非对称性。

1. 对不同企业的规制政策的非对称性

规制机构对自然垄断产业内部不同企业的非对称规制主要体现在自然垄断行业由垄断向竞争转型的初期。非对称规制，是指在自然垄断产业由垄断向竞争转型初期，政府规制机构为了应对不对称竞争，对处于不同市场条件下的经营者予以区别对待，制定有利于非主导经营者的倾斜政策和法规，从而在一定时期内人为地制约主导经营者对市场的控制力，放宽对非主导经营者的规制，以达到所有经营者公平竞争的目的。与对称规制相比，"抑强扶弱"的非对称规制能有效地缩小非主导经营者与主导经营者之间的差距，形成均衡的竞争格局。

非对称规制的理论依据是克拉克（Clark，1940）提出的有效竞争理论。所谓有效竞争，是一种将规模经济和竞争活力有效地协调，从而形成一种有利于长期均衡的竞争格局。在自然垄断产业由垄断向竞争转型的初期，一方面，需要扶持新的经营者，给完全垄断产业注入竞争活力；另一方面，自然垄断产业又属于规模经济要求较高的产业，在该领域尚未出现具有较强国际竞争力的经营者之前也要注重规模经济的要求。

例如在电信业，非对称规制政策始于 1994 年中国联通的成立[1]。由于中国联通与中国电信实力相差悬殊，电信主管机构开始采取扶持联通的非对称规制政策。该政策分为两大块：结构性非对称规制和行为性非对称规制。结构性的非对称规制主要目的是优化市场竞争架构、破除垄断，维护市场可竞争性，其核心是控制原有垄断企业的市场份额，调节基础电信企业之间的利益关系和后进入企业（或弱势企业）与主导企业之间的关系[2]。中国电信业的结构性不对称规制体现在通过中国电信业的三次重组，逐步削弱中国电信的垄断地位，扶持中国联通、中国移

---

① ［法］让－雅克·拉丰、泰勒尔：《电信竞争》，胡汉辉等译，人民邮电出版社 2001年版，第 44~61 页。

② 刘晓明、吕廷杰：《我国电信市场的非对称管制措施探讨》，载于《北京邮电大学学报（社会科学版）》2010 年第 1 期，第 80~85 页。

动等新加入的竞争企业，最终形成中国移动、中国联通、中国电信三家全业务竞争的电信运营商。行为性非对称规制的目的也是为了优化市场竞争架构，但其核心是维护市场竞争公平性，保护弱势电信企业和扩大中小增值服务企业利益。它主要通过对市场上具有主导地位的企业经营行为实施规制，调节垄断或主导电信企业与弱小电信企业和广大中小增值服务企业之间的利益关系，以及调节电信企业与用户之间的利益关系。行为性规制体现在电信主管机构在市场准入、资费、互联互通、漫游、普遍服务等方面实施更为严格的非对称规制措施。中国的非对称规制政策取得了较好的效果，电信业从完全垄断到引入竞争，电信资费急剧下降，电信企业的国际竞争力明显增强。

从非对称规制的实践来看，非对称规制的精髓是政府规制机构针对市场上不同竞争力的经营者予以不对等规制，由此限制市场主导者的市场行为，以使新经营者得以在市场中生存①。目前中国关于非对称规制的法律实践主要限于最先引入了竞争机制的电信业，而铁路、电力、自来水、石油等自然垄断产业尚未引入或者未全面引入竞争，非对称规制的需求缺乏，当其他自然垄断行业进行市场化改革之时也需要规制机构采取非对称规制措施来扶持和保护新的竞争者。

2. 对垄断环节和可竞争环节的规制政策的非对称性

规制机构对自然垄断产业内部不同环节采取非对称性的规制政策主要区分垄断环节和可竞争环节，采取分类规制的政策。从 20 世纪 90 年代中期，我国开始在电信、电力、民航、铁路等几大自然垄断行业陆续展开改革，下面主要针对电信业、电力业、铁路运输业、航空业、邮政业分别讨论。

（1）电信业。电信业的基础业务主要包括通信设备的生产与销售、国内电话服务、国际电话服务、无线通信服务和电信增值服务。其中，电话服务的自然垄断性并不显著，而其他业务都属于竞争性业务。特别是生产和销售各种通信设备业务，除了需要规定通信标准外，基本上类似于一般竞争性的制造业，几乎不存在进入规制的问题。经过 2008 年的改革重组，中国电信、中国联通、中国移动三家运营商已经成为全业

---

① 殷继国：《自然垄断行业不对称规制研究》，载于《广东商学院学报》2010 年第 3 期，第 72 ~ 78、85 页。

务平台上的三巨头，由于电信业的许多业务领域存在垄断力量，难以充分发挥竞争机制的作用，因此，价格规制便成了电信业政府规制政策的核心内容。由于存在国内电话、国际电话、IP 电话、移动电话、无线寻呼和各种增值业务，同时还存在有限通信网络向其他通信企业提供接入服务和拥有通信网络的企业间的联网服务等业务。这就需要区分垄断性业务和竞争性业务，在垄断性业务中充分引入竞争机制。不可忽视的是，中国在电信产业的价格规制方面已经取得了显著的成效。2016 年修订的《中华人民共和国电信条例》，明确了电信资费实行市场调节价，删除了政府指导价和政府定价的内容。条例指出，电信业务经营者应当统筹考虑生产经营成本、电信市场供求状况等因素，合理确定电信业务资费标准①。2018 年，中国政府又提出提速降费的号召，三大运营商同时取消了流量漫游费用，伴随着行业竞争性的增强，电信产业移动网络流量资费与通信资费都有了明显的下降。当前，5G 时代到来，为了实现更高效率的运营管理和更高质量的服务，引入有效竞争，给各个电信运营商注入活力，使其有足够的动力研发创新，仍然需要实行非对称规制。以此增强我国电信产业的产业链强度和宽度，保持其国际竞争力，从而从根本上维护国家通信安全和整个社会的社会福利。

（2）电力业。电力业可划分为发电、供电两大系统和发电、输电、配电和售电四大业务环节，这四大环节规模经济的程度不同，因此需要规制机构采取不同的规制政策。从理论上说，发电业务属于竞争性业务，因此在发电领域引入竞争机制有利于刺激企业降低成本，积极进行技术改造和创新。但电力生产存在一定的规模经济性，如果完全放松进入规制，会吸引过多竞争者进入电力生产领域，导致生产能力过剩，因此政府为了维持发电领域的有效竞争，保持生产效率，需要设置一定的进入壁垒。同时，由于电力生产电源的多样性，不同电源发电厂具有不同的技术经济特征，要促进经济持续发展，应做到各种发电方式之间具有合理的比例结构。2002 年对国家电力公司实行战略重组以后，在发电领域组建了 5 个大型发电企业，形成寡头垄断市场结构，既保证了一定的市场竞争，又确保了实现规模经济利益②。而对电网资产进行重组

---

① 《中华人民共和国电信条例》，2016 年 2 月。

② 范合君、王文举：《我国电力产业改革的潜在风险及其最优改革路径》，载于《经济与管理研究》2006 年第 6 期，第 51～54 页。

之后，成立了国家电网公司和中国南方电网有限责任公司，分别划定了各自的经营地域范围。由于输电业务具有强自然垄断性，因此政府对于输电业务实施严格的进入规制，同时对于在位企业实行激励性规制政策。2004年3月，国家电力监管委员会、国家发展和改革委员会共同制定并实施了《电力用户向发电企业直接购电试点暂行办法》，目的是在大用户和发电企业之间引入新的电力配发市场，以此放松进入规制。该办法对中国电力业全面强化竞争机制，特别是打破电网经营企业独家垄断的格局，探索输配电业务分开、电网公平开放的有效途径，加快建立竞争、开放的电力市场，建立合理的输配电价形成机制等方面产生了积极的推动作用①。配电业务的物质基础是配电网，虽然不像输电业务那样具有强自然垄断性，但至少具有弱自然垄断性。2015年5月，国家核电与中电投分别发布公告，经国务院批准，中电投与国家核电重组成立国家电力投资集团公司。2017年11月，中国国电集团公司与神华集团有限责任公司两家公司合并重组，正式成立国家能源投资集团有限责任公司。整合重组能带来企业规模实力、资源配置效率、创新水平和经营业绩的有效提升，还能更好地服务于政府规制改革。迄今为止，按照"管住中间，放开两头"的总体思路，电力改革在电力市场建设、输配电价改革、售电侧放开等方面均取得了明显的成效，但目前，改革进入深水区，存在发电市场产业结构不均衡、个别地区的电力行业呈现出产业纵向或横向的整合趋势等问题。总体而言，电力体制改革仍然任重道远。

（3）铁路运输业。铁路运输业主要包括铁路调车作业、铁路运输设备维护、铁路客运与货运和铁路运输的支持服务等业务领域。一是调车作业领域。包括路轨、道岔、路基、车站信号等基础设施等，其具有很强的自然垄断性质，一家以上的企业进入会导致资源的低效率配置，并可能导致线路使用、协调上的众多矛盾冲突，客观上由独家企业经营是最有效率的。二是铁路运输设备维护领域。从理论上讲从属于竞争性领域，应充分引入市场竞争；但在实践中，因此项业务具有极高的专业技术质量要求，所以政府不应该鼓励企业过度进入相互展开竞争。三是客运与货运业务。属于潜在竞争性业务，新进入市场的客货运营者可以通过租用机车车辆、接管原有的职工队伍等措施，降低因需要大量资本

---

① 高伟娜：《电力产业价格规制的演变与改革》，载于《价格月刊》2009年第4期，第5~8页。

和专业技术人员而引起的市场进入障碍，其市场的可进入性较强，可竞争程度远大于线路设施部分。自1999年铁路推行资产经营责任制以来，初步确立了铁路局的市场主体地位，在昆明铁路局、呼和浩特铁路局、南昌铁路局、柳州铁路局四个直管站段的铁路局和广铁集团相继进行了组建客运公司的试点，2000年广铁集团客运公司正式挂牌。目前我国共有18个铁路局，下辖32个客运段。四是铁路运输的支持服务项目领域。当前已有多家不同类型企业进入，实行竞争性经营。另外，在价格规制方面，2013年实行铁路政企分开，不再保留铁道部，组建国家铁路局和中国铁路总公司，将铁道部拟订铁路发展规划和政策的行政职责划入交通运输部，按规定实行市场调节价的铁路项目，由企业自主定价；2014年12月，国家发改委对外公布《关于放开部分铁路运输产品价格的通知》，宣布放开四项具备竞争条件的铁路运输价格，即铁路散货快运价格、铁路包裹运输价格，以及社会资本投资控股新建铁路货物运价、社会资本投资控股新建铁路客运专线旅客票价，交由铁路运输企业自主定价。2017年国家发改委发布《关于深化铁路货运价格市场化改革等有关问题的通知》，进一步深化了铁路货运价格的市场化改革，铁路集装箱、零担各类货物运输价格等12个货物品类运输价格实行市场调节，另外，实行政府指导价的整车运输各货物品类基准运价不变，铁路运输企业可以国家规定的基准运价为基础，在上浮不超过15%、下浮不限的范围内，确定运价。虽然铁路运输业市场化改革已经取得了一些突破性的进展，但直到目前，国家只是放开部分铁路运输产品的价格，逐步放松政府规制，随着运输市场的供需变化、运输方式的迅猛发展等外在环境的变化，铁路运输业价格改革仍需继续推进。

（4）航空业。航空业主要由空中交通规制、机场服务、航空运输服务、航空保障服务、航空延伸服务、航空维修服务和飞行员培训等业务构成，各种业务具有不同的技术经济和市场结构特征。其中，前两项业务主要涉及进入规制，后几项业务更多涉及价格规制。一是空中交通规制是航空运输产业的生产调度、空中指挥和安全保障部门，其职能相当于交通警察，在整个行业中处于支配地位，起基础保障作用。由于航路建设中的通讯导航设施设备的投资巨大，回收缓慢，资产专用性强，沉淀成本多，技术更新快，导航台、航站、区域规制中心的建设成网络型分布，不存在重复建设的经济合理性，所以该业务具有明显的自然垄断性。目前中国由国家采取事业化或企业化经营。二是机场服务处于航空运输生产链条的上游环节，是航空运输产业的基础部门。由于投资巨大，回收时间长，资产专用性强，成本沉淀大，因此属于自然垄断业务。但是机场服务又可细分为许多不同的业务类型，其中有些属于垄断业务，有些则属于竞争性业务。机场的投资和建设即机场的整体设施的准入由于不能重复建设，国家实行严格的进入规制。作为基础设施，机场的主要投资应由政府来承担。作为准公共产业，机场的运营必须服从政府强力的约束。但近年来，该领域对民营资本和外资也在逐步开放。1987 年以前，我国航空运输业处于高度垄断状态。1987～2002 年，各地地方政府开始创办航空公司，航空运输业自此引入竞争机制，初步形成竞争性市场结构。2002 年以后，逐步形成三大国有航空公司寡头垄断型市场结构，同时有地方航空公司以及新进入的民营航空公司参与竞争①。2004 年 10 月中国批准了国内第一个私人投资建设的机场——黑龙江绥芬河市阜宁机场的运营资格，这是中国机场投资领域对民营资本开放的首次尝试②。在航空运输整个产业链条中，机场服务是上游垄断业务。因此，政府必须对机场各种地面服务项目的进入进行规制。为了防止机场公司利用上游垄断势力对下游服务项目独占，防止其权力过于集中或进行交叉补贴，降低生产和分配效率，必须在地服领域引入竞争机制，吸引包括航空公司在内的社会资本和各种专业公司共同进入。截至 2004 年 7 月，中国民用机场基本上都实行了属地化管理和公司化经营。尽管机场已经从"大民航"集中管理的模式中脱离出来，但在地服业务上仍然沿用传统的"全面经营模式"，机场几乎包揽了全部地服业务，仍实行高度垄断和上下游一体化的经营模式。在许多机场，像配餐、值机、配载、货物处理等该由基地航空公司独立操作的业务，也都由机场包办③。三是在价格规制方面，业务性质不同导致政府价格规制的程度也不一样。目前中国对空中交通规制业务实行事业化管理，设备投资和技术改造也靠民航局事业拨款解决，空管单位尚未进行严格的成

---

① 高玥：《自然垄断产业的产权改革与规制：我国航空运输业例证》，载于《产业经济》2012 年第 5 期，第 40～46 页。

② 苏延芳、肖兴志：《反事实研究：放松规制与中国航空网络演变》，载于《财经研究》2006 年第 3 期，第 105～113 页。

③ 朱耀文：《放松管制后民航市场准入监管浅论》，引自科学发展观与民航经济增长方式转变——2006 年学术研讨会论文。

本核算，还没有形成合理的空管服务价格体系。空管服务的价格由民航局统一规定，从 1992 年以来一直没有进行过调整，基本上是亏本经营。在机场服务费方面，目前中国机场对航空公司的收费大致分为两个部分：一类是直接与航班起降有关的机场空侧（飞行区）服务项目的收费（如飞机起降费、停场费、夜航灯光费、安检费、旅客过港服务费、登机桥与摆渡车使用费等），这类项目的收费由国家民航局在对机场分类的基础上来制定统一标准，实行严格的价格规制；另一类是对机场路侧服务的收费（如客运值机费、货物进出港处理费、候机楼设施租赁费、停车场收费等），中国民航总局对这类收费只起到一定的协调和指导作用，收费标准通常由各机场根据其投资成本和市场需求状况来自行决定，在许多情况下是机场与航空公司相互协商、谈判甚至是行业主管部门或地方政府协调的结果。经过多年的运价改革的反复实践，中国航空运输服务目前已经初步形成了竞争性的定价模式①。2004 年 4 月，国家发改委和中国民航总局发布了《民航国内航空运输价格改革方案》，规定航空公司可以在机票基准价格基础上，通过一定幅度的浮动来调整机票价格，浮动的上下限分别为基准价格的 25% 和 45%。这个基准价格是由发改委和中国民航总局根据航空公司的运营成本、现阶段的国民收入水平和市场需求状况、其他运输方式的竞争价格等因素来综合考虑确定的②。在实践中，事实上早已突破这个限制，淡季的时候各航空公司纷纷推出 2 ~ 3 折的超低价机票。目前中国基准航空运价和折扣服务的形成是通过听证会形式来实现的，只能作为中国航空运价完全放开前的一个过渡。由于航空运输产业上游的机场服务、航空油料、航空信息等产品的价格仍属于国家垄断定价，所以作为航空运输最终产品的机票和货运价格在短期内还难以形成一个合理的定价机制。四是在航空保障服务方面，仍然由航空公司独家垄断，实行垄断定价。五是航空延伸服务和航空维修服务以及飞行员培训都是实行国家和地方政府指导定价。《关于鼓励和引导民间投资健康发展的若干意见》指出，要建立公开、透明的准入环境，平等对待各类投资主体，不得单独针对民间资本设置

---

①　陈学云、江可申：《航空运输业规制放松与反行政垄断——基于自然垄断的强度分析》，载于《中国工业经济》2008 年第 6 期，第 67 ~ 76 页。

②　《中华人民共和国国家发展和改革委员会公告》，国家发展和改革委员会网站，https：//www.ndrc.gov.cn/xxgk/zcfb/gg/200506/t20050613_961542.html。

额外的限制，这充分说明了民航业的进入门槛在降低①。

（5）邮政业。邮政业存在着垄断性业务与竞争性业务，因此政府采取不同的进入规制政策和价格规制政策。目前在普通信函、小型包件业务与邮票发行业务领域由中国邮政独家垄断经营，采取严格进入规制；在快件、大型包件、商业信函、物流配送领域已经逐步放松了进入规制，除了中国邮政以外，中铁快运、民航快运、国内中小快递公司以及国外快递巨头 DHL、FedEx、UPS 等都已进入市场参与竞争；在汇兑与储蓄业务领域由中国邮政与各银行和金融机构进行寡头竞争；在报刊发行领域的进入规制也较为严格，由中国邮政和各个自办发行的报刊及渠道参与经营。邮政业的价格规制较为严格，大多数领域都采取政府定价，只有竞争比较激烈的快递业务和报刊发行业务领域在政府指导定价基础上形成了竞争性定价。

综上，自然垄断产业内部不同环节的非对称规制格局，如表 4 - 1 所示。

表 4 - 1　　　　　　　　自然垄断产业内部非对称规制格局

产业	业务种类	垄断程度	进入规制程度	价格规制程度
电信业	通信设备的生产与销售	竞争性业务	无	竞争性定价
	国内电话服务	弱自然垄断	宽松	竞争性定价
	国际电话服务	弱自然垄断	宽松	竞争性定价
	接入与联网业务	竞争性业务	宽松	竞争性定价
	移动电话	潜在竞争	放松	竞争性定价
	IP 电话	竞争性	放松	逐步取消
	无线寻呼与增值业务	竞争性	无	逐步取消
电力业	发电	可竞争性	宽松	政府指导价
	输电	强自然垄断	严格	政府定价
	配电	弱自然垄断	宽松	政府指导价
	售电	潜在竞争性	宽松	政府定价

---

① 《国务院关于鼓励和引导民间投资健康发展的若干意见》，2010 年 5 月 1 日。

产业	业务种类	垄断程度	进入规制程度	价格规制程度
铁路运输业	铁路调车作业	强自然垄断	严格	无独立价格
	铁路运输设备维护	可竞争	严格	无独立价格
	客运与货运	潜在竞争	严格	政府指导价
	铁路运输的支持服务	可竞争	宽松	逐步放松
航空业	空中交通规制	强自然垄断	严格	政府定价
	机场服务	自然垄断	适度	政府指导价
	航空运输服务	可竞争	宽松	政府指导价 + 竞争性定价
	航空保障服务	可竞争	宽松	政府定价
	航空延伸服务	可竞争	宽松	政府指导价
	飞机维修服务和飞行员培训	可竞争	无	政府指导价
邮政业	普通信函与小型包件	行政垄断	严格	政府定价
	快件	潜在竞争	无	政府定价
	大型包件、商业信函	竞争性	无	政府定价
	汇兑与储蓄	竞争性	适度	政府定价
	报刊发行	弱企业垄断	宽松	政府指导 + 竞争性定价
	物流配送	竞争性	无	竞争性定价
	邮票发行	行政垄断	严格	政府定价

资料来源：笔者根据相关资料整理所得。

4.2.2 社会性规制结构非对称性

中国社会性规制中存在着五个层次的参与者：公众、人民代表大会、高层政府规制机构、基层政府规制机构、被规制者，他们之间存在至少四层委托—代理关系。在信息不对称的环境下，中国社会性规制中存在多方面的结构非对称性：一是由于参与者利益的不一致导致规制主体目标偏离而产生的非对称性；二是由于利益部门化而导致的政策制定结果偏离政策制定目标的非对称性；三是由于管理体制的落后而导致的规制政策在执行环节上的非对称性；四是由于目前中国社会性规制方式陈旧而产生的规制方式的非对称性。

1. 规制主体目标的非对称性

社会性规制的目标为社会利益最大化，由于委托—代理关系及信息不对称的存在，代理人通常以最大化自身利益为目标，而侵害委托人利益，产生道德风险。具体表现为规制过程中产生的规制主体对规制目标的偏离，造成规制目标非对称。在多层委托—代理关系中，各主体追求的目标函数并不一致，代理人并非都以委托人的利益最大化为目标[①]。公众的目标为追求其自身利益最大化，即环境保护、工作场所安全、健康安全等利益最大化。对于人大代表来说，满足和实现公众的利益需求只是其目标之一，在选票最大化的目标下可能会产生对公众利益的偏离。各层规制机构所追求的目标为自身权力最大化和责任最小化，并非公众利益最大化。被规制者的目标通常为自身利益最大化，也并非社会利益最大化。如此必然会产生规制主体目标偏离，且这种偏离和非对称贯穿于规制的整个过程中。

2. 规制政策制定与目标的非对称性

由于规制主体目标的非对称性，规制政策在制定中更多地体现了部门与地方利益而偏离规范意义上的公众利益最大化的社会性规制目标。一般而言，规制政策制定部门或地方行政部门对审批权、发证权、收费权等对部门或地方利益有利的项目积极性颇高，并争相制定相应的政策，而对与部门和地方利益相抵触或者会制约其权限的项目毫无积极性，规制政策的制定并不以公众和社会利益最大化为目标，产生规制政策制定现实与规制目标偏离而产生非对称性。由于过分强调部门和地方的权力和利益，并尽量回避责任和义务，忽视公众的权益，最终影响了社会性规制政策的全局性、前瞻性和战略性。

---

① 郑惠：《社会性规制评述》，载于《生产力研究》2009 年第 5 期，第 165～169 页。

3. 规制政策执行的非对称性

规制，顾名思义，即规范与制约的含义。社会性规制主要是政府为了防止市场经济的负外部性产生的一些不良后果而采取的行政干预措施[①]。社会性规制政策在执行过程中存在着不同程度的非对称性，具体表现为机构执行能力非对称性和执行权力非对称性。

（1）机构执行能力的非对称性。机构执行能力的非对称性主要表现为规制执行机构的实际执行能力与其应有能力之间的不对称，而造成这种非对称的主要原因为规制执行机构缺乏独立性。目前实施社会性规制的机构有三类：第一类为国务院的组成部门，第二类为国务院的直属机构，第三类为国务院部委管理的国家局。其中，第一类包括国家卫生健康委员会、公安部、生态环境部等；第二类为国家医疗保障局、国家市场监督管理总局等；第三类指由国家市场监督管理总局主管的国家药品监督管理局、由国家应急管理部管理的国家煤矿安全监察局等。这三类机构都不同程度地存在着独立性不足的问题，表现为政企不分、政事不分、人事、经费来源不独立等，其中，政事不分现象尤为严重。在某些社会性规制领域中，规制执行机构既是被规制者的领导又是规制的执行者，必然造成规制者偏向于自己所属的企事业单位，无法保持公正、独立的规制，执行机构的实际执行能力产生明显的偏离。基层规制机构在业务上被高层规制机构所领导，而在经费和人事任命上却依赖地方政府。这种不独立造成规制者在政策的执行中做出对地方有利的选择。

（2）机构执行权力的非对称性。机构执行权力的非对称具体表现为不同部门对同一产业或同一事件的共同规制，即共同执法现象。由于社会性规制正在由"自上而下"的集权规制模式向综合管理模式过渡，在不同的时期为了完成一定的规制职能设置了不同的规制机构，在规制改革的过程中不同部门并不能够达到同时协调进行机构调整，各部门各自为政，所以必然出现各部门之间的规制机构设置重叠，规制职能交叉重叠。如中国食品安全规制中的执行部门包括了农业农村部、国家市场监督管理总局、国家卫生健康委员会等部门。初级产品的种养殖环节监管由农业农村部门负责，食品生产环节由国家市场监督管理总局中的质

---

① 申慕蓉：《公共管理领域的政府社会性规制》，载于《法制博览》2018 年第 5 期，第 247 页。

量监督检查检疫部门负责，食品流通环节由国家市场监督管理总局负责，餐饮和食堂等消费环节由国家卫生健康委员会负责，食品安全的综合监督和查处重大事故由国家市场监督管理总局中的食品药品监督部门负责，进出口则由海关总署中的进出口食品安全局负责。造成执行机构职能及权力的多重分解与重叠，形成共同规制现象，一方面产生责任互相推诿，不利于规制责任落实的问题；另一方面导致各规制机构出于自身部门利益过度行使权力，出现规制过度和规制缺位并存的现象。且各规制机构各自为政，缺乏沟通，产生一系列的矛盾和冲突，带来规制的不公平，使得规制目标偏离，规制效率降低。

4. 规制方式的非对称性

规制方式是影响规制效果和效率的重要因素，社会性规制的主要方式包括命令—控制型规制方式、基于市场的规制方式及信息规制等方式。目前，中国社会性规制的主要方式是命令—控制型的规制方式，而基于市场的规制和信息规制方式运用较少，从而表现出规制方式的非对称性。

（1）命令—控制型规制方式。命令—控制型规制方式是一种传统的规制方式，主要通过制定不同的标准，并强制执行这些标准来达到政策的目的。目前中国社会性规制标准的数量较少、水平较低且重叠交叉严重。具体表现为：一是标准总量少、覆盖范围小。以食品规制为例，由于我国有众多食品没有相应的国家标准或行业标准，给执法工作造成困难。在已经制定的食品标准中，大多集中于生产和加工领域，而在初级农产品、食品流通领域保障食品质量安全的标准严重不足。在环境规制领域，生态保护标准数量较少，不能满足生态保护工作的需要；二是标准滞后、水平低，与国际标准存在较大差距。中国的许多排放标准实施后长期没有修订，技术内容与形势不适应，控制水平落后，对行业技术进步的促进作用不足。污染物监测方法标准和监测技术规范采用的监测技术较为落后，缺少先进的现代监测技术方法标准。中国的食品标准水平明显偏低，远低于国际标准和国外先进标准；三是标准重叠交叉，不统一。由于中国标准的制定缺乏有效的协调机制，国家标准、行业标准、地方标准之间存在着政出多门、互相矛盾、交叉重复、指标不统一等情况，各监管部门执行标准不一致，给企业带来了很大的麻烦。命令—

控制型环境规制政策主要强调政府在规制中的主导作用，单方面强调政府行为，强调自上而下的决策制定方式，导致政策缺乏一定的灵活性。规制手段较为单一，缺乏有效的激励机制，不能适应社会发展的需要。

（2）基于市场的规制方式。基于市场的规制方式又被称为激励型的规制方式，是通过市场信号激励人的行为，而不是通过明确的控制标准来约束人的行为。目前中国市场化规制方式运用的少，而且存在较大的问题。以环境规制为例，排污费（税）、排污权交易及生态补偿机制等是目前普遍使用的基于市场的规制方式。

中国的排污收费制度始于改革开放之初，1979 年通过的《环境保护法（试行）》从法律上确立了中国的排污收费制度，1982 年国务院颁布的《征收排污费暂行办法》标志着中国排污收费制度正式建立，2003 年国务院颁布的《排污费征收使用管理条例》使中国的排污收费制度逐步完善①，2018 年，《中华人民共和国环境保护税法》《中华人民共和国环境保护税法实施条例》开始实施，进一步加强了对排污费征收、使用的管理。40 多年的实践证明，排污收费制度在促进企业污染治理、筹集污染治理资金、加强环境保护能力建设和严格环境监察执法等方面都起到了十分重要的作用。但从实践情况看，现行排污收费征收标准偏低，没有充分考虑沿海与内地、东部与中西部地区之间的差异，灵活性较差。排污申报和排污费的征收不规范，环境规制部门往往没有按照准确的排污数据计算排污费，存在协商收费甚至是人情收费，排污费收缴也较为被动，主要依靠企业主动上门缴费，如果一旦出现有企业拒缴或者拖欠缴费的情况，就会影响排污收费工作的进行。排污费的征收不足额，不能弥补污染治理成本，排污费使用也缺乏激励。

在排污权交易方面，排污权的交易市场不健全，交易的主体单一。从中国的排污权交易实践来看，参加排污权交易的一般为地区的污染大户，他们之间并不是真正意义上的市场交易，而一般都是在环保部门的安排下进行。且中国排污权交易市场的基础信息寻求费用过高，环境规制部门监测与执行费用过高，而且存在着逐案谈判的问题，从而间接导致了整个排污交易市场的无效率。费用的偏高挫伤了交易主体进行交易的积极性，影响整个排污权交易体系，使交易成功率下降，妨碍排污权

① 别涛、赵柯：《关于完善中国环境保护法律体系的设想》，载于《中国环境管理》2004 年第 3 期，第 1~3 页。

交易制度的发挥。

生态补偿机制方面，目前生态补偿的融资渠道主要就是财政转移支付和专项基金两种方式。其中，财政转移支付是生态补偿主要的资金来源，纵向转移支付在财政转移支付中占绝对主导地位。这种主要由中央政府买单的方式显然与"受益者付费"的原则不协调，政府面临着巨大的财政压力，同时政府纵向投入的资金分散各区域，资金运用低效率，大大影响了生态补偿机制的实施效果。生态补偿的标准普遍偏低，补偿范围过窄，缺乏对农民、牧民、企业团体和各级地方政府的意愿和希望的考虑，其结果必然导致农民响应并参与生态保护的积极性降低，生态补偿机制难以发挥其应有的效应。

（3）信息规制方式。信息规制方式是指规制机构利用信息的公共供给来纠正风险和相关的市场不完全。信息规制方式主要是信息披露制度，即规定供应者必须提供有关产品和服务的价格、特性、成分、数量、质量、日期、警告和使用说明等方面的信息。具体涉及以下几方面：价格披露，即明码标价；数量披露，强调使用统一的度量衡；质量披露，包括产品的原料、成分及其他质量指标；警告和使用说明。目前中国信息披露制度还不够健全，虽然在安全、健康、环境领域已初步建立了信息披露制度，但存在的问题较多。如没有建立起从中央到地方的信息披露主体；信息资源不足，且分布在不同的部门；信息的发布缺乏标准化、规范化；权威性分析不多，预测性分析不够；透明度不高、公众参与性不够等。

4.3　规制行为[①]与宏观调控的高度相关性

如前所述，中国社会主义市场经济体制的特殊性在于：一是带有转轨之前的原有计划经济特点，如政府干预过多，规制大量越位，行政垄断现象依然严重；二是带有市场经济体制下的一些特点，如企业所有制的多元化、企业行为的市场化等；三是带有不成熟市场经济的一些特点，例如中国市场经济处在初期、不完善阶段下的企业行为的非法制

---

①　相对于宏观调控而言，政府规制行为又可称为微观规制。为了与宏观调控的说法相对应，这一部分中多将政府规制称为微观规制。

化、非理性化等①；四是属于赶超型、不发达型、政府主导型市场经济。而在实践中，政府规制行为往往与宏观调控交织在一起，表现出高度的相关性。特别是，在纠正宏观波动为目的的宏观调控中，伴随有微观干预色彩的政府规制行为非常普遍。

4.3.1　狭义政府调节体系的构成

从理论上说，微观规制与宏观调控都是市场经济所必需的，二者共同构成狭义的政府调节体系②。其存在的必要性和范围都是由市场失灵所规定的，实施主体都是政府，都是政府的基本经济职能，最终目标都在于提高经济效率。宏观调控主要应对短期经济总量失衡，发挥间接引导职能，常常追求周期性、非持续性的经济绩效。而政府规制则是出于公共性的需要，解决微观市场失灵和社会不公平，依法对市场经济主体进行直接的经济、社会控制或干预。特别是在社会领域内，政府规制的目标是确保公众安全、防止公害和保护环境。微观规制与宏观经济调控在实践中需要相互配合和补充，两者的有效性之间存在制约关系。

由于宏观调控预期效果的实现有其一定的微观基础，因此，宏观调控效果往往依赖于微观规制的功能实现。在市场经济国家，执行政府宏观调控政策的行政机构往往同时拥有一体化的微观规制功能，中央银行既制定短期货币政策，又具有直接规制民间金融机构市场进入和对商业银行的监管功能，而货币政策的实施效果也在一定程度上要取决于这种规制功能。同样，财政部门在制定和实施其财政政策过程中，需要直接借助其所属的税收机构的微观规制功能。在实践中如果二者配合不好，忽视了目标、对象、具体手段、运作机制和作用方式等方面存在的明显差异，不加区别地混合使用，就完全可能导致政府经济职能的紊乱，从而导致政府经济干预的目标发生偏离；或者因为宏观调控泛化而带来政府职能的越位，从而降低宏观调控的绩效。回顾改革开放以来的历次宏观调控实践历程，其中不乏因宏观调控泛化所带来的微观规制越位，特别是伴随着宏观经济波动而得到周期性强化、不断叠加的微观干预行

---

①　刘树成：《经济周期与宏观调控》，社会科学文献出版社 2005 年版，第 241 页。

②　本书认为，广义政府调节体系包括政府的三个职能：一般市场条件的创立与维护、微观规制、宏观调控三个方面。其中，一般市场条件的创立与维护包括立法调节和司法调节。

为，已经成为进一步深化规制改革的重要障碍。因此，要想充分发挥好政府调控机制的作用，微观规制必须经过进一步的改革，配合好宏观调控，改善宏观经济的微观市场基础，追求长期持续的经济绩效，从而弥补宏观调控的弱点，发挥经济社会协调发展的长效机制作用。

4.3.2 实践中规制行为与宏观调控的交叉渗透

实践中，微观规制行为与宏观调控的高度相关在历次宏观调控实践中体现得尤为突出。纵观中国 40 多年来的改革，宏观调控实践大致可以划分为三大时期：第一时期，1978～1983 年、1984～1986 年、1987～1991 年的三次调控，深受计划经济体制的传统影响，资源配置的非市场化因素占主导地位，中央政府主要通过以行政性规制为核心的调控政策对经济波动采取直接干预；第二时期，随着 1992 年全面推进和深化经济体制改革的开始，1993～1997 年、1998～2003 年的第四次、第五次调控中，宏观调控的现代模式开始初步确立，开始了现代意义的财政、货币间接调控模式的探索，力图依靠间接干预矫正宏观经济失衡；第三时期，在 2004～2007 年的第六次宏观调控以及 2008 年以来的第七次宏观调控中，经济性规制的结构性调整作用更加突出，社会性规制日益引起重视，进一步丰富了政府调节体系①。2013 年以后进入经济发展新常态，对于供给侧结构性改革的要求，使得经济性规制和社会性规制并重。党的十九大报告指出，我国正处在转变发展方式、优化经济结构、转换增长动力的攻关期，建设现代化经济体系是跨越关口的迫切要求和我国发展的战略目标。寻求发展"新动能"，改造升级"旧动能"，实施新旧动能转换，既是新时代背景下中国建设现代化经济体系、实现经济社会高质量发展的内生需求，也是国际经济发展的内在要求和客观规律，更是我国抢占全球新经济制高点，实现中华民族伟大复兴中国梦的必然要求，具有划时代的意义与价值。

从 2019 年《政府工作报告》对于市场环境管理的高度重视可以看出，市场环境管理是目前中国宏观调控体系的核心。2019 年政府将在市场环境管理方面有诸多举措，既注重激发市场主体的活力，又将

---

① 邹东涛：《发展和改革蓝皮书——中国改革开放 30 年（1978～2008）》，社会科学文献出版社 2011 年版，第 268 页。

在规范市场竞争秩序、健全法律制度、优化营商环境方面充分履行政府的职责①。

1. 第一次至第三次宏观调控中，行政性规制居核心地位

（1）1978~1983 年的第一次宏观调控。1979~1981 年，中国经济出现改革开放后第一轮以经济过热为标志的较大波动，积累率迅速上升，固定资产投资规模迅猛扩大，经济增长速度过快，物价持续上涨，财政赤字和外贸赤字不断扩大。

当时针对经济过热实施的调控措施主要是：降低各项计划指标，减少政府和企业的固定资产投资和基本建设项目；以行政手段压缩中央和地方的财政支出，压缩国防经费和行政管理费用；以行政手段加强银行的信贷管理，冻结企业存款，向企业推销国库券 48 亿元。通过行政命令和审批程序停建、缓建一批基本建设项目，严禁新上基建项目，压缩基本建设规模，将预算内基本建设投资从 1980 年的 418.57 亿元压缩到 1981 年的 349 亿元，压缩国防开支和行政管理费。以上调控措施的"直接规制"色彩十分浓重。

（2）1984~1986 年的第二次宏观调控。自 1982 年起，中国经济管理体制和调控方式开始由"计划集中控制"转向"计划控制为主、市场调节为辅"。这种经济管理体制和调控方式是在中共十二大报告（1982 年 9 月）中明确提出的，当时的提法为"计划经济为主、市场调节为辅"。这种管理体制和调控方式有两个显著特点：一是计划控制和市场调节是板块式分工的，即计划管一块，市场管另一块，这两块既不重叠也不交叉；二是在资源配置和经济运行中，以计划控制为主要表现形式的直接规制是基本的、主要的，市场调节是从属的、次要的。与此相对应，宏观调控开始尝试使用财政政策和货币政策，同时以行政手段直接规制基本建设规模、国民收入超额分配及物价水平。

第二次宏观调控针对的是始于 1984 年的经济过热。同年 11 月，国务院发出通知，要求各地各部门严格控制财政支出，控制信贷投放。1985~1986 年，中国经济遭遇改革开放以来第二次大的经济波动和通货膨胀，能源、交通、原材料供应普遍紧张，国民经济重大比例关系严

① 苏剑、陈阳：《中国特色的宏观调控政策体系及其应用》，载于《经济学家》2019 年第 6 期，第 15~22 页。

重失调，财政赤字和外债规模迅速扩大，零售物价指数从 1984 年的 2.8%跃升至 1985 年的 8.8%，消费价格指数 1985 年攀升到 9.3%，达到改革开放以来的最高水平。为此，1985 年 3 月《政府工作报告》提出，加强和完善宏观经济的有效控制和管理，坚决防止盲目追求和攀比增长速度的现象。特别是以行政规制手段压缩基本建设投资规模，行政部门加强对物价的管理和监督检查，严格制止乱涨价。

在这一阶段，尝试采用经济手段与行政规制相结合的方法进行调控，由国家计委实施的价格规制在其中扮演了重要角色。

（3）1987～1991 年的第三次宏观调控。为了应对经济形势的变化，1988 年 8～9 月中共中央和国务院进一步提出"治理经济环境，整顿经济秩序"，于十三届五中全会通过《中共中央关于进一步治理整顿和深化改革的决定》，进一步提出用 3 年或者更长一些时间基本完成治理整顿任务。同时，这一时期是中国政府第一次自觉地运用财政、货币政策等经济手段进行间接调控，开始了以财政政策和货币政策双紧缩为主要内容的新一轮宏观调控。

概括而言，1978～1991 年三次宏观调控的起因与中国的经济体制改革，特别是计划体制转型的放松规制进程密切相关，客观上起到了推动经济增长和通货膨胀的作用，如 1978 年的"拨乱反正"、1984 年的信贷体制改革和 1988 年的价格改革闯关，由此引起的经济波动反映了当时兴起的市场调节机制并不健全与完善[1]。因此，在这一时期宏观调控的初始阶段，行政干预微观经济主体经济行为的色彩非常突出，并取得显著效果。解决宏观过热问题的典型规制手段主要包括：行政性财政政策，强制控制财政支出（消减投资支出和控制消费支出）；行政性货币政策，强制控制银行的信贷投放；对经营不善、长期亏损的国有企业，停止财政补贴，停止银行贷款；对落后的小企业进行整顿和关停并转等。而随着管理体制和调控方式向计划控制与市场调节相结合的转换，调控手段的单一行政性规制色彩及其直接调控作用在三次调控中逐渐淡化，乃至过渡到真正意义上的财政、货币政策与经济、法律等现代意义上的规制政策相互配合发挥间接调控作用。因此，微观规制及其改革在中国的宏观经济周期中扮演了重要的推动角色，二者在时间上基本

---

① 邹东涛：《发展和改革蓝皮书——中国改革开放 30 年（1978～2008）》，社会科学文献出版社 2011 年版，第 579 页。

同步或连续，密度和强度则高度相关，一定程度上互为因果。

2. 第四次至第五次宏观调控中，微观规制渗透其中

党的十四大开启了中国全面推进和深化经济体制改革的新历程，中国的经济管理体制和调控方式逐步转变为以市场调节为基础的相机抉择。一方面，资源配置和经济活动由主要采用计划控制转变到主要依靠市场调节；另一方面，在建立社会主义市场经济体制过程中，政府注重通过经济的、法律的和必要的行政手段对微观经济和宏观经济加强管理，在宏观调控上主要实施相机抉择。

（1）1993～1997年的第四次宏观调控。从1991年开始，中央政府实行了中央银行下调存贷款利率、扩大货币供应量和信贷规模等刺激经济增长的宏观调控政策，经济开始回升。1992～1993年上半年经济生活中出现了"四热""四高""四紧""一乱"等现象。通货膨胀呈加速之势，通货膨胀率在1993年和1994年分别达到13.2%和21.7%，是新中国成立以来物价上涨的最高峰。针对1993年以来的经济过热和越来越严重的通货膨胀，中国实施了适度从紧的财政政策和货币政策[①]。

为了抑制经济过热，这一时期的货币政策注重微观规制措施的运用，从1993年6月开始，中央银行按照中央的"紧缩"要求，采取了带有严厉行政色彩的信贷控制措施，1994年实行"适度从紧"的货币政策。于1993年5月和7月两次提高存贷款利率，并采取了诸如整顿信托业、加强金融纪律、限制地区间贷款等急刹车措施。

（2）1998～2003年的第五次宏观调控。面对1997～1998年亚洲金融危机的冲击和通货紧缩、总需求的不足，中国实施了扩张性财政政策和稳健性货币政策。

其中，扩张性财政政策主要面向房地产、金融等重要产业，采取调节税率、减轻税负、鼓励投资等规制激励手段。1998年，提高了出口退税率、降低关税税率、清理整顿收费。1999年，中国进一步加大出口退税力度，两次提高出口退税率；为吸引外商投资，从1999年7月2日起，对从事能源、交通、港口建设项目的外商投资企业，按15%的

---

① 尹航：《江泽民与1993年治理经济过热》，载于《党的文献》2011年第10期，第52～58页。

优惠税率征收企业所得税；为鼓励固定资产投资，从 1999 年 7 月 1 日起，固定资产投资方向调节税按现行税率减半征收，从 2000 年 1 月 1 日起，暂停征收；为鼓励房地产投资和促进房地产市场发展，从 1999 年 8 月 1 日起，对涉及房地产的营业税、契税、土地增值税给予一定的减免；为鼓励证券投资，1999 年调低了 B 股证券交易印花税税率，从 2001 年 11 月 16 日起对 A 股和 B 股的证券交易印花税税率统一降为 2‰；为鼓励消费，调节个人收入差距，1999 年 9 月 30 日，国务院颁布《对储蓄存款利息所得征收个人所得税的实施办法》，规定从 1999 年 11 月 1 日起，对储蓄存款利息恢复征收个人所得税。2002 年，金融保险营业税税率由 7% 下调为 6%，并对实际呆账损失超过呆账准备的经核实允许据实列支。

总结第四次至第五次宏观调控及其主要措施，宏微观政策措施的相互配合、彼此渗透是其典型特征。事实上，这一时期所采取的宏观政策的政策效果普遍依赖于微观规制的功能实现。例如，由于执行政府宏观调控政策的行政机构同时拥有一体化的微观规制功能，如中央银行，既制定短期货币政策，又具有直接规制民间金融机构市场进入和对商业银行的监管功能，而货币政策的实施效果也在一定程度上要取决于这种规制功能；同样，财政部门在制定和实施其财政政策过程中，需要直接借助其所属的税收机构的微观规制功能。以利率、汇率为主的价格规制引导市场运行丰富了调控手段的使用，在很大程度上奠定了迄今为止中国宏观调控多元化的基本特征。

3. 第六次至第七次宏观调控以来，经济性和社会性规制的重心作用日益凸显

第六次调控是自 2004～2007 年针对国民经济快速增长、社会需求过热的稳健性财政政策、稳健性货币政策的配合使用。2008 年的世界经济危机越来越显示中国开始步入全球化进程加快时期，经济运行特征出现了本质变化，第七次宏观调控显现出新的特征。伴随着产业调整和转型，为保持经济总量平衡，减缓经济周期波动影响，实现经济持续健康发展，以供给侧结构性改革为主的宏观调控因时而异，起到转变经济发展方式、优化经济结构的作用。

总结第六次至第七次宏观调控的时代背景，可以发现，在经济持续快速增长的同时，宏观调控面临能源、环境和社会等方面新的矛盾和问题，这也赋予了其中的微观规制行为以新的任务。这方面的典型表现是：

（1）经济性规制的结构性调节作用更加突出。在中国宏观经济运行中，投资率过高、投资增长速度偏快，以致投资与消费的结构失衡的问题日益严重。同时，结构性过热也主要表现在某些部门的投资增长过猛上。以土地要素市场为例，鉴于房地产价格的快速上涨，已经成为推动投资总量增长的重要力量，土地规制对宏观经济运行的影响起到了决定作用，因而理所当然地成为宏观调控中需要采用的政策工具。合理运用土地政策参与宏观调控成为中国宏观调控中的新特点。自 2004 年以来，有关政府部门不断出台严格控制土地要素供应的政策措施，以配合限制经济"过热"的宏观政策[1]。2004 年 10 月国务院颁布了《关于深化改革严格土地管理的决定》。2006 年 6 月，国土资源部下发《关于当前进一步从严土地管理的紧急通知》，开展对以租代征违法用地、闲置土地和别墅用地的清理。为强化土地调控政策的执行力度，国务院 2006 年 8 月下发的《关于加强土地调控有关问题的通知》中突出了对地方政府违法用地的问责制。2007 年 9 月 2 日，国土资源部为解决当前土地执法方面存在的突出问题，决定用 100 天的时间，集中查处三类重大违法违纪案件，包括对"以租代征"行为的整治、对违反土地利用总体规划扩大工业用地规模行为的整治、对"未批先用"行为的清理和整治。进一步落实最严格的土地管理制度，坚守 18 亿亩1.2 亿公顷耕地"红线"，保证国家土地法律法规的贯彻执行，确保中央土地调控政策的有效实施。2015 年以来，我国城镇面临着日益严峻的去库存化和"后土地财政"的压力，农村开始进入三权分置改革和集体建设用地、宅基地的试点阶段，长期滞后的土地制度改革加速推进。

针对 2008 年世界经济危机，中央政府及时出台财政刺激计划，实施总额达 4 万亿元的公共投资支出，以促进增长，增加就业。4 万亿元的投资支出方向主要是：铁路、公路、机场、城乡电网等重大基础设施建设 18000 亿元，灾后的恢复重建、重灾区 10000 亿元，农村民生工程

---

① 刘洪涛、张波、段磊：《土地利用规制强化与攻击过剩并存的解析及修正》，载于《经济体制改革》2009 年第 5 期，第 38~43 页。

和基础设施建设 3700 亿元，生态环境投资 3500 亿元，保障性安居工程 2800 亿元，自主创新结构调整投资 1600 亿元，医疗卫生、文化教育事业 400 亿元①。其后，4 万亿元支出计划于 2009 年初虽然有所调整，但是中央和地方政府的投资计划仍然主要集中在铁路、公路、机场和城乡电网建设等基础设施部门。同时，自 2008 年 11 月以来，相继对部分商品实行了提高出口退税等减免税收、增加出口的政策措施。此外，通过财政补贴刺激居民消费，不断提高中低收入群体收入，并实施家电和汽车下乡补贴政策，以带动消费。宏观调控中，微观规制政策除了参与调整投资结构与收入分配结构，还大量采取直接干预的产业规制手段。如 2009 年中国陆续颁布实施了十大重点产业调整与振兴规划，与之配套的实施细则多达 160 余项，涉及重点产业活动的各个方面。2015 年底中央经济工作会议指出，稳定经济增长，要更加注重供给侧结构性改革，实行"三去一补一降"，优化产权结构，国进民进、政府宏观调控与民间活力相互促进，用改革的办法推进结构调整，减少无效和低端供给，扩大有效和中高端供给，增强供给结构对需求变化的适应性和灵活性②。

（2）社会性规制的调节作用开始得到重视。社会性规制是受国家强制力保护的规制，规制主体不言而喻，规制主体不仅是规制政策的制定主体还是规制政策的执行主体。对社会性规制实施后的效果起到直接的影响作用③。伴随着改革开放以来持续的高经济增长，中国资源利用效率低下、环境污染、能源安全等问题日益引起关注。自 2005 年起，中国政府陆续颁布了一系列相关政策法规，在调控中开始突出以节能减排为主的环境规制手段的使用，其中包括《可再生能源法》和《可再生能源发展规划》（2005）、《气候变化国家评估报告》（2006）、《中国应对气候变化国家方案》和《节能减排综合性工作方案》（2007）等。在节能减排方面，重点领域的能耗大户成为重点盯防对象，国家为此专门出台相关的系列政策。以 2007 年的《节能减排综合性工作方案》为

---

① 《4 万亿元主要投向民生基础设施环保等　不会形成重复建设》，中国政府网，ht-tp：//www.gov.cn/wszb/zhibo288/content_1161535.htm。

② 《聚焦 2015 中央经济工作会议》，凤凰网，http：//finance.ifeng.com/news/special/zyjjhy2015/。

③ 朱美丽：《转型期政府社会性规制绩效评估研究》，载于《生产力研究》2014 年第 5 期，第 1～5，23，161 页。

例，该方案从调整和优化结构、全面实施重点工程、加快发展循环经济、加快技术开发和推广、加强节能减排管理、加大监督检查执法力度、形成激励和约束机制、提高全民节约意识、政府带头发挥表率作用等方面提出45项具体措施①。同年12月3日国务院《关于印发节能减排综合性工作方案的通知》，要求"十一五"期间，千家重点耗能企业实现节能1亿吨标准煤，其中2007年实现节能2000万吨标准煤。这其中，市场准入是重要的规制政策着力点，采取的手段包括：土地准入、市场准入、环保准入、能耗准入等，通过项目审批、信贷窗口指导、大检查、大清理等方式，限制落后产能、落后产业的扩张，制止低水平的重复建设。2015年，修订后的《中华人民共和国环境保护法》开始施行，这进一步明确了政府对环境保护的监督管理职责，完善了生态保护红线、污染物总量控制、环境监测和环境影响评价、跨行政区域联合防治等环境保护基本制度，强化了企业污染防治责任，加大了对环境违法行为的法律制裁，同时对我国保护和改善环境、防治污染和其他公害、保护公众健康、推进生态文明建设、促进经济社会可持续发展起到了重要的保障作用。2016年，国务院公布了《关于印发"十三五"节能减排综合工作方案的通知》，明确指出要坚持政府主导、企业主体、市场驱动、社会参与的工作格局，对于优化产业和能源结构、加强重点领域节能、强化主要污染物减排、大力发展循环经济等方面，都列出了具体的目标与规定。

　　总结第六次、第七次的宏观调控，经济性规制与社会性规制、财政政策与重点产业规制政策密切结合的特征更加突出，推进行业整合，鼓励通过兼并、重组或收购，发挥大型龙头企业在产业整合中的龙头作用，力图实现环境保护与经济增长双赢。特别是2009年以来先后实施的日钢重组、中粮入股蒙牛、山西煤矿整合等一系列重组方案，旨在培植和壮大一批技术含量高、附加值高的资源节约型、生态环保型核心企业和产业集群，优化和调整产业结构，扭转"高投入、高消耗、高排放"的经济增长模式。这类结构性调控实施方案的典型特征即在于，对于产业内的特定企业、特定技术、特定产品的选择性扶持以及对产业组织形态的调控，因而其微观规制的重心作用更加突出。2016年，在

─────────

① 宗边：《"十二五"节能减排综合性工作方案政策解读》，中华人民共和国环境保护部，http://www.zhb.gov.cn/zhxx/hjyw/201109/t20110928_217816.htm。

"去产能"方面，按照企业主体、政府推动、市场引导、依法处置的办法，处理僵尸企业，以企业兼并重组为主，尽可能少破产清算，积极稳妥化解产能过剩的问题。在钢铁和煤炭这两个去产能的重点行业，钢铁行业 4500 万吨和煤炭行业 2.5 亿吨的，2016 年度去产能目标，均已提前超额完成。

4.3.3 规制行为与宏观调控高度相关的弊端

回顾中国 40 多年来改革开放的宏观波动调控实践，政府在经济运行中发挥了不可替代的积极作用，但也暴露出明显的弊端，集中体现于宏观调控的泛化和相伴而生的规制越位缺陷、规制行为应对宏观经济周期问题的局限性以及强化规制对于放松经济性规制改革制度的基础性侵害等三个方面。

1. 宏观调控泛化中的规制越位缺陷

中国自 1978 年改革开放以来的几次较大的经济波动，多次形成"一放就乱、一管就死"的局面，在一定程度上宏观调控的泛化应负一定的责任。从 2008 年以来宏观调控的效果来看，当前国民经济中的结构性和长期性矛盾，如产能过剩、流动性过剩、经济发展不平衡等问题，并未在调控中得以削减，反而伴随着新一轮的投资高增长而有所加重①。目前通胀压力高涨，使得进一步的宏观调控处于左右为难的境地，正在面临"就业—通胀"的两难选择，有学者甚至预言可能出现"滞胀"局面。这说明一方面要加快宏观经济调控制度的改革进程，尽快建立起与市场经济相适应的新型宏观经济调控制度；另一方面简单地加强宏观调控是行不通的，宏观调控只是政府这只"看得见的手"补充或替代市场机制的系统工程中的一个子系统。

21 世纪初期我国宏观调控政策的突出特点，是在对象内容、部门主体、手段工具等方面都比较宽泛化②。实际上，宏观调控不仅要受到

---

① 孔哲、杨慧：《基于供给管理的宏观调控理念及政策建议》，载于《天津商业大学学报》2010 年第 6 期，第 29～35 页。

② 卢锋：《从宏观调控宽泛化理解中国经济》，搜狐财经《2016 年两会大势观察》系列之五，http：//business. sohu. com/s2016/lhgc6/index. shtml。

调控主体的信息不充分和决策能力有限等因素的制约，还会受到宏观调控对象、宏观调控的市场环境、法制环境等诸多因素的影响，而这诸多方面往往由一般市场制度和政府规制所决定。遗憾的是目前中国规制体系并不完善，集中表现为社会主义市场经济及其管理体制具有以下特殊性：一是带有转轨之前的原有计划经济特点；二是带有市场经济体制下的一些特点；三是带有不成熟市场经济的一些特点；四是属于赶超型、不发达型、政府主导型市场经济。这些特点决定了政府规制在宏观调控中越位成为一种普遍现象和客观必然。

这方面的一个典型例证是，国内著名经济学家吴敬琏曾经指出2004 年加强政府宏观"调控"的主要措施是由各个部委采取的"微观干预"。如国家发改委派出检查组，清理钢铁、电解铝、水泥等部门的投资项目，随后会同中央银行、银监会，要求加强对钢铁等行业的信贷控制；国土资源部把土地审批权收回，同时组织联合检查组来整治土地市场，清理开发区和收回违规占用农地；银监会派出了检查组，检查重点行业和重点地区的信贷情况。应当看到，一旦检查结束，基于信息不对称条件下的博弈再一次开始，行政手段效力必然下降。这些以强制性强、密集性强为特点的行政性规制手段，并不具有普遍和长期意义。从长远来看，宏观调控泛化所蕴含的规制越位机制，不仅扭曲了资源配置信号，干扰了经济资源的自由流动、阻碍了经济效率的提高，也导致或加剧了经济增长的波动[①]。

2. 规制行为应对宏观经济周期问题的局限性

一般来说，一国的国民经济无法避免短期性的周期性波动，由此造成宏观调控的波动性。为了防止宏观经济出现严重失衡，政府经常采取逆经济风向的调节政策，这种调节属于微调。相应的，调控力度因宏观经济失衡程度的不同而会有所不同，宏观经济失衡越严重，宏观调控力度应该越大；失衡程度越轻，宏观经济调控的力度则越小。然而，相对于宏观经济调控的方法的选择性，面向微观经济主体的规制行为则不应存在波动性问题。这是因为规制的本质是依法律行事，虽然对于一些经济活动，政府需要对加大或减轻规制力度做出选择，但这种选择与宏观

---

① 陈东琪：《2004 年宏观经济调控的主题——兼论均衡增长思路》，载于《宏观经济管理》2005 年第 8 期，第 13 ~ 48 页。

经济调控力度的选择不同，它与宏观经济失衡的程度无关，与经济周期性运动无关，而是取决于公众的认识、技术水平的变化、产业结构的变化、外部经济环境的变化等因素，规制实施的力度加大或减轻一般会表现为长期趋势，而不是短期性的周期性变化。因此，宏观调控中使用规制政策效果的时滞性理应得到充分认识，因为这类政策的主要作用层面是在供给方，显然要受制于经济实体进行结构调整所需的时间跨度，而不可能如同需求管理那样追求实效性。

此外，宏观调控一般不应与微观经济单位发生直接的联系，而是通过财政政策、货币政策等间接影响经济主体，因而宏观经济调控的影响是系统性的、整体性的、全面性的，具有非排他性，因此不存在政府机构设租和被调控对象向政府机构寻租的条件。宏观经济调控的失效主要在于政府能力不足，而政府权力的滥用一般不是主要原因。而当微观规制手段过度介入宏观调控，将给宏观调控带来可能为被规制者所俘虏、产生寻租行为的严重后果。不完全信息、利益主体参与以及市场的消极反应等因素在很多情况下削弱了规制制定和实施的规范性，从而消解了规制功能，导致规制失灵在所难免。

因此，在具有典型的逆经济运行、周期性的宏观调控中经常使用本应是持续性的规制手段，将带来政府承诺有效性问题、削弱调控政策效果乃至规制失灵等一系列根本性的弊端。

3. 强化规制对于放松经济性规制改革制度的基础性侵害

世界各国的实践经验表明，通过推动或阻碍作为增长基础的经济重构和资源重新配置的动态变化，放松经济性规制改革具有推动经济增长的宏观效应。作为一个正在从计划经济向市场经济转轨的发展中国家，中国由于放松计划经济管理体制的改革开放带来的增长绩效举世瞩目。而通过进一步进行微观规制的制度改革来改变生产者的激励仍然有很大空间。一方面，当前中国经济社会发展不平衡、资源环境约束的结构性矛盾以及基本公共品的供需矛盾等诸多问题，其根源主要在于规制改革的不彻底；另一方面，最近几十年来，信息经济学和机制设计理论更加深入地研究了激励对于经济活动的影响以及如何对激励进行调节。这些都构成了中国以放松经济性规制为主的规制改革参与宏观调控的理论基础和实践基础①。

在宏观调控中使用规制手段，对于微观经济主体的经济决策进行干预或限制，将会直接剥夺或限制经济自由，由此造成的影响要比原本是通过改变宏观市场环境而对经济自由产生的间接影响要大得多。因此，各国的市场经济都会对经济性规制的边界给予明确的界定，而在中国的宏观调控过程中则出于扭转经济波动的目的，经常忽略这一点。例如，正在实施的目录指导、市场准入、项目审批与核准、供地审批、带宽的行政核准、强制性清理（淘汰落后产能）为主要内容的重点产业调整与振兴规划，对于企业具体经济行为的规制已然十分的广泛、细致和直接，由此可能导致经济性规制范围上的无限延伸和时间上的无限延期，将会不正当地侵害经济自由，从而损害经济效率，危害放松规制的制度改革进程。

首先，宏观调控越来越倚重国有企业，形成了不同所有制企业之间显失平衡（与公平）的规制效果。为了应对 2008 年的世界经济危机，政府刺激经济的 4 万亿元投资，主要提供给了大中型企业；刺激国内消费的家电下乡、汽车下乡以及以旧换新等措施的主要受益者也是大中型企业和农村消费者。此外，银行金融机构配合财政刺激措施，资金优先保障给具有政府担保的项目。这些并没有对中小企业困境起到多少解困作用，反而使其成为紧缩型货币政策首当其冲的调控代价承受者。2011 年以来，持续调控的货币政策累积效应开始逐步显现，连续上调存款准备金率和控制全年信贷额度，使商业银行贷款额度紧张，众多中小企业和个人纷纷寻求民间借贷资金，从而导致民间借贷利率普遍上浮，甚至出现 100% 的高额年息。全国工商联 2011 年上半年进行的基于 17 省份的调研报告指出，当前中小企业的生存难度甚至超过了 2008 年经济危机爆发初期。国家工信部的统计数据显示，2011 年前两个月，规模以上中小企业亏损面达 15.8%，亏损额度增长率高达 22.3%，规模以下的小企业亏损情况可能更加严重。中小企业数量庞大的长三角地区，已然出现大量企业停工、半停工局面②。以上事实证明，调控效果在大型

---

① 陈富良：《放松规制与强化规制：论转型经济中的政府规制改革》，上海三联书店2001 年版，第 87 页。

② 全国工商联：《2011 年中国中小企业调研报告》，中华工商联合出版社 2011 年版，第11 页。

国有企业与中小企业之间呈现明显的非平衡性。

进一步，鉴于中国宏观经济波动的内生机制主要来自市场经济体制改革不完善，尤其是不平衡的规制改革发展格局，市场化程度在三次产业间及其内部、在上下游产业间、在生产要素市场和产品市场之间均存在差异。事实上，向大型国有企业利益倾斜使之成为调控受益者的规制手段参与，将很大程度上加大上游垄断国有企业所伴随的规模经济的负面影响，尤其是企业之间很可能结成价格联盟，控制最终定价权，游说政策制定者，导致下游产业原材料价格上涨，最终使消费者福利受损。这一事实在近期的中小企业经营困境和消费品价格飞涨中表露无遗。而2011年6月国家发改委下发通知，要求主要煤炭企业维持价格稳定。这是中国近年来首次使用行政手段调控煤价，打破了煤炭市场近年来一直遵循市场化定价原则的局面。这类调控措施并没有采取推进电力体制更为市场化的放松规制改革，特别是在供给方形成竞争性的电价机制，以长效地解决煤电之间的痼疾，反而采取临时性的强制干预，强化煤炭市场价格规制，无助于从根本上解决煤电联动问题。而政府在基础设施等行业所实行严格的进入规制，在2009年4万亿元政府投资计划中进一步得到放大，抑制了市场作用的发挥，限制了基础设施领域的长足发展。

总之，规制改革通过改善宏观经济的微观市场基础，追求长期持续的经济绩效，有助于弥补宏观调控的弱点，发挥经济社会协调发展的长效机制作用。因此，放松经济性规制的长期制度改革应当与短期的宏观调控相配合，而不是强化规制的短期化行为参与到宏观调控中来。由"头疼医头、脚疼医脚"的逆周期调控中的强化行政性规制干预，过渡到增强资源流动、培育市场自我完善机制的微观制度建设，应当成为微观规制配合宏观调控的重要体现。

4.4　规制改革与规制治理原则的偏离

鉴于规制改革在经济社会发展制度建设中扮演的基础性角色，它已成为当今世界各国最为重要的政府改革议题之一。20世纪80年代以来，为适应经济全球化、区域一体化的发展，增进市场的有效性，经济性和社会性规制改革在西方主要国家持续进行，并与政府的行政管理改革交织在一起，形成互动发展。在更为广阔的范围内，各国政府的规制改革也经历了从放松规制到再规制的过程。正如经济合作与发展组织（OECD）在对成员国规制改革评估的报告中所指出的，"过去 20 年来，规制管理和改革本身已发生了深刻且迅速的变化。早期的'放松规制'或'革除繁文缛节'的观念已很快被'规制改革'所取代，这包括放松规制、再规制和提高规制的有效性……甚至规制管理的概念已经让位于规制政策的概念，这反映了政府在提高规制质量方面所扮演的动态的、积极的角色"①。

4.4.1　规制治理及其原则

规制治理（regulatory governance）的现代文献始于利维和斯比勒（Levy & Spiller）于 1994 年发表的一篇开创性论文。在该文中，他们强调规制治理安排和规制内容的区别，把规制作为一个涉及规制治理和规制激励两方面的制度设计问题进行研究。关于规制治理，利维和斯比勒把注意力集中在两个方面：一是从充分保护私人投资者和消费者权益的角度，论述规制治理的必要性；二是提出对于现实中的特定国家或地区，必须将规制安排置于其政治、经济、法律和文化的大环境中（即制度禀赋）来考虑，有效的规制治理安排因制度禀赋不同而存在差异。

在利维和斯比勒之后，很多学者以规制治理和规制激励分析框架为范式，对规制治理机制，即良好的规制治理的原则进行研究。其中，许多工作都一致强调规制功能的清晰界定、规制自治、负责和透明（Stern & Cubbin，2005），如英国改善规制特别工作组（UK Better Regulation Task Force，BRTF，1997）在其发表的"良好规制的原则"中提出了规制治理的 5 个原则，即透明（transparency）、负责（account-ability）、比例（proportionality）、一致性（consistency）和目标（targe-ting）；斯特恩（Stern，1997）提出了规制治理的 6 个原则，即规制作用和目标的清晰界定、自治（autonomy）、参与（participation）、负责（accountability）、透明（transparency）和可预见性（predictability）。OECD 的研究报告（2002）则认为良好的政府规制意味着必须遵循以下

---

①　OECD.，*Reviews of Regulatory Reform*，*Regulatory Policies in OECD Countries*：*From Inter-ventionism to Regulatory Governance*，Paris：OECD Publications，2002，pp. 16 – 17.

8 条原则：一是政府规制必须服务于明确的政策目标，并且有助于这些目标的实现；二是规制需要具备良好的法律基础；三是规制的社会成本必须是正当的，规制带来的社会收益应大于给社会总福利造成的损失；四是政府规制给市场带来的损害必须最小化；五是规制要通过市场激励等机制促进改革与创新；六是规制必须清晰、简明、实用；七是政府规制必须与其他规制、政策相一致；八是政府规制必须尽可能地与国内、国际上的竞争、贸易和金融投资规则相互协调。该报告认为，评价一个政府规制政策的优劣，必须以这八条原则为准，符合这些原则的政府规制才是良好规制。对规制治理的研究实践还表明，在多数发展中国家或和转轨制国家中，规制通常缺乏透明性和可预见性，并且几乎始终不能阻止政府对规制程序和规制决策的介入，存在着政府与被规制企业联合应对规制代理机构的现象，这一点在电信业表现得尤为明显（Stern & Cubbin，2005）。柯克帕特里克和帕克（Kirkpatrick & Parker，2004）则认为，发展中国家制度禀赋（如法律制度不健全、政治民主制度不完善等）对规制治理具有负面影响。而雅各布斯（Jacobs，2005）研究发现，发展中国家由于缺乏训练有素的规制人员，以及规制人员无法使用先进的规制工具，如规制影响评估（RIA），使得其规制缺乏效率和效力。这些研究对中国的规制改革和规制治理结构的构建具有参考和启示意义。

在中国，规制治理的概念近几年才出现，对相关问题的研究尚未取得一致的意见。一般而言，规制治理源于国家治理的概念，是指国家权力机构的设立及其管理社会公共事务的过程。这个概念还可以通过参照"公司治理"或"公司治理结构"的定义得到更好的理解。游五洋认为，规制（管制）治理就是"通过一系列正式或非正式的、内部或外部的制度或机制来协调（电信）管制机构与所有利害关系者（包括国家行政机关、法院、政府首脑、被管制者、选民、用户、管制机构雇员等）之间的利益关系，以保证管制机构决策的科学化，从而达到管制目标。"① 上述概念强调了通过各种制度或机制来协调规制关系以实施规制，它宽泛地涉及了全部规制活动，却没有有效地界定规制与规制治理的区别，没有清晰地表达规制治理制约规制者行为和规制活动方式的功

---

① 游五洋：《管制治理浮出水面》，中国通信院，http://www.catr.cn/tegd/zhcyj/t20060509_190820.htm.

能。我们认为，政府规制是政府管理经济和社会活动的重要手段，是政府行政行为对经济和社会活动的干预，它以立法机构、司法机构、政府（规制机构）、被规制者（企业）、消费者（公众）和各种社会组织之间的互动为实施基础。而规制治理的功能则是为规制活动提供"游戏规则"，以保证规制决策的科学化和规制活动的有效性，从而高效实现政府规制目标，即规制治理是对规制活动方式和规制权力运用方式的规定。

4.4.2　规制实践偏离治理原则的主要表现

受全球规制变革的影响，自 20 世纪 90 年代中期始，规制型政府的建设大潮在中国拉开了序幕，规制改革成为当代中国经济体制和政府管理改革的重要内容[①]。如前所述，中国政府规制制度形成于计划经济向市场经济的转轨过程中，即是在与西方国家完全不同的制度禀赋和社会发展阶段上建立的。由于制度背景、发展程度以及文化传统的不同，中国的规制进程不同于西方国家的规制演变之路，其改革表现出独特性。但良好规制无疑是中国政府规制改革的标杆，对照良好规制的基本原则，可以看出，中国的政府规制实践距离良好规制尚有一定距离。

111

1. 可问责性问题严重

对中国的规制机构尤其是垄断性产业的规制机构来说，由于普遍存在缺乏独立性和法律授权、规制机构的目标多重性、规制机构的权力与职能交叉重叠等问题，导致了实际上对规制机构难以实现可问责性，也

---

① 根据学者迈克尔·墨朗（Michael Moran）的概括，监管（规制）型国家的特征包括：政府介入经济活动的目标定位于修正市场失灵、维护有效竞争以及减少社会风险；介入经济活动的方式从直接的市场干预转变为间接的政策调控；政府相对于产业利益具有相对的独立性，国家与市场的关系是多元主义（pluralism）而非合作主义（corporatism）；在市场经济中，政府的角色是裁判员而非运动员；国内市场对于海外企业开放，经济民族主义（economic nationalism）色彩减弱。可参考 Michael, M., Review Article: Understanding the Regulatory State, *British Journal of Political Science*, Vol. 32, 2002, pp. 411 – 412；Margaret, M. P., The Business of Governing Business in China: Institutions and Norms of the Emerging Regulatory State, *World Politics*, Vol. 57, 2005, pp. 296 – 322.

为政府部门规制机构之间乐于争夺规制权力、不承担相关责任提供了一个基本解释。这就意味着，中国规制机构的设立，在制度设计上如能强调可问责性原则，将具有特别重要的意义。

2. 规制过程不透明

政府规制的有效性和规制的过程密切相关。规制过程的第一个阶段就是规制立法，立法机构颁布一项法令建立对某一特定产业或特定领域的规制权力。由于立法机构不可能制定实现规制目标所需的所有详细规则，它只能将一部分规章的制定权授予规制机构，规制机构以行政法规的形式创造法律和标准。因此，公开、透明是规制立法的基本原则之一，这一原则要求法律、法规的制定、执行、修订都应在公开、透明、互动的方式下进行。另外，就行政执法而言，为了实现规制的公正性，规制机构在实施行政行为的时候必须遵循公开、公正、公平的正当法律程序，完善的程序是一切制度良性运行的必备要素。然而，由于程序立法的缺失，中国政府规制一直缺乏科学的程序法律保障，导致规制机构的执法具有不透明性、影响了政府规制的社会认可。

3. 规制相关方参与缺位

政府规制的一个重要功能是平衡社会利益，促进社会公平。每一项规制政策的出台都意味着对某些人利益的促进和对某些人利益的限制，如果没有充分的讨论和协商，规制的效果会大打折扣。如史普博（1999）认为："由规制机构实施的实体性法规是以下一系列复杂过程的结果：对建议法规的听证；法规的颁布；新法规实施下对市场均衡的仔细观察和评价；对现行法规的修正建议。不能绝对地说法规是规制机构人为设计的产物；相反，出台的法规必须反映市场参与者的一致利益并有助于消除它们之间的冲突。"在这一过程中，公众参与具有重要作用。通过让公众参与决策过程可以弥补规制过程中的信息不对称，促进规制机构科学决策；可以通过规制者和被规制者之间的互动、促进利益协调，减少服从成本；可以防止规制机构自由裁量权的滥用，维护公民的权利。

4. 政府规制法定性不足

现代政府规制的一个重要理念是依法规制，即政府的规制权限和程序必须由法律明确规定，将政府规制的权限置于法治框架之下，给微观经济主体以稳定的预期。以西方国家为例，政府规制植根于深厚的法治土壤，法律在整个社会中具有最高权威地位。规制机构必须具有法律授权，规制行为须以宪法、法律等具有法律效力的规范为依据，并被限制在法律许可的范围内。中国政府规制缺乏依法规制的现代规制理念，行业管理部门习惯于行政手段管理，没有树立起按公平的规则、透明的程序依法规制的现代规制理念，政府规制法定性不足主要表现为：一是政府作为规制主体的地位没有得到法律的认可，规制机构缺乏明确的法律地位；二是中国的规制性法律尚存不足，目前还无法为政府规制提供更大的制度支持。由于正式法律制度的缺失，而行政制度具有较大的灵活性。

第5章　经济性规制绩效分析

规制绩效主要包括规制目标的实现与否对经济增长（效率）和社会公平的影响。本章将通过评估分析宏观层面、产业层面的经济性规制绩效，探索未来规制改革的方向。在现代经济学的研究范式下，制度被看成是与禀赋、偏好、技术三者相并列的第四大理论基石。首先，本章采用规范的计量分析方法，在控制自然资源、教育、对外开放度、投资率、人口增长率等一系列经济增长影响因素后就经济性规制的宏观效应进行评估。其次，在产业层面，本章系统地梳理和分析了以放松进入规制和价格规制为主的规制政策和手段对中国代表性垄断产业的发展造成的影响以及规制目标的实现情况。依据产业的经济特征，本章选取总量、价格、效率、利润等指标考察不同产业的规制效果。进一步，本章运用数据包络分析方法（DEA）对 2000~2009 年中国 30 个工业行业的全要素生产率进行测算和分解，实证考察各行业所有权结构对全要素生产率的影响，以此作为放松进入规制绩效考察的一个具体检验。此外，从价格控制作用和价格激励作用两个方面来探讨代表性垄断行业的价格规制绩效，以发现不同产业在价格规制中存在的共性问题，作为未来政策借鉴。最后，本章从总体上比较各项绩效指标在规制因素作用下的变化趋势，讨论各项规制政策影响经济绩效的内在规律。

5.1　规制绩效相关界定

针对规制绩效的研究主要来自规制实践变迁、规制理论研究深入与规制理念转换三者相互交织、共同发展的现实需求。世界范围内的经济性规制实践由最初的较少规制到强化规制再到放松规制以及目前的放松规制与再规制相结合的发展趋势，以及社会性规制的持续加强都为经济学家建立了一个检验规制变革效果的天然实验室。在这些绩效检验中直接派生出的规制框架下的竞争理论以及经济性、社会性规制领域新的研究主题的诞生及其相关规制理论的演进，推进了确立政府与市场各自作用范围尺度的规制理念的转变，在更深层次上影响着规制实践与理论的发展。某种意义上说，规制绩效是塑造规制理论与规制实践未来的核心枢纽。因此，我们在这里首先对规制绩效进行界定，作为接下来本章和第 6 章实证考察中国经济性与社会性规制绩效的概念基础，从而进一步构建中国规制的最优政策和治理结构。

规制经济学对于规制绩效的研究始于对"市场失灵是规制的动因、规制有效率"的公共利益规制理论与实践的检验，因而规制绩效首要包含的是面向规制目标能否实现的影响经济增长和影响社会公平的两方面绩效内容。然而在纠正市场失灵的规制绩效之外，规制成本与规制失灵所带来的绩效损失，如规制运行成本、规制俘获形成的利益再分配等，同样构成了规制影响的重要组成部分。因此，本节内容主要从影响经济增长、社会公平的规制绩效与规制成本、规制失灵所导致的绩效损失三个方面展开对于规制绩效的相关界定。

5.1.1　影响经济增长的规制绩效

影响经济增长的规制绩效主要涉及生产效率、配置效率与动态效率三个方面。

规制绩效的生产效率[①]是规制经济学最先关注的绩效领域，指的是成本最小化与收益最大化。由于自然垄断企业的生产经营策略（如定价）通常设定在低于最高经济效率和社会福利最大化的水平上，因而成为最初的规制动因。基于此，对于规制政策绩效的生产效率方面的考察集中在生产效率函数中的技术、资金、成本等问题。其中，传统规制理论的规范性要求尤其关注降低成本、提高全要素生产率（TFP）等问题，如自然垄断产业规制起源对于规模经济、成本劣加性的逻辑分析和

---

① 生产效率是指固定投入量下，生产过程的实际产出与最大产出两者间的比率。可反映出达成最大产出、预定目标或是最佳营运服务的程度。亦可衡量经济个体在产出量、成本、收入或是利润等目标下的绩效。

实证分析。随着 20 世纪 60 年代末以来数学模型在经济学中的广泛应用、计量经济学的发展和计算机的应用，规制实践有无效率，诸如"究竟什么样的制度安排将使自然垄断的成本最小化"等问题受到集中讨论，产生了大量的生产效率方面的规制绩效检验成果，自然垄断的成本函数随需求和技术变化而不断变化也在对规制理论和实践持续提出挑战。例如，由于规制者与被规制者在了解成本、市场需求、收益、技术等方面存在着信息不对称，委托—代理合同中的激励性约束在有利于被规制者最大化利润的同时，也存在着诸如产品质量、交叉补贴、规制俘获等问题。

规制绩效中的配置效率①，指的是规制能否带来不同生产部门之间、部门内部不同生产率企业之间的资源配置效率。首先，自然垄断企业具有规模经济特征，在降低成本的同时，也会杜绝弱小厂商进入而形成垄断，导致理论研究在关注生产效率之余必然要考虑到配置效率的实现。此外，还存在依据资金、技术的回报率（ROR）规制下的配置无效率。在强调配置效率的前提下，规制经济学及其成本收益分析所设定的基础性社会福利目标是，如果一种政策可使潜在受益者的收益能够以货币单位补偿受益者的损失，即存在潜在的帕累托改进，那么这种政策是可取的。由此产生的理论推进包括可竞争理论所指出的，只要市场是可竞争的，就可以依靠潜在的竞争力量达到社会资源的最优配置和经济效率的最大化。

规制绩效中的生产效率与配置效率被统一归结为静态效率，即当规制改革导致更有竞争力的产出市场时，价格与成本之间的分离减少、产品和资源的配置扭曲程度减弱所导致的效率。强调降低成本和优化配置的激励机制在规制体系中的重要性促进了规制理论的演进。例如，在"检验规制政策的效果，并试图回答政府干预是否有效"的研究主题下，德姆塞茨（1968）将特许经营权竞标理论引入规制经济学领域，指出"适合于市场的竞争"（competition for the market），带来了一个有效率的市场结构、最小化的成本、社会最优的定价。在规制实践中，由于技术进步所导致的成本函数变化，也使得可以同时获得企业

① 配置效率是指以投入要素的最佳组合来生产出"最优的"产品数量组合。在投入不变的条件下，通过资源的优化组合和有效配置，效率就会提高，产出就会增加。通常用来衡量在一定的技术水平条件下各投入要素在各产出主体中的分配所产生的效益。

生产效率以及引入竞争后的配置效率的放松规制与可竞争市场等激励性规制成为可能。

与静态效率相对照，规制绩效的动态效率指的是通过改变创新激励、决定新产品和新工艺取代旧产品、旧工艺的速度，来最终影响生产率增长。动态效率极大地改变了规制支出和生产率增长之间的关系。例如，规制时滞模型指出，充分的规制时滞可能使企业在技术上是有效率的，与没有执行时滞的情况相比，可能导致更多的技术创新。相反，连续有效的规制将会阻止企业获得创新可能要求的意外利润①。涉及具体规制领域，这一模型及其推断则受到挑战。波特和林德（1995）提出的波特假说指出，"严格而有弹性的环境规制能够使企业研发增加，研发增加一方面通过过程补偿使成本降低，另一方面通过产品补偿使产品价值增加，最终使得企业的竞争力与获利能力增加"。在此基础上，杰费和帕尔默（Jaffe & Palmer，1997）进一步将波特假说分成三种版本：狭义的波特假说（narrow version Porter hypothesis）认为有弹性的环境规制（如排污费、排污权交易等）更容易促进企业创新；弱的（weak version）波特假说认为环境规制促进了企业的环境创新；强的（strong version）波特假说认为环境规制不仅可以促进企业创新，而且创新补偿甚至可以超过企业的合规成本从而提高企业的利润率。阿姆贝克和巴拉（Ambec & Barla，2005）为波特假说的理论基础提供了更为详细的概览。这个综述的主要结论是，多重相互扭曲对获得波特假说是必要的，环境规制不仅降低污染，而且以某种提高被规制企业利润的方式影响另一种扭曲。例如环境规制能增加市场力量，降低企业的代理成本。换句话说，波特假说需要具体的条件。所以，未来的规制绩效经验研究将会把最近的一些关于动态效率的规制绩效贡献考虑在内，这将扩展波特假说的使用范围。

以上三方面的效率因素共同形成了规制及其改革参与影响整体经济绩效的内在机制，而且规制改革通过推动或阻碍作为增长基础的经济重构和资源重新配置的动态变化，通常表现出显著的经济绩效。三类效率因素的规制影响路径在相关文献中得到了深入探讨，形成了学界对于规制绩效研究的基本内容。

---

① Kahn, A. E., *The Economics of Regulation：Principles and Institutions*, MIT Press, 1988.

1. 生产效率

生产效率与企业成本最小化与收益最大化密切相关。大量规制绩效研究表明，放松规制的改革通过提高全要素生产率（total factor productivity，TFP）[①] 的直接效应和刺激投资的间接效应推动经济增长[②]。伯格伦（Berggren，2003）认为，在经济自由环境下，因为政府规制和政府企业较少，经济参与人之间的竞争不断发生，提高了生产率；经济自由要求低的、稳定的通胀率，促进了可预期的、理性决策的产生以及贸易发展，吸引了各种资本投放到预期收益最高的经济自由地区，直接刺激了经济增长。产品市场的规制改革对于现有厂商的生产率具有直接效应。更多的竞争刺激了企业 X 效率的提升，并有效地组织生产。布兰查德和基亚瓦茨（Blanchard & Giavazzi，2003）指出，产品市场通过改变进入壁垒影响成本加成的幅度，进而规制能够影响现有企业扩张其资本储备时的成本。规制改革产生了成本加成的下降或调整资本的成本导致了下降的资本需求。但同时规制可能受到政治力量的压力，因而存在相反的力量。许多代理人模型就为什么更多的竞争倾向于减少偷懒的问题给予了充分解释，包括可以更加有效地监督管理者、规避破产后果、需求更富有弹性导致利润增加等原因。例如，有学者从规制可能解决代理人问题下的组织惰性（Ambec & Barla，2002）以及学习成本中的协调成本（Morh，2002）角度，阐发了规制对于生产率的正面效应。此外，阿姆贝克和巴拉（Ambec & Barla，2005）进行了支持政府的环境规制与企业竞争力双赢的理论综述，指出环境规制不仅降低污染，而且能够增加市场份额，降低企业的代理成本，从而影响被规制企业的利润。拉西尔和恩哈特（Rassier & Earnhart，2010）的研究发现环境规制降低了企业的利润率或生产率，这与格林斯通等（Greenstone et al.，2012）的研究一致。龙小宁和万威（2017）通过分析环境规制对中国

---

① 全要素生产率又称为"索罗余值"，最早由美国经济学家罗伯特·索罗（Robert M. Solow）提出，是衡量单位总投入的总产量的生产率指标。即总产量与全部要素投入量之比。全要素生产率的增长率常常被视为科技进步的指标。全要素生产率的来源包括技术进步、组织创新、专业化和生产创新等。产出增长率超出要素投入增长率的部分为全要素生产率（TFP，也称总和要素生产率）增长率。

② Dawson, J. W., Institutions, Investment, and Growth: New Cross to County and Panel Data Evidence, *Economic Inquiry*, Vol. 36, 1998, pp. 603 –619.

制造业企业利润率的影响来检验"波特假说"，即环境规制是否可以通过促进企业创新来提高企业的利润率，从而实现环境和经济发展之间的"双赢"。另外，桑切斯·瓦尔加斯等（Sanchez - Vargas et al.，2013）认为，由于产业的异质性，对于小公司和大公司的生产效率来说，环境规制的效果是不同的。

劳动力市场规制方面，费林等（Flinn et al.，2006）的职业搜寻—匹配模型说明，最低工资有利于刺激求职者的搜寻动力，最低工资会带来正面的就业影响。规制改革所导致的所有者从公众到私人的转换对于激励管理者和工人起到重要的作用，部分代理模型研究了激励有效性以及参与人数量的决定性作用（Hart，1983）。

2. 配置效率

环境规制是促进企业进行结构调整的重要因素之一，污染密集型企业会发生调整生产、改变区位布局等行动（Zhu et al.，2014）。伦纳德（Leonard，1998）证明在发达国家，由于相对严格的环境规制，企业面临较多的运行和投资成本，他们会选择重新配置生产，如选择停止生产有污染的商品，或把新的投资仅局限于受规制影响相对较少的地方。发达国家会在污染密集型的产业失去竞争力，受规制影响较少的发展中国家会在这些领域更有竞争力。这种"产业逃离"在环境规制的实践意义的研究中是比较重要的主题。某些规制壁垒则因为允许低生产率活动的持续存在，抑制企业采取高生产率活动，破坏了资源的流动，倾向于产生消极的总体经济绩效（Caballero & Hammour，1998）。为遵守政府规制的要求，企业必须重新分配资源，将资源从可获利的用途中转移出来，这会降低企业生产率，进而丧失市场份额，使企业在市场中的竞争力减弱。另外，由于进入规制的实施也提高了某些产业的进入障碍，使产业内的企业免受竞争威胁，因此丧失了创新的动力，导致了生产率低下与竞争力下降。

此外，与政府规制有关的各种隐性费用也会影响到企业利润，对企业的雇佣决策产生影响。默菲等（Murphy et al.，1991）认为，放松规制的经济自由通过低税收、独立司法体系和产权保护，使社会人才配置到各自产生最大价值的地方，提高资源配置效率，从而刺激经济增长。而在严格的规制政策下，雇主通常被要求为雇员提供诸如健康保险、环

119

境损害补偿、失业保险、退休金、产假或是儿童看护等福利。这些法定义务强化了雇主的责任，雇主必须承担联邦劳动法的成本。这些规制要求似乎是有利于雇员利益的，但是，数量繁多、内容苛刻的规制政策限制了雇主雇佣与解雇工人的自由，以及与雇员和工会进行谈判的自由，因此会扭曲雇主的用工决策，间接增加了企业的劳动力使用成本，最终减少对劳动力的需求量，导致失业增加。规制政策的这种导向制约了就业的增加，导致劳动力资源的闲置，间接影响经济增长。

而当规制改革如放松进入、降低税率和贸易规制，减少价格控制和其他政府干预，使得产出市场更加富有竞争性时，价格将更接近成本，产品和资源的配置因为减少了扭曲性，从而导致静态效率，资源从较低生产率的部门流向更加有效率的生产部门构成了总体经济增长的主体。

3. 动态效率

阿吉翁和霍依特（Aghion & Howitt，1992）指出，规制影响总体宏观绩效的关键机制在于，处在市场经济发动机地位的熊彼特式的"创新式破坏"，通过新技术取代旧技术进行持续经济重构与资源重新配置。传统观念认为放松规制的改革将引起垄断利益下降，可能降低创新和增长速度。这主要是由于市场力量鼓励了新产品和新工艺的发展，因为它提供了更高的创新回报，同时市场力量的程度也影响了创新能力，因为它带来了内部金融资源的积累，而在创新活动中由于信息不对称而难以获得外部资金来源时，这些内部来源的资金是关键的。因此，从熊彼特式的演进观点来看，规制改革减少了创新的预期回报，使熊彼特曲线下移。规制因而被视为创新活动的制约力量。此外，还有两个实证理由可作为补充：一是政府规制可能因为附加环境保护等其他目标约束而增加技术创新过程中的不确定性，而规制规则的含糊不清或者不准确，不同规制规则和不同规制机构之间缺乏协调以及规制规则的多变性等，都会进一步增加技术创新过程中的不确定性，从而阻碍技术创新；二是在如电信、铁路运输等自然垄断特征显著的产业内实施价格规制与进入规制，会造成这些行业内已有企业缺乏竞争压力，同时其成本上升可以方便地由消费者负担，往往导致企业将主要精力用于与政府规制机关的谈判，寻求更高的经济租金方面，因而技术创新的动力必然不足。

阿吉翁等（Aghion et al.，2001）提出了与传统观念相对立的观点，他们指出正是由于创新的激励依赖于创新前后租金的不同，作为规避竞争的一种手段，进入威胁反而可能会刺激创新。同时，规制可以解决高新技术发展中的外部不经济问题。在实践中主要的创新激励手段是：一是产权激励，通过实行专利权保护制度，从法律上确定发明创新的产权归属，保证了企业对其科技成果拥有一定年限的垄断权，在一定程度上排除了模仿者对所有者利益的侵犯；二是税收和补贴激励，使知识技术的创新发明者和知识技术产品的生产者能够获得必要的成本补偿并最终获得合理的回报，如对高新技术企业固定资产进项税金予以扣除、对从事科技开发的投资与再投资实行投资抵免政策、允许企业按研究开发费用的一定比例从应纳税额中抵缴所得税以及对高新技术企业及其研究开发活动给予一定的财政资助和补贴等；三是服务激励，通过提供公共产品与公共服务，包括建立基础设施，如通信光缆与信息网络等，为高新技术产业的发展提供所需的物质支持，兴建高新技术产业开发区，为高新技术企业搭建生存的平台和发展的空间等；四是法律规制，例如中国为推动高新技术产业的发展，先后制定了一系列的法律法规，如《发明奖励条例》《自然科学奖励条例》《技术成果转化法》《专利法》《国家高新技术产业开发区税收政策的规定》等。武晓利（2017）基于三部门动态随机一般均衡（DSGE）模型，考察了环境规制对宏观经济的动态影响。

5.1.2 影响社会公平的规制绩效

社会公平是经济社会可持续发展的基本前提和条件。政府规制通过解决外部性问题，影响社会公平，增进社会福利。外部性理论是由著名经济学家马歇尔于1890年提出的，马歇尔的学生庇古（Pigou）对私人厂商生产所造成的环境破坏使社会福利受到损失——即经济的外部影响进行了研究，他认为外部性是人类合理的生产活动意外地对环境造成的与市场没有联系又与各被影响方没有直接财务关系的经济效果。史普博则把外部性定义为"在两个当事人缺乏任何相关的经济交易的情况下，由一个当事人向另一个当事人所提供的物品束"。

由于外部性问题的存在，市场机制本身不能自动实现资源配置的帕累托效率，需要采取某种方法对市场机制的运行过程加以规制。影响规制方式选择的因素是对外部性产生原因和消除外部性的途径的不同理解。庇古将外部性产生原因归于生产的边际私人收益（及成本）与边际社会收益（及成本）之间的差异，建议通过政府对边际私人成本小于边际社会成本的生产者征税，只要税收（补贴）额的大小正好等于外部性造成的社会损害（收益）的大小，外部性就可以被完全内部化。这种解决外部性的方法通常被称为"庇古税"。庇古税理论提出之后在相当长的时期内对解决外部性问题起着重要影响，但是科斯对这一理论提出了批判。科斯在《社会成本问题》一文中指出，外部性问题的关键在于相互性。科斯认为真正的问题在于如何使外部性的价值在损害方和受害方之间分配。按照这一思路，外部性问题的出现在于缺乏对产权明确的界定，通过对初始产权的交易重组，外部性可以有效地被内部化。因此，在科斯理论中政府在解决外部性问题中的作用在于确定初始产权的分配从而为市场交易创造条件。通过对外部性的解决，社会性规制有利于社会公平的实现，即维持"帕累托改进"的代内和代际关系，使得被规制者在不损害自己收益的前提下，使其他人的福利增加。

信息不对称理论认为，市场中卖方比买方更了解有关商品的各种信息。信息不对称理论是由三位美国经济学家——约瑟夫·斯蒂格利茨、乔治·阿克洛夫和迈克尔·斯彭斯提出的。该理论不仅说明信息的重要性，更要研究市场中的人因获得信息渠道之不同、信息量的多寡而承担的不同风险和收益。信息不对称作为市场经济的一大缺陷，要减少其对经济产生的危害，政府就应发挥强有力的干预作用。社会性规制的原因之一，就是为了保护无法完全获得相关信息的消费者和从业者。

因此，社会性规制动因理论认为，社会性规制源于外部性和信息不对称的市场失灵，即在保护环境、工人和消费者的个人安全与健康等方面，没有规制的市场不能完美运行，政府干预能使之更有效率。事实上，影响对于社会公平的规制绩效主要是在社会性规制的成本与效率范畴内展开。自 20 世纪 90 年代后，社会性规制在实践中更注重于以成本收益分析作为实施前提，引发大量研究将规制绩效表现作为制定健康、安全和环境等社会性规制的基本评估标准①。

---

① Posner, E. A., Controlling Agencies with Cost-benefit Analysis: A Positive Political Theory Perspective, *The University of Chicago Law Review*, Vol. 68, 2001, pp. 1168 – 1137.

5.1.3　规制成本、规制失灵与绩效损失

从规制政策运行成本的角度来看，低效率、功能不全和官僚惰性等形成的摩擦和成本在规制机构中普遍存在。为此，有必要就规制运行成本进行深入分析，如其中的显性成本和隐性成本，立法成本和守法成本，制动成本和联动成本等。

政府规制的机会成本包括两方面：一是可以直接反映在政府预算中的会计成本，是显性成本，即预算支出；二是隐性成本，即那些由政府实施规制所引致的但没有或难以反映在政府预算之中的成本，可进一步划分为直接成本与间接成本两部分，如表 5 - 1 所示。

表 5 - 1　　　　　　　　　　政府规制的机会成本

会计成本	隐性成本	
	直接成本	间接成本
反映为政府预算中的规制支出。政府为执行规制政策所投入的预算经费	企业或消费者为遵守规制政策所支付的各种直接费用。如为遵守环境规制要求所购买的环保设施成本	企业或消费者为满足规制要求将有限的资源从其他用途中转移出来，导致资源配置的低效率，进而降低企业生产率所导致的成本

无论是对于规制者或是被规制者来说，遵从法律必须成为其行为前提。对法律的遵从会导致人们行为方式的改变或不自由，而这又与法律具有的强制性紧密相关，规制成本因此也就具有了"制动性"特征。制动成本属于由于法律的制定或实施而"直接"引发的成本。但在许多情况下，法律直接引发的制动成本又会继续延伸或扩展，进而从纵向和横向的角度拉动或引发另一些社会成本。

随着规制经济学对于规制绩效的检验导致一些西方学者对公共利益作为规制动因的信念动摇，以及对利益集团在公共政策形成过程中重要作用的强调，对于规制失灵的利益分配的规制绩效研究也引起了规制研究者的高度重视。规制对资源和租金进行了再分配，因此从政者常常会利用其以谋取政治收益，而不是去纠正市场失灵。他们利用配额、许可证及补贴等多种规制手段使巨额财富流向有影响的社会集团。以美国为例，对花生的价格扶持致使每年平均有 2.25 亿美元（按 1987 年美元价

格）从消费者流向生产者，同时还有 0. 34 亿美元的净损失。财富转移在社会性规制中同样引起了重视。类似的规制效果引发了利益集团规制理论的迅速发展。在西方政治学中，利益集团又称"压力集团"，通常被定义为有某种共同的目标并试图对公共政策施加影响的有组织实体。规制中利益集团存在的直接原因是，交易成本或信息不对称导致利益集团在规制政策制定程序中占有优势，利益集团能够依此获得垄断租金。经济规制中的利益集团主要包括生产者利益集团、潜在生产者利益集团、消费者利益集团等。社会规制中的利益集团则比较复杂，除了经济规制中所指的利益集团外，还有环境保护者利益集团、工会等。

1971 年波斯纳构建税收规制（taxation by regulation）模型认为，规制执行同政府税收和财政部门相关联的分配性和配置性事务，也就是帮助政府重新配置资源或对福利进行再分配。而内部补贴的实质就是将福利由一个消费者集团向另一个消费者集团转移。正因为如此，现实中，规制经常被看作是直接税收的替代品。克鲁和罗利（Crew & Rowley，1988）坚持认为："在一个寻租社会里，交叉补贴是强有力的、不透明的财富再分配机制。"青木昌彦关于勾结型政府的分析也深入地剖析了政府规制受到利益集团影响而扭曲资源配置、损害经济效率的现象。他指出，在勾结型国家，政府通过征税等方式持续地侵犯博弈的某个参与者，例如 B 的私有权。这种行为损害了经济总体的效率，也有损博弈的其他参与者比如 A 的未来收益。A 有理由与 B 协调行动反对政府的政策，但政府承诺把侵害 B 所得的部分利益转让给 A 以防止这种协调的出现。奥尔森将利益集团与经济发展联系得更为紧密，区分了"狭隘利益"（narrow interest）集团和"共容利益"（encompassing interest）集团对于国家经济繁荣的不同影响。根据奥尔森的理论，政府规制对于市场机制进行补充，可以用来抑制狭隘利益集团，支持共容利益集团，促进共容利益最大化，进而实现社会利益的最大化。

上述研究表明，通过规制政策的运行成本以及规制失灵对于利益集团再分配的影响，规制政策的运用对于各国经济发展和繁荣具有重要意义。现代规制经济学通过对于以上规制绩效损失的深入认识，指导规制改革实践，促使规制者采取某些措施来降低规制成本、规制俘获或合谋发生的概率，以减轻其对社会福利可能造成的损害。

5.1.4　规制绩效评价

规制绩效评价产生于 1906 年美国市政研究院的绩效评价实践，是针对规制目标的实现情况而设定的。概括而言，规制绩效评价就是根据效率、能力、服务质量、公共责任和公众满意度等方面的分析与判断，对政府公共管理部门管理过程中的投入、产出、中期成果和最终成果所反映的绩效进行评定和等级划分，从而作为确定规制必要性的前提条件。

这一绩效评价过程的特点主要体现在以下两个方面：首先，规制部门决策以社会福利最大化为目标，既关注生产效率、资源配置效率，又体现经济价值和社会价值的公平分配。具体表现为：克服自然垄断，保障生产效率与资源配置效率的实现；克服外部性，保障人类可持续发展或促进社会全面进步；克服信息不对称，保障信息劣势方的权益。其次，许多规制政策的投入和产出不能直接用市场价格来估计，这主要是由两个因素决定的。一是与许多规制政策分析相联系的市场价格根本不存在，因为大部分公共品不是在市场上进行交易的；二是考虑到市场失灵现象的存在，在许多场合价格不能反映相关产品的真实社会边际成本或社会边际收益。因此，对规制政策成本和收益的衡量主要通过以下三条途径进行：第一，社会收益价值的评估。原则上，某一产品的社会收益应用消费者剩余来衡量，消费者剩余反映的是该产品最终消费者的净收益。在大部分场合，消费者剩余难以直接观察到。第二，"影子价格"（shadow price）。在测算规制政策的成本和收益时，经常会遇到这样的问题，即许多成本和效益没有市场价格，是无形的或非市场化的，或这些价格不能完全反映出它们的边际社会成本或收益。所谓的"影子价格"，简言之，即针对无价可循或有价不当的商品或劳务所规定的较合理的替代价格。理想的"影子价格"应为不存在市场失灵时的帕累托效率均衡价格，它是一种真正的社会价格。第三，时间因素的考虑：贴现。在实践中，许多规制政策周期并不限于一个年份，不同时间发生的收益和成本不能直接相加，因此，需要将不同时间（年度）所发生的成本与收益按照一定的贴现率换算成同一时间上的成本与收益，然后进行比较。在实际操作中各国一般采用国债利率作为贴现率。

事实上，通过政府规制实现的绩效，无论是经济性规制绩效，还是来自环境、健康、安全等方面的社会规制绩效，往往都难以比较具体的测度，有的只能在几年后才能显示出效益来。例如，在规制的成本核算中，注意到显性成本而忽视隐性成本，造成成本核算不全，难以做出全面比较，进而规制制定的必要性缺乏客观的经济分析，导致决策失误。而且，良好的规制及其成本与社会总成本之间将形成"互动"关系，这种"互动"关系表现在成本与成本之间在数量上并非完全是"顺向"的，所以规制成本降低与社会总成本下降之间的关系存在一定的模糊界限。自20世纪90年代以来，统计测度、计量分析、效率分析等实证研究方法被普遍应用于规制绩效的评估上，由于使用的方法不同，得出的结论也不尽一致，例如对于美国职业安全与健康管理局（OSHA）规制效果的研究就存在较大差异。这表明，全面测度规制绩效是目前规制理论拓展与方法创新的重要领域。

本章内容对于经济性规制所界定的规制绩效评价，主要是指通过测度规制政策实施前后，规制者和被规制者所关注的经济增长效应、市场效率、主体收益和外部成本等多因素的构成变化，分析规制政策实施带来的净社会福利的调整。

5.2 经济性规制的宏观绩效评价

如前所述，规制参与影响整体经济绩效方面的现有研究成果，围绕影响生产率的供给方面展开是其主要路径。现有的实证研究通常采用检验假设的统计工具，直接估价经济产出水平，或是利用生产和成本函数估量规制变动的影响。此外，部分数量估算结果与特定的宏观经济模型结合运用，以确定整个经济范围内的影响。本节的宏观绩效评价即基于经济增长影响因素的逻辑思路而展开。

5.2.1 文献综述

作为以对产品市场规制为主要内容的经济性规制的宏观经济绩效进行估量的先驱，戈夫（Goff，1996）采用要素分析构建美国整体规制的测量方法，描述了规制对于产出路径的格兰杰因果关系。随后，多部门规制数据和国家层面面板数据的发展导致了规制经济效果的新发现。有研究检验了各种规制在 GDP 增长的直接决定因素——生产率、投资和就业等在国家层面生产率的影响，发现多数为消极影响。世界银行的报告指出，复杂的规制及其强制力量成为发展中国家增长的关键障碍之一；过度规制也被归结为近几十年来欧洲相对于美国宏观经济绩效低迷的基本原因[1]。基于内生增长理论，克拉夫茨（Crafts，2006）认为，规制在索罗曲线向下移动趋势中起到了更多负面的"税率"影响，因而减少了技术进步率和长期的劳动生产增长率，而不是简单的对收入有一个水平效应。类似地，道森和西特（Dawson & Seater，2013）将规制作为调整变量的新变量引入内生增长模型，得出了一个断裂趋势（trend-break）模型，指出各种规制不仅影响了全要素生产率，还包括进入成本以及劳动力成本。来自英国企业的实证研究表明，在市场力量和创新之间存在一个转化了的 U 形曲线关系，峰值达到了边际价格—成本的20%（Aghion，2005）。尼科莱蒂等（Nicoletti et al.，2003）也发现产品市场规制降低了 OECD 国家许多方面的生产率。

此外，少数研究处理了规制和解除规制在跨国背景下对于总体增长的作用。CEPR – IFS（2003）基于多国面板数据发现解除规制带来的产品市场竞争增加了 OECD 国家投资和就业。科迪克和克雷默斯（Koedijk & Kremers，1996）的研究表明了欧洲 11 个国家产品市场规制与 GDP 增长之间的消极联系，通过设置了一系列规制强度指标，他们得出的结论是最少规制的国家人均增长率最高。杜茨和海里（Dutz & Hairy，1999）以产业和发展中国家为例，应用极端边界研究分析（extreme-bounds analysis）方法估计了多种规制与竞争指标对于增长的贡献。他们发现了反垄断政策对大企业平均寿命（作为进入退出壁垒的估计）的显著影响。但是，卡德和弗里曼（Card & Freeman，2004）所做的面板数据回归结果显示，没有证据表明 1970 ~ 1999 年 OECD 国家规制和经济增长绩效之间有任何显著联系。

基于以下原因，我们认为上述影响方向表现出具体规制环境及分析工具下的不一致。

---

① The World Bank，*World Development Report*，Washington DC，2005.

第一，在从规制与绩效之间的可观测联系到规制的经济产出结果这一推论过程中，控制独立于规制环境的可观测和不可观测的影响因素非常重要，而主要的困难在于不可观测因素的异质性。如果度量的是产业层面的产出，规制类型、水平和变化也是产业方面的，随时间变动的产业数据可以使我们控制住国家和产业的固定效应，以及部门之间的技术创新因素。但是，通常人们只能得到国家层面的规制信息，这使得识别规制变化的真实效应非常困难。

第二，即使我们掌握了国家和产业的时间不变效应，总体绩效本身就是政策制定者权衡是否采纳规制的一个因素，经济增长和波动可能在某种程度上形成了规制的种类和强度。例如，针对 OECD 国家的研究表明，近年来的低增长导致了更低规制水平的产品市场，贸易领域的改革同样如此，而金融市场和劳动力市场的改革没有表现出相应特征。以上内生性问题也会导致计量结果的偏误。

以上问题是导致规制政策效果的检验与现有的实证研究未能得出定论的重要原因。

规制改革对于经济增长的影响虽然在国际范围内引起了学界的普遍关注，但是直接证明中国的规制实践中二者作用机制的研究成果较为少见。基于规制本身的内生性以及中国规制改革的复杂性，从规制指标的选取到数量模型检验，度量规制改革的宏观绩效存在诸多困难。吴伟和韦苇（2004）采用时间序列分析，对中国规制的变化和影响进行了计量分析。他们采用一系列规制代理变量进行研究，例如，采用非国有化率来近似代理进入规制的变化，但进入规制中的审批制度无法纳入，规制规模以政府官员占年底总人口的比重来表示等，变量选取方面显得较为粗糙①。

本节试图在经济增长的研究框架中，使用动态面板（DPD）模型，运用广义矩估计（GMM）方法对放松经济性规制的规制改革对中国经济增长的影响进行研究。DPD 的 GMM 估计方法能够同时解决测量误差问题、解释变量的内生性问题和遗漏变量问题（Bond，2002）。通过对研究方法的改进，我们期待得到以放松规制为主的规制改革与中国各地区的经济增长存在的稳定因果关系。

---

① 吴伟、韦苇：《管制对中国经济增长影响的实证分析》，载于《国家行政学院学报》2004 年第 1 期，第 78～81 页。

5.2.2　计量方法确定与模型设定

本书采用樊纲等（2000，2001，2004，2007）构造的"中国各地区市场化进程指数"，这一迄今为止国内最为系统地反映中国各省区规制改革市场化进程的指标作为研究中的规制改革指标[①]。

经济增长理论将一国或地区的经济增长因素归纳为制度因素（包括经济结构的转变）、劳动力因素、资本因素等。而规制可以纳入制度因素来进行分析，这样利用对数线形型生产函数，可以建立模型：

$$y_{it} = \gamma y_{i,t-1} + \beta' X_{it} + \alpha Market_{it} + \eta_t + \mu_i + \varepsilon_{it} \tag{5.1}$$

式（5.1）中，y_{it} 表示单位 i 在 t 期的人均产出的对数，$Market_{it}$ 表示市场化指数，X 是控制变量向量，包括储蓄率、人力资本水平、技术进步率和人口增长率和自然资源。μ_i 控制不随时间变化的具有个性特征的变量，如地理位置、天气和历史文化等。η_t 是一个反映时代"潮流"变化的变量，如技术革命、时代偏好变化和自由化浪潮等。ε_{it} 是随机扰动项。代表规制改革的市场化指数这一变量的系数 α 是我们所关心的。

我们采用以下指标设定变量：

（1）被解释变量：实际人均 GDP 的自然对数（y）；

（2）解释变量：规制改革的制度指标 I（institution），选择各省份市场化指数 $Market_{it}$ 作为规制改革的代理变量；

（3）控制变量：

①对外开放度（openness）。根据一般的做法，我们选用进出口总额占 GDP 的比重来衡量对外开放程度。同时，我们选择外商直接投资额（FDI）占 GDP 的比重作为稳健性检验的替换指标。

②人均受教育年限（education）。数据来自"中国咨询行'中国统计数据库'"。

③人口增长率（n）。各年人口总数相对于去年人口总数的增长率来表示。

④投资率（invest）。与一般做法不同，我们用制造业固定资产投资

---

①　樊纲、王小鲁、张立文等：《中国各地区市场化相对进程报告》，载于《经济研究》2003 年第 3 期，第 9～18，89 页。

额占 GDP 比重作为这一变量的衡量指标。我们认为，对于作为发展中国家的中国来说，制造业与产业结构的演进、技术外溢以及"干中学"等影响长期增长的因素有关，是真正的生产性投资。

⑤自然资源（resource）。自然资源的丰裕程度可能是经济发展的结果，因而可能存在内生性问题，除此以外，还有自然资源的范围问题。为更明确地说明问题，这里将自然资源的范围限制为煤炭、石油和天然气，并根据中国科学院的折算办法进行折算（徐康宁和王剑，2006），同时取自然对数。这样处理基本上可以克服这一指标的内生性问题。

除各省份市场化指数和人均受教育年限数据外，其他各相关数据均来自《中国统计年鉴》和中国经济数据库（CEIC）。

面板数据时间序列选择为 1997 ~ 2005 年，原因主要有两个：一个是满足模型要求，截面样本个体（N）相对于时期数（T）来说相对较大，没有办法扩大截面个体数量（31 个），唯有调整时间段；另一个是从数据可得性来考虑，由于控制变量相关数据可得性的限制，本部分估计选择 1997 ~ 2005 年为研究期间。

相关变量的统计描述，如表 5 - 2 所示。

表 5 - 2 　　　　　　　　　相关变量的统计描述

变量	中位数	中值	标准差	最小值	最大值	观察值数量
y	8.82	8.93	0.58	7.65	10.66	279
natural	7.83	7.29	2.15	0.00	10.59	279
institution	8.48	5.53	1.79	0.33	10.41	275
education	7.71	7.72	1.31	2.95	10.88	279
openness	0.012	0.034	0.045	0.0039	0.20	279
invest	0.068	0.075	0.040	0.007	0.24	279
n	0.0071	0.0072	0.024	- 0.26	0.11	278
T	6.31	6.17	1.45	0.69	9.46	279

5.2.3　计量检验与结果

本节的思路是，首先对如下方程进行回归：

$$y_{it} = \gamma y_{i,t-1} + \alpha I_{it} + \eta_t + \mu_i + \varepsilon_{it} \tag{5.2}$$

我们预期 α 的估计值显著为正。在此基础上，我们对如下方程进行回归：

$$y_{it} = \gamma y_{i,t-1} + \alpha I_{it} + \kappa x_{it} + \eta_t + \mu_i + \varepsilon_{it} \tag{5.3}$$

其中，$x_{i,t}$ 为（5.1）中 $X_{i,t}$ 的某一个或者某几个变量（包括全部），k 为变量（向量）$x_{i,t}$ 的系数（向量）。我们的策略是轮换对回归方程添加控制变量 $x_{i,t}$，如果制度因素 $I_{i,t}$ 是通过某个控制变量作用于经济发展的话，则在添加该控制变量后，α 估计值的绝对值及其显著性应该下降，这一策略也充分考虑了相关控制变量之间的共线性问题。我们分别添加的控制变量有：自然资源（resource）、教育（education）、对外开放度（openness）、投资率（invest）、人口增长率（n）。回归结果如表 5 - 3 所示。

表 5 - 3　　　　　　　　　　　回归结果

变量	(1) lnpgdp1	(2) lnpgdp1	(3) lnpgdp1	(4) lnpgdp1	(5) lnpgdp1	(6) lnpgdp1	(7) lnpgdp1
market_fan	0.12 *** (0.02)	0.06 *** (0.01)	0.06 *** (0.01)	0.05 *** (0.01)	0.05 *** (0.01)	0.02 *** (0.01)	0.02 ** (0.01)
Percap		0.00 *** (0.00)	0.00 *** (0.00)	0.00 *** (0.00)	0.00 *** (0.00)	0.00 *** (0.00)	0.00 *** (0.00)
peredu			- 0.05 *** (0.01)	- 0.05 *** (0.01)	- 0.05 *** (0.01)	- 0.03 *** (0.01)	- 0.03 *** (0.01)
imexrate				0.00 ** (0.00)	0.00 * (0.00)	0.00 *** (0.00)	0.00 *** (0.00)
fdi					0.00 (0.00)	0.00 (0.00)	0.00 (0.00)
n						- 0.59 *** (0.04)	- 0.60 *** (0.04)
nresource							0.01 (0.01)

131

变量	(1) lnpgdp1	(2) lnpgdp1	(3) lnpgdp1	(4) lnpgdp1	(5) lnpgdp1	(6) lnpgdp1	(7) lnpgdp1
_cons	6.94 *** (0.14)	6.88 *** (0.09)	7.23 *** (0.11)	7.21 *** (0.10)	7.23 *** (0.11)	7.68 *** (0.08)	7.67 *** (0.08)
N	174	174	174	174	174	174	174

注: *** 、** 、* 分别代表在1%、5%、10%的水平上显著；括号中为稳健标准误。

研究发现，在控制相关影响经济增长的因素以后，反映规制改革进程的制度因素对经济发展确实存在正面影响，并且在统计上是显著的（5%的显著性水平）；从影响程度来看，每上升10个百分点，人均GDP将提高大约0.2个百分点，影响效果在经济上是有意义的，说明上述结论在中国省际层面是成立的。

5.2.4　对计量结果的辅证

以上计量检验结果表明，中国在1997～2005年的规制改革，对于经济增长有正面促进作用，但是没有达到预期的显著带动作用。这反映了规制改革在跨越了最初的脱离计划经济体制并产生强大的生产力释放效应，对经济发展存在带动作用，但边际效应有所递减。这与部分国际经验研究是相吻合的，如戈尔金斯等（Gorgens et al.，2004）的研究表明以印度和中国为例，从高度规制过渡到中等程度规制对于经济增长有大约2.5%的正面提升效果，而进一步的放松规制则对经济增长没有显著作用。而中国的规制改革发展至近期，也呈现出了制度对于经济增长影响的日渐式微。另外，改革开始面临诸多攻坚难题，以至于出现进展迟缓乃至反复。

根据有关国外组织的研究，1995～2000年，中国经济自由度提高的趋势相当明显，2000～2004年，经济自由度则呈现下降趋势。2005年开始有了一个较大的拐点，经济自由度再度提升。从全球自由度排名看，2000年排名从第100位跌至2004年的128位，2005年骤然提升16名至112位。根据我们在第3章对于经济性规制改革进程的剖析，以上中国经济自由度总体变动趋势与中国的规制改革现实是相符的。

经济自由度指数指标得分被视为较为权威的对中国放松规制进展情况的直接度量。表 5–4 列出了 1997~2005 年衡量中国经济自由度的十大类指标的得分情况。其中得到改善的指标有四项，保持不变的有三项，下降的有三项。评价较高的是货币政策，主要原因是中国保持了较低的通货膨胀率。贸易政策之所以评价较低，是因为中国的加权平均关税税率较高，而且对进口的限制较多。不过随着中国关税的不断降低，此项指标在 2005 年有显著的改善。政府财政负担评价较低与中国较高的所得税和公司税收有关。随着公司税收和农业税的减免，这项指标的改善也是可以预期的。外国投资和规制方面的评价较低，甚至恶化的原因是编制该指数的美国传统基金会研究人员认为中国在 2002 年左右又增加了一些新的规制政策，而且在中国规制领域存在腐败现象。

表 5–4　　中国经济自由度指数各项指标得分情况（1997~2005 年）

年份	得分	贸易政策	政府财政	政府干预	货币政策	外国投资	银行与金融	工资和物价	产权	规制	股市交易
1997	3.73	5.0	3.8	3.5	4.0	3.0	3.0	3.0	4.0	4.0	4.0
1998	3.69	5.0	3.9	4.0	3.0	3.0	3.0	3.0	4.0	4.0	4.0
1999	3.56	5.0	4.1	2.5	3.0	3.0	3.0	3.0	4.0	4.0	4.0
2000	3.49	5.0	4.4	3.5	1.0	3.0	3.0	3.0	4.0	4.0	4.0
2001	3.55	5.0	3.5	3.0	1.0	4.0	4.0	3.0	4.0	4.0	4.0
2002	3.56	5.0	4.1	3.0	1.0	4.0	4.0	3.0	4.0	4.0	3.5
2003	3.54	5.0	4.4	2.5	1.0	4.0	4.0	3.0	4.0	4.0	3.5
2004	3.64	5.0	4.4	3.5	1.0	4.0	4.0	3.0	4.0	4.0	3.5
2005	3.46	4.0	4.1	3.0	1.0	4.0	3.0	3.0	4.0	4.0	3.5

资料来源：美国传统基金会（2006 年）。

另据樊纲的调查研究，"缩小政府规模"和"对生产者合法权益的保护（司法环境）"这两项的状况是影响全国市场化进程的主要原因。这两个因素中，全国所有地区 2005 年的得分均较 2001 年有所下降。这表明，中国现阶段的规制改革仍然需要以放松规制、减少规制数量为主要目标和任务。据统计，1997~2005 年烟草业、铁路运输、电力、邮电通信、石油开采与加工、金融六个垄断行业造成了很大的社会福利净损失和制度总成本，就福利净损失 9 年的平均情况来看，最低限的估计为占 GNP 的 0.6%，最高限为 3.679%，而总的制度成本最低限估计为占 GNP 的 5.889%，最高限估计为 8.985%。

自 2007 年开始，中国宏观经济面临经济增长趋热和通货膨胀压力，如 2007 年 12 月消费价格指数（CPI）、生产者物价指数（PPI）、原材料价格指数月率（RMPI）价格指数同比增长率分别达到 6.5%、5.4% 和 8.1%，CPI 增长率已达到进入 21 世纪后最高水平。对此，2008 年初经国务院批准，发改委对部分重要商品及服务在全国范围内实施临时价格干预措施。随后，在调控措施拉低国内投资增速的同时，外部经济危机导致出口锐减，2009 年全年出口 12016.7 亿美元，下降 16%，贸易顺差仅为 1981 亿美元，远低于 2008 年的 2970 亿美元。2008 年 11 月政府遂出台刺激经济十大措施，快速实施四万亿元刺激经济计划。由于投资计划主要集中在铁路、公路、机场和城乡电网建设等基础设施部门，国有部门再次成为替代民间投资下降的中流砥柱，增长超过 35%，而全年全社会固定资产投资达到 224846 亿元，增长仅为 30.1%，所以民间投资再现低迷。国有部门投资增长率不仅再次远高于非国有部门，而且也高于全社会平均的投资增长率。这表明，长期形成的出口导向性经济结构，致使刺激或者是控制投资成为应对宏观波动的手段，而使用的工具主要依赖于国有部门的投资进退，这反映了规制强度与国有经济成长的密切关联作用。

自 2009 年下半年开始宏观经济持续回升，总需求呈 V 形回升态势，超量货币信贷增长引发通胀预期，由此引发的产能过剩治理政策以限定有关部门投资为主要内容，不仅包含发布信息提示风险、环保与安全等合理的功能性规制措施，而且进一步采取限制和禁止企业投资等措施，甚至采用冻结土地、查处大案以及其他直接干预价格调节机制的规制手段。2010 年经济仍保持惯性增长，但企业经营面临成本等诸多约束。例如，2009～2010 年原材料成本最低涨幅都已经达到 15%，电子行业约为 35%，餐饮业更是高达 100%；人工成本增长更快，最低涨幅为 20%，大多数行业的涨幅为 30%～40%。成本约束的原因之一是信贷规制过于严格，例如民间融资利率普遍高于企业毛利率，形成金融部门对产业部门利润剥夺，形成强化寻租；原因之二是价格规制，规制范围正在从日用品转向可选消费品，从零售商转向生产商，规制范围的扩大进一步削弱了企业利润，致使国民经济的自主增长基础受到损害。

　　根据以上实证研究，我们认为，尽管中国的经济已经初步市场化，中国经济自由度已经有了很大的提升，但政府参与配置资源的力量仍然很强，进一步推进改革任重道远。

5.3　经济性规制产业绩效评价[①]

　　基于前面对于影响经济增长规制绩效的相关界定，经济性规制产业绩效可以通过包括全要素生产率在内的生产效率和包括利润分配等在内的配置效率等静态效率来衡量，同时也应考虑到技术进步所引致的动态效率。依托对规制绩效的界定，我们再以规制目标的实现情况作为评价经济性规制绩效的标准。具体而言，本节主要围绕电力、电信、民航等代表性垄断产业，基于国内对各产业规制绩效的研究和相关数据来分析放松进入规制、价格规制、推进政企分开以及建立独立规制机构等手段和政策对于产业绩效的影响。从中国各种垄断性产业的发展沿革来看，规制政策的制定和实施往往因产业而异，不同的产业具有不同的经济特征和经济结构，用以衡量绩效的评价标准也有所差异。但是具体的规制政策和手段所产生的效果却有一定的共性，在适用于各种不同产业时表现出一种整体的趋势和特征。因此，后面将对改革以来的产业规制绩效进行一个总括式的研究。

5.3.1　以放松进入规制为主的规制改革绩效

　　放松进入规制主要适用于长期处于高度垄断状态下尤其是在位企业为国有或国有控股企业的产业，其含义主要是指政府通过出台相关政策放开对新企业进入垄断产业时包括所有制形式以及资金来源在内的各种控制，从而有效地引入竞争。

1. 以放松进入规制为主的规制改革进程

　　放松进入规制是中国政府规制改革的重要手段之一，通过放松进入

---

① 本节受数据可获得性的影响，各表格数据截止年份不同。

规制可以有效提高行业竞争度，进而对产业内企业的生产经营和技术创新产生激励作用。而进入规制的放松以及市场集中度的下降往往伴随着国有资本比重的逐步降低和行业所有权构成的多样化过程。中国产业部门的转型主要是从两个路径进行的：一是在原有体制之外促进"增量"的发展，包括对内鼓励多种所有制形式资本的进入和对外开放，通过促进市场竞争提高效率。因此可以用包括私营企业和外资企业在内的其他类型企业份额的增加来刻画增量改革的进展。二是对作为"存量"的国有企业进行不同程度的产权改革，这种存量改革可以通过各行业国有资本所占比例的变化来表示。二者并行，实际上存在交叉。因此，产业部门的规制改革过程中产权结构及市场结构的调整对于其绩效的影响成为我们关注的一个重点，在后面我们将进一步考察产权结构改革以及市场结构变化这些制度因素对于产业全要素生产率的影响效果。

改革开放之初，包括电力、电信在内的一些产业呈现出一家企业单独经营的垄断局面，而这些垄断整个产业生产和经营的企业无一例外均归属于国有。这种产业所有制形式和资金来源单一且高度垄断的局面源于计划经济时期政府对于关系国家经济命脉的重要产业的高度控制以及产业本身的自然垄断性质，而中国能够在较长一段时期内维持这种局面的内在原因在于国有资本控制某一产业能够在充分发挥规模经济的作用、降低平均成本的同时，兼顾社会目标和利润目标，有效解决因外部性存在而导致的企业目标最优与社会目标最优不一致的问题。相对于私人经营而言，国有资本运营企业能够有效避免由于信息不对称导致的道德风险问题。而且在当时的经济发展条件下，有限的私人资本面对自然垄断产业所需的巨大投资规模所带来的风险基本也不具备参与竞争的能力。

然而，随着中国市场化改革的推进，过去在产业内高度垄断的经济形式逐渐成为抑制企业提高自身发展效率的束缚，造成产业生产效率与垄断企业利润二者之间的背离[1]。而产业内竞争缺乏所导致的企业改善服务质量动力不足以及企业利润过度挤占消费者剩余等问题也确实造成了企业利益与广大消费者所代表的公共利益在一定程度上的失衡。针对

---

① 孙燕铭：《我国政府干预下的市场壁垒对产业绩效的影响》，载于《经济理论与经济管理》2010年第10期，第46~52页。

这种情况，政府和（或）规制机构开始逐步在各产业放松对市场进入的限制，在一定程度上引入竞争，同时逐步推进各产业内的民营化改革并引进外资，丰富企业的所有制形式和资金来源，从而为高度垄断的工业及社会公用事业注入了活力，对提高产业总量和效率水平的提高发挥了积极作用。2000 年以后，政府做出了一些旨在放松市场进入限制的规定，分拆切割自然垄断性国企，引入竞争机制。2003 年 10 月，党的十六届三中全会上做出的《中共中央关于完善社会主义市场经济体制若干问题的决定》提出："放宽进入，允许非公有资本进入法律法规未禁入的基础设施、公用事业及其他行业和领域"，为中国进行垄断产业放松规制改革进一步提供了政策依据，2005 年 2 月 24 日国务院颁布的《关于鼓励支持和引导个体私营等非公有制经济发展的若干意见》更加明确了对相关产业放松进入规制的政策。党的十七大报告中也提出了"深化垄断行业改革，引入竞争机制，加强政府监管和社会监督"的重要任务，再一次强调了放松进入规制、引入竞争机制对产业规制改革的重要意义。国家发改委出台的《关于 2009 年深化经济体制改革工作的意见》中提出拓宽民间投资的领域和渠道，鼓励民间资本进入石油、铁路、电力、电信、市政公用设施等重要领域。2015 年出台的《关于深化国有企业改革的指导意见》和《关于国有企业功能界定与分类的指导意见》都要求根据行业特色对自然垄断性国企实行网运分开，分离竞争式业务解决自然垄断国企竞争单一化等问题。

作为经济性规制政策，放松进入规制和政企分开往往互为条件、相互促进、相互伴生，共同影响产业的所有权结构和竞争环境。因此在本节中，我们将放松进入规制和政企分开的规制绩效纳入同一分析框架。政企分开既是一种规制手段同时也是一种规制目标。作为规制的目标，政企分开代表着政府利益与集团利益的分离，同时也避免了企业与政府利益高度相关引起的滥用市场势力等问题，从侧面保护了消费者利益。作为规制的手段，政企分开有利于营造良好的竞争环境，促进企业在竞争氛围中快速成长。政企分开作为一种行政体制改革的同时，更是一种对市场结构进行深层调整的经济性政策。在逐步推行政企分开的同时也应该清楚看到，国有和国有控股企业在垄断行业中仍占据着重要地位。以电力业为例，2009 年电力及热力生产供应业中国有及国有控股企业资产总额占全部规模以上企业资产总额的 88.85%，工业总产值占

91.60%。一些产业需要在政府的有力扶持下才能有效经营。因此政企分开并不等同于私有化，而是在一些市场更能发挥有效配置资源作用的领域逐步使企业摆脱对政府的依赖，避免政府同时兼具其经营者和管理者双重身份的局面，从产业长远发展的角度看这将有利于产业生产和经营效率的提高。

基于以上分析我们将放松进入规制和政企分开的直接目标确定为：在保证国有资产保值增值的同时，丰富电力、电信、民航、银行业等行业的所有权形式，实现规制者与被规制者相分离，营造更加良好的竞争环境；间接目标是，在优化竞争环境的基础上提高企业的经营效率和生产能力，控制垄断企业利润。

2. 以放松进入规制为主的规制绩效

针对以放松进入规制为主的规制改革目标以及在各产业中的具体实施情况，下面首先讨论垄断产业在进行规制改革过程中的所有权结构变化趋势，即放松进入规制为主的直接规制改革目标的实现情况；然后进一步分析这种以调整产业所有权结构和改善产业竞争环境为直接目的的规制政策对产业绩效的间接影响。

（1）国有资产保值增值及产业所有权结构变化的直接绩效。伴随着中国 40 多年的市场化改革进程，各产业中民营资本和外资所占的比重呈现出整体上升的趋势。这种趋势尤其体现在制造业和批发零售业方面，而包括银行业、电力、煤气、自来水、交通运输业以及信息服务业在内的具有一定自然垄断性质的产业所有权结构多样化的趋势不够明显。

就拿 2009 年来说，相对其他产业而言，银行业由于国家对开放的步伐控制力度较大，其引入外资的程度也相对较低。电力、电信、民航等产业先后经历放松进入和政企分开的规制改革，尽管国有资本占据优势比例的局面在国有经济战略性调整以及产业规制改革的整体背景下仍然没有改变，但民营经济和外资的比例逐步提高也充分证明了政府规制对于丰富产业所有权结构和优化产业竞争环境所带来的效果，如表 5 - 5 所示。

表5-5　　　　2009年不同注册类型企业城镇固定资产投资情况　　单位：亿元

行业	投资总额	内资	国有控股	外商投资	私人控股
航空运输业	604.9	596.2	525.7	8.6	11.6
电信和其他信息传输业	2543.5	1925.5	1842.2	366.8	80.4
银行业	265.1	261.3	201.2	2.0	15.9

资料来源：2010年《中国第三产业统计年鉴》，中国统计出版社2010年出版。

　　为了更清晰地说明放松进入规制的直接效果，我们以城镇固定资产投资作为指标来体现各产业中不同注册类型企业的资产情况，通过一定时间序列上的数据对各产业在规制改革背景下所有权结构的变化趋势进行直观的反映，如表5-6所示。

表5-6　　　　　　2003～2017年各行业按登记注册类型
划分城镇固定资产投资情况
（1）电力热力生产供应

年份	合计（万元）	内资		国有		私营		外商投资	
		数额（万元）	比例（%）	数额（万元）	比例（%）	数额（万元）	比例（%）	数额（万元）	比例（%）
2003	33048240	30949080	93.65	20605431	62.35	351369	1.06	869602	2.63
2004	48544119	44628759	91.93	24832495	51.15	822171	1.69	1539883	3.17
2005	65031973	60163349	92.51	31672636	48.70	1151397	1.77	1736691	2.67
2006	72742712	68219762	93.78	36638176	50.37	1397639	1.92	1782146	2.45
2007	79065188	75535802	95.54	41919703	53.02	1680765	2.13	1408899	1.78
2008	90236550	85822345	95.11	50128817	55.55	2116491	2.35	1515799	1.68
2009	111390690	106237434	95.37	62241239	55.88	2755021	2.47	2222588	2.00
2010	119151754	114752749	96.31	65063366	54.61	3619410	3.04	1930909	1.62
2011	116034665	112483985	96.94	62658809	54.00	5872982	5.06	1390606	1.20
2012	129479286	125986905	97.30	70169419	54.19	8127267	6.28	1100659	0.85
2013	—	—	—	—	—	—	—	—	—
2014	174324737	168650931	96.75	92100012	52.83	19299686	11.07	1742444	1.00

续表

年份	合计（万元）	内资		国有		私营		外商投资	
		数额（万元）	比例（%）	数额（万元）	比例（%）	数额（万元）	比例（%）	数额（万元）	比例（%）
2015	202604140	197382303	97.42	99632591	49.18	31046294	15.32	1720974	0.85
2016	226376767	217041021	95.88	73280869	32.37	39350275	17.38	3052203	1.35
2017	220552084	211143288	95.73	68447671	31.03	44469784	20.16	2982484	1.35

（2）电信及其他信息传输服务业

年份	合计（万元）	内资		国有		私营		外商投资	
		数额（万元）	比例（%）	数额（万元）	比例（%）	数额（万元）	比例（%）	数额（万元）	比例（%）
2003	16020513	12517018	78.13	10768679	67.22	7812	0.05	1310410	8.18
2004	15898680	11772275	74.05	9884893	62.17	7914	0.05	1666644	10.48
2005	14901718	10936697	73.39	8515733	57.15	15001	0.10	1800715	12.08
2006	16610512	11564142	69.62	8976819	54.04	44210	0.27	3160041	19.02
2007	17020094	10800953	63.46	8434453	49.56	37553	0.22	3478875	20.44
2008	19309074	12086982	62.60	8724639	45.18	76024	0.39	4009218	20.76
2009	22789186	16992011	74.56	11418753	50.11	144195	0.63	3428400	15.04
2010	20069630	14742424	73.46	9572031	47.69	160602	0.80	3062755	15.26
2011	16803012	12390773	73.74	8130791	48.39	263892	1.57	2063714	12.28
2012	15981523	13636050	85.32	8608964	53.87	185686	1.16	1490216	9.32
2013	—	—	—	—	—	—	—	—	—
2014	20653268	17952845	86.92	11113411	53.81	317908	1.54	1852812	8.97
2015	24447012	22179609	90.73	11548625	47.24	448723	1.84	922265	3.77
2016	26470361	22898103	86.50	6151826	23.24	478015	1.81	1275203	4.82
2017	24892966	21715121	87.23	5552351	22.30	949753	3.82	1197995	4.81

（3）航空运输业

年份	合计（万元）	内资		国有		私营		外商投资	
		数额（万元）	比例（%）	数额（万元）	比例（%）	数额（万元）	比例（%）	数额（万元）	比例（%）
2003	2198513	2187570	99.50	1386859	63.08	0	0.00	0	0.00
2004	2724191	2707158	99.37	1687591	61.95	400	0.01	0	0.00
2005	3023717	3017562	99.80	2236509	73.97	0	0.00	2152	0.07
2006	4630933	4376688	94.51	2611856	56.40	730	0.02	112965	2.44
2007	6075575	5786403	95.24	3829966	63.04	26977	0.44	271260	4.46
2008	5904701	5765896	97.65	3214042	54.43	52062	0.88	128950	2.18
2009	6048524	5962326	98.57	3635313	60.10	45836	0.76	85713	0.14
2010	8925480	8899626	99.71	4503133	50.45	182	0.00	25854	0.29
2011	8358213	8159853	97.63	3846564	46.02	138158	1.65	48238	0.58
2012	11239813	11148614	99.19	5763858	51.28	240854	2.14	0	0.00
2013	—	—	—	—	—	—	—	—	—
2014	14304211	12923791	90.35	6926214	48.42	310582	2.17	148773	1.04
2015	18398555	18117613	98.47	11024489	59.92	814350	4.43	52431	0.28
2016	22196237	20311755	91.51	5972490	26.91	1111314	5.01	0	0.00
2017	23949212	21774308	90.92	6451733	26.94	1149401	4.80	52092	0.22

（4）银行业

年份	合计（万元）	内资		国有		私营		外商投资	
		数额（万元）	比例（%）	数额（万元）	比例（%）	数额（万元）	比例（%）	数额（万元）	比例（%）
2003	746104	739269	99.08	555598	74.47	0	0.00	246	0.03
2004	833961	808067	96.90	564150	67.65	0	0.00	434	0.05
2005	771486	757911	98.24	379667	49.21	160	0.02	1041	0.13
2006	899380	868874	96.61	399904	44.46	0	0.00	3060	0.34
2007	1137240	1084531	95.37	475926	41.85	3600	0.32	10755	0.95
2008	1889153	1823854	96.54	674818	35.72	8080	0.43	23509	1.24

续表

年份	合计 （万元）	内资		国有		私营		外商投资	
		数额 （万元）	比例 （%）	数额 （万元）	比例 （%）	数额 （万元）	比例 （%）	数额 （万元）	比例 （%）
2009	2651198	2613261	98.57	1096079	41.34	13737	0.52	20327	0.77
2010	3159494	3110814	98.46	1274008	40.32	31133	0.99	46269	1.46
2011	3663816	3631416	99.12	1532982	41.84	58478	1.60	15594	0.43
2012	5669826	5509150	97.17	2148448	37.89	316322	5.58	115683	2.04
2013	—	—	—	—	—	—	—	—	—
2014	7008405	6830396	97.46	2748432	39.22	580225	8.28	32979	0.47
2015	6656409	6499207	97.64	2042006	30.68	557529	8.38	18861	0.28
2016	5600336	5423891	96.85	1205596	21.53	454113	8.11	5995	0.11
2017	4676301	4518381	96.62	1135423	24.28	334327	7.15	48748	1.04

资料来源：2004~2018 各年度《中国固定资产投资统计年鉴》，中国计划出版社。

表 5-6 表明，除电信业以外，其他产业国有企业固定资产投资数额均呈现整体增长的趋势，电力、电信、民航以及银行业的国有企业投资比例在保持总体优势的情况下逐渐下降，其中电信业和银行业到 2008 年为止城镇固定资产投资中国有资产的比重均已降至不足 50%，民航业国有产权比率 1996 年以前为 100%，2003~2017 年的 15 年国有产权比率平均为 53.1%。相对国有资产而言，私营企业和外资企业的投资比重依然较低，但均呈现出明显的上升趋势。其中电信业的外资企业投资增长迅速，而民航业和银行业的私营企业和外资企业投资也都先后经历了从无到有的过程。因而可以看出，到 2017 年，电力、电信、民航及银行业几个代表性行业所有权结构总体呈现出多样化的态势，放松规制产生了一定的直接效果。

具体来看，电力业自 1997 年国家电力公司成立以及 1998 年电力工业部撤销开始逐步从中央层面实现政企分开，随着 2002 年开始厂网分开，发电环节也逐步放开了进入规制，允许更多的私营资本和外资进入。1998~2008 年，包括火力、水力、其他能源发电以及电力供应在内的电力业中，三资企业的资产稳步增长，企业数量也不断增多，可以说在电力业中外资企业的数量和质量都有了显著的提高（见表 5-7）。

从整个电力业不同注册类型企业的总体资产及其比例情况来看，私营企业和三资企业的总资产数额逐步增长，其中私营企业的资产总额从 2005 年到 2017 年增长率为 1609%，外资企业资产总额从 1999 年至 2017 年增长了 310%，但由于电力业资产总额总体增长迅速，外资企业资产所占比例反呈下降趋势，如表 5 - 7 所示。

表 5 - 7　　　　　1999 ~ 2017 年电力、热力生产及供应工业企业资产情况

年份	规模以上工业企业资产（亿元）	国有及国有控股工业企业		私营工业企业		三资工业企业	
		资产数额（亿元）	比例（%）	资产数额（亿元）	比例（%）	资产数额（亿元）	比例（%）
1999	15663.29	14010.38	89.45	—		1928.76	12.31
2000	18626.94	16588.56	89.06	—		2182.70	11.72
2001	20485.27	18536.45	90.49	—		2529.80	12.35
2002	22304.42	19746.21	88.53	—		2596.10	11.64
2003	25651.02	22828.34	89.00	—		2892.22	11.28
2004	27300.73	23719.80	86.88	—		3082.31	11.29
2005	39375.46	34362.42	87.27	293.96	0.75	4328.90	10.99
2006	46456.90	41177.96	88.64	536.94	1.16	4228.39	9.10
2007	53484.80	47578.94	88.96	684.46	1.28	5267.21	9.85
2008	62237.94	55742.58	89.56	967.27	1.55	5375.51	8.64
2009	69086.99	61387.19	88.85	1263.90	1.83	6020.19	8.71
2010	76725.41	68024.78	88.66	1629.20	2.12	6330.85	8.25
2011	83820.65	75985.32	90.65	1349.97	1.61	6325.27	7.55
2012	92072.51	83147.2	90.31	1340.83	1.46	6538.23	7.10
2013	99854.98	90207.14	90.33	1618.69	1.62	6632.97	6.64
2014	112056.76	100872.16	90.02	2170.78	1.94	6889.83	6.15
2015	124622.83	111412.74	89.40	2949.20	2.37	7084.53	5.68
2016	134531.39	118654.85	88.20	3777.95	2.81	7329.10	5.45
2017	142450.44	123991.78	87.04	5022.43	3.53	7914.49	5.56

注：规模以上工业企业项目主要包括国有企业和规模以上非国有工业企业，后者为年主营业务收入在 500 万元以上的企业；比例项均为各类企业资产与规模以上工业企业资产的比值。

资料来源：2000 ~ 2018 年各年度《中国统计年鉴》，中国统计出版社。

　　中国银行业近年来也不断放开对内资中非国有资本的进入限制，除国有商业银行外股份制商业银行快速发展，其资产的绝对份额以及占整个行业资产的比重均不断增加。伴随放松进入规制，国有商业银行总资产占银行业金融机构的比例从 2003 年的 58.1% 下降至 2017 年的 36.77%，股份制商业银行总资产占银行业金融机构的比例则从 10.7% 上升到 17.81%，外资银行总资产占银行业金融机构的比例从 1.4% 变为 1.29%①。对于外资银行的进入目前的限制依然较强，只有花旗银行、渣打银行、汇丰银行等少数外资银行进入了中国，其经营的范围也受到较多限制。因此外资银行的资产在中国银行业中所占比例依然较低，如表 5-8 所示②。

表 5-8　　　　　　　2003～2017 年银行业金融机构资产总资产情况

年份	合计（亿元）	国有商业银行		股份制商业银行		外资银行	
		数额（亿元）	比例（%）	数额（亿元）	比例（%）	数额（亿元）	比例（%）
2003	276394.5	160511.7	58.07	29598.6	10.71	3969.0	1.44
2004	315989.8	179816.7	56.91	36476.0	11.54	5822.9	1.84
2005	374696.9	210050.0	56.06	44654.9	11.92	7154.5	1.91
2006	439499.7	242363.5	55.15	54445.9	12.39	9278.7	2.11
2007	525982.5	280070.9	53.25	72494.0	13.78	12524.7	2.38
2008	623876.3	318358.0	51.03	88091.5	14.12	13447.8	2.16
2009	787690.5	400890.2	50.89	117849.8	14.96	13492.3	1.71
2010	953053	468943	49.20	149037	15.64	17423	1.83
2011	1132873	536336	47.34	183794	16.22	21535	1.90
2012	1336224	600401	44.93	235271	17.61	23804	1.78
2013	1513547	656005	43.34	269361	17.80	25628	1.69
2014	1723355	710141	41.21	313801	18.21	27921	1.62

---

　　① 自 2007 年起大型国有商业银行包括中国工商银行、中国农业银行、中国银行、中国建设银行以及交通银行。

　　② 合计项是当年所有银行业金融机构资产合计；比例项是各种银行资产占银行业金融机构资产总额的比例。

年份	合计（亿元）	国有商业银行		股份制商业银行		外资银行	
		数额（亿元）	比例（%）	数额（亿元）	比例（%）	数额（亿元）	比例（%）
2015	1993454	781630	39.21	369880	18.55	26808	1.34
2016	2322532	865982	37.29	434732	18.72	29286	1.26
2017	2524040	928145	36.77	449620	17.81	32438	1.29

资料来源：2004～2018各年度《中国金融年鉴》，中国金融年鉴杂志社有限公司。

在产业所有权形式不断多样化的同时，中国各产业的国有资产总额也保持了快速增长的态势。其中，2001～2009年中国国有企业资产总额显著增长。比较明显的是经过2006年的电信业行业重组以后，2007年邮电通信业的国有企业资产相比上一年增长近1倍。因此可以说，尽管目前我国大部分自然垄断产业进入规制仍然相对严格，但通过不断地放松进入规制和推行政企分开等规制政策，基本形成了在保持国有资产保值增值的前提下，逐步丰富产业的所有制形式，优化产业所有权结构和竞争环境的趋势。电力工业、邮电通信业、航空运输业等主要行业统计数据如表5-9所示。

表5-9　2001～2017年代表性自然垄断产业国有企业资产总额　单位：亿元

年份	电力工业	邮电通信业	航空运输业	全国合计
2001	19333.3	12891.4	2702.5	179244.9
2002	22686.7	14391.3	3109.2	180218.9
2003	25232.5	15498.4	3069.0	199709.8
2004	27700.7	16537.9	3169.2	215602.3
2005	31529.5	17741.8	3782.0	242560.1
2006	36419.8	18787.4	4374.8	277308.1
2007	42466.6	31383.4	5081.5	347068.1
2008	66599.2	60463.4	7343.5	416219.0
2009	78388.4	68814.4	7881.0	514137.2
2010	92536.1	42799.1	9200.8	640214.3

年份	电力工业	邮电通信业	航空运输业	全国合计
2011	108869.3	54486.5	8937.7	759081.8
2012	123656.4	57923.6	10744.9	894890.1
2013	131372.8	58604.3	12742.3	1040947.3
2014	145492.0	61863.1	14126.8	1184715.0
2015	156671.7	64919.2	15700.3	1406831.5
2016	168052.2	67446.2	17163.3	1549141.5
2017	180325.8	70379.2	19824.9	1835207.2

资料来源：2002~2018 各年度《中国财政年鉴》，中国财政杂志社。

（2）资产、利润、主营收入、全要素生产率等"一揽子"间接绩效。进一步，我们从资产总量、利润、主营收入、全要素生产率等方面系统分析和归纳了包括电力业、电信业、民航业和银行业等在内的代表性产业的规制绩效情况。

第一，电力业。电力业的政企分开进程在政企分开的政府规制改革中较为典型。国家电力公司于 1997 年成立，将电力业的企业职能与政府职能进行了初步分离。而 1998 年电力工业部的撤销则标志着电力业政企分开正式从中央层面开始实行。2002 年国家电力公司拆分，电力市场上"厂网分离"的格局基本实现，"竞价上网"的模式正在试点运行。

从生产总量角度考察电力业规制绩效可以发现，自 1998 年开始推行政企分开到 2003 年为止（2002 年电监会成立，为了体现政企分开的效果故只统计到 2003 年），中国电力业历年发电量和用电量呈现出快速增长趋势，1997~2003 年发电量和用电量的平均增长率分别达到 8.48% 和 9.18%，1999 年后发电量和用电量每年增长率基本保持在 9% 以上，2002 年和 2003 年二者分别达到 15.4% 和 16.78%。而体现电力业投资量的发电装机容量指标从 1996 年的 830 万千瓦发展到 2003 年的 1369 万千瓦，增长率达到 64.9%，年平均增长率为 7.42%[①]。以资本和劳动作为投入结合产出计算产业的全要素生产率可以发现，电力业的

---

① 杨淑云、于良春：《中国电力产业效率和生产率变动的实证研究》，载于《财经论丛》2008 年第 3 期，第 15~20 页。

全要素生产率得到了很大的改进,其中 1987～2004 年全要素生产率的年均增长率为 10.4% [1]。规制改革同样也有助于提高电力企业的资产总量和利润水平,如表 5－10 所示,自 2003 年开始到 2012 年电力业利润总额增长了 333%。放松进入规制和政企分开应该有利于削弱在位垄断企业的市场势力,降低其垄断利润的增长速度,但对整个产业的资产和利润总额增长有显著的正向推动作用。

表 5－10　　　　　　2003～2012 年电力业绩效利润指标　　　单位:亿元

年份	资产总量	利润总额
2003	25160.5	634.2
2004	34559.9	850.0
2005	39676.0	998.9
2006	46429.1	1689.3
2007	53462.8	1982.2
2008	56966.9	251.5
2009	65472.6	869.9
2010	74085.8	1597.5
2011	81117.7	1422.0
2012	92072.5	2745.8

资料来源:2004～2013 各年度《中国工业经济年鉴》,中国财政经济出版社。

　　第二,电信业。1994 年 7 月 19 日中国联合通信有限公司正式成立,标志着电信业放松进入规制的开始。为了限制电信业的垄断局面,国家先后几次对电信业进行了行业重组和放松规制的政策性调整,并在行业重组的过程中逐步实现政企分开。2008 年,工信部、发改委联合发布的《关于深化电信体制改革的通告》明确了中国移动、中国电信和中国联通分别获得 3G 牌照,形成了 3G 移动通信网络的分配格局,三家实力相当的电信运营商也形成了完全竞争的三足鼎立格局。我国对于电信业监管机构的设置也几经调整,从邮电部"总揽全局"到成立信

──────────

[1]　石良平、刘小倩:《中国电力行业规制效果实证分析》,载于《财经研究》2007 年第 7 期,第 134～143 页。

息产业部独立承担监督管理职能，再到成立工业和信息化部，这些改革举措基本都是围绕政企分开这一规制目标。但基于电信业本身的自然垄断性质和网络经济性，适当放松进入行业的限制，使之处于一个有效竞争的垄断状态是一个较为现实和理性的选择。我们重点从效率角度考察电信业放松进入规制和推行政企分开的间接规制目标实现情况。从 1994 年开始的电信业放松规制，使电信业的全要素生产率产生了显著的增长。以 1994 年中国联通进入电信市场为界，放松进入规制前（从 1980～1994 年）中国电信业全要素生产率的年均增长率为 4.46%，放松规制后（从 1994～2007 年）全要素生产率年均增长率上升至 6.51%，其中仅有 1997 年、1999 年和 2003 年出现全要素生产率负增长的情况。而放松进入规制的初始阶段（1994～1998 年），中国电信业全要素生产率增长最为显著，年均增长高达 12.06%。但在电信领域内，政企分开、邮电分营和南北拆分不仅没有真正实现产业效率的改进反而导致了全要素生产率增长幅度的下降，对电信业效率的促进并没有起到预期的效果。1998～2002 年，电信业全要素生产率的年增长率回落至 6.3%。2002 年中国电信南北水平拆分重组改革后，电信业全要素生产率的增幅继续下滑，2002～2007 年全要素生产率年均增长率下降到 5.1%[①]。对于这种现象的一种解释是电信企业存在的"冗员"现象。"冗员"现象造成了产业技术效率的停滞进而影响了全要素生产率增长的势头，因此应该把"减员增效"纳入电信业规制改革的政策考量中，提高行业内职工的素质。从运营商角度来看规制对于电信业全要素生产率的影响可以发现，引入竞争的确是促进电信运营商生产率增长的有效手段[②]。然而，以省级数据为基础计算全国电信业全要素生产率，却可以得出自 2002 年以来中国电信业的全要素生产率显著增长的结论。其中，2004 年增长率最高，达 21%，2005 年和 2007 年分别增长 11.1% 和 11.2%，2006 年增长 9.2%，2008 年增长率为 4.5%。因此并不能完全否认政企分开对提高电信业生产效率的真实作用[③]。2002～

① 陈伟民：《电信改革与中国电信业全要素生产率变动》，载于《求索》2010 年第 10 期，第 17～19 页。

② 顾成彦、胡汉辉：《基于 Malmquist 指数的我国电信业动态效率研究》，载于《软科学》2008 年第 4 期，第 54～57 页。

③ 杨少华、李再扬：《中国电信业生产率变动及其分解：基于 DEA－Malmquist 指数法的分析》，载于《经济学家》2010 年第 10 期，第 64～71 页。

2010 年电信业总量、利润绩效，如表 5-11 所示。

表 5-11 　　　　　　　　2002~2010 年电信业总量、利润绩效 　　　　单位：亿元

年份	资产总额	利润总额	主营业务收入	业务总量
2002	13059.52	766.24	4222.3	5201.1
2003	14214.94	742.89	4623.7	6478.8
2004	15526.89	931.18	5275.1	9148.0
2005	16419.27	1265.07	5840.1	11403.0
2006	17462.80	1355.83	6491.8	14595.4
2007	18148.46	1737.22	7398.6	18591.3
2008	19857.43	1750.30	8148.0	22247.7
2009	21169.05	1730.71	8544.1	25553.6
2010			8988.3	30954.9

资料来源：2001~2010 各年度《中国交通年鉴》，中国交通年鉴社；《2010 年全国电信业统计公报》。

表 5-11 从总量和利润指标角度反映了自 2002 年以来电信业规制绩效。规制改革对电信业资产总额、业务总量等总量指标的增长起到了积极的促进作用，其中电信业务总量的增速最快，2009 年相比 2002 年增长了近 4 倍。相应的整个产业的利润总额也有了显著的上升。

第三，民航业。我国民航业规制改革的整体思路是在推行政企分开的同时，在航线进入、飞机购买与机场建设等方面放松进入规制，放开对民营资本和外资进入的限制。1986 年以后，民航业开始放松进入规制，上海航空和厦门航空等地方国有航空公司准许进入市场。2004 年进入规制再次放松，春秋航空、吉祥航空等一批民营航空先后进入，但在初期，对民营航空有严格的航线进入规制。

包括放松市场进入规制等因素在内的规制制度变迁对于民航业的行业收入、利润以及生产效率的增长起到了显著的推动作用，如表 5-12 所示。但在关于规制对于民航业总量增长的影响方面，目前存在着不同的见解，一方面实证研究证明规制改革对扩大民航业经济总量显著有效[1]；另

---

[1] 曹锦周、戴昌钧：《中国民航业规制改革及其绩效的实证研究》，载于《经济管理》2009 年第 5 期，第 48~55 页。

一方面也有学者提出规制因素虽然能够很好地解释民航业运输总量的变化，但却起到了逆向的作用，导致了民航运输总周转量的减少①。根据后一种研究所得出的结论，规制的强度越大，产业的总量会因之逐渐缩小。这也从另一个侧面验证了，放松规制和降低规制强度有利于产业总量增长这一论断。

表 5－12　　　　　　　　　　　　　民航业规制绩效指标

年份	主营业务收入（亿元）	主营业务利润（亿元）	航班平均生产率（吨公里/小时）	全员劳动生产率（吨公里/人）
1997	441.9	21.5	8586	47938
1998	987.0	－25.2	8185	53620
1999	630.6	78.4	9853	60753
2000	907.6	89.6	8734	60753
2001	1127.9	139.1	8883	68510
2002	1133.6	171.6	8985	82307
2003	1268.4	162.9	9389	81715
2004	1690.0	332.7	9782	110088
2005	2084.1	316.8	9677	110153
2006	2658.0	342.3	9679	115111
2007	3237.0	487.2	10028	122277
2008	3498.7	153.0	9668	124692
2009	3553.1	368.9	9706	140732
2010	4115.0	434.0		

注：1997～1999 年数据为国家直属及国有控股企业数据。
资料来源：1998～2010 各年度《中国交通年鉴》，中国交通年鉴社出版；《2010 年民航行业发展统计公报》。

以 DEA 方法测算的产业全要素生产率也能反映出放松规制对于民航业效率提高的正向作用，如图 5－1 所示。

_____

① 王萍、王靖：《中国民航业规制效果的实证分析》，载于《财经问题研究》2008 年第 3 期，第 30～35 页。

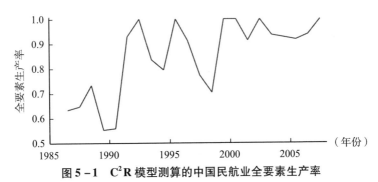

图 5-1 C²R 模型测算的中国民航业全要素生产率

资料来源：曹锦周、戴昌钧：《中国民航业规制改革及其绩效的实证研究》，载于《经济管理》2009 年第 5 期，第 48～55 页。

第四，银行业。基于跨国数据的研究表明，适度放松政府部门对银行业的规制，充分发挥市场力量的作用，对提高银行的发展规模有显著的促进作用。放松对国内和外资银行的准入限制同样有助于不断扩大中国银行业的规模[①]。而结合中国本国现实的实证研究同样可以证明以上的结论，唯一的差异在于，在目前中国发展水平条件下，调整银行业国有资本的比例对于扩大银行业的经营规模效果并不明显。降低官方监管的力度让市场力量充分发挥规制和监督作用以及放松进入规制对于提高银行业的经营效率效果显著。但盲目地降低政府控制银行业的程度实际上并不利于银行业经营效率的提高。在分析银行业经营效率的同时还应考虑银行运营成本的因素，对于银行的准入规制、市场力量对规制的介入程度、国内资产的分散程度等因素在提高商业银行经营效率的同时不可避免地会提高其运营成本，而前者也可以看作是对后者的一种弥补的途径[②]。

从 1978 年以来，中国金融进入逐步放松规制的漫长的改革调整阶段。随着放松规制使市场竞争度不断提高，银行的资产利润率水平随之下降，自放松规制以来四大国有商业银行的平均资产利润率从 1994 年的 0.15% 增至 2006 年的 0.65%；股份制商业银行的平均资产利润率从 1994 年的 1.02% 减少到了 2018 年的 1%，自 2001 年以来，城市商业银

---

① 沈坤荣、李莉：《银行监管：防范危机还是促进发展？——基于跨国数据的实证研究及其对中国的启示》，载于《管理世界》2005 年第 10 期，第 6～23，171 页。

② 潘霁、李子奈、金洪飞：《银行规制和银行业的整体绩效：基于世界银行数据的经验研究》，载于《世界经济》2006 年第 7 期，第 28～35 页。

151

行的平均资产利润率从 1998 年的 0.28% 增加到了 2016 年的 0.98%。因此从总体上看放松规制确实提高了中国商业银行的竞争程度。

3. 放松进入规制相对有效的原因

分析中国对电力、电信等产业放松进入规制取得相对明显效果的内在原因需要探究放松规制的相关理论依据。

为什么放松规制是相对有效的规制方式？理论基础之一是可竞争市场理论。该理论的基本观点是：对于某些自然垄断产业，新企业潜在进入形成的压力使在位者即便处于绝对的垄断地位也会像竞争性企业一样做出反应，从而使该产业产品保持低价并实现有效率的生产。[①] 垄断企业可利用信息不对称误导政府调高规制价格，以获得超额利润，而由于中国自然垄断产业过去长期实行严格的进入规制，这种超额利润能被垄断者长期稳定地获取，同时劳动力、技术、资本、信息等资源也被高度垄断，外部没有竞争的压力、内部没有技术改进的激励，造成了技术停滞、效益低下，在企业内部产生了 X—非效率。在这种情况下，一定程度放松市场进入规制，或至少令在位的垄断者相信潜在的竞争威胁，对于提高产业的经营和技术效率将存在推动作用。但是可竞争市场理论的假设过于理想化，因而只能作为放松进入规制的一个理论依据，并不足以说明这种规制手段有效的原因。

随着技术的不断进步，对于一个自然垄断产业而言，最优的生产规模不断降低，产业的规模经济效应也随之下降，传统的强自然垄断产业可能随着技术进步变得更适应多家企业共同经营。这种情况尤其明显地体现在电信业，由于各种技术的引入，产业中的某些环节变得不再具有强自然垄断性质，电信业的不断重组也体现出对这种趋势的适应性。同时技术的改进也令沉淀成本降低，从而降低了企业的进入壁垒，使产业具有了有效竞争的空间。而且随着市场需求的不断扩大，单一企业经营难以满足需求，单一垄断的配置效率也相应地进一步降低，客观上要求更多的企业进入该行业以提高资源配置效率。因此，产业的不断发展和技术进步为政府放松进入规制提供了客观条件。

对于中国的大部分自然垄断产业而言，由于长期处于政府的高强度

---

① Baumol, W. J., An Uprising in the Theory of Industry Structure, The American Economic Review, 1982, pp. 1 - 15.

规制之下，而且许多产业内政企不分现象十分严重，造成了在位企业滥用市场支配地位过度攫取超额垄断利润，既降低了资源配置效率也损害了消费者的利益。因此从提高资源配置效率和维护广大社会公众的利益角度出发，也迫切需要在满足条件的产业内逐步放松进入规制。此外，通过放松进入规制，引入竞争者使在位国有垄断企业与新进入者在一个相对公平的环境下竞争，可以降低政府与垄断企业之间的信息不对称程度，更有利于政府设计良好的机制来约束垄断企业行为。潜在的进入者对在位垄断企业形成竞争压力，相对于传导机制复杂的价格规制更有利于使在位垄断企业降低产品或服务价格，更有效地限制垄断企业的利润和工资水平。

综合以上内容可以看出，对于自然垄断性质不断减弱的产业相应降低对进入市场的限制，确实可以有效提高产业资源配置效率从而进一步推动产业生产效率以及生产总量的提高。对电力、电信、民航等产业的实证研究也有效地证明了这一结论。

不可忽视的一点是，放松进入规制是一个动态的较为漫长的过程。国有资产的保值增值是中国政府规制改革的宏观战略目标之一，因此在放松市场进入规制引入外资和民营资本的同时，仍应清楚地认识到在对自然垄断产业进行规制改革的过程中应保证和提高国有资产的数量与质量。对于处于转轨阶段的发展中国家而言，在一定时期内，仍需保证国有经济足够的控制力。在放松进入规制和民营化的过程中同时要辅以法律和制度保障，并逐步结合激励性的规制手段。放松进入规制的一个伴生的过程是产权改革，通过产权改革可以有效吸收私人资本进入，提高企业运行绩效，还可以推动产业监管独立和监管公正。但在产权改革的过程中同样要保持国有经济的控制权，这是中国民营化和产权改革的一个基本前提。

5.3.2 基于全要素生产率影响的放松进入规制产业绩效评价

本节研究的重点在于考察放松进入规制条件下所有权结构以及市场机制对于产业绩效的影响，在测度产业绩效的指标方面，我们更加关注产业发展的效率和质量因素，因而选择通过全要素生产率来反映产业绩效。具体通过数据包络分析（DEA）方法测算和分解全要素生产率，并在此基础上进一步研究产业中观层面上规制对于全要素生产率的影响。

1. 文献综述

随着改革进程的推进，国内有关所有权结构对工业行业绩效影响的研究也在逐渐深入。张军（2001）分析了非国有经济的进入与扩张对国有企业的影响，结果显示非国有经济的进入可以创造竞争环境，促进产品市场的扩大和深化。姚洋（1998）的研究结果也表明，非国有企业比国有企业具有更高的技术效率。非国有经济的进入导致的竞争环境优化对中国产业的技术效率改进具有积极作用。刘小玄（2003）则从微观企业层面测算了不同所有制类型企业的生产效率并得出国有所有权集中的产权结构对产业效率具有负效应的结论。胡一帆（2006）也以企业层面数据测算了国有企业民营化对企业生产率的影响，证明了民营化对国有企业绩效有明显的促进作用。贺聪和尤瑞章（2008）对不同所有制经济的全要素生产率进行估算和拆分后发现私营工业企业的技术效率要优于国有和外资工业。国外方面，杰弗森和拉斯基（Jefferson & Rawski，2002）通过对不同产权类型企业的工业技术进步情况进行研究发现，集体企业生产率增长的水平和速度一直优于国有企业。杰弗森等（Jefferson et al.，2003）发现股份制企业的效率虽然比其他类型的企业低，但仍然高于国有企业。将 2003~2008 年民营化的国有上市公司作为样本，曹廷求和崔龙（2010）对民营化前后的经营绩效进行对比，发现民营化改革对提高企业生产效率和盈利能力有显著影响。

大部分学者的研究都支持引入竞争和降低国有资本比重有利于提高产业绩效这一结论。然而在产业绩效的测度方面存在差异，而且很多研究都是在微观企业层面进行的。我们认为产业的发展除了以总量指标来衡量外，更应注重其"质量"，而基于投入产出效率的全要素生产率是对产业发展效率进行刻画的有效指标。李小平和朱钟棣（2005）对 1987~2002 年制造业全要素生产率进行了估算。涂正革和肖耿（2005）选择随机前沿生产模型，系统地研究了 37 个工业行业的全要素生产率的增长情况。张军等（2009）估算了工业分行业随机前沿生产函数，并通过研究发现中国要素市场的改革和工业行业的结构调整造成了不同行业要素配置效率的显著差异。吴延瑞（2000）使用 1981~1995 年 27

个省份的面板数据通过生产率分解研究中国经济的可持续发展问题。奥兹尤特（Ozyurt，2009）从较长的时间跨度考察了中国工业全要素生产率的变化，发现改革开放之后中国的全要素生产率出现明显上升的趋势，并对经济增长具有显著的作用。

随着数据包络分析应用日趋广泛，国内外更多的学者开始通过测算DEA—Malmquist 指数来反映企业和产业的全要素生产率和技术进步情况。张海洋（2005）对中国内资工业部门生产率、技术效率和技术进步进行了测算，并检验了在控制自主 R&D 的情况下外资活动对内资工业部门生产率增长的影响。陈勇和李小平（2007）在 Malmquist 指数分解的基础上分析了中国工业经济转型对技术进步的意义。叶振宇和叶素云（2010）使用 DEA 方法对中国制造业技术效率进行测算，发现要素价格上涨对中国制造业技术效率有显著的正向效应。郑京海等（2003）利用 1980～1994 年 600 个国有企业的数据，使用 DEA 和 Malmquist 指数法实证分析了中国国有企业的技术进步、技术效率。结果表明中国国有企业平均技术效率较低，生产率的增长主要是靠技术进步而不是技术效率的提高。

155

有关产业经济性规制绩效的研究往往从单一产业角度分析规制政策对产业多种绩效指标的影响，本节则试图基于行业面板数据进行实证分析，探求工业行业的整体趋势，因而在中观层面上对政府经济性规制的效果进行了较为全面的反映。相对于已有的研究成果而言，我们更多考虑了规模效应、对外开放、技术研发以及投资等因素对行业生产效率的共同作用。在数据方面则选择了 2000～2009 年 10 年间的 30 个工业行业的面板数据进行分析，相比已有的同类研究增加了时序的长度。此外考虑到不同市场结构的行业存在的差异，我们还运用门槛面板数据模型进一步检验了不同市场集中度区间上所有权结构对全要素生产率的影响情况，以此来作为一种稳健性的检验。

2. Malmquist 指数的测算

（1）模型。分析和推算生产效率的方法可以从整体上划分为参数分析方法和非参数分析方法两大类，参数分析方法基于基本假设确定生产函数的形式，然后对参数进行估计，常见的有随机前沿方法（SFA）以及收入份额法等；非参数分析方法主要包括指数法和 DEA 方法。其中 DEA 方法是用于评价具有多种投入产出情况下决策单元有效性的模型，首先通过统计数据获得有效生产前沿面，然后将非有效的决策单元投射到有效的生产前沿面上并通过比较各非有效决策单元相对有效的生产前沿面的偏离来评价决策单元的相对效率。

基于 DEA 的 Malmquist 指数法是目前较为流行的一种测算决策单元全要素生产率的方法。这种方法既包括了数据包络分析本身的优势，即无须关于生产函数的设定也无须行为假设，同时又弥补了常规 DEA 模型无法处理面板数据的缺陷，因此本书选择通过计算各行业的 Malmquist 指数来测度行业全要素生产率。

Malmquist 指数法首先由卡夫等（Caves et al.，1982）引入，由法尔等（Färe et al.）进一步发展而来。这种方法目前在中国的应用已经相当普遍，并于近年达到一个运用的高峰。Malmquist 指数用于处理面板数据各个决策单元在一个时间序列上效率相对于前沿面的一个增长情况。具体分为投入型和产出型两种，前者研究如何在给定产出水平下使投入最小，后者则研究给定投入要素下如何使产出最大。本节则是基于投入角度研究（投入导向或是产出导向的选择将会影响技术效率分解的纯技术效率和规模效率）。根据法尔等（1994）的定义和方法，我们以每个工业行业作为一个决策单元，构造每一个时点（这里是年份）上工业行业效率的最佳实践前沿面，并把每个工业行业能源效率同最佳实践前沿面进行横向比较，对决策单元的效率变化进行测度。

Malmquist 指数构造的基础是距离函数。假设在每个时期 $t = 1$，…，T，第 $k = 1$，…，K 个决策单元使用 $n = 1$，…，N 种投入 $x_{k,n}^t$ 得到第 $m = 1$，…，M 种产出 $y_{k,m}^t$。每一期在固定规模报酬 C 和投入要素可处置强度 S 条件下的最佳技术定义为：

$$L^t(y^t \mid C, S) = \{(x_1^t, \cdots, x_N^t): y_m^t \leq \sum_{k=1}^{K} z_k^t y_{k,m}^t, m = 1, \cdots, M;$$

$$\sum_{k=1}^{K} z_k^t x_{k,n}^t \leq x_n^t, n = 1, \cdots, N; z_k^t \geq 0, k = 1, \cdots, K\} \quad (5.4)$$

其中 L^t 称为投入可能性集合，其中每一个给定产出的最小投入子集又被叫作生产技术的前沿。z 表示每一个横截面观察值的密度变量。以此为基础计算每一个决策单元 k 基于投入的技术效率的非参数线性规划模型为：

$$F_i^t(y^t, x^t \mid C, S) = \min\{\lambda^k: \lambda^k \in L^t(y^t \mid C, S)\} \quad (5.5)$$

$$\text{s. t. } y_m^t \leqslant \sum_{k=1}^{k} z_k^t y_{k,m}^t, \ m = 1, \cdots, m = 1, \cdots, M;$$

$$\sum_{k=1}^{K} z_k^t x_{k,n}^t \leqslant \lambda^k x_n^t, \ n = 1, \cdots, N; \ z_k^t \geqslant 0, \ k = 1, \cdots, K \quad (5.6)$$

根据法约尔（1957）对距离函数的定义，距离函数是技术效率的倒数，这种基于投入的距离函数可以看作是决策单元由某一生产点向理想最小投入点的压缩比例。因而，在 t 时期且技术参考集处于固定规模报酬 C 和投入要素可处置强度条件 S 下，投入的距离函数可表示为：

$$D_0^t(x^t, \ y^t) = \frac{1}{f_0^t(x^t, \ y^t \mid C, \ S)} \quad (5.7)$$

而法尔对 Malmquist 指数的定义为：

$$M_0^t = \frac{D_0^t(x^{t+1}, \ y^{t+1})}{D_0^t(x^t, \ y^t)}, \ M_0^{t+1} = \frac{D_0^{t+1}(x^{t+1}, \ y^{t+1})}{D_0^{t+1}(x^t, \ y^t)} \quad (5.8)$$

前者是测度了在时间 t 的技术条件下，决策单元从 t 期到 t + 1 期的技术效率变化；后者则是测度在时间 t + 1 的技术条件下，决策单元从 t 期到 t + 1 期的技术效率变化。

由于两种定义在时间的定义上具有一定的随意性，法尔等采用了两个值的几何平均数来定义 Malmquist 指数，即：

$$M_0(x^t, \ y^t, \ x^{t+1}, \ y^{t+1}) = \left[\frac{D_0^{t+1}(x^{t+1}, \ y^{t+1})}{D_0^{t+1}(x^t, \ y^t)} g \frac{D_0^t(x^{t+1}, \ y^{t+1})}{D_0^t(x^t, \ y^t)} \right]^{\frac{1}{2}}$$

$$= \frac{D_0^{t+1}(x^{t+1}, \ y^{t+1})}{D_0^t(x^t, \ y^t)}$$

$$\left[\frac{D_0^t(x^{t+1}, \ y^{t+1})}{D_0^{t+1}(x^{t+1}, \ y^{t+1})} g \frac{D_0^t(x^t, \ y^t)}{D_0^{t+1}(x^t, \ y^t)} \right]^{\frac{1}{2}} \quad (5.9)$$

其中 $D_0^t(x^{t+1}, \ y^{t+1})$ 代表以 t 期数据为参考集所表示的 t + 1 期的技术效率，同理 $D_0^t(x^t, \ y^t)$ 表示以 t 期数据为参考集的 t 期技术效率，$D_0^{t+1}(x^{t+1}, \ y^{t+1})$ 表示以 t + 1 期数据为参考集的 t + 1 期的技术效率，$D^{t+1}(x^t, \ y^t)$ 表示以 t + 1 期数据为参考集的 t 期的技术效率。

如果 Malmquist 指数大于 1，则说明决策单元的全要素生产率呈现增长趋势，反之则是下降。

Malmquist 指数可以进一步进行分解：

$$M_0(x^t, y^t, x^{t+1}, y^{t+1}) = \frac{D_0^{t+1}(x^{t+1}, y^{t+1})}{D_0^t(x^t, y^t)}$$

$$g\left[\frac{D_0^t(x^{t+1}, y^{t+1})}{D_0^{t+1}(x^{t+1}, y^{t+1})}g\frac{D_0^t(x^ty^t)}{D_0^{t+1}(x^t, y^t)}\right]^{\frac{1}{2}}$$

$$= \frac{S_0^t(x^t, y^t)}{s_0^t(x^{t+1}, y^{t+1})}g\frac{D_0^t\left(\dfrac{x^{t+1}, y^{t+1}}{CRS}\right)}{D_0^t\left(\dfrac{x^t, y^t}{CRS}\right)}$$

$$g\left[\frac{D_0^t(x^{t+1}, y^{t+1})}{D_0^{t+1}(x^{t+1}, y^{t+1})}g\frac{D_0^t(x^t, y^t)}{D_0^{t+1}(x^t, y^t)}\right]^{\frac{1}{2}} \qquad (5.10)$$

其中 $\dfrac{D_0^{t+1}(x^{t+1}, y^{t+1})}{D_0^t(x^t, y^t)}$ 表示技术效率变化，$\left[\dfrac{D_0^t(x^{t+1}, y^{t+1})}{D_0^{t+1}(x^{t+1}, y^{t+1})}\right.$

$\left. g\dfrac{D_0^t(x^ty^t)}{D_0^{t+1}(x^t, y^t)}\right]^{\frac{1}{2}}$ 表示技术进步变化，$\dfrac{s_0^t(x^t, y^t)}{s_0^t(x^{t+1}, y^{t+1})}$ 表示规模效率变

化，$\dfrac{D_0^t\left(\dfrac{x^{t+1}, y^{t+1}}{CRS}\right)}{D_0^t\left(\dfrac{x^t, y^t}{CRS}\right)}$ 表示纯技术效率变化。因此全要素生产率的变化即

Malmquist 指数，可以分解为技术效率变化指数（EC）和技术进步指数（TC），而技术效率变化指数又可以进一步分解为规模效率变化（SE）和纯技术效率变化（PE）。技术进步是保持投入组合不变下产出的额外增长率，也即生产前沿面本身的移动。技术效率变化是在规模报酬不变且要素强度可处置条件下的相对效率变化指数，它测度了从 t 期到 t+1 期每个决策单元也即工业行业相对有效生产前沿面的追赶程度，可以用来表示决策单元对技术进步的吸收转化能力。纯技术效率反映在现有条件下行业创新的投入产出水平。规模效率衡量决策单元是否处于最适规模。因此技术效率可以用来衡量决策单元是否达到技术与规模同时有效。以上指标取值均可能大于 1、小于 1 或等于 1，分别表示对应效率的提高、降低或无变化。例如，技术进步指数，大于 1 表示技术进步，等于 1 表示技术无变化，小于 1 表示技术退步。

（2）投入产出的指标设定和数据来源。现有的关于工业部门全要素生产率的研究在具体投入、产出指标的选取上并不一致，李小平和朱钟棣（2005）计算工业部门的全要素生产率时采用的指标是工业总产

值、劳动、资本和中间投入，涂正革、肖耿（2005）则采用工业增加
值作为产出数据，投入数据采用了劳动和资本。由于中间投入没有权威
的数据，而且从 2009 年开始，统计年鉴中不再列入分行业的工业增加
值，综合考虑投入产出指标的选择标准，我们最后选择了一个产出指标
和两个投入指标，其中以各行业工业总产值作为产出指标，以资本和劳
动投入作为投入指标。资本投入指标采用平减后的固定资产年平均净
值，劳动投入指标则采用职工年平均人数。数据均来源于各年度的《中
国统计年鉴》和《中国工业经济统计年鉴》①。

工业总产值以及固定资产年平均净值均进行了平减处理。统计年鉴
中各年度按工业行业划分的工业品出厂价格指数均为以上一年为 100 的
环比价格指数，首先将其折算成以 1998 年数据为 100 的定基价格指数，
然后再将各行业工业总产值通过折算后的工业品出厂价格指数平减处理
为不变价格计算的工业总产值②。

固定资产年平均净值方面，我们采用了不划分具体行业以统一的固
定资产投资价格指数进行处理的简化方法。将各年度的固定资产投资价
格指数折算成以 1998 年为 100 的定基价格指数，并以此对固定资产年
平均净值进行了平减。

（3）Malmquist 指数的测算结果。按照前面所述的模型方法和指标
设定，我们具体测算了 30 个行业 2000～2009 年共 10 年间的 Malmquist
指数，并进行了指数分解。由于篇幅所限，不能将各年度所有行业的
指数分解情况详细列举，而是在表 5 - 13 和表 5 - 14 中显示了每一年
度的产业平均指数和按产业划分在该时间段上的平均指数，表 5 - 13
和表 5 - 14 中各编号对应的行业如表 5 - 15 所示。

表 5 - 13　　Malmquist 指数计算的 TFP 即指数分解统计描述（按年份）

年份	EC	TC	PE	SE	TFP
2000	1.020	1.123	0.973	1.049	1.146
2001	0.948	1.186	0.956	0.992	1.124

① 投入产出指标选择标准：投入产出指标皆为非比率型指标；投入产出指标相关性不够
高；指标值为非负；决策单元的个数大于投入产出指标个数之和的 2 倍。

② 本部分所涉及的包括各行业工业总产值总值、分行业的规模以上企业、外商投资和港
澳台商投资工业企业、大中型企业工业总产值都采用该方法进行平减处理，后面不再赘述。

159

年份	EC	TC	PE	SE	TFP
2002	0.996	1.149	1.032	0.965	1.144
2003	0.984	1.023	1.016	0.969	1.008
2004	1.020	1.215	1.008	1.012	1.239
2005	1.006	1.035	1.026	0.980	1.041
2006	1.005	1.107	0.993	1.012	1.112
2007	0.978	1.165	0.984	0.993	1.139
2008	0.957	1.096	0.982	0.975	1.049
2009	1.044	0.982	1.022	1.022	1.025
平均值	0.995	1.106	0.999	0.996	1.101

表 5 – 14　　Malmquist 指数计算的 TFP 即指数分解统计描述（按产业）

行业代码	EC	TC	PE	SE	TFP	行业代码	EC	TC	PE	SE	TFP
H01	0.992	1.089	0.992	1.000	1.080	H17	0.979	1.140	0.978	1.000	1.116
H02	0.884	1.160	0.908	0.974	1.026	H18	0.986	1.100	0.987	0.999	1.084
H03	0.994	1.093	0.962	1.034	1.087	H19	0.978	1.097	0.977	1.001	1.073
H04	0.963	1.090	1.044	0.923	1.049	H20	1.006	1.106	1.002	1.004	1.113
H05	1.028	1.093	1.079	0.953	1.124	H21	1.002	1.132	1.029	0.974	1.135
H06	1.004	1.101	1.004	1.000	1.105	H22	0.973	1.116	1.011	0.962	1.085
H07	0.999	1.110	0.998	1.001	1.109	H23	0.987	1.085	0.983	1.003	1.071
H08	1.000	1.145	1.000	1.000	1.145	H24	1.035	1.086	1.018	1.017	1.125
H09	1.012	1.084	0.950	1.065	1.097	H25	1.038	1.104	1.000	1.038	1.145
H10	1.000	1.066	1.000	1.000	1.066	H26	1.006	1.089	1.000	1.006	1.096
H11	1.020	1.091	1.013	1.007	1.113	H27	1.044	1.076	1.038	1.005	1.124
H12	1.001	1.076	0.996	1.005	1.077	H28	1.017	1.162	1.036	0.982	1.182
H13	0.978	1.117	0.982	0.996	1.092	H29	1.070	1.137	1.021	1.048	1.216
H14	0.984	1.074	1.000	0.984	1.057	H30	0.918	1.138	1.006	0.912	1.044
H15	0.984	1.118	0.965	1.019	1.100	均值	0.995	1.106	0.999	0.996	1.101
H16	0.997	1.104	0.999	0.998	1.100						

注：表中 TFP 表示按照 Malmquist 指数计算的全要素生产率，EC 表示技术效率变化，TC 表示技术进步变化，PE 表示纯技术效率变化，SE 表示规模效率变化；表中各年份（行业）的平均值均按算术平均值计算。

表 5 –15　　　　　　　　　　　产业代码设置

编号	产业	编号	产业
H01	煤炭开采和洗选业	H16	医药制造业
H02	石油和天然气开采业	H17	化学纤维制造业
H03	黑色金属矿采选业	H18	橡胶制品业
H04	有色金属矿采选业	H19	塑料制品业
H05	非金属矿采选业	H20	非金属矿物制品业
H06	食品制造业	H21	黑色金属冶炼及压延加工业
H07	饮料制造业	H22	有色金属冶炼及压延加工业
H08	烟草制品业	H23	金属制品业
H09	纺织业	H24	专用设备制造业
H10	皮革、毛皮、羽毛（绒）及其制品业	H25	交通运输设备制造业
H11	木材加工及木、竹、藤、棕、草制品业	H26	电气机械及器材制造业
H12	家具制造业	H27	仪器仪表及文化、办公用机械制造业
H13	造纸及纸制品业	H28	电力、热力的生产和供应业
H14	文教体育用品制造业	H29	燃气生产和供应业
H15	化学原料及化学制品制造业	H30	水的生产和供应业

161

由表 5 –13、表 5 –14 可以看出 2000～2009 年，中国工业行业的全要素生产率总体增长 10.1%，其中主要贡献来自技术进步，相对于全要素生产率的总体趋势而言，技术效率反而下降 0.5%，这与李小平和朱钟棣（2005）以及涂正革和肖耿（2005）就全要素生产率以及指数分解的趋势所得出的结论基本一致。我们同时发现技术效率呈现下降趋势自 2001 年开始，此后虽在某些年份略有回升但整体呈下降趋势，从 2000 年开始中国工业行业整体技术进步处于加速状态，只有 2009 年技术进步指数小于 1，各产业在这十年间的平均技术进步指数均大于 1。由于技术进步反映的是生产前沿面的推进，由此可知中国工业企业可能更加注重技术创新本身，而在对当前技术的吸收和改进方面表现得不足，这主要体现在技术效率指数上。具体到产业上，食品制造业、烟草加工业、皮革、毛皮、羽毛（绒）及其制品业等轻工业以及非金属矿物制品业、专用设备制造业、交通运输设备制造业发展态势良好。

3. 计量模型、变量和数据

（1）计量模型。模型假设：国有产权比重提高和市场集中度提高对行业全要素生产率有反向作用，即降低工业行业中国有资产的比例和提高产业竞争程度有助于提高全要素生产率，促进技术进步。芝加哥学派提出"效率利润"假说，即高效率企业在发展过程中会逐渐占据大的市场份额，企业从高效率中获得高额利润，也即国有所有权在行业的存在是符合效率准则的，因而国有所有权在这些行业的垄断显然具有经济合理性，国有所有权没有退出的必要，相反应继续存在。但是如果国有所有权的垄断利润是建立在由于行政性保护而导致的垄断价格和市场势力的基础上，则国有所有权在这些行业的垄断显然是以牺牲效率为代价的，是有悖于效率准则的，国有所有权的退出和降低国有所有权的高集中度可能就具有帕累托改进的效率意义。基于这种假说，我们认为中国工业行业现有的市场结构和产权结构，即国有资本高度集中的状态很大程度上是由过去计划经济时期高度的行政垄断所造成的，因此适度降低国有产权的比重和放松进入规制、提高产业竞争程度对提高产业全要素生产率具有正向作用。

中国工业改革总体上通过增量改革扩大市场竞争程度以及存量改革完善行业所有权结构两条路径进行，因此我们考察工业产业的规制绩效也从产权结构和市场结构两个角度入手。根据刘小玄（2003）、陈勇和李小平（2007）的研究，通过放开进入规制、扩大市场竞争的市场结构改革可以用产业规模和市场集中度等指标进行衡量，而通过国有企业改革所进行的产权结构变化趋势则可以用所有权结构即国有企业资产所占比重来衡量。本书最初设定的计量回归模型中包括了可以测度市场结构的变量 mcr，可以测度产权结构的变量 soe，测度行业规模的变量 scale。模型采用行业面板数据，i 表示具体的各个产业。回归模型如下：

$$M_{it} = a_i + \beta_1 soe_{it} + \beta_2 mcr_{it} + \beta_3 scale_{it} + \varepsilon_{it} \quad (5.11)$$

模型中变量的具体含义详见本章中变量设置部分，需要说明的是 M 是 Malmquist 指数，具体又分为 TFP、TC 和 EC 三个指数。

考虑到中国的产业改革中伴随着开放的过程，而且市场结构的调整既包含私营企业的发展，同时也包含了对外来资本进入限制的放松，因此我们又加入了新的变量 foreign 来表示市场开放的程度。进而得到：

$$M_{it} = a_i + \beta_1 soe_{it} + \beta_2 mcr_{it} + \beta_3 scale_{it} + \beta_4 foreign_{it} + \varepsilon_{it} \quad (5.12)$$

由于我们考察的是以技术进步衡量的全要素生产率，因此必须考虑到技术研发即 R&D 的因素的影响，因此进一步加入变量 R&D 来控制技术研发对全要素生产率的影响。得到：

$$M_{it} = a_i + \beta_1 soe_{it} + \beta_2 mcr_{it} + \beta_3 scale_{it} + \beta_4 foreign_{it} + \beta_5 RD_{it} + \varepsilon_{it}$$

$$(5.13)$$

除了以上因素外，我们还考虑了投资增长率的影响，由于投资的作用具有一定的滞后性，我们最后加入了投资增长率的滞后项，得到：

$$M_{it} = a_i + \beta_1 soe_{it} + \beta_2 mcr_{it} + \beta_3 scale_{it} + \beta_4 foreign_{it}$$

$$+ \beta_5 RD_{it} + \beta_6 growth_{it} + \varepsilon_{it} \quad (5.14)$$

我们依次对上面四个方程进行回归分析，由于共有三个 Malmquist 指数（TFP、TC、EC），因此共有 12 个回归方程。

（2）变量设置、数据说明以及数据来源。因变量为产业全要素生产率，本节中为以 DEA 方法获得的 Malmquist 指数（TFP、TC 和 EC）。基于投入产出的 DEA 方法计算出的全要素生产率 TFP 可以进一步分解为技术进步（TC）和技术效率（EC）。选择这种效率指标来代表全要素生产率的原因为：首先，研究产业绩效不仅要通过总量角度，更要通过质量去研究，产业的全要素生产率对其可持续发展意义更大。其次，微观经济学分析中所涉及的效率一般是生产技术效率和配置效率。生产技术效率把企业的劳动生产率和资本生产率加以综合考虑，能够较好地反映出企业的综合效率水平。与企业的利润率等财务绩效指标相比，具有较大的真实可靠性和稳定性。最后，用 DEA 方法计算的生产技术效率表示全要素生产率的增长率，避免了由于行业差异所造成的不同行业缺乏可比性的问题。Malmquist 指数的具体数值已经在前面计算出来，由于 DEAP 计算出的 Malmquist 指数是环比指数，在进行回归之前，首先要转化为定基指数（以 1999 年为 1）。

所有权结构（soe）采用各产业国有及国有控股工业企业资产总计占规模以上工业企业资产总计的比重。由于在计算所有权结构时，采用当年的国有及国有控股工业企业资产与规模以上工业企业资产的比值，因此不需要对数据进行平减。各行业市场结构（mcr）通常以勒纳指数或者赫芬达尔指数表示，本书中采用大中型工业企业工业总产值占规模以上工业企业的比例来代替。

其他解释变量包括：产业中企业平均规模（scale）以行业中规模以上工业企业工业总产值除以企业数来表示。行业开放程度（foreign）以外商投资和港澳台商投资工业企业工业总产值占规模以上工业企业比重表示。技术研发（RD）以大中型工业企业科技活动经费占主营业务收入的比重来衡量。R&D 支出比例本应该用内资工业部门 R&D 支出比例表示。不直接选择 R&D 经费支出所占比重的原因一方面是 R&D 经费数据不全，另一方面是有一些年份行业 R&D 经费数值为 0，给数据处理带来不便。其中 2009 年数据缺失，我们使用 2008 年数据的滞后一期来代替 2009 年的数据。投资量（growth），我们对各产业的固定资产年平均净值通过对数差分处理成投资增长率。以上所有变量选取的指标涉及工业总产值和固定资产年平均净值均按照前面所述方法进行了平减处理。

此外还需要说明的是：

统计口径选择"规模以上工业企业"，主要是由于一般小型企业的效率比较低，因此选择研究规模以上工业企业不会造成对效率的低估。

时间序列从 2000 年开始主要是年鉴统计口径问题：第一，1998 年及以前报告的是全部从业人员数，1999 年以后改为报告"从业人员年平均数"，从中可以看到制造业从业人员由于 1999 年统计口径变化之后出现了一些差异。第二，1998 年以前独立核算企业，1998 年后改为国有及规模以上非国有企业。

2003 年起中国实行了新的产业分类目录标准，即《国民经济行业分类标准》（2002）（GD/T 4754 – 2002），前后行业划分存在一定的差异，因此以 2004 年的统计年鉴为准我们去除了其他采矿业，农副食品加工业，纺织、服装、鞋、帽制造业，石油加工、炼焦及核燃料加工业，通用机械制造业，通信设备、计算机及其他电子设备制造业，工艺品及其他制造业以及废弃资源和废旧资料回收加工业等八个产业。再加上数据获取问题而去除的印刷品和记录媒介复制行业，我们一共选取了 30 个工业产业进行分析。

为了防止变量量纲差异影响估计系数，我们对所有自变量数据进行了标准化处理，标准化处理并不会改变估计结果的显著程度和系数的正负情况，只会使变量系数的绝对值大小发生改变，如表5-16所示。

表5-16 变量描述性统计

变量	均值	中位数	标准差	最小值	最大值
soe	0.450	0.410	0.300	0.010	0.990
mcr	0.570	0.560	0.190	0.150	0.990
scale	1.820	1.620	0.860	0.310	7.010
foreign	0.260	0.260	0.170	0.000	0.680
RD	1.410	1.300	0.770	0.100	3.600
growth	0.110	0.100	0.080	-0.290	0.590
TFP	1.950	1.720	0.840	0.870	7.070
EC	0.990	0.990	0.220	0.270	1.960
TC	1.990	1.900	0.680	1.040	4.480

以上所有数据均来源于各年度的《中国统计年鉴》《中国工业经济统计年鉴》《中国科技统计年鉴》。

（3）回归结果分析。在进行回归结果分析之前我们首先对模型的假设进行直观的验证。首先，我们通过表5-17列示出了1999年和2009年两年各工业行业的所有权结构情况：

表5-17 1999年和2009年各工业行业所有权结构对比

行业	所有权结构		市场集中度	
	2009年	1999年	2009年	1999年
煤炭开采和洗选业	0.7586	0.9313	0.6836	0.7334
石油和天然气开采业	0.9627	0.9978	0.9377	0.9745
黑色金属矿采选业	0.3091	0.8009	0.3722	0.3593
有色金属矿采选业	0.4166	0.7844	0.4515	0.3795
非金属矿采选业	0.2932	0.7463	0.2307	0.3152
食品制造业	0.1224	0.4437	0.5557	0.4328
饮料制造业	0.2763	0.6113	0.6159	0.7016

续表

行业	所有权结构		市场集中度	
	2009 年	1999 年	2009 年	1999 年
烟草制品业	0.9917	0.978	0.9894	0.9038
纺织业	0.0541	0.5044	0.4595	0.4824
皮革、毛皮、羽毛（绒）及其制品业	0.0107	0.1541	0.5051	0.2266
木材加工及木、竹、藤、棕、草制品业	0.0591	0.4186	0.2161	0.2615
家具制造业	0.0257	0.1792	0.3767	0.1426
造纸及纸制品业	0.1707	0.4902	0.4875	0.4213
文教体育用品制造业	0.0252	0.215	0.4233	0.2443
化学原料及化学制品制造业	0.3416	0.7202	0.4984	0.5901
医药制造业	0.2064	0.6495	0.5920	0.6258
化学纤维制造业	0.1677	0.7243	0.7280	0.7428
橡胶制品业	0.173	0.5329	0.6029	0.5658
塑料制品业	0.0534	0.2467	0.3089	0.2845
非金属矿物制品业	0.1809	0.5259	0.3664	0.3732
黑色金属冶炼及压延加工业	0.6082	0.8902	0.8234	0.7728
有色金属冶炼及压延加工业	0.4434	0.7181	0.5819	0.6115
金属制品业	0.0903	0.2742	0.3466	0.2764
专用设备制造业	0.3466	0.6733	0.5156	0.5668
交通运输设备制造业	0.5476	0.7991	0.7840	0.7391
电气机械及器材制造业	0.1392	0.4038	0.6045	0.5472
仪器仪表及文化、办公用品制造业	0.177	0.5058	0.6058	0.4403
电力、热力的生产和供应业	0.8885	0.8945	0.8573	0.7454
燃气生产和供应业	0.6623	0.9475	0.4316	0.5812
水的生产和供应业	0.7555	0.9132	0.4983	0.6605

资料来源：2000 年、2010 年《中国统计年鉴》《中国工业经济统计年鉴》。

166

由此可以看出中国的国有企业产权结构改革中国有资本的退出趋势明显，产业的所有权结构日益复杂化，但实际上不同行业内国有资本的退出情况不尽相同。1999～2009 年这 11 年间，国有资本快速退出的现象主要存在于轻工业之中，较为明显的是纺织业，皮革、毛皮、羽毛（绒）及其制品业，木材加工及木、竹、藤、棕、草制品业，家具制造业，文教体育用品制造业等，而重工业则始终保持着国有资本占据绝对优势地位的局面，如煤炭开采和洗选业，石油和天然气开采业，电力、热力的生产和供应业，在这些产业中国有资本占据绝对优势比例的所有权结构和少数国有企业高度垄断产业生产经营的市场结构同时并存，这种情况一方面源于产业自身所具有的自然垄断性质，更重要的是，这是由行政垄断所造成的。同时烟草业作为国家财政税收的重要来源，国有资本所占比例不降反升，是唯一呈现出与所有权结构改革相反趋势的行业。相对而言，工业行业的市场集中度并没有明显下降趋势，一些行业的市场集中度反而存在上升趋势。国有资本比例逐步降低但行业的市场集中度并没有相应的大幅下降，这也从侧面反映出了工业行业中规模经济效应普遍存在的现实。

最后我们采用 Stata 11.0 软件对上面设定的计量方程进行了回归分析，基础的四个计量模型结合全要素生产率（TFP），技术进步指数（TC）以及技术效率指数（EC）一共 12 个回归方程。首先通过 Hausman 检验确定应采用固定效应模型（FE）还是随机效应模型（RE），检验的结果显示，12 个回归方程全部支持固定效应面板数据模型。在回归分析中还综合考虑了模型存在的异方差和序列相关问题。需要说明的是，我们对行业开放程度（foreign）、技术研发（RD）这两个变量做了一阶滞后处理，对投资量（growth）进行了二阶滞后处理，说明对外开放、技术研发和投资对全要素生产率的影响具有一定的滞后性。回归结果如表 5 - 18 所示。

观察回归结果中的常数项可以发现，全要素生产率（TFP）与技术进步（TC）的截距项均显著大于 1，而技术效率（EC）的截距项显著小于 1。正如前面所提到的，从 2000～2009 年的 10 年间，中国 30 个工业产业的投入产出效率增长主要体现在技术进步即技术前沿面的向前推进，而工业企业对于已有技术的吸收和利用不尽理想，因此技术效率反而呈现出倒退趋势。

表 5－18　回归结果

自变量	(1) TFP1	(2) TFP2	(3) TFP3	(4) TFP4	(1) TC1	(2) TC2	(3) TC3	(4) TC4	(1) EC1	(2) EC2	(3) EC3	(4) EC4
soe	-1.342*** (-17.788)	-1.295*** (-15.793)	-1.306*** (-14.989)	-1.561*** (-14.027)	-1.255*** (-12.773)	-1.192*** (-11.955)	-1.206*** (-11.288)	-1.290*** (-7.028)	-0.049** (-2.653)	-0.065*** (-3.844)	-0.064*** (-3.771)	-0.174*** (-4.097)
mcr	-0.252*** (-5.250)	-0.293*** (-7.494)	-0.332*** (-7.149)	-0.211 (-1.330)	-0.118*** (-2.744)	-0.160*** (-3.462)	-0.206*** (-4.403)	-0.169 (-1.001)	-0.052*** (-3.082)	-0.053*** (-2.916)	-0.051*** (-2.822)	0.039 (0.932)
scale	0.475*** (34.161)	0.473*** (27.887)	0.486*** (30.691)	0.472*** (24.102)	0.232*** (17.739)	0.246*** (12.776)	0.261*** (16.149)	0.279*** (15.739)	0.058*** (4.986)	0.048*** (5.331)	0.047*** (5.201)	0.031*** (3.731)
foreign		0.223** (2.070)	0.177* (1.754)	-0.025 (-0.145)		0.152* (1.730)	0.097 (1.176)	-0.001 (-0.017)		0.026 (0.876)	0.028 (1.019)	-0.061 (-1.543)
RD			-0.164*** (-6.401)	-0.157*** (-3.480)			-0.194*** (-5.538)	-0.173*** (-5.023)			0.008 (0.546)	-0.002 (-0.134)
growth				0.026* (1.962)				0.085*** (4.461)				-0.028*** (-4.862)
cons	1.955*** (37.781)	1.973*** (38.705)	1.972*** (39.081)	1.952*** (46.363)	1.987*** (25.458)	2.018*** (26.339)	2.016*** (26.531)	2.050*** (41.559)	0.991*** (114.058)	0.985*** (132.883)	0.985*** (133.291)	0.956*** (160.185)
样本数	300	270	270	210	300	270	270	210	300	270	270	210
模型	FE	FE	FE	FE	FE	FE	FE	FE	FE	FE	FE	FE
hausman	123.03	110.70	119.66	118.15	261.11	98.31	105.51	62.86	9.47	9.91	17.35	31.98
prob > chi2	0.0000	0.0000	0.0000	0.0000	0.0000	0.0000	0.0000	0.0000	0.0237	0.0419	0.0039	0.0000

注: ***、**、* 分别代表在1%、5%、10%的水平上显著; 括号中为 t 统计量。

工业企业的所有权结构也即国有企业资产所占的比重对企业的全要素生产率和技术进步的影响作用显著为负，完全符合我们的初始假设。由此可以证明产权结构改革对中国工业经济发展的推动作用，逐步降低国有企业在工业行业中所占的比重，允许多种所有制形式企业的进入，对于促进产业整体的技术进步具有积极的意义。相对于所有权结构对全要素生产率和技术进步的影响程度而言，其对技术效率的影响虽然显著但要小很多。实际上对于中国的大部分工业企业而言，目前最重要的并不是对先进技术的研发和引进，主要的困难存在于将技术成果吸收转化的过程。这也说明当前中国的工业发展距离稳态尚有相当的距离。用以衡量市场结构改革因素的变量 mcr 对投入产出效率的影响显著为负，说明市场集中程度过高，高度的垄断不利于企业的技术进步和效率的提高，从而证明了加强市场竞争程度的效果。产权结构变量（soe）和市场结构变量（mcr）显著说明了中国工业行业放松进入规制以及进行所有权结构改革的积极意义。

规模变量（scale）对因变量具有显著的正向作用，说明了规模经济效应的存在，实际上规模经济性的存在也是许多自然垄断产业一直以来保持高度垄断的原因之一。因此扩大或维持企业规模以充分发挥规模经济效应与反垄断之间存在着一种平衡关系，也是在工业企业规制改革中需要综合考量的问题。我们发现产业对外开放程度也即外资企业所占份额（foreign）的影响并不十分显著，一方面是由于基于中国目前的开放程度，大部分产业中外资比重相对于国内资本而言依然太低，一些重要产业尤其是重工业出于保护国家经济安全等因素的考量不能对外开放或者开放的步伐必须放缓；另一方面考虑到引入外资以后先进技术和管理模式的吸收有一定的时滞性，因此行业开放目前仍无法对技术进步和经济效率的提高发挥重要的作用。R&D 技术研发对全要素生产率和技术进步的影响显著为负，这与张海洋（2005），李小平和朱钟棣（2006）的研究结论一致，造成这种情况的主要原因在于工业企业对技术研发成果吸收能力较低，因此反而阻碍了生产率的增长。我们发现 R&D 对技术效率的影响并不显著，这也从侧面说明了技术研发并不有助于提高企业对技术成果的吸收转化能力。此外，李小平和朱钟棣（2006）指出对全要素生产率和技术进步起到负面作用的主要是来自国内的 R&D，而张海洋（2005）则提出这种负影响的趋势可能与高技术产业竞争加剧，生产效率下降有关。

投资增长率对技术进步的影响显著为正，对技术效率的影响显著为负，说明增加投资确实有助于促进新技术的研发和整体技术水平的提高，但并不利于企业对技术成果的吸收利用。但在模型中引入代表投资增长率的变量 growth 以后，市场集中度（mcr）变得不再显著，我们认为主要的原因是较高的市场集中度或者较高的垄断程度有利于企业扩大投资的规模，在这种情况下投资的增长有助于提高全要素生产率和促进技术进步，因而冲减了高市场集中度的负面作用。但在模型中引入投资变量后，降低了模型的解释力，因此综合认为最理想的模型应为式（5.13）。

目前通过改革提高技术效率（EC）仍是薄弱环节，从变量的系数来看，无论是所有权结构（soe）、市场集中度（mcr）、企业规模（scale）还是对外开放（foreign）和技术研发（RD）对技术效率的影响都比较微小，而且对外开放和技术研发对技术效率提高的作用很不显著。对科技研发成果的吸收转化能力较弱直接影响了行业的全要素生产率的提高幅度，因此提高行业技术效率，增强对科研和技术成果吸收转化能力应该成为中国当前工业企业改革的一个重要内容。

（4）进一步的门槛回归分析。不同行业的市场结构存在差异，垄断程度不同的工业行业所有权结构对于全要素生产率的影响情况不尽相同，对于所有行业采用相同的模型进行估计可能造成偏误，因而我们考虑对所有行业按照垄断程度即市场集中度进行分组，进一步考察所有权结构对于全要素生产率的影响。为了避免传统主观划分对回归结果造成的偏误，我们采用汉森（Hansen）发展的门槛面板模型（Panel Threshold Model）来识别门槛值，以此为基础划分行业组别[1]。门槛回归的具体实现我们则使用了连玉君等人编写的程序，同样通过 Stata 11.0 来完成[2]。

我们假设存在不止一个门槛，因而将多重门槛回归模型设定为：

$$M_{it} = a_i + \theta' x_{it} + \beta_1 soe_{it} I(mcr_{it} \leq \gamma_1) + \beta_2 soe_{it} I(\gamma_1 < mcr_{it} \leq \gamma_2)$$

---

[1] Hansen, B. E., Threshold Effects in Non – Dynamic Panels: Estimation, Testing, and Inference. *Journal of Econometrics*, Vol. 93, No. 2, 1999, pp. 345 – 368.

[2] 连玉君、程建：《不同成长机会下资本结构与经营绩效之关系研究》，载于《当代经济科学》2006 年第 2 期，第 97～103、128 页。

$$+ \beta_3 soe_{it} I(mcr_{it} > \gamma_2) + \varepsilon_{it} \qquad (5.15)$$

我们设定市场集中度 mcr_{it} 为门槛变量，考察在不同市场集中度情况下所有权结构与全要素生产率之间的关系。其中 x_{it} 代表其他控制变量，基于前面的分析结果我们仅选择企业规模、对外开放以及技术研发三个控制变量。γ 代表特定的门槛值，I 为一个指标函数，当条件符合时值为 1，否则为 0。门槛变量 mcr_{it} 在取值介于确定门槛值 γ 不同区间时，模型适用不同的形式。限于篇幅这里被解释变量 M_{it} 我们仅选用全要素生产率 TFP_{it}。

具体估计之前首先要确定门槛的数量，我们采用经过标准化之后的数据依次在不存在门槛、存在一个门槛和两个门槛的情况下进行估计，并通过 F 统计量和经过自抽样法得出的 P 值判断门槛的个数（结果见表 5－19）。根据表 5－19 门槛效果检验中的 F 统计量，我们发现单一门槛模型的效果相对显著，因此我们将采用单一门槛模型进行估计。

表 5－19　　　　门槛效果检验

模型	F 值	P 值	BS 次数	临界值		
				1%	5%	10%
单一门槛	35.396 ***	0	300	22.68	12.95	7.417
双重门槛	2.541 *	0.0600	300	17.69	4.337	1.226
三重门槛	10.85	0.103	300	31.68	18.98	11.12

注：***、* 分别代表在 1%、10% 的水平上显著；临界值和 P 值均为采用 Bootstrap 自抽样法反复抽样 300 次得到的结果。

我们以 1.259 作为经过标准化后的市场集中度的门槛值，从而将所有行业的市场集中度划分为两个区间。分别在两个不同的区间内对模型进行了估计，单一门槛模型的估计结果见表 5－20。由表 5－20 可以发现，考虑了门槛效应后技术研发 RD 变得不再显著，系数依然为负，所有权结构系数为负且对全要素生产率的影响显著，这与在未考虑门槛效应情况下的回归分析结果基本吻合。因而我们之前的估计结果总体上仍然是成立的，这又进一步验证了前面关于所有权结构改革和对工业行业生产效率提高具有促进作用的结论。

表 5 - 20　　　　　　　　　　单一门槛模型估计结果

TFP	系数	标准误	T 值	P 值	95%	置信区间
scale	0.439	0.0595	7.380	0.000	0.322	0.556
Lforeign	0.319	0.154	2.070	0.039	0.0155	0.622
LRD	-0.108	0.0795	-1.360	0.175	-0.265	0.0484
soe_1	-0.455	0.175	-2.600	0.010	-0.800	-0.110
soe_2	-1.281	0.0861	-14.87	0.000	-1.450	-1.111
cons	1.829	0.0358	51.05	0.000	1.758	1.899

4. 结论

放松规制改革进程中，国有经济为主的所有权结构对效率的影响具有两面性：一方面，国有经济为主的所有权结构，在经济发展水平较低和市场制度不完善的阶段，借助政府的力量集中发展基础性产业，往往会取得比私有企业更好的效果。而且由于财产所有权的关系，与私有企业相比，在政府规制与企业的目标一致性方面、规制对象信息的获得方面、规制的交易费用以及产业安全方面具有优越性。另一方面，国有经济为主的所有权结构也带来了行政垄断、政企不分、腐败以及内部非效率等问题，国有产权占据产业的绝对份额往往与过高的市场集中度同时伴生。此时，通过放松对产业的进入规制，引入竞争机制，就成为自然垄断产业提高产业效率的必然选择。

通过以上研究，我们验证了有关逐步进行国有企业改革适度降低国有资本在工业行业中所占比重和引入竞争、降低行业市场集中度有利于提高产业经济效率的假设。中国在经济转轨阶段对工业企业所进行的增量改革（即市场结构改革）和存量改革（即所有制机构改革）对于提高产业投入产出效率、促进技术进步显著有效。而在本节的分析中我们也同样验证了规模经济对于提高产业效率的正面作用。因此，如何在充分发挥规模经济效应的同时避免市场过度集中、所有制结构单一化对产业经济效率提高的抑制作用也是经济政策制定和执行者需要解决的重要问题。现阶段，提高产业的经济效率与国有资本的保值增值同时作为政府规制的目标之一不能有所偏废或者过度倾向其中之一，尤其是在石油、电力等能源工业产业领域仍必须保证国有资本的优势地位。因此，我们更倾向于在保证国有资本绝对数量上没有明显下降趋势的同时，通过放松产业进入规制、丰富产业的所有权结构、提高产业竞争程度以适度降低国有资本在各工业产业中所占据的比重，降低产业的市场集中度以实现提高产业绩效的目的。是否单纯追求国有资本比例的下降和引入竞争一定有益于产业绩效的提高不宜一概而论，相对而言轻工业较为适合高竞争度的市场结构，而能源开采等重工业则更为依赖规模经济效应的发挥和国有资本的资金支持，关于不同种类工业行业的产业规制绩效情况也是我们下一步研究的努力方向。

5.3.3　基于控制与激励的价格规制绩效

价格规制是政府经济性规制的另一种主要方式，由于其本身手段多样，加之产业特点不同和定价结构差异明显，往往造成政府在进行价格规制时需要综合考虑多种因素，难以产生理想的规制效果。鉴于讨论价格规制的绩效问题，实质上是在讨论价格规制目标的实现情况，并根据前几章中关于价格规制改革的分析，我们将价格规制的目标确定为激励作用和控制作用两个方面。前者说明政府进行价格规制改革的底线是保证企业回收成本，对提高经营效率起到正向的激励作用；后者则是指政府通过价格规制抑制价格过度上涨，一定程度上限制企业的垄断利润。以下将从这两个角度探讨价格规制的绩效表现。

1. 价格规制的主要方式

对于自然垄断产业和某些产业中的具有较强自然垄断性的环节而言，价格水平的确定无法依靠市场自发产生，因而需要规制者进行价格规制。基于前面的论述，我们认为进行价格规制改革也是政府在规制中协调社会公共利益与集团利益的一种方式。通过价格规制达到对企业的激励目的为首要目标，同时应兼顾消费者利益。理论上，为了在资源配置中实现帕累托最优，价格应确定在边际成本水平上，以使作为消费者剩余和生产者剩余总和的社会福利最大化，从而令资源达到最优配置。然而由于自然垄断产业通常为平均成本递减型的具有规模经济性的产业，按边际成本定价会导致企业发生亏损。而如果任由垄断企业自行定价又会造成企业滥用市场支配地位过高定价的问题。现实中，在对于自

173

然垄断产业进行价格规制的过程中，往往不会采用这两种极端的形式，而是采用回报率定价模式、价格上限定价模式等模式，综合考量消费者的利益和企业弥补成本等各种因素。

目前在中国，对垄断产业普遍采用的价格规制模式主要是政府定价、基于公正回报率定价模式的价格规制方式以及价格上限规制。

不同的价格规制方式适用于不同的产业性质和发展程度：由于成本加成定价模式有利于促进企业快速扩大投资，往往适用于产业发展的初级阶段；而当产业发展到一定阶段，提高经营效率成为首要需求，此时价格上限规制等激励性价格规制手段效果往往更为明显。

已有的学术界关于定价模型的研究虽然日益深入，但由于其基于完全信息的假设以及具体实施中各种决定价格因素确定的难度，造成了定价模式的可行性往往只存于理论之上而在现实的实施中问题层出不穷。对处于规制改革阶段的中国各大产业而言，机械套用理论显然更不可行，如何在已有的定价模型理论的基础上，充分结合中国的各产业价格规制改革的现实成为一个重要问题。

2. 价格规制绩效

如前所述，我们关于自然垄断产业价格规制绩效的分析和考察，基本围绕规制对各产业的价格水平的控制以及对产业效率的影响两个方向，也即基于价格控制作用和价格激励作用的规制绩效展开。

（1）电力业。第一，价格规制控制作用。就目前改革阶段而言，对价格规制实现控制作用的绩效考察更为重要。1985 年之前，电力业基本采取政府定价、国家统一电价的政策，1985 年电力业投资体制改革之后，国务院颁布"新电新价"政策，对于通过多渠道资金建立的新电厂，依据还本付息电价规制的方法制定上网电价。还本付息的定价原则本质上是一种基于成本加成定价（或者公正回报率定价）的价格规制方式。由于这种价格规制方式只针对新电厂，因此又被称为电价双轨制。这种价格规制方式由于对新老电厂实行区别对待，造成了新建项目电价趋高，电网企业收入无法保证等问题。20 世纪 90 年代中后期，电力供需矛盾得到了缓解，部分地区出现了装机容量相对富余的现象，为鼓励电力企业降低成本、提高效率，自 1998 年开始，根据发电项目还贷期计算的还本付息电价逐渐被按发电项目经济寿命周期核定的经营期上网电价所取代，将按项目个别成本定价改为按社会平均先进成本定价，同时明确了投资收益率水平。2003 年 7 月《国务院办公厅关于印发电价改革方案的通知》明确指出电价改革的长期目标：实现发电、售电价格由市场竞争形成，输、配电价格由政府制定。但方案公布 5 年来，电力价格规制改革形势并不乐观。2004 年后开始实行"标杆定价"，按照区域社会平均成本实行统一定价。

2002 年开始推行厂网分开后，发电和电网业务相分离，在厂网分开的基础之上对已经划分开的上网电价、输电电价、配电电价和销售电价进行不同程度的改革。由于发电环节具有较强的竞争性，中国上网电价定价模式开始逐步转化为由市场主导价格。而输配电环节由于具有较强的自然垄断性，仍然需要政府和规制机构对其进行价格规制，目前普遍采用的是成本加成定价模式，与此同时增强上网电价与销售端电价之间的联动性。实际上，中国电力业的价格规制由于涉及的生产服务过程中的层级复杂，包括发电、输电、配电以及售电等多个环节，对于不同的环节由于其垄断程度的差异，相应的定价策略也有所区别，再加上发电环节存在的煤电价格联动效应，进一步加剧了电力业价格规制改革的复杂性。

从电力业总体的价格水平直观情况来看，自 2002 年推行厂网分开以来，电力业工业品出厂价格指数低于煤炭工业品出厂价格指数和工业品出厂价格总指数，反映出电力工业品价格上涨受到一定的抑制（见图 5 - 2）。具体划分上网电价、输配电价和销售电价，由于目前发电环节竞争性相对较强，市场机制对上网电价的形成影响更大，而输配电价上涨缓慢也从客观上反映了现行的电力价格规制方式在单纯限制价格上涨方面是有效的（见表 5 - 21）。国内的一些研究同样表明，在抑制电价上涨即价格规制的控制作用方面，规制明显有效。而且由于电价直接关系到发电企业和电网的利润，包括竞价上网在内的各项电价规制政策对电力业限制垄断和促进竞争也起到举足轻重的作用[1]。通过有效抑制电价上涨可以相应地达到控制企业获得超额垄断利润的目的。以发电企业的资产利润率和资产负债率这两个财务指标作为衡量电力业利润的指标，研究表明，实行"厂网分开"后，所有发电企业的资产利润率均

175

---

[1] 肖兴志：《对中国电价规制效果的一种验证》，载于《统计研究》2005 年第 9 期，第 36~38 页。

发生了显著下降，同时资产负债率显著上升①。自 2005 年到 2009 年，电力即热力生产供应业资产负债率从 56.68% 上升至 64.66%。

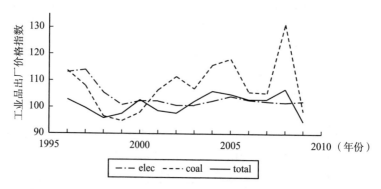

图 5－2 1996～2009 年电力工业品出厂价格指数（上一年＝100）

注：图中 elec 为电力工业品出厂价格指数，coal 为煤炭工业品出厂价格指数，total 为工业品出厂价格总指数。

资料来源：1997～2009 各年度《中国统计年鉴》，中国统计出版社。

表 5－21   2006～2010 年中国三种电价情况

年份	上网电价		输配电价		销售电价	
	数额（千千瓦时）	增长比例（%）	数额（千千瓦时）	增长比例（%）	数额（千千瓦时）	增长比例（%）
2006	317.93	4.67	153.40	0.37	499.04	2.90
2007	336.28	1.74	160.12	4.38	508.51	1.84
2008	360.34	7.15	158.06	−1.29	523.10	2.87
2009	381.99	6.01	150.56	−4.75	530.72	1.46
2010	374.10	1.77	160.91	6.87	571.44	6.95

资料来源：2006～2010 年电监会《电价执行情况监管报告》《电力监管年度报告》。

第二，价格规制激励作用。虽然规制对于抑制电价起到了一定作用，但中国现有的电价结构却不尽合理。根据效率原则工业电价应该低于居民电价，在国际上，工业电价和居民电价的比例一般为 0.4～0.8，

① 于良春、杨淑云、于华阳：《中国电力产业规制改革及其绩效的实证分析》，载于《经济管理与研究》2006 年第 10 期，第 35～40 页。

商业电价与居民电价的比例一般为 0.6～1.3。一般而言进行市场化改革的国家商业电价普遍低于居民电价[①]。而在中国工业电价相对居民电价偏高，商业电价与居民电价的比例也明显高于国际水平[②]，因而存在非常严重的工业用电、商业用电对居民用电的交叉补贴现象，对用电企业的发展起到了抑制作用从而违背了效率原则。此外，现有的电价结构安排更多是出于政治因素的考量，大量的价外收费和价外加价也造成了电价扭曲，加剧了电力供求矛盾，而电力本身作为一种重要的工业能源，其价格结构的扭曲必然会影响到大量工业企业的生产效率。

（2）电信业。1994 年之前，由于中国电信业基本上实行垄断经营，电信业价格也采用政府定价和政府指导价。1994～1998 年，电信业竞争初步引入，电信价格结构同时开始调整。1998～2001 年随着政企分开的推进，电信业价格结构性调整基本完成。2000 年 9 月国务院颁布的《中华人民共和国电信条例》特别指出：基础电信业务实行政府定价、政府指导价或者市场调节价；增值电信业务实行市场调节价或者政府指导价；市场竞争充分的电信业务实行市场调节价。2002 年之后电信价格市场化进程加快。由此中国电信业价格规制方式也逐步由成本加成定价模式开始转向价格上限规制的尝试。

第一，价格规制控制作用。仅就对电信业服务价格水平的控制而言，中国目前实施的电信业价格规制相对有效。2006～2008 年，电信业综合价格水平明显下降，即使 2008 年以后综合价格水平略有上升，但 2010 年相比 2006 年总体依然呈现下降趋势。如图 5－3 所示。

由图 5－4 可以看出电信服务的价格水平自 1998 年以后呈现出明显的下降，而且在整个消费品价格水平上升的趋势下，电信服务的价格不升反降，电信服务价格指数普遍低于总体水平，表明了电信业价格规制较为明显的控制作用。

---

① Gilbert, R. J., *International Comparisons of Electricity Regulation*, Cambridge University Press, 1996, P. 12.

② 阚光辉：《销售电价：交叉补贴、国际比较与改革》，载于《电力技术经济》2003 年第 2 期，第 24～27 页。

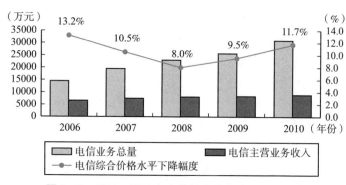

图 5 - 3 2006 ~ 2010 年电信综合价格水平下降情况

资料来源：工业和信息化部：《2010 年全国电信业统计公报》。

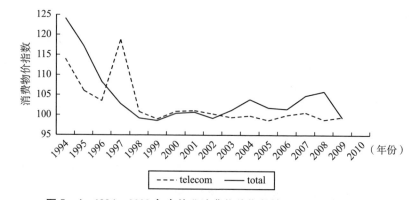

图 5 - 4 1994 ~ 2009 年电信业消费物价指数情况（上一年 = 100）

注：1994 ~ 2000 年为电讯费消费价格指数，2000 ~ 2009 年为通信服务消费价格指数；总计项目是所有消费品价格指数。

资料来源：1995 ~ 2010 各年度《中国统计年鉴》，中国统计出版社。

第二，价格规制激励作用。有关电信业价格规制绩效的研究主要围绕现有的定价机制对电信业效率的影响，也即价格规制的激励作用方面。收益率规制和价格上限规制同时并存的规制政策使价格上限规制中降低成本的激励机制无法发生作用，因而导致了这一价格规制政策对电信业效率的影响并不显著①。当前的电信业价格上限规制政策在实践中反映出了一些明显的问题，现有的价格上限规制赋予了运营商自主定价

---

① 张东辉、初佳颖：《中国电信业的规制效率分析》，载于《财经问题研究》2008 年第 4 期，第 52 ~ 55 页。

的权利，客观上形成了对运营商通过价格竞争来获得更多利润的激励，既不利于促进运营商提高自身的技术效率也不利于产业内良性竞争环境的形成，这是应当充分引起注意的。此外，价格上限规制与产业效率负相关的另一个重要原因可能是由于中国电信运营商在逐渐强化的市场竞争中过于注重规模扩张，而不重视效率提高①。

（3）民航。自 1992 年国务院将航空运输定价权下放至中国民航总局手中开始，中国的民航价格基本呈现出中国民航总局定价，航空公司围绕基准价上下浮动的局面，而价格浮动的空间伴随中国民航总局价格规制力度和方向的调整不断波动。总体上，这种围绕基准价格浮动定价的价格规制模式与成本加成定价模式的原理基本一致。中国民航业的票价水平 1986 ~ 1996 年年平均票价为 3.587 元/吨公里，1997 ~ 2007 年民航业年平均票价为 5.452 元/吨公里。

形成合理的机票价格是民航业规制改革的一个重要目标，由于不同航空公司机票差异明显，难以通过具体的机票价格反映中国民航业整体的机票价格水平，国内的研究者多仿照国外以单位收入率（吨公里）来反映机票价格的变化。曹锦周等的研究发现，民用航空业的价格规制并未对限制机票价格水平产生显著的作用，这与实际中国民航业价格规制的现状拟合度很高②。结合中国民航业市场的集中程度进一步探究民航业价格机制存在的问题：一般市场高集中度将带来较低的价格歧视和价格离散；而低集中度在正常情况下（自由竞争）则意味着更激烈的竞争和较高的价格歧视和价格离散程度。然而中国民航业的市场集中度与产业价格行为却发生了相背离的现象③，而二者的不一致性根源可能在于过多的政府规制和行政干预扭曲了价格信号，并最终对市场绩效产生负面影响。实际上，在民航业的各项规制改革中，价格规制所遇到的困难最大，产生的问题也最多，目前的产业定价机制仍在探索之中，政府究竟应该赋予航空公司多大的自主定价权仍然未有最终定数，因此可以说中国民航业目前的定价机制仍存在较大的改进空间，民航业的放松

---

① 李再扬、杨少华：《中国省级电信业技术效率：区域差异及影响因素》，载于《中国工业经济》2010 年第 8 期，第 129 ~ 139 页。

② 曹锦周、戴昌钧：《基于 RPSCP 框架的中国民航产业组织研究》，载于《财贸经济》2009 年第 7 期，第 117 ~ 122 页。

③ 马唯星：《对中国民航产业结构与效率的实证研究》，载于《数量经济研究》2003 年第 1 期，第 1 ~ 13 页。

价格规制仍应继续推进，应尽量减少政府对于机票价格的控制权力和干预程度，通过市场机制决定价格水平。在此基础之上政府适当加以调控和监督，避免航空公司通过手中的自主定价权攫取过多的垄断利润。

（4）水务。第一，价格规制控制作用。价格规制同样也是水务产业规制的重点，我们这里仅指城市用水方面的价格规制。中国的水价规制总体上采取政府定价的体制，在具体价格水平上实行收益率规制，由成本、税金和利润共同组成供水企业的销售价格。由于中国水价长期以来在政府规制之下，受到政府的控制与保护，价格一直偏低。国际上通行的用来衡量一个国家整体水价的高低有两个指标：一个是水费支出占家庭平均支出的比重。根据国际经验，水费支出应占家庭支出的 2%。另一个是与相关国家水价的比较。中国 2008 年城镇家庭人均实际支出为 14748 元，人均水费支出为 92 元，水费支出占家庭全部支出的比例为 0.6%，远低于国际标准。从国家比较看，截至 2008 年，每立方米水的价格德国为 3.01 美元，美国为 0.74 美元，巴西为 0.65 美元，日本、中国香港约为 3 美元，中国 0.31 美元①。由此可以看出，中国的水价尤其是城镇用水价格明显偏低。水价偏低，首先不利于节约用水，造成用水严重浪费；其次由于水价中一定比例是污水处理费，水价偏低造成污水处理费用不足也不利于水污染的治理；最后，由于水价偏低，客观上造成了供水企业的经济效益亏损和生产积极性不足。2004～2007 年，全国 31 个省、自治区、直辖市供水亏损的省份比例分别为 68.0%、61.0%、64.5% 和 54.8%；全国亏损总额各年度分别为 16.1 亿元、13.9 亿元、12.4 亿元和 14.8 亿元。因此，可以说过去的供水价格规制造成了水价偏低的情况，应该予以调整。与其他产业通过规制降低价格水平的情况有所区别，中国水务产业更倾向于通过规制实现供水价格的合理化，甚至是适当调高价格。针对这一问题，政府先后采取了一系列措施来改革城市供水价格形成体系，目前，已经形成了基本完善的城市供水价格结构。城市供水价格即终端用户水价，由自来水价格（管网建设和维护成本）、污水处理费、水资源费（受益地区还加收了南水北调基金）和城市公用事业附加构成。其中包含了对资源耗费的补偿和对环境污染损害的补偿。中国从 1999 年才开始全面征收污水处理费。截至

---

① 国家发改委价格司：《中国水资源及水价现状调研报告》，2009 年。

2008 年底，36 个大中城市供水价格平均每吨 2.9 元。其中，自来水价格 1.5 元、污水处理费 0.9 元，水资源费和南水北调基金约为 0.5 元。

第二，价格规制激励作用。价格规制（在水务产业主要是收益率规制）对供给总量的影响呈现出一定的周期性：短期内收益率规制会促进总量水平的上升，但在长期内这种作用会不断削弱甚至变为负向作用[1]。这种现象的存在并不能完全否定当前水务产业价格规制的效果，但是从一个侧面说明了收益率规制这种机制缺乏对企业激励的内在动力，不具有持久性。在研究价格规制对于水务业经济效率的影响时，肖兴志等（2011）选择考察收益率规制的 A – J 效应来反映价格规制对产业经济效率的影响，其检验表明中国水务产业进行的收益率规制逐渐呈现出明显的 A – J 效应，造成了生产成本的上升，降低了生产效率。因此综合肖兴志等的研究可以发现，是否对水务产业实行收益率规制将面临提高城市供水总量和降低生产成本之间的两难取舍。如果采用超效率 DEA 两阶段方法来测算中国水务产业的生产效率，又会得出水价有助于提高产业生产效率的结论[2]。我们认为这种不同结论的得出实际上并不存在逻辑上的矛盾，前者着眼于收益率规制对企业生产成本的作用，并以生产成本来反映企业的生产效率；后者通过投入产出来反映企业生产效率更加全面，而且其得出的结论是水价水平的提高有助于提高企业生产效率，而并非针对价格规制对产业效率的影响。综合这两种研究结论，实际上可以说明现有的收益率规制机制仍旧存在问题并制约了水务企业生产效率的提高，政府应该进一步放松对现有定价机制的约束，推进水务产业的市场化，更多地让市场决定水价，使水价适度提高，进一步提高企业的效率，以达到生产企业和消费者的共赢。

3. 价格规制绩效形成的原因

有关产业价格规制绩效的研究表明，通过相应的价格规制手段往往容易产生较为理想的直接效应，即设定相对合理的定价机制控制价格水

---

　　① 肖兴志、韩超：《规制改革是否促进了中国城市水务产业发展？——基于中国省际面板数据的分析》，载于《管理世界》2011 年第 2 期，第 70～80 页。

　　② 励效杰：《关于我国水业企业生产效率的实证分析》，载于《南方经济》2007 年第 2 期，第 11～48 页。

平。由于价格机制会通过控制价格间接影响企业利润并对企业的生产效率产生激励作用，所以实际上通过价格规制产生的连锁效应比较复杂，如果将价格规制的目标界定为通过规制在抑制价格水平高度上涨的同时起到对企业生产效率的激励作用，则并不能认为现有的价格规制改革和各产业定价机制收到了理想的效果。

价格规制难以完全实现目标的内在原因首先源于产业定价机制本身的复杂性。以电力业为例，由于发电依赖能源的投入，使得电力业与煤炭、水利等产业密切相关，无论是在水电或是火电领域，电力业的生产成本直接受到煤价等因素制约，从而影响到电力业本身的供给价格。煤电价格联动问题即从不同产业相互关联的角度说明了电力业价格规制的复杂性以及其激励作用难以充分发挥的内在原因。从产业关联的角度考量煤、电企业属于同一产业链的上下游，前者的价格直接影响后者的生产成本和价格水平。而煤电价格联动的实施同样依赖于规制者对煤炭、电力企业生产成本信息的掌握程度，无法避免由于信息不对称造成的效率损失，而且实施煤电价格联动将使上网电价的形成更加离不开成本核算，也不利于电力价格规制的进一步改革。因此有学者认为造成煤电产业矛盾以及"煤荒""电荒"问题的根源在于电力业在二者的博弈中长期处于优势地位从而造成了产业关系的扭曲[1]，而解决煤电产业之间利益矛盾的根本途径并不在于实行煤电价格联动，而是逐步放松对电力业的规制，推进电力业的市场化[2]。

其次是目前在电力、燃气等行业采用的公正回报率定价模式或两部制定价模式存在明显的内在缺陷。在采用公正回报率规制的方式进行价格规制时，企业成本难以测度，企业有虚报成本的激励。基于公正回报率的价格制定，须由政府规制当局和企业双方共同完成。实际上，由于信息不对称，规制机构不可能跟企业一样掌握有关企业成本的足够信息，因此通常只能依据企业申报的成本信息来定价，致使企业产生虚报成本的激励，以获得超过收支平衡状态的收入。而且，回报率定价容易引起企业过度投资，形成 A－J 效应。而且现有的价格规制方式往往会

① 白让让、王小芳：《中国煤炭和电力业互动机理及效应分析》，载于《经济学家》2009 年第 9 期，第 75～82 页。
② 赵连阁：《中国煤电定价实践、理论及其规范研究》，载于《经济学家》2009 年第 11 期，第 30～36 页。

造成规制成本过高：一是缺乏对企业的激励作用，从而降低了受规制企业的生产效率形成的成本，这种成本的衡量类似于机会成本，可以看作是加入价格规制充分发挥激励作用的企业可以获得更多的利润；二是扭曲价格降低了资源配置的效率而产生的成本；三是减缓新技术的应用和限制新企业的进入降低了动态效率产生的成本①。尽管价格上限规制能够对企业产生有效降低成本的激励，消除 A – J 效应，但却容易使企业为了追求降低成本而忽视产品和服务质量，因此对于实行价格上限规制的产业必须辅以严格的质量规制。而且价格上限规制又赋予了企业过度的自主定价权，使运营商的精力更多地被集中到价格竞争上，不利于提高其技术效率，这种情况尤其明显地体现在电信业上。

　　最后，价格规制本身也存在内在矛盾。一方面中国许多自然垄断产业本身也是向社会公众提供公共服务的社会公用事业（如燃气和自来水）因此长期以来维持低价，但价格长期保持较低的水平又损害了企业的利益和经营的积极性，如果定价较为倾向于赋予企业更多的自主定价权又会降低消费者剩余，一个完善的价格机制在以提高资源配置效率为目的的同时，也在谋求企业也即整个产业发展和消费者利益之间的平衡，保证社会福利最大化。

　　中国目前对于自然垄断产业采用的成本加成定价模式存在诸多缺陷，其中既包括该种定价模式本身在理论上的不足，同时也包括在结合不同产业复杂现状实施中所产生的问题。逐步实行包括价格上限规制在内的激励性价格规制是一种发展的趋势，但也并非完全适合中国的国情和各产业的具体情况，电信业价格规制改革中存在的问题恰好为这一观点提供了现实依据。事实上，基于不同产业的经济特征，实行价格规制的策略与具体方法各有不同，对于各种差异明显的自然垄断产业而言，寻找一种放之四海而皆准的定价模式既不科学也没有必要。但是我们却可以从现有的价格规制方式存在的问题中得到启示，发现不同产业在价格规制中存在的共性问题，对已有的定价机制通过创新和合理的组合以获取更加显著的积极效果。

---

　　① 何天立：《论自然垄断行业的政府规制》，载于《山东社会科学》2004 年第 4 期，第 36～39 页。

5.4 经济性规制绩效简评

这一章中，我们试图通过对不同类型的规制经济绩效进行分析，讨论各项规制政策影响产业绩效的内在规律，并从总体上比较各项绩效指标在规制因素作用下的变化趋势，探讨产业经济特征和市场化改革程度的不同是否会导致规制政策作用的差异，最后对照规制目标的实现情况对目前垄断产业的规制绩效给予简要的评价。

5.4.1 规制政策直接绩效简评

从前面对代表性垄断产业的规制绩效评价来看，放松市场进入规制和政企分开这两种规制手段的一般规制绩效显著。这两种规制方式或者旨在削弱垄断企业的力量和减少政府的过度干预，或以降低产业垄断程度为目的，最终都是通过引入竞争机制和调整现有的所有制形式而使市场力量充分发挥作用，进而提高产业总量水平和经济效率。而放松进入规制对于降低垄断企业的利润和过高的价格效果尤其明显①，电力、电信、民航、燃气、水务均属于典型的网络型产业，具有自然垄断性、基础设施性和公益性，网络型产业的特点使其提供的服务具有较显著的正外部性。因此，应放松进入规制，允许更多的外资尤其是民营资本进入，在促进产业发展的同时也使其提供的产品和服务具有更大的社会福利效应，并使其成为放松宏观政策约束的支持配套工具。

价格规制则限于不同产业市场结构和经济特征等因素，往往不容易对规制绩效产生明显的促进作用。传统理论框架之下认为如果政府对垄断产业的价格不加以控制，将会导致价格水平过高从而使消费者的利益受损，而如果政府强制以边际成本定价又会造成垄断企业的损失，这种损失往往由政府通过补贴予以弥补，即垄断产业的价格规制模式是通过政府干预试图平衡垄断产业与消费者的利益。在实际操作中，中国对于垄断性产业的价格规制往往采用政府定价结合公正回报率规制和价格上

① 范合君：《放松规制对垄断产业收入影响的理论与实证研究》，载于《财经问题研究》2010 年第 8 期，第 29～33 页。

限规制等方法，前者容易造成企业虚报生产成本和价格调整与市场供求关系脱节等问题，后者又相对缺乏对企业的激励作用。很多研究认为，包括价格上限规制在内的激励性价格规制方式对促进产业发展效率的提高更加有效，但激励性价格规制的实施往往需要结合产业较高的市场化程度和良好的竞争环境，因此我们认为放松进入规制是实行有效的激励性价格规制的基础，要实现价格规制的真正全面有效必须要建立在对垄断产业放松进入规制的前提下。由于垄断行业并未普遍实施激励性的价格规制方式或是所引入的激励性价格规制方式与产业整体的市场化程度和开放程度并不相适应，必然会导致价格规制的激励性效果不足的情况发生。目前中国政府也在努力尝试改进现有的价格规制方式、并对各种价格规制手段结合使用，但其效果仍不理想。考虑到价格规制涉及的因素众多，在这一方面的规制改革尚有很长的路要走，目前的核心任务是通过给予企业一定的自由裁度权（如价格自主决定），诱导企业正确地利用信息优势，选择规制者所期望的行为，提高经营绩效。

　　总体而言，从放松进入规制和政企分开的直接目标实现情况即在国有资本保值增值的基础上丰富产业的所有制形式，优化产业竞争环境方面而言，目前的规制政策相对有效；而放松进入规制对于产业的总量、效率的促进作用也即间接目标的实现情况方面，可以说规制也发挥了一定的积极作用。放松进入规制和价格规制对产业提供产品和服务的总体价格水平发挥了控制作用，但价格规制的激励作用不足。由我们以上的研究并不能得出目前中国的经济性规制改革已经取得显著成果的结论，但却可以证明放松进入规制、政企分开以及对自然垄断产业进行价格规制的政策在选择方向上是正确的。

5.4.2　规制政策间接绩效简评

1. 宏观经济绩效

　　从宏观层面而言，中国的规制改革在脱离计划经济体制初期产生了强大的生产力释放效应，目前制度改革带动经济的边际效应有所递减。为此，规制改革的重心应定位于供给管理方面政府积极参与调节经济活动参与者的激励，以趋向于良好的宏观经济绩效，推动改革带动经济的边际效应再度提升。所谓"激励",对于企业来说取决于其盈利能力,对于工人来说取决于劳动报酬。因此,规制改革参与的一个着眼点在于调节企业的盈利能力或个人的劳动报酬。相应的,微观规制的政策工具一般是税收、补贴和价格规制,分别达到调节生产成本、调节生产者收益的目的。

涉及利益再分配方面,局部领域垄断和行政权力对资源配置及微观经济活动的干预,正在一定程度上造成寻租环境扩大,并导致腐败蔓延。由此造成的包括分配结构失衡、收益分配权不公、居民收入比例过低、不同人群收入分配差距过大、基尼系数持续走高等亟待解决的各类分配问题,构成了规制改革进一步参与分配结构调整的现实需求。为此,宜进一步通过严格的程序和利益相关者的广泛参与以及决策机制、监督机制、激励约束机制和自我调控机制,来规定不同利益主体的权力和责任,发挥他们在各自领域的中心作用,从而在他们之间建立相互制衡机制,使分配结构趋近合理。

2. 产业间接绩效

产业层面,我们重点考察了规制对于总量水平、经济效率、垄断利润、价格水平等几个绩效指标的影响。总体上来看规制对于电力、电信等产业总量水平的提高具有积极的促进作用。尽管直观上,在放松规制后电力、电信、民航业等产业的生产效率有了显著提高,但有关规制对于产业经济效率影响的研究结果往往存在分歧,这一方面是由于不同的研究者所采用的测算产业效率的方法和选择的指标存在差异,另一方面也应考虑到产业的经济效率涉及资本、劳动力、技术等多种因素,提高产业的经济效率往往需要除制度以外的各种因素共同作用相互影响才能产生理想的效果。规制对于价格水平的影响通常效果并不明显,在前面我们已经深入分析了造成这种情况的内在原因。作为一种补充,我们同时也认为这种现象主要是由现有的各产业的价格规制改革步伐相对滞后,政府对价格水平限制过多,定价机制和价格形成办法难以满足灵活调整价格水平的需要造成的。这在电信、民航、燃气和水务等产业体现得较为明显。利润指标方面,首先,整个产业总体的利润水平由于产业收入的增加将会随之增长,因此,总体利润水平的变化将与总量指标呈现相同的趋势;其次,在限制垄断企业超额利润方面,往往需要结合对垄断产业价格水平的控制情况进行分析，我们得出的结论是，现有的价格规制方式以及放松进入规制对竞争的引入确实对控制电力、电信业的总体价格水平起到了一定的作用。

鉴于具体产业规制领域的改革正在面临诸多攻坚难题，甚至出现进展迟缓乃至反复。规制改革不仅要提供市场不断开拓的条件，而且要将市场机制合理引入规制设计中，改变现行规制模式。

第6章　社会性规制绩效分析

与经济性规制相比，社会性规制绩效更侧重于社会公平的实现。20世纪90年代以来，社会性规制以成本—收益分析法作为绩效评估的主要方法，引发大量研究将经济、社会绩效作为健康、安全和环境规制等社会性规制的基本评估标准①。由于社会性规制经常面对更多的不确定性、信息不对称以及衍生的风险，对其进行绩效评估的一个前沿领域表现在由风险评估、风险管理以及风险交流组成的风险分析方面。整体而言，相对于经济性规制，由于涉及社会性规制绩效所包含的经济绩效与社会绩效，基于成本—收益的绩效分析方法在社会性规制绩效领域的适用性上受到了很大挑战，对于旨在实现社会公平与正义的社会性效果测度方面依然较为困难，社会性规制绩效评估结果处于持续争议中。本章将社会性规制绩效目标厘定为社会福利最大化价值理念的具体体现，既包括资源配置有效率，又体现维护公平、正义、财富等经济价值的公平分配和环境正义等社会价值的公平分配，并由此构建相应的实证指标体系，定量分析规制绩效受到各因素影响的方向、程度及绝对数量，进一步，针对环境规制的相对效率表现，采用 SE – DEA 方法展开具体评价。以此作为探索社会性规制最优模式和社会性规制改革的依据。

6.1　社会性规制绩效评价的相关文献综述

目前，国内外对社会性规制绩效进行综合评价的研究非常匮乏，普

---

① Posner, E. A. , Controlling Agencies with Cost-benefit Analysis: A Positive Political Theory Perspective, *The University of Chicago Law Review*, Vol. 68, 2001, pp. 1168 – 1137.

遍聚焦于单个领域或方面，其中环境规制及安全与健康规制的绩效评价颇为活跃，扮演了引领社会性规制实证研究发展的主要角色。

6.1.1 环境规制绩效文献综述

自 20 世纪 80 年代初起，随着科斯产权理论[①]在环境规制领域的普及应用以及激励性规制理论的产生和发展，非传统的规制工具被引入环境规制中，可交易排放权的使用和发展成为其中最重要的激励性工具创新。此外，将污染许可证与污染税或补贴相结合，形成混合激励型规制政策[②]，或将激励型规制工具与传统的控制型规制工具进行效率对比等，都是在探索如何减轻规制机构负担和提高规制效率。90 年代至今，统计测度、计量分析、效率分析等实证研究方法被普遍应用于环境规制绩效的评估上。其中，早期的绩效实证研究视角集中于单纯的收益类指标，如污染物的排放数量指标[③]、污染密集产业的全要素生产率水平指标[④]与污染密集产业的发展指标[⑤]等。而近期环境规制绩效研究主要集中于以成本与收益指标同时兼顾的相对效率评价，主要采用 DEA 方法展开研究。

1. 基于收益标准的环境规制绩效评价

这一阶段的环境规制绩效评价，仅以收益类指标作为评价标准，即收益增加环境规制绩效增加，收益减少环境规制绩效降低，两者之间存在正相关关系。而收益类指标在环境规制中具体包括污染物的排放数量

---

① Coase, R. H., The Problem of Social Cost, *Journal of Law & Economics*, Vol. 3, 1960, pp. 1 – 44.

② Roberts, M. J. and Spence, M., Effluent Charges and Licenses under Uncertainty, *Journal of Public Economics*, Vol. 5, No. 2, 1976, pp. 193 – 208.

③ Laplante, B. and Rilstone, P., Environmental Inspections and Emissions of the Pulp and Paper Industry in Quebec, *Journal of Environmental Economics and Management*, Vol. 31, No. 1, 1996, pp. 19 – 36.

④ Conrad, K. and Wastl, D., The Impact of Environmental Regulation on Productivity in German Industries, *Empirical Economics*, Vol. 20, No. 4, 1995, pp. 615 – 633.

⑤ Greenstone, M., The Impacts of Environmental Regulation on Industrial Activity: Evidence from the 1970 and 1977 Clean Air Act Amendments and the Census of Manufactures, Journal of Political Economy, Vol. 110, No. 6, 2002, pp. 1175 – 1219.

指标、污染物排放的持续时间指标、污染密集产业的全要素生产率水平指标与污染密集产业的发展指标等。这方面的研究主要集中在以下三个研究视角：

第一，直接计量环境规制对于污染物排放的影响。马加特和维斯库斯（Magat & Viscusi，1990）的研究表明美国政府的环境规制能够减少纸浆企业大约20%的排放量，而拉普朗特和里尔斯通（Laplante & Rilstone，1996）的研究发现加拿大政府的规制及其产生的威慑能够减少纸制品企业大约28%的污染排放量。以上两项研究发现，政府环境规制能促使企业定期对污染排放进行报告，所以规制不仅对企业污染排放水平起作用，还能向规制者提供企业更多更准确的污染信息。达斯古普塔等（Dasgupta et al.，2001）具体分析了政府环境规制中的监管和排污收费制度对中国镇江污染企业环境绩效的影响，结果表明：在企业层面与排污收费相比，监管对企业环境绩效更具有决定性的影响，即它能减少大约 0.40% ~ 1.18% 总悬浮固体和化学需氧量引起的水污染。

第二，将环境规制与环境库兹涅茨曲线（EKC）结合起来进行分析，以衡量环境规制的效率。帕纳亚图（Panayoutou，1995）运用30个发达国家和发展中国家 1982 ~ 1994 年的数据进行分析，结果表明：政策和制度能够显著减少由于二氧化硫引起的环境退化，它们能够在低收入水平显著减少环境的退化，并在高收入水平加速环境质量的改善，因此使 EKC 曲线变得扁平，并减轻因经济增长所付出的环境代价。达斯古普塔等（Dasgupta et al.，2001）通过研究指出，严格的环境规制使经济增长每一时期的污染排放水平都低于没有规制时的排放水平，拐点也可能提前出现，EKC 曲线因此变得比较平坦且处于相对较低的位置。

第三，分析环境规制对于污染密集产业的影响。一方面，环境规制给污染密集产业带来的负面效应。如巴伯拉和麦康奈尔（Barbera & McConnell，1990）分析了 1960 ~ 1980 年美国环境规制对化工和造纸等产业经济绩效的影响，得出这些产业 10% ~ 30% 的生产率下降可归于其在污染治理方面的投资。桑乔（Sancho，2000）证明了环境规制对西班牙木制品和家具制造业的产出和生产效率都带来了负面的影响。格林斯通（Greenstone，2002）使用 175 万个企业的普查数据检验了环境规制对污染密集产业发展的影响，实证结果显示环境规制会限制污染密集产业的发展。另一方面，环境规制给污染密集产业带来的正面效应。如布伦纳迈耶和科恩（Brunnermeier & Cohen，2003）运用美国146个制造业1983～1992年的数据分析发现：环境专利数量与污染治理成本间存在较小但统计显著的正相关关系。伯曼和布依（Berman & Bui，2008）证实了空气质量规制对美国洛杉矶地区石油冶炼行业的生产率提升有正向影响。受制于技术与方法水平，环境规制绩效评价的收益标准研究把成本类指标定义为外生的变量而不加以研究，这种忽略成本类指标的效率评价显然是不科学的，即实际上最多仅能将其称之为效果评价而非效率评价，故第二个阶段采用了成本与收益相结合的评价标准来进行环境规制绩效评价。达迪等（Daddi，2019）调查了412个生态管理和审计计划的注册组织，结果显示管理者满意度与环境绩效之间存在正相关关系。

2. 基于成本收益标准的环境规制绩效评价

伴随着运筹学等数学科学的发展与技术的创新，以成本与收益指标为标准的环境规制绩效评价已日趋成熟，而其自身又分为绝对效率评价与相对效率评价。

第一，绝对效率评价。尽管环境规制绝对效率评价在理论界达成了普遍的共识，但其在实证领域的应用却微乎其微。究其原因，最主要是体现在环境规制收益指标（例如说环境污染物的减少量）货币化极为困难，故目前环境规制绩效评价的实证领域主要集中在环境规制的相对效率评价。

第二，相对效率评价。目前环境规制相对效率评价领域比较流行的分析方法是数据包络分析方法，其具体包括领域拓展与模式创新两个研究方向。

在领域拓展方面取得的主要进展包括：莱茵哈德等（Reinhard et al.，2000）为评估荷兰牧场综合环境效率所进行的分析认为：环境效率得分依赖于氮盈余、磷酸盐盈余和全部的（包括直接的和间接的）牧场非均衡的能量使用。通过计算效率比较两种方法，即SFA方法和DEA方法。研究结论包括以下两个方面：第一，SFA和DEA方法都可以计算环境效率得分，而平均技术效率得分结果（以产出为导向的，SFA89%，

DEA78%）与平均综合环境效率得分（SFA80%，DEA52%）在两种方法上是不同的；第二，SFA 方法允许假设检验，对于包括磷酸盐盈余的具体指标可以进行单边假设拒绝，而 DEA 方法可以计算各种具体指标的环境效率得分。佐菲奥和普列托（Zofio & Prieto，2001）认为，生产过程应该考虑环境可持续性原则，故任何尝试衡量这些生产过程绩效的方法都应该被强调。作为其中的一种参考标准：这些过程应该产生出更大数量的有益商品而产生出更少数量的有害商品，例如减少垃圾的产生和温室气体的排放。而 DEA 方法的经验一般用于分析 OECD 的制造业行业对于二氧化碳排放的各项规制政策[①]。

西蒙斯等（Simoes et al.，2010）研究估算了运营环境对葡萄牙城市固体垃圾处理服务效率的影响，而在这一过程中一个具有 29 个固体垃圾处理服务单位的样本（包含了整个欧洲大陆国家）被用于分析这一影响。与众不同的是，作者在使用 DEA 方法进行评价之前，应用无参数双自助模型去估计各种解释变量的影响。结论表明：环境因素对于固体垃圾处理单位的绩效影响是巨大的，而环境因素具体包括人均资本 GDP、处理设施的距离、人口密度、规制与管理类型、压缩和焚化服务等[②]。默菲和库玛尔（Murthy & Kumar，2011）研究印度 92 个污水处理企业发现，严格的环境规制政策能激励企业进行技术创新，污水治理效果显著，企业的产业绩效也得到了提升。

另外，周鹏（P. Zhou，2008）提出运用 DEA 方法测量在不同情境下单纯的环境绩效和在可变规模收益（VRS）的环境数据包络分析法下的综合环境绩效。赫南德桑乔（Hemandez – Sancho et al.，2000）利用 DEA 方法测量不同环境规制计划绩效，戴克霍夫和艾伦（Dyckhoff & Allen，2001）利用 DEA 方法测量生态效率，萨尔基斯和温拉赫（Sarkis & Weinrach，2001）利用 DEA 方法测量不同废弃物管理系统绩效，科耶尔等（Koeijer et al.，2002）利用 DEA 方法测量不同生产技术的环境效率。

---

① Zofio, J. L. and Prieto, A. M., Environmental Efficiency and Regulatory Standards: the Case of CO$_2$ Emissions from OECD Industries, *Resource and Energy Economics*, Vol. 23, No. 1, 2001, pp. 63 –83.

② Simões, P., De Witte, K., Marques, R. C., Regulatory Structures and Operational Environment in the Portuguese Waste Sector, *Waste Management*, Vol. 30, No. 6, 2010, pp. 1130 – 1137.

　　而在模式创新方面取得的主要进展有：第一，曲线测度法。法雷（Fare，1989）提出一种曲线测度方法，将各种产出以"非对称"方式处理，允许在增加期望产出（产品）的同时，减少不期望产出（污染物），这是一种可行的环境效率评价方法。但曲线测度是一种非线性规划的方法，求解比较烦琐。尽管法雷等人给出了一种近似线性规划的求解方法，但其无法保证解的精确性。第二，污染物作投入处理法。由于期望污染物越小越好，有些文献将污染物作为投入处理。但在实际生产中，污染物与资源投入并不能保持一定的同比例关系，因而这种评价方法不能反映实际生产过程。第三，数据转换函数法。数据转换函数法是将越小越好的污染物转化为越大越好的产出指标，将其作为正常产出，采用基本的 DEA 模型分析决策单元的环境效率。在现有文献中，数据转换函数最常用的为线性数据转换，将污染物转化为正常产出，效率评价能反映实际生产过程，但也有其不足之处：CCR 模型中无法保持分类的一致性。第四，案例研究法。巴瓦和奥乌苏（Bawua & Owusu，2018）使用案例研究方法，根据 7 个标准（合法要求、危险的现场废物管理、有毒物质排放管理、环境监测和报告、最佳实践环境管理、投诉管理和企业社会责任）对矿业公司的 Akoben 审计报告卡进行了为期三年的分析，认为审查期间整体环境表现较差但是利益相关方仍然承认 Akoben 计划改善了矿业公司的环境绩效。第五，方向距离函数法。钟等（Chung et al.，1997）结合方向距离函数，提出了一种环境效率分析的 DEA 模型：在进行效率分析时，首先设置特定的方向向量，使得沿着该方向改进决策单元效率时，可以同时增加期望产出，减少污染物。由于这种方法可以按照决策者的意愿设定效率改进方向，将决策者的主观偏好与 DEA 模型相结合，因而具有广泛的实用性。但相关文献并没有给出效率改进方向的确定方法，效率评价的结果受到方向向量的影响很大。

　　目前，国内学者关于环境规制绩效评估主要是从效果和效率两方面进行了相关分析评价，对环境规制效果的研究主要是采用构建指标体系的方法。魏素艳、肖淑芳和程隆云（2006）认为环境管理效果应包括环境法规执行、环境质量、环境治理和污染物回收利用、环境资源消耗四个方面的内容；林群惠（2005）则借鉴国外在政府绩效评估中的做法，从职能指标和影响指标两个方面提出了一套政府环保效果评估体系，由 21 个三级指标构成；曹颖（2005）根据 OECD 在 1994 年提出的压力—状态—相应（P－S－R）概念框架理论，运用德尔菲法，从人类活动、环境状况和政策响应三个角度建立了政府环境管理效果评估指标体系，并以云南省为例，验证了该指标体系。

也有学者针对中国某个省份或某些个别区域进行环境规制绩效的评估，得出的结论是中国环境规制效果不甚理想，而且在省与省之间差距较大。王晓宁等（2006）评估了河南省 13 个县级环境保护局的环保能力，研究发现地方环境保护机构的能力总体处于较差水平，而且区域差异较大。王小宁和周晓唯（2014）研究了西北地区不同规制工具对技术创新和产业绩效的影响，结果表明环境规制并没有推动企业的技术创新，并且也不利于企业产业绩效的提高。冯雨等（2019）通过构建环境绩效评估指标体系，利用主成分分析法，从环境健康、生态保护、资源利用、环境治理四个维度出发，评估了长江经济带各省份的环境绩效。

对环境规制绩效的研究主要集中在横向的角度，即对某些省份或城市的环境规制绩效进行研究并进行比较。其中，吴育华和卢静（2006）对河北省 11 个城市的环境保护效率进行了评价，得出河北省内的环境保护效率相差比较大，11 个城市只有 4 个同时达到了相对规模有效及技术有效；邓晓红、徐中民和程怀文（2009）对 2003 年和 2004 年甘肃省 12 个城市的环境管理效率进行了分析，结果表明由于投入过多而产出不足，许多城市均出现环境管理效率低下的局面，而且城市间环境管理效率相差比较大；刘纪山（2009）通过研究发现，中部六省的环境污染治理相对有效性存在很大的差异，安徽和江西两个省份的环境治理效率最高，湖北、湖南和河南的环境治理效率次之，效率最差的是山西。

6.1.2　食品安全规制绩效文献综述

国外学者对食品安全监管绩效的研究主要集中于食品安全监管的成本—效率角度。为了使食品安全规制政策发挥最大效能，近年来发达国家开始对食品安全规制进行成本—效率分析。安特尔（Antle，1995，2000）提出了有效食品安全规制的原理，并结合罗森（Rosen，1999）

的竞争性企业生产品质差别的产品模型和格特勒和沃尔德曼（Gertler & Waldman，2000）的质量调整成本函数模型，构建了肉类企业的理论和计量经济成本函数模型，希望检验"产品安全性不会影响生产效率"的假设。经对厂商调查数据的分析，发现这个假设并不成立。通过分析食品安全规制在牛肉、猪肉和家禽业等不同产品上产生的影响，大部分实施食品安全规制的成本会超过美国农业农村部估计的收益，只有少数小企业实施的规制成本与收益是一致的。同时，部分学者也对实施危害分析与关键控制点（HACCP 体系）或者 ISO 系列质量管理体系的效益进行了分析和评价。英国的学者在这个领域进行了大量研究，代表人物有英国里丁大学的汉森（Henson）教授等。埃希里等（Ehiri et al.，1995）的研究表明，虽然实施 HACCP 体系（危害分析的临界控制点）可能会降低产品召回率、节约时间和资源，但是规制机构并没有就此向食品企业提供令人信服的研究证据。因此，政府应该加强 HACCP 体系的成本—收益研究，向食品表明实施 HACCP 体系的效益，从而提高企业积极性。

与国外的研究不同，中国食品安全监管的研究起步较晚，目前研究的深度和广度也不及国外，主要是在介绍国外食品安全监管现状和经验的基础上提出一些对中国食品安全监管有益的建议和措施。近年来，随着中国食品安全监管实践的深入，中国食品安全监管的理论研究重点也转移到对中国食品安全监管方法手段及监管效率的研究上。

在关于食品安全与健康规制绩效的研究中，较少有学者采用实证研究方法，大部分学者从理论角度进行了探讨。刘录民等（2009）结合中国食品安全监管实际，在理论上构建了 3 个维度、20 个指标的地方食品安全监管绩效评估指标体系。但是该指标体系由于数据缺失，并未借助数据予以验证。王冀宁等（2017）利用网络层次分析法构建了包括事前监管、事中处置和事后处理在内的指标体系，并对指标的权重进行了测算。张红凤等（2019）在平衡计分卡理论基础上构建了食品安全监管效果评价指标体系，利用层次分析法和网络层次分析法确定了指标权重，并使用该指标体系对山东省食品安全监管效果进行了评价。张红凤、吕杰和王一涵（2019）利用中国 30 个省级行政区 2005～2015 年的食品安全风险数据，采用 Dagum 基尼系数及其按子群分解的方法对食品安全风险的地区差距进行了测算。同时，张红凤和吕杰（2019）

195

结合非参数估计中的 Kernel 密度估计方法，对食品安全风险的分布动态演进过程进行了分析。

6.1.3 职业安全规制绩效文献综述

20 世纪 70 年代中期以后，国外学者开始注重对职业安全规制及其绩效的研究。美国的约翰逊（Jhonson，1970）将企业的职业安全健康管理水平划分为四级：不能满足法规的最低要求；仅能满足有关法规的最低要求，能运用有关手册和标准；广泛采用先进的安全管理方法；以系统安全管理为主，建立安全系统的方法。门德洛夫（Mendeloff，1976）则使用时间序列分析方法，研究了职业安全规制政策实施对制造行业事故发生率的影响，但其分析结果未发现统计意义上显著的积极影响；史密斯（Smith，1975）也对受到监管后的企业进行分析，同样没有发现规制前后伤害发生率的显著变化；随后史密斯（1975）采用大样本，分析了 1973 ~ 1974 年 OSHA（Occupational Safety and Health Administration）对制造业事故发生率的影响。由于样本数量规模比较大，同时还对监察行为实施和事故发生后的时滞进行估计，其研究结果的科学性得到大大的提高。该研究则表明，OSHA 的安全规制效果还是良好的，断言 OSHA 效果不好是不慎重的。

随着职业安全越来越受到人们的重视，国外学界对职业安全规制的研究又有了更深入的发展。规制效果是评价职业安全规制政策有效性的方法之一，可以从规制机构和被规制者两方面进行，通常采用事故的发生率或劳动者因工死亡率作为规制效果的评价标准。斯帕罗（Sparrow，2000）认为，作为规制机构，政府在起草规制标准、执行职业安全规制政策以及进行评价时都要考虑到规制的效果，将规制活动（例如检查的次数或收缴的罚款额）和取得的成果对外公布，把解决职业安全问题的实际情况作为评价自身工作及规制政策是否成功的指标。

为了提高职业安全规制的效果，政府可以把规制的目标锁定在高风险行业或者高事故率企业上，通过加强职业安全规制降低事故风险，实现较低的死亡率。在评价政府职业安全规制的效果时，要与预先设定的标准作比照，同时注意其他可能对规制效果产生影响的因素。科格里安内斯、奥姆斯特德（Coglianese & Olmstead, 2002）经过研究指出，在既定年份，除了规制机构的干预外，事故的数量可能由于其他原因而波动。因此，在使用效果评价方法时，要将这些情况与正在实施的规制政策相联系，为了能够公正地评价规制机构，控制其他可能的影响因素是非常关键的。

作为被规制的企业，要了解政府设定的规制目标，有目的地进行安全生产改进。维斯库斯（Viscusi, 1983）指出，以效果为基础的规制标准就是一种原则、规定或者标准，指定了目标结果让企业决定如何能达到目标。因此，以效果为基础的方法给被规制者或者企业判断的目标，无论它采用什么方法，规制对象都要满足这些标准。这种方式允许企业为达到理想结果进行创新和寻求使用较低成本的方法。

从相关的研究来看，国外学者比较侧重于职业安全规制效果的实证性研究，国内关于职业安全绩效的研究则相对较少，而且主要集中于煤矿安全这个角度。肖兴志、齐鹰飞和李红娟（2008）使用时间序列数据建立向量自回归模型（VAR模型），借助成本—收益理论对中国煤矿安全规制效果进行了验证。叶祥松和彭良燕（2011）将方向性距离函数和ML指数用于研究环境规制约束下不同地区的技术效率与TFP增长情况。赵萌（2011）虽将非期望产出纳入TFP测算过程，但其研究对象为产量位居全国前30名的特大型煤炭企业，难以获得煤炭行业发展的一般性结论。王薇和郭启光（2016）使用方向性距离函数和Malmquist - Luenberger指数测算了安全规制下煤炭行业的技术效率、规制成本、TFP变化及其分解，并运用系统GMM方法对TFP的影响因素进行实证研究。研究结果表明：安全规制下煤炭行业整体技术效率水平偏低，地区间差异较大；各地区煤炭行业承受的规制成本不同，且整体呈上升趋势。

综上所述，目前的研究大多数都是采用实证研究方法，对社会性规制的某一方面进行研究，而全面考察社会性规制绩效，量化社会性规制绩效的研究并不多见，已有的研究未能从多角度、多方面综合地对社会性规制绩效进行评估。本研究通过构建系统、全面的指标体系，将横截面与时间序列数据相结合，对环境规制、职业安全与健康规制和消费者健康与安全规制绩效进行评估，并最终得到中国社会性规制绩效的综合评价，在绩效评估的基础上发现社会性规制中存在的问题，为规制改革

197

推进提供有利参考。

6.2 社会性规制绩效综合评价

从规制特性来看，社会性规制绩效的评价需要兼顾效率与公平，是一个综合的概念，并且任何一个特定社会性规制领域的单一指标都不可能全面衡量社会性规制的效率和效果，因此，要从整体上衡量社会性规制的绩效，应选择多个指标予以综合评价。为了保证指标体系框架的合理性，选取指标的科学性，测度结果的可靠性，在此提出构建社会性规制绩效指标体系需遵循的以下原则：

1. 综合性与系统性

社会性规制绩效评价系统是一个广泛、综合的系统。进行指标体系设计时为体现这种综合性与系统性，考虑各个指标之间要形成有机、有序的联系，且能够从多维度、科学地评价社会性规制绩效。

2. 易获得性

如果选择的统计指标虽然很科学，但平时却难以取得数据资料，列在指标体系之中就不便实施，指标体系的应用范围也因此会受到极大的限制。因此在选取指标时，考虑从常规的统计年鉴或官方网站中取得，除少数十分重要的指标需要另做专门调查外，一般到年终就可借助统计数据进行检测。这样，有利于指标体系的实施与检查。

3. 简明实用

构建指标体系的基本目的，就是要把复杂的评价工作变为可以度量、计算、比较的数据，以检验社会规制政策的有效性和合理性。在建立指标体系过程中，所选择的指标不可能面面俱到，否则会使指标体系十分繁杂，不便操作，甚至操作失灵。因此，合理、正确地选择有代表性、可比性、独立性、信息量大的指标，是构建高效、系统的指标体系的关键所在。

4. 可比性

为便于进行地区间的比较研究，应尽量使指标和资料的口径、范围与常用指标相一致。

5. 与现实情况相符

要求建立的指标体系与实际情况吻合，经得起现实情况的检验。

根据以上原则，考虑到学界对规制的绩效评估通常使用的方法仍然是成本—收益分析法，本书将在此方法基础上进行扩展，构建指标体系综合测算中国社会性规制绩效。构建指标体系，将社会性规制绩效用量化的指标表现出来，可以在一定程度上反映一定时期社会性规制的效率，以便进行比较，以期促使社会性规制的调整，实现社会性规制的合理预期。

本章将中国社会性规制绩效的测算分成两个方面。一是测算中国区域社会性规制绩效，该部分研究将借助 2009 年中国区域的相关数据，评价中国区域的社会性规制绩效，并进行地区间的横向比较；二是测算中国社会性规制绩效，该部分研究将以 2003～2008 年数据为例，综合评价中国社会性规制绩效，并进行纵向的对比分析。基于数据的可获得性及研究的可操作性，指标体系的构建及规制绩效的测算将分别从上述两个角度展开。

6.2.1　区域绩效指标体系构建及绩效评价

根据理论界对于社会性规制的共同界定以及世界各国社会性规制的实践来看，社会性规制的内容主要包括对环境污染的规制、对健康卫生与安全方面的规制以及对公益性活动的规制。以下构建环境保护规制绩效指数、消费者安全与健康规制绩效指数和职业安全与健康规制绩效指数 3 个一级指标，每个一级指标包含若干二级指标，指标体系一共由 12 个二级指标构成①。这些指标合成 3 个反映社会性规制绩效的一级指标，再由这 3 个一级指标合成 1 个中国区域社会性规制绩效指数，进行

---

① 部分指标理论上可行，但缺乏数据来源，或虽能取得数据，但可信程度较低，本书的研究数据来源于各类不同的统计年鉴。

199

绩效对比与评价。

1. 区域规制绩效指标体系

在评估区域社会性规制绩效水平时，将侧重于社会性规制的效果。其中，环境规制绩效指数包括生活垃圾无害化处理率、工业固体废物利用量、工业二氧化硫去除量和工业废水排放达标量4个指标；消费者安全与健康规制绩效指数包括批次合格率、产品质量合格品率、质量损失率和产品一等品率4个指标；职业安全与健康规制绩效指数包括煤矿百万吨死亡率、亿元GDP生产安全事故死亡率、煤矿死亡人数占控制指标比重和生产经营性道路交通事故死亡人数4个指标。环境规制绩效指数包含的4个指标皆是正指标，即指标数值越大，从不同角度反映的规制绩效也越高；消费者安全与健康规制绩效指数所包含的4个指标中，质量损失率是逆指标，其他皆是正指标，逆指标数值越小，所反映的规制绩效越高；职业安全与健康规制绩效指数所包含的4个指标皆是逆指标。为保持绩效评价过程的一致性，需对逆指标进行统计处理，将其变成正指标。

在初步建立指标体系后，需要为各指标赋予客观、科学的权重，权重也是指标体系的重要组成部分。两级指标的权重值均为0~1，各维度的指标权重和为1。一级指标权重的确定采用专家打分法，二级指标权重的确定是根据多元统计分析中的主成分分析法来确定。将专家打分法与主成分分析法有机结合，能够保证权重确定的科学性、合理性。

（1）专家打分法。专家打分法是指通过匿名方式征询有关专家的意见，对专家意见进行统计、处理、分析和归纳，客观地综合多数专家经验与主观判断，对大量难以采用技术方法进行定量分析的因素作出合理估算，经过多轮意见征询、反馈和调整后，对各指标的权重进行打分。专家打分法适用于存在诸多不确定因素、采用其他方法难以进行定量分析的问题。专家打分法的程序是：选择专家；确定影响因素，设计分析对象调查表；向专家提供问题研究背景资料，以匿名方式征询专家意见；对专家意见进行分析汇总，将统计结果反馈给专家；专家根据反馈结果修正自己的意见；经过多轮匿名征询和意见反馈，形成最终分析结论。使用专家打分法应当注意如下问题：选取的专家应当熟悉相关问题的发展现状，有较高权威性和代表性，人数应当适当；对影响卷烟品牌评价的每项因素的权重及分值均应当向专家征询意见；在多轮打分后统计方差如果不能趋于合理，应当慎重使用专家打分法得出的结论。

本书采用专家打分法的具体做法是：首先，由本研究成员设计社会性规制绩效权重；然后，邀请专家针对一级指标权重进行打分。此过程共进行了三轮，在第一轮打分后，专家将打分结果反馈回来，成员对众多专家的意见进行统计处理（求出均值和方差）后，再将这些信息反馈给专家，专家再根据总体意见的倾向（以均值表示）和分散程度（以方差表现）来修改自己第一轮的评估意见，并在调查表上进行第二轮打分。将第二轮打分意见进行处理后，请专家进行第三轮打分。最后，将根据专家的打分意见，通过统计处理和分析，确定出一级指标的权重值。

（2）主成分分析法。主成分分析也称主分量分析，旨在利用降维的思想，把多指标转化为少数几个综合指标。在实证问题研究中，为了全面、系统地分析问题，必须考虑众多影响因素。这些涉及的因素一般称为指标，在多元统计分析中也称为变量。因为每个变量都在不同程度上反映了所研究问题的某些信息，并且指标之间彼此有一定的相关性，因而所得到的统计数据反映的信息在一定程度上有重叠。在用统计方法研究多变量问题时，变量太多会增加计算量和增加分析问题的复杂性。主成分分析正是适应这一要求产生的。主成分分析法是一种数学变换的方法，它把给定的一组相关变量通过线性变换转成另一组不相关的变量，这些新的变量按照方差依次递减的顺序排列。在数学变换中保持变量的总方差不变，使第一变量具有最大的方差，称为第一主成分，第二变量的方差次大，并且和第一变量不相关，称为第二主成分。主成分分析的分析步骤是：第一，将原始数据标准化；第二，根据标准化后的数据求相关系数矩阵；第三，经过一系列正交变换，使非对角线上的数置于 0，加到主对角上；第四，得到特征根 x_i（即相应那个主成分引起变异的方差），并按照从大到小的顺序将特征根进行排列；第五，求得各个特征根对应的特征向量；第六，根据公式 $V_i = x_i / (x_1 + x_2 + \cdots + x_i)$ 计算每个特征根的贡献率 V_i，再根据特征根及其特征向量解释主成分的物理意义。

在实际研究过程中，选取贡献率累计较大的主成分作为因子，利用 SPSS 17.0 对数据进行处理后得到旋转后的因子载荷矩阵。这时得到的数据是毫无规律可循的，为使其具有指标权重的一般特点，对其进行了归一化处理。归一化处理能够将各数据归一到 0 ~ 1，使归一化后的数据加和为 1，从而满足赋权的需要。常规主成分的计算就是寻求向量 $L = (l_1, l_2, \cdots, l_p)'$，使 $y = L'X$，条件是使向量 X 所提供的信息损失尽可能少，而又达到降维的目的使 X 提供的信息损失尽可能少。也就是使 y 的方差尽可能大，即 $D(y) = D(L'X) = L'VL$ 尽可能大。

上述问题转化为求极值问题：求 L 使 $L'VL$ 最大，$L'L = L$ 即为约束条件。

应用拉格朗日乘子法：令 $\varphi = L'VL - \lambda(L'L - 1)$。则 $\frac{\partial \varphi}{\partial t} = 2VL - 2\lambda L = 0$，得到 $VL = \lambda L$。于是 $L'VL = \lambda$，故 λ 是 V 的特征值，$L = (l_1, l_2, \cdots, l_p)'$ 是 λ 所对应的特征向量，L 即为所求。则 $y = L'X$ 为 X 的主成分。

归一化主成分的计算如下：

令 $\alpha_i = (\alpha_{i1}, \alpha_{i2}, \cdots, \alpha_{ip})' = (1/\sum_{j=1}^{p} l_{ij})L_i$, $i = 1, 2, \cdots, k$。由于 $VL = \lambda L$，两边同除以 $\sum_{j=1}^{p} l_{ij}$，得到 $V(1/\sum_{j=1}^{p} l_{ij})L_i = \lambda_i(1/\sum_{j=1}^{p} l_{ij})L_i$。所以 $V\alpha_i = \lambda_i \alpha_i$，因此 α_i 也是 V 的特征值 λ_i 对应的特征向量，则 $Z_i = \alpha_i'X$, $i = 1, 2, \cdots, k$ 为 X 的第 i 个归一化主成分，α_i 为相应因子载荷系数[①]。

综上所述，α_i 即为相应三级指标的权重。

在具体给各指标赋权，测算区域社会性规制绩效前，需搜集最新相关统计数据，并对原始数据进行加工、汇总，以获取有用信息。本书借助 2009 年中国 30 个省份的相关数据[②]，构建了区域社会性规制绩效指

① 韩天赐、刘晓琴：《归一化主成份及应用》，载于《天津师范大学学报》1999 年第 12 期，第 29 ~ 32 页。

② 在分析消费者安全与健康绩效时，基于数据的连续性和口径一致性，将西藏、辽宁和新疆从研究样本中剔除；在分析职业安全与健康绩效时，将天津、内蒙古、海南、上海、江苏、浙江、广东从研究样本中剔除；不包括西藏地区、香港地区、台湾地区、澳门地区数据。

标体系。

首先，确定指标体系的权重，其具体步骤如下：

（1）进行指标的无量纲化处理。我们首先将基础数据进行无量纲化处理，也称标准化处理。由于每个指标量纲不同，无法进行综合统计比较分析。因此，在完成数据采集工作后，我们对数据进行同量度处理。目前，对指标进行无量纲处理的方法很多，例如对数化处理法，标准化处理法，模糊隶属度函数处理法。我们采用标准化处理法，借助SPSS 17.0 对数据进行处理。其原理可以用下列公式表示：

$$y_i = \frac{x_i - \bar{x}}{\sigma_j} \tag{6.1}$$

（2）指标权重的确定。第一，对各二级指标赋权。此处将以环境规制绩效指标下的 4 个二级指标的赋权为例予以说明，其他以此类推。首先对生活垃圾无害化处理率 X_1、工业固体废物利用量 X_2、工业二氧化硫去除量 X_3 和工业废水排放达标量 X_4 4 个指标标准化后的数据进行分析。分析结果显示，通过 KMO 及 Bartlett's 球形检验。然后，采用因子分析法对 4 个指标进行降维处理。选取贡献率累积到 74.574% 的两个主成分 F_1 和 F_2。

$$F_1 = 0.306X_1 + 0.482X_2 - 0.084X_3 + 0.445X_4 \tag{6.2}$$
$$F_2 = 0.152X_1 - 0.197X_2 + 0.969X_3 + 0.006X_4 \tag{6.3}$$

用第一主成分 F_1 中每个指标对应的系数乘上第一主成分所对应的贡献率再除以所提取的两个主成分的两个贡献率之和，然后加上第二个主成分 F_2 中每个指标对应的系数乘上第二主成分所对应的贡献率再除以所提取的两个主成分的两个贡献率之和，即可得到一个综合模型：

$$Y = 0.252X_1 - 0.246X_2 + 0.280X_3 + 0.288X_4 \tag{6.4}$$

该算式中每个指标所对应的系数在归一化处理后即为相应指标的权重。四个 2 级指标的权重分别为（0.236、0.231、0.263、0.270）。

第二，采用专家打分法为一级指标赋权，每个一级指标赋权为0.333。至此，区域社会性规制绩效指标体系构建完毕，如表 6-1 所示。

表 6-1 区域社会性规制绩效指标体系

权重	一级指标	权重	二级指标
0.333	环境规制绩效	0.236	生活垃圾无害化处理率
		0.231	工业固体废物利用量
		0.262	工业二氧化硫去除量
		0.270	工业废水排放达标量
0.333	消费者健康与安全规制绩效	0.190	批次合格率
		0.300	产品质量合格品率
		0.300	质量损失率
		0.211	产品一等品率
0.333	职业安全与健康规制绩效	0.373	煤矿百万吨死亡率
		0.197	亿元 GDP 生产安全事故死亡率
		0.430	煤矿死亡人数占控制指标比重

2. 区域规制绩效评价

根据上述构建的指标体系，分别对中国区域的环境规制绩效 Y_1、消费者健康与安全规制绩效 Y_2、职业安全与健康规制绩效 Y_3 及总的社会性规制绩效 Y_N 进行分析和评价，各绩效评价模型为：

$$Y_1 = 0.236X_1 + 0.231X_2 + 0.262X_3 + 0.270X_4 \quad (6.5)$$

$$Y_2 = 0.190X_1 + 0.300X_2 + 0.300X_3 + 0.211X_4 \quad (6.6)$$

$$Y_3 = 0.373X_1 + 0.197X_2 + 0.430X_3 \quad (6.7)$$

$$Y = 0.333Y_1 + 0.333Y_2 + 0.333Y_3 \quad (6.8)$$

各绩效评分结果及排序如表 6-2 所示。

表 6-2 区域社会性规制绩效评分

省份	环境保护规制绩效	省份	消费者安全与健康规制绩效	省份	职业安全与健康规制绩效	省份	社会性规制绩效
山东	1.459857	陕西	1.844349	山东	1.722134	山东	0.897216
江苏	1.112261	甘肃	1.590031	北京	1.602408	陕西	0.839982

续表

省份	环境保护规制绩效	省份	消费者安全与健康规制绩效	省份	职业安全与健康规制绩效	省份	社会性规制绩效
浙江	0.839142	内蒙古	1.277675	青海	1.267393	北京	0.488287
天津	0.620282	青海	1.254071	陕西	0.800078	青海	0.275099
广东	0.567264	吉林	1.011967	辽宁	0.143653	甘肃	0.182749
重庆	0.464469	江西	0.407317	山西	0.053467	江西	0.06283
安徽	0.447521	重庆	0.087934	河南	0.005753	重庆	0.046355
福建	0.441784	黑龙江	0.061676	河北	−0.14056	河南	−0.00502
河南	0.428576	宁夏	−0.01006	湖北	−0.19133	福建	−0.04814
上海	0.415502	浙江	−0.04277	吉林	−0.22018	河北	−0.05149
广西	0.254063	江苏	−0.10988	福建	−0.22559	安徽	−0.05243
北京	0.252092	湖南	−0.13635	甘肃	−0.25075	吉林	−0.06867
河北	0.166248	河北	−0.18032	云南	−0.28499	四川	−0.15071
云南	0.109535	四川	−0.198	江西	−0.3184	湖南	−0.18081
江西	0.099764	海南	−0.22512	安徽	−0.32198	湖北	−0.20517
四川	0.084972	安徽	−0.283	四川	−0.33955	广西	−0.24395
湖南	0.028865	福建	−0.36077	广西	−0.35048	山西	−0.27526
湖北	0.001523	北京	−0.38817	重庆	−0.4132	云南	−0.30876
海南	−0.0702	湖北	−0.4263	黑龙江	−0.42947	黑龙江	−0.37851
内蒙古	−0.07284	河南	−0.44942	湖南	−0.43549	宁夏	−0.42445
陕西	−0.12196	天津	−0.45767	新疆	−0.53958	贵州	−0.57632
山西	−0.2458	山东	−0.48765	贵州	−0.5485		
辽宁	−0.48863	上海	−0.53096	宁夏	−0.58485		
贵州	−0.5216	广东	−0.56583				

续表

省份	环境保护规制绩效	省份	消费者安全与健康规制绩效	省份	职业安全与健康规制绩效	省份	社会性规制绩效
宁夏	-0.67973	山西	-0.63428				
黑龙江	-0.76888	广西	-0.63617				
甘肃	-0.79049	贵州	-0.66058				
吉林	-0.99799	云南	-0.75174				
新疆	-1.34026						
青海	-1.69534						

注：本表无我国台湾地区、香港地区、澳门地区的数据。

结果显示，除西藏外，全国区域环境保护绩效最高的 3 个省份是山东、江苏和浙江；最后三位是吉林、新疆和青海。除辽宁、新疆和西藏外，区域消费者安全和健康绩效最高的 3 个省份是陕西、甘肃和内蒙古，较差的是广西、贵州和云南。为保持数据一致性，在测算职业安全与健康绩效时，将天津、内蒙古、海南、上海、江苏、浙江、广东从研究样本中删除，因此在剩下的 23 个省份中，绩效较高的省份是山东、北京和青海；排名较低的是新疆、贵州和宁夏。在测算区域社会性规制绩效时，需将三个绩效指标进行综合，数据全面、符合测算要求的地区仅有 21 个。绩效最高的三个省份是山东、陕西和北京，绩效较差的是黑龙江、宁夏和贵州。

6.2.2　全国绩效指标体系构建、绩效评价及其影响因素分析

1. 全国绩效指标体系构建与绩效评价

进行全国范围内的社会性规制绩效评价，依然综合环境规制绩效、消费者安全与健康规制绩效和职业安全与健康规制绩效三个方面进行评价，上述三个方面即构成评价中国社会性规制绩效水平的一级指标。在

此基础上，依次构建二级、三级评价指标。二级指标的构建是以成本与收益理论为基础，建立"投入—结果"二维度的理论框架，从规制投入、规制结果两个角度依次评价环境规制绩效、消费者安全与健康规制绩效和职业安全与健康规制绩效，将整个规制过程纳入考察范围内，能够保证评价的科学性和系统性。在二级指标的理论框架下，依次选取三级指标。

指标确定后，需要对各级指标赋权。我们使用专家打分法为一级、二级指标赋权，具体步骤是：首先初步确定一、二级指标体系权重，邀请专家针对指标权重进行打分。然后，根据专家的打分意见，通过统计处理和分析，确定一、二级指标的权重值。而三级指标的权重则采用主成分分析法与归一法。第一，为三级指标搜集相应的截面统计数据，我们采用 2009 年中国 30 个省份（除西藏地区、台湾地区、香港地区、澳门地区）的统计数据为指标赋权。第二，需要对指标数据进行标准化处理，使不同量纲或数量级的数据能够进行综合统计比较分析。如果指标体系中存在逆指标，需要先对其进行统计处理，即经公式 $y = \dfrac{1}{x}$ 转化为正指标，以保持绩效评价过程的一致性。第三，借助 SPSS 17.0 软件对指标数据进行主成分分析，按照一定原则选取贡献率累计较大的主成分，同时得到旋转后的因子载荷矩 B，该矩阵中的元素 $a_{ij}(i = 1, 2, \cdots, m; j = 1, 2, \cdots, n)$ 代表各因子对各主成分的贡献。将因子 $x_{ik}(i = 1, 2, \cdots, m)$ 在 $F_k(k = 1, 2, \cdots, p)$ 中的系数与各主成分贡献率乘积，加和后取绝对值，即为因子 $x_{ik}(i = 1, 2, \cdots, m; k = 1, 2, \cdots, p)$ 的权重。以确定因子 x_1 的权重为例，设 F_k 对方差的贡献率为 λ_k，因子 x_1 在主成分 F_k 中系数为 a_{1k}，则因子 x_1 权重为 $w_{x1} = \left| \sum_{k=1}^{p} \lambda_k g \alpha_{1k} \right|$，该权重即三级指标的权重，此时的数据毫无规律可言，并不具有指标权重的一般特点。第四，对权重数据进行归一化处理，将各数据归一到 0～1，满足赋权的需要。

中国社会性规制绩效指标体系共计 3 个一级指标，6 个二级指标和 18 个三级指标，如表 6－3 所示。下面将就三级指标的选取进行具体说明。选取环境规制绩效的三级指标，主要以工业"三废"的治理投资和处理情况来表征环境规制的投入和结果。选取消费者安全与健康规制绩效的三级指标，在考虑一般消费品规制投入、结果的基础上，着重强调了食品生产和卫生的规制投入和结果，凸显了食品安全规制的重要性。由于受数据约束，表征职业安全与健康规制绩效的三级指标相对较少。其中，安全投入的相关数据难以获得，这里选取当年新增或修订的法规数量表征规制投入。涉及职业病规制的数据不多，而已有相关数据存在前后口径不一的问题，因此没有考虑职业病相关指标。

表 6-3 　　　　　　　　　中国社会性规制绩效指标体系

权重	一级指标	权重	二级指标	权重	三级指标	指标性质
0.333	环境规制绩效（ER）	0.3	规制投入指标（E_1）	0.262	治理废水投资（E_{11}）	正指标
				0.374	治理废气投资（E_{12}）	正指标
				0.364	治理固体废物投资（E_{13}）	正指标
		0.7	规制结果指标（E_2）	0.186	工业废水排放达标量（E_{21}）	正指标
				0.201	工业烟尘去除量（E_{22}）	正指标
				0.181	工业粉尘去除量（E_{23}）	正指标
				0.212	工业二氧化硫去除量（E_{24}）	正指标
				0.22	工业固体废物利用量（E_{25}）	正指标
0.333	消费者安全与健康规制绩效（CR）	0.3	规制投入指标（C_1）	0.5	质量技术监督系统从业人员增量（C_{11}）	正指标
				0.5	当年质检、卫生部门颁发、修订的相关法规数（C_{12}）	正指标
		0.7	规制结果指标（C_2）	0.19	食品批次合格率（C_{21}）	正指标
				0.231	食品卫生抽检合格率（C_{22}）	正指标
				0.246	产品质量合格品率（C_{23}）	正指标
				0.183	质量损失率（C_{24}）	逆指标
				0.15	产品一等品率（C_{25}）	正指标
0.333	职业安全与健康规制绩效（OR）	0.3	规制投入指标（Q_1）	1	当年安全监管部门颁发、修订的法规数	正指标
		0.7	规制结果指标（Q_2）	0.588	煤矿百万吨死亡率（Q_{21}）	逆指标
				0.412	亿元 GDP 生产安全事故死亡率（Q_{22}）	逆指标

在指标体系构建完成后，我们将以此为基础，进一步构建评价模型，通过客观的数学计算将各指标反映的信息综合成反映社会性规制绩效整体水平的综合指数 TR 以及反映环境规制绩效水平的指数 ER、反映消费者安全与健康规制绩效水平的指数 CR、反映职业安全与健康规制绩效水平的指数 OR，绩效评价模型如下：

（1）中国社会性规制绩效指数 TR。

$$TR = 0.333ER + 0.333CR + 0.333OR \qquad (6.9)$$

（2）中国环境规制绩效指数 ER。

$$ER = 0.3E_1 + 0.7E_2 \qquad (6.10)$$

$$E_1 = 0.262E_{11} + 0.374E_{12} + 0.364E_{13} \qquad (6.11)$$

$$E_2 = 0.186E_{21} + 0.201E_{22} + 0.181E_{23} + 0.212E_{24} + 0.22E_{25} \qquad (6.12)$$

（3）中国消费者安全与健康规制绩效指数 CR。

$$CR = 0.3C_1 + 0.7C_2 \qquad (6.13)$$

$$C_1 = 0.5C_{11} + 0.5C_{12} \qquad (6.14)$$

$$C_2 = 0.19C_{21} + 0.231C_{22} + 0.246C_{23} + 0.183C_{24} + 0.15C_{25} \qquad (6.15)$$

（4）中国职业安全与健康规制绩效指数 Y_3。

$$OR = 0.3O_1 + 0.7O_2 \qquad (6.16)$$

$$O_2 = 0.588O_{21} + 0.412O_{22} \qquad (6.17)$$

评价社会性规制绩效水平的数据源自 1995～2010 年《中国环境统计公报》，1996～2011 年《中国统计年鉴》，1995～1998 年《中国技术监督年鉴》，1999～2001 年《中国质量技术监督年鉴》，2002～2011 年《中国质量监督检验检疫年鉴》，2003～2011 年《中国卫生统计年鉴》，1996～2010 年《中国卫生年鉴》，1979～2010 年《中国安全生产统计年鉴》，2008 年中国煤炭工业年鉴，2010 年中国各省、市、自治区统计年鉴及国家安全生产监督管理总局网站。经过对原始数据加工、整理，获得所需数据。

根据上文构建的评价体系，可以计算出 1995～2010 年中国社会性规制绩效指数、中国环境规制绩效指数、中国消费者安全与健康规制绩效指数以及中国职业安全与健康规制绩效指数，如表 6-4 所示。该指数是评价各类社会性规制绩效水平的基础，也是分析其动态变化过程的主要依据。

表 6 – 4　　　　　　　　　中国社会性规制绩效指数

年份	中国环境规制绩效指数	中国消费者安全与健康规制绩效指数	中国职业安全与健康规制绩效指数	中国社会性规制绩效指数
1995	– 0. 7642	– 0. 4569	– 0. 5667	– 0. 5953
1996	– 0. 8160	– 0. 2889	– 0. 5499	– 0. 5510
1997	– 0. 8149	– 0. 0250	– 0. 6044	– 0. 4809
1998	– 0. 7491	– 0. 7844	– 0. 6260	– 0. 7191
1999	– 0. 7262	0. 1169	– 0. 6479	– 0. 4186
2000	– 0. 5219	0. 0250	– 0. 6721	– 0. 3893
2001	– 0. 1717	0. 0057	– 0. 6437	– 0. 2697
2002	– 0. 3207	0. 4877	– 0. 6283	– 0. 1536
2003	– 0. 0372	0. 2228	– 0. 5239	– 0. 1126
2004	0. 2951	0. 3458	– 0. 3756	0. 0883
2005	0. 4852	0. 0564	– 0. 2645	0. 0923
2006	0. 4934	– 0. 1724	0. 0058	0. 1088
2007	0. 7229	0. 3034	0. 5986	0. 5411
2008	0. 8973	0. 2534	1. 1376	0. 7620
2009	0. 9914	– 0. 0834	1. 8512	0. 9188
2010	1. 0365	– 0. 0061	2. 5097	1. 1788

资料来源：中国统计局、中国环保局和国家安全生产监督管理总局。

（1）环境规制绩效评价及趋势分析。伴随着我国工业化和市场化进程的推进，我国的环境污染问题日益严峻，国家对环境污染的治理力度不断增加，相关投入不断增加，近年来环境质量有了一定程度的改善。据《2010 年中国环境状况公报》显示，全国环境质量状况总体保持稳定，主要污染物减排任务超额完成，环境保护优化经济发展的综合作用日益显现，环保能力建设进一步加强。表 6 – 4 数据显示，1995～2010 年，全国环境规制绩效水平逐年提高，从 1995 年的 – 0. 7642 上升至 2010 年的1. 0365，上升态势非常明显。这与各地区、各部门加强环境规制是密不可分的。近年来，环保系统把环境保护与推动发展方式转变、污染减排与促进经济结构战略性调整、环境治理与保障和改善民生更加有机地结合起来。同时，地方各级政府进一步转变观念，变被动减排为主动减排，纷纷采取多种追究手段，有力地推动了污染减排工作的深入开展。

为使数据的变化趋势清晰可见，我们将环境规制绩效水平以图 6－1表示。

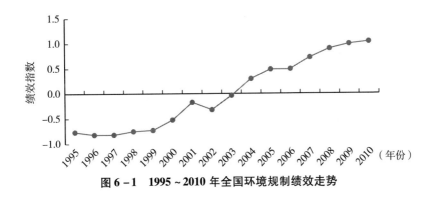

图 6－1　1995～2010 年全国环境规制绩效走势

（2）消费者安全与健康规制绩效评价及趋势分析。为了进一步提高消费者安全与健康水平，我国建立了相关法律法规，强化产品质量检验机构规制工作，制定并完善了产品标准体系，积极推进规制工作在横向和纵向上的联动，不断加强对产品生产，尤其是食品生产的质量规制和质量检测，消费者安全与健康规制的有效性得到一定提升。但是由于存在相关法律不系统；标准距国际标准存在一定差距；规制责任与行政资源不匹配；消费者安全意识不强等问题，我国消费者安全与健康规制的总体绩效水平依然不高，与发达国家相比，仍有较远距离。

如图 6－2 所示，1995～2010 年中国消费者安全与健康规制绩效水平呈现较大波动，整体并没有明显发展趋势。16 年间多次出现绩效水平大幅下降的情况。这说明我国产品安全虽有一定改善，但总体的质量状况尚不理想。

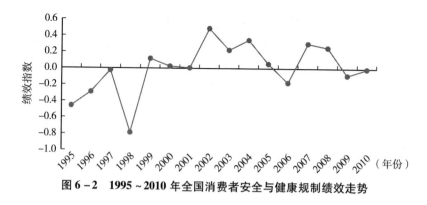

图 6 - 2　1995～2010 年全国消费者安全与健康规制绩效走势

（3）职业安全与健康规制绩效评价及趋势分析。职业安全规制的目的是消除或减少人们在工作中面临的风险，保证人们的健康和安全。新中国成立以来我们十分重视劳动者的健康与安全问题，颁布了一系列工作场所安全规制的法律法规，建立了相关的规制机构和工作场所安全应急体系，安全规制初见成效。

我们测算的职业安全与健康规制绩效水平如图 6 - 3 表示。

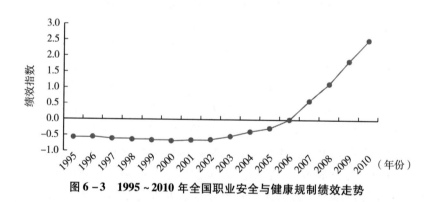

图 6 - 3　1995～2010 年全国职业安全与健康规制绩效走势

从图 6 - 3 的走势看，中国职业安全与健康规制绩效整体呈现先波动后上升的趋势。1995～2000 年，该绩效水平出现下降趋势，从 2001年至今，绩效水平开始逐年上升。2001 年，我国初步建立健全了安全生产监督管理体系，安全生产监管工作在组织机构上得到了一定的加强，同时，将建立健全安全生产法规体系摆到重要位置，相应的法规体系建设步伐也不断加快。从整体变化趋势而言，我国安全生产总体稳定、趋向好转的发展态势。

（4）中国社会性规制绩效评价及趋势分析。中国社会性规制绩效是综合了环境规制、消费者安全与健康规制及职业安全与健康规制三方面绩效的结果，从多个角度全面反映了中国社会性规制的效果及效率。根据图 6-4 的走势看，从 1995~2010 年，中国社会性规制绩效呈现整体上扬趋势。一方面，由于近年来中国经济与社会体制改革取得显著成效，经济发展水平不断提高，市场化程度与经济对外开放度也随之提高，相关法律法规不断建立健全。在推进社会性规制改革的同时也对社会性规制提出了更多更高的要求。鉴于此，中国政府应加大力度进行规制机构改革，增加规制投入，提高了社会性规制供给。另一方面，随着经济社会的不断发展，社会公众整体素质不断提高，特别是对环境保护、职业安全、消费者安全的关注度及重视度提高，引发了对社会性规制的大量需求。正是在社会性规制供给与需求不断提高的共同作用下，近年来中国社会性规制迅速发展，规制绩效不断提高。本书将在以下分析中对此处结果进行实证分析，以期得到影响中国社会性规制绩效的部分主要因素。

213

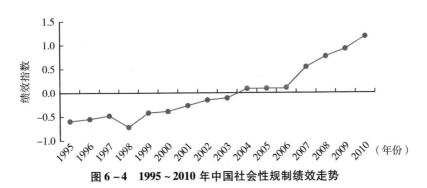

图 6-4　1995~2010 年中国社会性规制绩效走势

2. 中国社会性绩效影响因素分析

我们认为实现有效社会性规制，提高规制绩效，应充分考虑规制的主体——政府及相关职能部门和规制的服务对象——社会公众的作用。政府提供社会性规制时，以实现环保、安全、发展与可行的结合为多元政策目标，该目标能够决定规制行为，影响规制体系的完善程度，进而直接影响社会性规制绩效。政府多元政策目标的制定受到政府自身、企业及社会公众等多方因素影响，作为规制者，政府不仅有加强社会性规制、维护社会公众权益的责任，也有在开放经济条件下规范市场环境，发展生产、促进经济发展的目标。而作为规制服务的对象，社会公众将从需求的角度影响政府的社会性规制行为，进而影响规制绩效。

基于已有相关文献及上述分析，我们认为经济发展水平、市场化、对外开放及受教育程度四个因素能从不同角度影响社会性规制的主体和服务对象，进而影响规制绩效。其中，经济发展水平反映了社会性规制所处的经济阶段，影响公众对规制需求的强度，同时也是政府的多元目标之一。市场化水平能够反映市场竞争环境及产业所有权结构的变化，进而对社会性规制体系产生影响。对外开放能够反映外来经济因素（如FDI）对社会性规制所处环境及社会性规制标准的影响。受教育程度能够反映社会性规制保护的对象，即社会公众维护自身权益的意识，公众维权意识越强，对社会性规制绩效的需求越强。我们以上述四个可能影响社会性规制绩效的因素为自变量，以社会性规制绩效指数为因变量，建立多元线性回归模型。

$$TR = \alpha_0 + \alpha_i X_{it-1} + \varepsilon \tag{6.18}$$

式（6.18）中，TR 为中国社会性规制绩效指数，X_{it-1} 表示各影响因素，自变量数据均滞后一期，即选用 1994～2009 年的时序数据进行检验，意义在于：使用滞后一年的数据可以降低变量间的相互影响，有效减少内生性问题。α_0 是截距参数，α_i 为各相关系数，ε 为随机误差项。

以社会性规制绩效的三个方面，即环境规制绩效、消费者安全与健康规制绩效和职业安全与健康规制绩效为因变量，以各因素为自变量，建立多元线性方程，逐一分析各因素对三类绩效的影响方向和程度，揭示各因素对社会性规制绩效的影响路径。

$$R_i = \beta_0 + \beta_i X_{it-1} + \nu \tag{6.19}$$

式（6.19）中，$R_i(i=1,2,3)$ 分别表示环境规制绩效、消费者安全与健康规制绩效和职业安全与健康规制绩效，X_{it-1} 表示各影响因素，自变量数据滞后一期。β_0 是截距参数，β_i 为各相关系数，ν 为随机误差项。

此处选取以下四个指标表征经济发展水平、市场化、对外开放度和受教育程度四个解释变量。

（1）经济发展水平（pergdp），以人均 GDP 表示。该指标越大，经济发展水平越高，社会公众生活水平也越高，其社会需求将根据经济水平逐级递升。

（2）市场化水平（market），以非国有工业企业产值占所有工业企业产值的比重表示。该指标越大，说明非国有经济比重越高，产业所有权结构越丰富，市场竞争环境越开放。

（3）对外开放度（open），以外商直接投资实际利用额占当年 GDP 的比重表示。随着对外经济开放度的提高，大量外资涌入中国，对我国经济的增长，市场体制的完善、相关标准的制定以及法制法规的建立健全均产生了较大影响。

（4）公众受教育程度（edu），以人均受教育年限表示。受教育程度可以对公众的需求规模和结构产生影响。其计算公式为：人均受教育年限 ＝（大专以上人口 ×16 ＋ 高中人口 ×12 ＋ 初中人口 ×9 ＋ 小学人口 ×6）÷ 6 岁及以上总人口。

以上指标数据均来源于 1995 ~ 2010 年《中国统计年鉴》、《中国工业经济统计年鉴》以及《新中国五十五年统计资料汇编》。

本部分研究分别以中国社会性规制绩效指数、环境规制绩效指数、消费者安全与健康规制绩效指数、职业安全与健康绩效指数为被解释变量，借助 1994 ~ 2009 年经济发展水平、对外开放度、市场化程度和受教育程度四个宏观变量的时序数据进行实证检验，结果如表 6 - 5 所示。

表 6 - 5　　　　　社会性规制绩效影响因素的实证结果

被解释变量	解释变量					
	C	pergdp	open	market	edu	调整后的 R^2
社会性规制绩效（TR）	2.86E - 07 (1.65E - 05)	0.4910 *** (9.7954)	- 0.0150 (- 0.3364)	0.0216 (0.9678)	0.0623 (1.2494)	0.984
	7.57E - 08 (1.37E - 06)		- 0.2010 (- 1.5093)	0.0829 (1.3878)	0.3219 ** (2.4146)	0.852

被解释变量	解释变量					调整后的 R^2
	C	pergdp	open	market	edu	
社会性规制绩效（TR）	3.31E-07	0.5928*** (19.6417)		0.0551* (1.8259)		0.969
环境规制绩效（ER）	4.37E-07 (1.09E-05)	0.3061** (2.6418)	-0.1440 (-1.3983)	0.0563 (1.0917)	0.2826** (2.4532)	0.948
	3.04E-07 (6.18E-06)		-0.2395* (-2.0284)	0.0175 (0.3301)	0.4486*** (3.7962)	0.921
消费者安全与健康规制绩效（CR）	-1.63E-07 (-3.59E-06)	-0.3261** (-2.4786)	-0.1241 (-1.0616)	-0.0082 (-0.1412)	0.2884** (2.2053)	0.821
	-2.74E-07 (-5.37E-06)	-0.2066* (-1.9333)	-0.2782** (-2.6039)			0.859
职业安全与健康规制绩效（OR）	5.84E-07 (1.63E-05)	1.4944*** (14.4240)	0.2231** (2.4230)	0.0002 (0.0056)	0.3840*** (3.7289)	0.979
	6.34E-08 (4.23E-07)	0.3663** (2.2683)			0.6437*** (3.9861)	0.739

注：括号内是 t 统计量，***，**，* 分别代表在1%，5%，10%的水平上显著。

表6-5结果表明，经济发展水平、市场化程度及受教育程度对社会性规制绩效具有显著正向影响，而经济开放度对社会性规制绩效为负面影响，但不显著。主要表现为：第一，经济发展水平对社会性规制绩效的正面影响最为明显，即随着经济发展，劳动者和消费者对自身的安全、健康及环境保护等方面关注度增加，对商品、服务的质量及相关标准要求也快速提高。维斯库斯和弗农（Viscusi & Vernon，2005）研究发现：在我们的生活中，需要更多规制的部分原因是社会影响的增加。因为社会越加富裕，我们对个人健康状况及提高物质福利水平的努力也就越加关注。本书此处所得结论与维斯库斯和弗农一致。第二，受教育程度对社会性规制绩效也表现为正向影响，即平均受教育年限越长，受教育水平越高，对社会性规制绩效的影响也越大，这说明随着消费者和

劳动者受教育水平提升，对社会性规制的需求相应提高，这一点完全符合马斯洛需求层次理论的思想。第三，市场化程度及非国有经济比重越高，社会性规制绩效越显著。在市场化改革过程中，中国的经济自由度得到较大提升，民营经济和外资比重逐步提高，市场竞争环境得到优化，社会性规制相关法律法规及监督机制不断健全。在市场化程度增强的环境中，政府规制力度加强，企业社会责任感提高，社会公众维权要求增强，进而推动社会规制绩效提高。

在分析经济发展水平、市场化程度、受教育程度及经济开放度对中国社会性规制绩效总体影响的基础上，就各因素对社会性规制绩效的影响途径进行进一步分析。此处对包括环境规制绩效、消费者安全与健康绩效和职业安全与健康绩效三个维度的社会性规制绩效进行测算，通过研究相关变量对上述三个绩效的影响，发现各变量对社会性规制绩效影响的途径及内在传导机制。根据环境规制绩效、消费者安全与健康绩效、职业安全与健康绩效的回归结果（如表 6 - 5 所示），经济发展水平、经济开放度和受教育程度对三者的影响系数均通过 10% 的显著性检验，市场化对环境规制、职业安全与健康绩效产生正面影响，对消费者安全与健康绩效产生负面影响，但影响不显著。以下将针对经济发展水平、经济开放度和受教育程度对环境规制、消费者安全与健康规制及职业安全与健康规制绩效的影响进行具体阐述。

（1）经济发展水平等因素对环境规制绩效的影响。从表 6 - 5 的检验结果可知，中国经济发展水平对环境规制绩效的正向影响显著，即经济发展水平对环境规制绩效具有促进作用。中国的经济发展经历了长达 30 年的快速增长时期，这种高污染、高耗能的增长是以破坏环境，耗费资源能源为惨痛代价的。在强调转变经济发展方式的今天，经济发展水平的提高势必伴随环境规制的加强，具体表现为各级政府对环境规制的决心和力度增强，社会公众对环境保护的关注和要求不断提高。此外，经济发展促进了技术的进步和创新，增强了企业绿色生产和降低排污的能力，进一步促进了环境规制绩效的提高。

经济开放度对环境规制绩效产生负向影响，说明当前的对外开放对中国环境规制效果和效率产生了抑制作用。中国自改革开放以来，对外经济开放度不断提高，大量外资涌入中国，成为驱动中国经济快速增长的基础性驱动因素，但是国内环境的不断恶化也引起社会各界对引资质量的关注。近年来，国内外学者对中国是否已成为"污染避难所"进行了检验，大多数实证研究支持"污染避难所"假说，此处的实证结果再一次证实了该假说。

受教育程度对环境规制绩效产生显著的正向作用，即社会公众受教育程度越高，对环境质量的要求越高，公众的需求将推动政府加强规制和执法力度，最终促进环境规制效率的提升。此外，市场化程度对环境规制绩效产生正向影响，但并不显著。

（2）经济发展水平等因素对消费者安全与健康绩效的影响。表6-5显示，经济发展水平和消费者安全与健康规制绩效为负相关，即随着经济发展水平的提高，中国消费者安全与健康规制绩效却不断下降。在中国经济快速发展，没有同步保障消费者安全与健康等合法权益，该结论印证了当前频发的食品、药品安全问题。目前，我国有高达70%以上的社会公众认为消费者安全问题，尤其是食品安全是社会生活中最差的一环，该问题已成为一个日益严重的重大公共安全问题，缺乏规制效率是造成目前这种现状的根本原因。一方面，我国消费者安全规制主体单一，没有形成有效的激励机制；另一方面，相关法律法规不健全且执行力弱，法律威慑力大大降低，加之企业追求高额利润，安全意识更为淡薄。以上原因共同导致了目前我国经济快速增长期与消费者安全风险高发期、矛盾凸显期并存的现状。

对外开放度和消费者安全与健康绩效呈负相关关系。从一般意义而言，外资企业经营规范，管理严格，能够遵守涉及消费者安全的相关规定。但数据证明，在规制机制不完善、规制无效率的情况下，外资的引入并不必然带来消费者安全水平的提高，近年来曝光的麦当劳、家乐福等消费者安全与健康安全事件印证了该结论。此外，受教育程度对消费者安全与健康规制绩效产生正向影响，说明社会公众受教育程度越高，对自身安全与健康关注度越高，对相关规制效果和效率要求越高。

（3）经济发展水平等因素对职业安全与健康绩效的影响。表6-5检验结果表明，经济发展水平对职业安全健康与规制绩效产生正向影响，即经济的快速发展能够推动职业安全与健康规制绩效的提高。伴随经济发展，劳动者收入及生活水平提升，对职业安全的重视度不断提高，由此推动职业安全与健康规制力度增强。

对外开放度与职业安全与健康规制绩效呈正相关关系。伴随对外开放度提高，外资大规模进入中国市场，带来大量先进的管理经验的同时，也引入国外保障职业安全与健康的一系列先进经验和措施，有利于提升各级政府的规制绩效。同时，劳动者受教育水平越高，观察安全和健康风险的能力越强，维护切身利益的需求也越大，因此受教育程度对职业安全与健康规制绩效具有促进作用。

6.3　社会性规制绩效典型评价——以环境规制为例

作为社会性规制的重要领域，环境规制绩效主要表现为政府在行使环境保护的公共管理职能、从事环境保护的公共管理活动时所获得的环境规制收益同所投入的环境规制成本之间的比例关系①。本书采用 SE – DEA 模型对中国环境规制绩效进行实证分析，对于多个有效决策单元进行排序，使各有效决策单元之间也能够进行效率高低的比较，以便更好地评价环境规制绩效。

运用 SE – DEA 模型对中国环境规制绩效进行评价，实质上是基于两个层面的评价：第一，基于国家层面的全国环境规制绩效评价；第二，基于区域层面的环境规制绩效评价。换句话说，只有基于国家与区域两个层面对中国环境规制绩效进行评价，才能得到一个全面而又准确的评价。以下将分别从国家层面与区域层面对中国环境规制绩效进行实证分析与评价。

6.3.1　区域环境规制绩效评价

基于区域层面的环境规制绩效的评价是指对不同省份的环境规制绩效做出一个相对的比较与评价。其具体逻辑思路是：首先对特定年份不同省份的环境规制绩效做一个相对比较、评价并进行排名；其次是将同一省份在不同年份的环境规制相对效率排名进行比较，最终得到：同一

---

① 王晓宁：《基于绩效评估的地方环境保护机构能力分析》，载于《中国环境科学》2006 年第 3 期，第 380～384 页。

省份在不同年份的相对效率排名的变化趋势。以下将按照 SE – DEA 模型的应用步骤对基于区域层面的中国环境规制的相对效率进行评价。

1. 决策单元界定

由于指标定义的不同与数据收集的困难，本书分别选择 2003 ~ 2009 年每年 29 个省份为决策单元（DMU）来对区域层面的中国环境规制相对效率进行评价①。

2. 指标选取

由于特定年份各省份环境规制指标数据收集困难等原因，这里针对区域环境规制绩效所进行的评价需要对相关评价指标进行必要的取舍，去除环境污染事件发生次数（次）指标。最终得到区域环境规制绩效评价指标体系，如表 6 – 6 所示。

表 6 – 6 区域环境规制绩效评价指标体系

一级指标	二级指标	三级指标	四级指标
中国环境规制绩效评价指标体系	环境规制的成本指标	人力投入指标	环境行政主管部门的人数（人）
		物力投入指标	环境污染治理设施数（台）
		财力投入指标	环境污染治理投资总额（亿元）
			环境污染治理投资率（%）
	环境规制的收益指标	污染控制指标	工业烟尘去除率（%）
			工业粉尘去除率（%）
			工业二氧化硫去除率（%）
			工业固体废物利用率（%）
			生活垃圾无害化处理率（%）
			城市污水处理率（%）

① 本书之所以选择我国的 29 个省份而并非 34 个省份为决策单元，是因为在所选择的评价指标体系中青海、西藏以及台湾地区、香港地区、澳门地区存在大量的指标数据缺失；故为了保证评价过程与结果的准确性，本书选择剔除这 5 个省份。

续表

一级指标	二级指标	三级指标	四级指标
中国环境规制绩效评价指标体系	环境规制的收益指标	环境质量指标	自然保护区占地率（%）
			建成区绿化覆盖率（%）
			人均公园绿地（m^2）
			总悬浮颗粒物（TSP）年日均（Mg/Nm^3）
			氮氧化物（NO_x）年日均（Mg/Nm^3）
			二氧化硫（SO_2）年日均（Mg/Nm^3）
			空气质量达标率（%）
			化学需氧量（COD）排放量（万吨）
			工业废水排放达标率（%）

资料来源：笔者根据各年《中国统计年鉴》、《中国环境统计年鉴》与《中国环境统计年报》整理所得。

3. 数据收集与处理

（1）原始数据的收集。本部分根据 2004～2010 年中国统计年鉴、2004～2010 年中国环境统计年鉴与 2003～2009 年中国环境统计年报等资料对上文所构建的指标体系进行数据收集，2009 年各省份环境规制绩效评价指标数据的收集结果如表 6－7 所示。

（2）数据处理。总悬浮颗粒物（TSP）年日均（Mg/Nm^3）、氮氧化物（NO_x）年日均（Mg/Nm^3）、二氧化硫（SO_2）年日均（Mg/Nm^3）与化学需氧量（COD）排放量（万吨）四个指标属于逆向指标，需对相关指标数据进行逆向指标正向化处理[①]，即将四个逆向指标经公式 $y = \dfrac{1}{x}$ 变换转化为正向指标。以下将对表 6－7 所示的 2009 年区域环境规制绩效评价指标数据进行正向化处理，其数据处理结果见表 6－8。

[①] 本小节无须对环境污染治理投资总额（亿元）等指标数据进行定基化处理，因为在环境规制绩效的区域评价中决策单元为特定年份的不同省份并非环境规制绩效的历史评价中的不同年份。

表6-7 2009年区域环境规制绩效评价指标数据（原始）

省份	成本指标				收益指标														
	人力投入	物力投入	财力投入		环境质量									污染控制					
	环境行政主管部门的人数（人）	环境污染治理设施数（台）	环境污染治理投资总额（亿元）	环境污染治理投资率（%）	自然保护区占地率（%）	建成区绿化覆盖率（%）	人均公园绿地（m²）	总悬浮颗粒物（TSP）年日均（Mg/Nm³）	二氧化硫（SO₂）年日均（Mg/Nm³）	氮氧化物（NOx）年日均（Mg/Nm³）	空气质量达标率（%）	化学需氧量（COD）排放量（万吨）	工业废水排放达标率（%）	工业烟尘去除率（%）	工业粉尘去除率（%）	工业二氧化硫去除率（%）	工业固体废物利用率（%）	生活垃圾无害化处理率（%）	城市污水处理率（%）
北京	2589	3127	208.7	1.72	8.0	47.69	12.11	0.121	0.034	0.053	78.1	9.9	98.4	99.0	97.9	65.3	68.9	98.2	80.3
天津	1949	4005	103.7	1.38	13.6	30.33	8.59	0.101	0.056	0.040	84.1	13.3	100.0	98.6	98.8	59.7	98.3	94.3	80.1
河北	15677	15714	248.6	1.44	3.0	40.02	11.19	0.104	0.045	0.035	87.1	57.0	98.3	98.6	92.9	54.3	70.9	59.0	84.5
山西	10859	11748	157.8	2.14	7.3	36.49	8.21	0.106	0.075	0.022	81.1	34.4	82.3	98.0	88.2	58.7	60.1	62.9	75.2
内蒙古	5225	5845	155.2	1.59	11.7	32.44	11.65	0.074	0.049	0.040	94.8	27.9	85.1	98.7	93.5	57.8	52.6	72.0	75.2
辽宁	8143	11865	204.9	1.35	10.4	38.33	9.76	0.110	0.059	0.037	89.9	56.3	85.9	97.9	96.6	52.7	47.2	59.9	60.2
吉林	5299	3675	66.1	0.91	12.4	32.78	9.82	0.085	0.034	0.043	93.2	36.1	81.5	96.9	98.3	29.9	64.3	38.4	64.6
黑龙江	4864	5778	107.8	1.26	13.6	33.62	10.47	0.101	0.046	0.054	85.2	46.2	91.8	97.1	88.7	15.0	71.7	29.9	55.6
上海	2347	5716	160.1	1.06	14.8	38.10	8.02	0.081	0.035	0.053	91.5	24.3	98.8	99.3	99.1	61.6	95.7	78.8	89.0
江苏	9897	18385	369.9	1.07	5.5	41.99	13.21	0.100	0.035	0.048	86.3	82.2	98.1	98.7	95.2	64.7	96.8	91.0	85.4

续表

| 省份 | 成本指标 | | | | 收益指标 | | | | | | | | | | | | | | |
| | 人力投入 | 物力投入 | 财力投入 | | 环境质量 | | | | | | | | 污染整制 | | | | | | |
	环境污染行政主管部门人数（人）	环境污染治理设施数（台）	环境污染治理投资总额（亿元）	环境污染治理投资率（%）	自然保护区占地率（%）	建成区绿化覆盖率（%）	人均公园绿地（m²）	总悬浮颗粒物（TSP）年日均（Mg/Nm³）	二氧化硫（SO₂）年日均（Mg/Nm³）	氮氧化物（NOₓ）年日均（Mg/Nm³）	空气质量达标率（%）	化学需氧量（COD）排放量（万吨）	工业废水排放达标率（%）	工业烟尘去除率（%）	工业粉尘去除率（%）	工业二氧化硫去除率（%）	工业固体废物利用率（%）	生活垃圾无害化处理率（%）	城市污水处理率（%）
浙江	6450	22728	198	0.86	2.5	38.20	10.76	0.097	0.041	0.052	89.6	51.4	95.3	98.6	98.1	65.9	91.6	97.6	78.9
安徽	5527	6720	139.2	1.38	4.1	37.16	10.23	0.111	0.023	0.027	87.9	42.4	96.2	98.3	92.4	76.9	83.1	60.9	83.2
福建	3648	10880	87.2	0.71	3.1	39.71	10.51	0.064	0.014	0.040	96.7	37.6	98.8	98.8	94.1	47.0	85.4	92.5	80.3
江西	4914	5779	70.4	0.92	6.6	44.36	11.48	0.079	0.054	0.037	95.1	43.5	93.8	98.2	95.6	74.5	41.6	84.4	74.9
山东	13494	16551	459.5	1.36	6.6	41.18	15.09	0.123	0.050	0.025	80.8	64.7	98.6	99.1	96.2	66.7	94.8	90.5	88.1
河南	21573	11950	121.3	0.62	4.5	36.29	8.72	0.099	0.053	0.046	88.2	62.6	96.1	98.1	95.8	54.6	73.7	75.3	83.9

注：由于缺少省际总悬浮颗粒物（TSP）年日均指标，二氧化硫（SO₂）年日均指标、氮氧化物（NOx）年日均指标与空气质量达标率指标，这里用省会城市的指标数据近似代替；笔者根据2004～2010年《中国统计年鉴》、2004～2010年《中国环境统计年鉴》与2003～2009年《中国环境统计年报》相关资料整理所得。

表 6-8　2009 年区域环境规制绩效评价指标数据（处理后）

省份	成本指标				收益指标														
	人力投入	物力投入	财力投入		环境质量								污染控制						
	环境行政主管部门的人数（人）	环境污染治理设施数（台）	环境污染治理投资总额（亿元）	环境污染治理投资占比率（%）	自然保护区占地率（%）	建成区绿化覆盖率（%）	人均公园绿地（m^3）	总悬浮颗粒物（TSP）年日均（Mg/Nm^3）	二氧化硫（SO_2）年日均（Mg/Nm^3）	氮氧化物（NO_x）年日均（Mg/Nm^3）	空气质量达标率（%）	化学需氧量（COD）排放量（万吨）	工业废水排放达标率（%）	工业烟尘去除率（%）	工业粉尘去除率（%）	工业二氧化硫去除率（%）	工业固体废物利用率（%）	生活垃圾无害化处理率（%）	城市污水处理率（%）
北京	2589	3127	208.7	1.72	8.0	47.69	12.11	8.3	29.4	18.9	78.1	10.1	98.4	99.0	97.9	65.3	68.9	98.2	80.3
天津	1949	4005	103.7	1.38	13.6	30.33	8.59	9.9	17.9	25.0	84.1	7.5	100.0	98.6	98.8	59.7	98.3	94.3	80.1
山西	10859	11748	157.8	2.14	7.3	36.49	8.21	9.4	13.3	45.5	81.1	2.9	82.3	98.0	88.2	58.7	60.1	62.9	75.2
内蒙古	5225	5845	155.2	1.59	11.7	32.44	11.65	13.5	20.4	25.0	94.8	3.6	85.1	98.7	93.5	57.8	52.6	72.0	75.2
辽宁	8143	11865	204.9	1.35	10.4	38.33	9.76	9.1	16.9	27.0	89.9	1.8	85.9	97.9	96.6	52.7	47.2	59.9	60.2
吉林	5299	3675	66.1	0.91	12.4	32.78	9.82	11.8	29.4	23.3	93.2	2.8	81.5	96.9	98.3	29.9	64.3	38.4	64.6
黑龙江	4864	5778	107.8	1.26	13.6	33.62	10.47	9.9	21.7	18.5	85.2	2.2	91.8	97.1	88.7	15.0	71.7	29.9	55.6
上海	2347	5716	160.1	1.06	14.8	38.10	8.02	12.3	28.6	18.9	91.5	4.1	98.8	99.3	99.1	61.6	95.7	78.8	89.0
江苏	9897	18385	369.9	1.07	5.5	41.99	13.21	10.0	28.6	20.8	86.3	1.2	98.1	98.7	95.2	64.7	96.8	91.0	85.4

续表

省份	成本指标				收益指标														
	人力投入	物力投入	财力投入		环境质量									污染控制					
	环境行政主管部门的人数(人)	环境污染治理设施数(台)	环境污染治理投资总额(亿元)	环境污染治理投资率(%)	自然保护区占地率(%)	建成区绿化覆盖率(%)	人均公园绿地(m²)	总悬浮颗粒物(TSP)年日均(Mg/Nm³)	二氧化硫(SO₂)年日均(Mg/Nm³)	氮氧化物(NOₓ)年日均(Mg/Nm³)	空气质量达标率(%)	化学需氧量(COD)排放量(万吨)	工业废水排放达标率(%)	工业烟尘去除率(%)	工业粉尘去除率(%)	工业二氧化硫去除率(%)	工业固体废物利用率(%)	生活垃圾无害化处理率(%)	城市污水处理率(%)
浙江	6450	22728	198	0.86	2.5	38.20	10.76	10.3	24.4	19.2	89.6	1.9	95.3	98.6	98.1	65.9	91.6	97.6	78.9
安徽	5527	6720	139.2	1.38	4.1	37.16	10.23	9.0	43.5	37.0	87.9	2.4	96.2	98.3	92.4	76.9	83.1	60.9	83.2
福建	3648	10880	87.2	0.71	3.1	39.71	10.51	15.6	71.4	25.0	96.7	2.7	98.8	98.8	94.1	47.0	85.4	92.5	80.3
江西	4914	5779	70.4	0.92	6.6	44.36	11.48	12.7	18.5	27.0	95.1	2.3	93.8	98.2	95.6	74.5	41.6	84.4	74.9
山东	13494	16551	459.5	1.36	6.6	41.18	15.09	8.1	20.0	40.0	80.8	1.5	98.6	99.1	96.2	66.7	94.8	90.5	88.1
河南	21573	11950	121.3	0.62	4.5	36.29	8.72	10.1	18.9	21.7	88.2	1.6	96.1	98.1	95.8	54.6	73.7	75.3	83.9

4. 综合效率评价

本部分使用 EMS 1.30 软件对 2009 年各省份的环境规制绩效进行评价并在评价结果的基础上进行排名，结果如表 6-9 所示。

表 6-9　　　　　　2009 年各省份环境规制综合效率值及其排名

省份	综合效率值（%）	排名	省份	综合效率值（%）	排名
海南	1756.97	1	北京	87.25	16
宁夏	267.79	2	江苏	81.60	17
贵州	214.91	3	山东	80.36	18
四川	176.23	4	新疆	80.15	19
甘肃	160.15	5	湖北	77.16	20
广东	139.43	6	内蒙古	77.13	21
福建	138.41	7	云南	76.36	22
上海	133.79	8	安徽	75.87	23
吉林	126.58	9	湖南	74.19	24
天津	122.66	10	陕西	65.08	25
河南	120.09	11	广西	64.88	26
江西	111.78	12	辽宁	60.91	27
浙江	89.37	13	河北	58.25	28
黑龙江	88.76	14	山西	41.73	29
重庆	88.08	15			

环境规制绩效进行评价并在评价结果的基础上进行排名。最后，将 2003~2009 年各省份的环境规制绩效排名结果归纳统一如表 6-10 所示。

表 6 – 10　　　　2003～2009 年各省份环境规制绩效排名

省份	2003 年	2004 年	2005 年	2006 年	2007 年	2008 年	2009 年	所属地区
北京	14	23	14	16	17	17	16	东部
天津	10	9	10	5	6	7	10	东部
河北	24	27	27	26	28	26	28	东部
上海	9	5	5	10	7	12	8	东部
江苏	26	19	26	23	22	20	17	东部
浙江	27	20	20	12	18	29	13	东部
福建	11	10	21	14	14	10	7	东部
山东	23	21	24	24	21	22	18	东部
广东	19	11	11	6	5	4	6	东部
海南	1	1	1	1	1	1	1	东部
山西	28	29	25	27	29	28	29	中部
安徽	6	8	9	9	19	24	23	中部
江西	4	7	15	11	13	6	12	中部
河南	17	13	16	17	20	8	11	中部
湖北	8	12	19	20	8	15	20	中部
湖南	7	6	6	13	16	17	24	中部
重庆	13	14	18	25	23	16	15	西部
四川	15	16	8	7	11	5	4	西部
贵州	18	17	7	15	9	9	3	西部
云南	5	4	4	3	3	11	22	西部
陕西	29	26	23	22	26	23	25	西部
甘肃	3	3	3	4	4	3	5	西部
宁夏	2	2	2	2	2	2	2	西部
新疆	16	22	17	8	15	14	19	西部
广西	21	15	22	21	24	21	26	西部
内蒙古	20	25	29	29	25	27	21	西部
辽宁	22	28	28	28	27	25	27	东北

续表

省份	2003 年	2004 年	2005 年	2006 年	2007 年	2008 年	2009 年	所属地区
吉林	12	18	12	19	10	13	9	东北
黑龙江	25	24	13	18	12	19	14	东北

注：东部地区指北京、天津、河北、上海、江苏、浙江、福建、山东、广东和海南，中部地区指山西、安徽、江西、河南、湖北和湖南，西部地区指重庆、四川、贵州、云南、陕西、甘肃、宁夏、新疆、广西和内蒙古，东北地区指辽宁、吉林和黑龙江。

表 6 - 10 中之所以不包含 2003～2009 年中国各省份的环境规制综合效率值，是因为对特定省份不同年份的环境规制综合效率值的比较是没有意义的，而对其相对排名进行比较是有一定解释意义的。

5. 实证结果说明

以下将从各省份环境规制绩效的现状说明与各省份环境规制绩效的历史比较两个方面，对区域环境规制绩效的实证结果加以说明：

（1）各省份环境规制绩效的现状说明。表 6 - 9（2009 年各省份环境规制综合效率值及其排名）可以看作是对各省份环境规制绩效的现状说明。由表 6 - 9 可知，2009 年环境规制有效（$\theta \geqslant 100\%$）的省份共 12 个，按照综合效率值的大小分别为海南（1756.97%）、宁夏（267.79%）、贵州（214.91%）、四川（176.23%）、甘肃（160.15%）、广东（139.43%）、福建（138.41%）、上海（133.79%）、吉林（126.58%）、天津（122.66%）、河南（120.09%）和江西（111.78%）；2009 年中国环境规制无效（$\theta < 100\%$）的省份共 17 个，按照综合效率值的大小分别为浙江（89.37%）、黑龙江（88.76%）、重庆（88.08%）、北京（87.25%）、江苏（81.60%）、山东（80.36%）、新疆（80.15%）、湖北（77.16%）、内蒙古（77.13%）、云南（76.36%）、安徽（75.87%）、湖南（74.19%）、陕西（65.08%）、广西（64.88%）、辽宁（60.91%）、河北（58.25%）和山西（41.73%），其中海南的环境规制绩效最高而山西的环境规制绩效最低。

通过对各省份环境规制绩效现状的实证分析得到一个重要的结论是：各省份环境规制绩效的高低与其经济发展水平即人均 GDP 不成正比。这里通过对东部、中部、西部与东北部地区各省份环境规制绩效排名的比较可以证明：东部发达地区，海南、广东、福建与上海 4 个省份环境规制绩效排名相对较高，而剩余其他省份的环境规制绩效排名都相对较低；中部欠发达地区，河南与江西两省份环境规制绩效排名相对居中，而剩余其他省份环境规制绩效排名都相对较低；西部落后地区，宁夏、贵州、四川与甘肃4个省份环境规制绩效排名相对较高，而剩余其他省份环境规制绩效排名都相对较低；东北老工业地区，吉林环境规制绩效排名相对较高，黑龙江环境规制绩效排名相对居中，辽宁环境规制绩效排名相对较低。

（2）各省份环境规制绩效的历史比较。通过对表6－10（2003～2009年各省份环境规制绩效排名）进行综合分析，将29个省份环境规制绩效的历史（2003～2009年）比较结果划分为环境规制绩效历史稳定的省份与环境规制绩效历史波动的省份两大类①。

①环境规制绩效历史稳定的省份。所谓环境规制绩效历史稳定，这里具体是指在2003～2009年这个历史区间内，某些省份表现出环境规制绩效排名不变或基本不变②的趋势。由表6－10可知，北京、天津、河北、上海、江苏、山东、海南、山西、陕西、甘肃、宁夏、广西、内蒙古与辽宁等省份在2003～2009年表现出环境规制绩效的历史稳定。针对这些省份表现出的环境规制绩效的历史稳定，这里按照经济发展水平与环境规制绩效③两个向量将其分为以下四类省份：

一是经济发展水平较高且环境规制有效的省份，即人均GDP水平超过全国平均值且环境规制综合效率值大于等于100%的省份。满足上述条件的省份为天津和上海，即以上两个直辖市既实现了经济的高速发展又实现了政府在环境规制方面的高效。二是经济发展水平较高且环境规制无效的省份，即人均GDP水平超过全国平均值且环境规制综合效率值小于100%的省份。满足上述条件的省份为北京、江苏、山东、内蒙古和辽宁，即以上5个省份虽然实现了经济的高速发展，但是它们在环境规制方面却是低效的。三是经济发展水平较低且环境规制有效的省

———————

①　表6－9中，一些省份表现出环境规制绩效的历史稳定，而另外一些省份表现出环境规制绩效的历史波动，两类省份相加构成了实证分析的整体即29个省份。

②　所谓环境规制绩效的排名基本不变，是指在一定历史区间内环境规制绩效排名存在变化或波动，但变化或波动幅度不大的状况。

③　经济发展水平向量是以人均GDP的大小来刻画的，如果该省份2009年人均GDP超过全国平均值即3711美元则将其定义为经济发展水平较高，反之则将其定义为经济发展水平较低；环境规制绩效向量是由环境规制综合效率值来刻画的，如果该省份环境规制综合效率值大于等于100%则将其定义为环境规制有效，反之则将其定义为环境规制无效。

份,即人均 GDP 水平未超过全国平均值且环境规制综合效率值大于等于 100% 的省份。满足上述条件的省份为海南、甘肃和宁夏,即以上三个省份虽然没有实现经济的高速发展,但是它们在环境规制方面却是高效的。四是经济发展水平较低且环境规制无效的省份,即人均 GDP 水平未超过全国平均值且环境规制综合效率值小于 100% 的省份。满足上述条件的省份为河北、山西、陕西和广西,即以上四个省份既没有实现经济的高速发展也没有实现政府在环境规制方面的高效。

综上所述,2003~2009 年,对于政府环境规制绩效相对稳定的 14 个省份而言,仅天津与上海两个直辖市实现了最优的发展,即实现了经济高速发展与环境规制高效的双赢。

②环境规制绩效历史波动的省份。所谓环境规制绩效历史波动,这里具体是指在 2003~2009 年这个历史区间内,某些省份表现出环境规制绩效排名与综合效率值大幅度变动的趋势。由表 6-10 可知,浙江、福建、广东、安徽、江西、河南、湖北、湖南、重庆、四川、贵州、云南、新疆、吉林和黑龙江等省份在 2003~2009 年表现出环境规制绩效的历史波动。这里针对这些省份表现出的环境规制绩效的历史波动,将其分为环境规制绩效表现为上升趋势、环境规制绩效表现为下降趋势与环境规制绩效表现为无规律变动等三类省份。

一是环境规制绩效表现为上升趋势的省份。福建、广东和四川等省份的环境规制绩效排名表现为基本上升的趋势且环境规制绩效得分由相对无效转变为相对有效,以上省份 2003~2009 年环境规制绩效的排名如图 6-5 至图 6-7 所示。

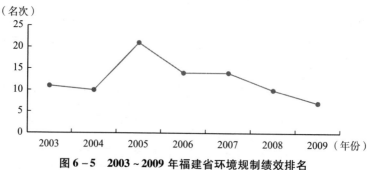

图 6-5 2003~2009 年福建省环境规制绩效排名

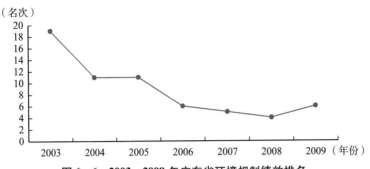

图 6 - 6　2003～2009 年广东省环境规制绩效排名

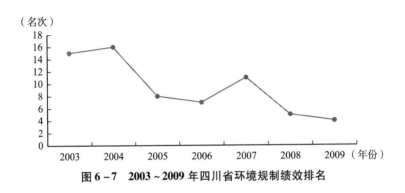

图 6 - 7　2003～2009 年四川省环境规制绩效排名

　　二是环境规制绩效表现为下降趋势的省份。安徽、湖南和云南等省份的环境规制绩效排名表现为基本下降的趋势，并且环境规制绩效得分由相对有效转变为相对无效，以上省份 2003～2009 年环境规制绩效的排名如图 6 - 8 至图 6 - 10 所示。

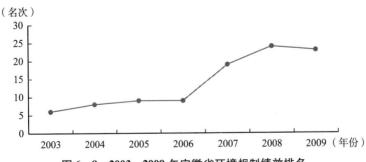

图 6 - 8　2003～2009 年安徽省环境规制绩效排名

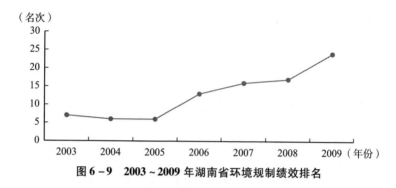

图 6 - 9 2003～2009 年湖南省环境规制绩效排名

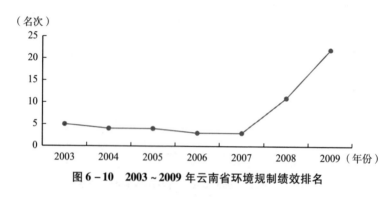

图 6 - 10 2003～2009 年云南省环境规制绩效排名

三是环境规制绩效表现为无规律变动的省份。浙江、江西、河南、湖北、重庆、贵州、新疆、吉林和黑龙江等省份的环境规制绩效排名与环境规制综合效率得分表现为无规律的变动。

由上可见，2003～2009 年，对于政府环境规制绩效相对不稳定的15 个省份而言，仅福建与广东两省实现了经济的高速发展与环境规制绩效逐年提高的双赢。

6.3.2 全国环境规制绩效评价

全国环境规制绩效评价是指对全国整体在不同年份的环境规制绩效做出一个相对的比较与评价。以下将按照 SE – DEA 模型的应用步骤对全国环境规制的相对效率进行评价。

1. 决策单元界定

根据上面对全国环境规制绩效评价的定义可知，其决策单元（DMU）为不同的年份。由于指标定义的不同与数据收集的困难，我们选择 2000~2009 年这 10 个年份作为决策单元来对不同年份全国环境规制相对效率进行评价。

2. 指标选取

由于中国年度环境规制指标数据收集困难等原因，这里针对国家层面的中国环境规制绩效所进行的评价需要对基础性的评价指标进行必要的取舍，去除总悬浮颗粒物（TSP）年日均（Mg/Nm^3）、氮氧化物（NO_x）年日均（Mg/Nm^3）、二氧化硫（SO_2）年日均（Mg/Nm^3）与空气质量达标率（%）指标。最终将会得到全国环境规制绩效评价指标体系，如表 6-11 所示。

表 6-11　　　　全国环境规制绩效评价指标体系

一级指标	二级指标	三级指标	四级指标
中国环境规制绩效评价指标体系	环境规制的成本指标	人力投入指标	环境行政主管部门的人数（人）
		物力投入指标	环境污染治理设施数（台）
		财力投入指标	环境污染治理投资总额（亿元）
			环境污染治理投资率（%）
	环境规制的收益指标	污染控制指标	工业烟尘去除率（%）
			工业粉尘去除率（%）
			工业二氧化硫去除率（%）
			工业固体废物利用率（%）
			生活垃圾无害化处理率（%）
			城市污水处理率（%）

续表

一级指标	二级指标	三级指标	四级指标
中国环境规制绩效评价指标体系	环境规制的收益指标	环境质量指标	环境污染事件发生次数（次）
			自然保护区占地率（%）
			建成区绿化覆盖率（%）
			人均公园绿地（m²）
			化学需氧量（COD）排放量（万吨）
			工业废水排放达标率（%）

资料来源：笔者根据《中国统计年鉴》、《中国环境统计年鉴》与《中国环境统计年报》相关资料整理所得。

3. 数据收集与处理

（1）原始数据的收集。本部分根据 2001～2010 年中国统计年鉴、2001～2010 年中国环境统计年鉴与 2000～2009 年中国环境统计年报等资料对上文所构建的指标体系进行数据收集，收集结果如表 6 - 12 所示。

（2）数据处理。在对原始数据进行收集之后，接下来应该对原始数据进行处理使之能够符合综合效率实证分析的需要。本部分的数据处理过程是由定基化与正向化两个操作步骤组成的（由于 SE - DEA 模型是用来评价相对效率的，故指标数据无须进行标准化处理）：第一步，定基化过程，是指将 2000～2009 年每年的环境污染治理投资总额经当年的固定资产投资指数折算后所得到的剔除通货膨胀的真实环境治理投资额；第二步，正向化过程，是指将环境污染事件发生次数与化学需氧量（COD）排放量两个逆向指标经公式 $y = \dfrac{1}{x}$ 变换转化为正向指标。以下将对表 6 - 12 所示的全国环境规制绩效评价指标数据进行定基化与正向化处理，其数据处理结果如表 6 - 13 所示。

表6-12 全国环境规制绩效评价指标数据（原始）

年份	成本指标				收益指标											
	人力投入	物力投入	财力投入		环境质量					污染整治						
	环境行政主管部门的人数（人）	环境污染治理设施数（台）	环境污染治理投资总额（亿元）	环境污染治理投资率（%）	环境污染事件发生次数（次）	自然保护区占地率（%）	建成区绿化覆盖率（%）	人均公园绿地（m²）	化学需氧量（COD）排放量（万吨）	工业废水排放达标率（%）	工业烟尘去除率（%）	工业粉尘去除率（%）	工业二氧化硫去除率（%）	工业固体废物利用率（%）	生活垃圾无害化处理率（%）	城市污水处理率（%）
2000	131092	209987	1010.3	1.02	2411	9.9	26.8	3.7	1445.0	76.9	91.8	80.4	26.3	45.9	50.0	34.3
2001	142766	195251	1106.6	1.01	1842	12.9	28.4	4.6	1404.8	85.2	93.5	84.3	26.5	52.1	58.2	36.4
2002	154233	200607	1367.2	1.14	1921	13.2	29.8	5.4	1366.9	88.3	94.6	85.5	30.9	51.9	54.2	40.0
2003	156542	202332	1627.7	1.39	1843	14.4	31.2	6.5	1332.9	89.2	94.9	85.4	29.5	54.8	50.8	42.1
2004	160246	211225	1909.8	1.19	1441	14.8	31.7	7.4	1339.2	90.7	95.3	90.4	32.0	55.7	52.1	45.7
2005	166774	214274	2388.0	1.30	1406	15.0	33.0	7.9	1414.2	91.2	95.6	87.6	33.5	56.1	51.7	52.0
2006	170290	230387	2566.0	1.22	842	15.8	35.1	8.3	1428.2	90.7	96.5	90.0	39.2	60.2	52.2	55.7
2007	176988	240535	3387.3	1.36	462	15.2	35.3	9.0	1381.8	91.7	97.0	91.7	47.6	62.1	62.0	62.9
2008	183555	252889	4490.3	1.49	474	15.1	37.4	9.7	1320.7	92.4	97.9	93.5	53.4	64.3	66.8	70.2
2009	188991	253507	4525.3	1.33	418	15.1	38.2	10.7	1277.5	94.2	98.2	94.3	60.8	67.0	71.4	75.3

资料来源：笔者根据2001～2010年《中国统计年鉴》、2001～2010年《中国环境统计年鉴》与2000～2009年《中国环境统计年报》相关资料整理所得。

表6-13　全国环境规制绩效评价指标数据（处理后）

年份	成本指标				收益指标											
	人力投入	物力投入	财力投入		环境质量					污染控制						
	环境行政主管部门的人数（人）	环境污染治理设施数（台）	环境污染治理投资总额（亿元）	环境污染治理投资率（%）	环境污染事件发生次数（次）	自然保护区占地率（%）	建成区绿化覆盖率（%）	人均公园绿地（m²）	化学需氧量（COD）排放量（万吨）	工业废水排放达标率（%）	工业烟尘去除率（%）	工业粉尘去除率（%）	工业二氧化硫去除率（%）	工业固体废物利用率（%）	生活垃圾无害化处理率（%）	城市污水处理率（%）
2000	131092	209987	999.3	1.02	4.1	9.9	26.8	3.7	6.9	76.9	91.8	80.4	26.3	45.9	50.0	34.3
2001	142766	195251	1102.2	1.01	5.4	12.9	28.4	4.6	7.1	85.2	93.5	84.3	26.5	52.1	58.2	36.4
2002	154233	200607	1364.5	1.14	5.2	13.2	29.8	5.4	7.3	88.3	94.6	85.5	30.9	51.9	54.2	40.0
2003	156542	202332	1592.7	1.39	5.4	14.4	31.2	6.5	7.5	89.2	94.9	85.4	29.5	54.8	50.8	42.1
2004	160246	211225	1808.5	1.19	6.9	14.8	31.7	7.4	7.5	90.7	95.3	90.4	32.0	55.7	52.1	45.7
2005	166774	214274	2350.4	1.30	7.1	15.0	33.0	7.9	7.1	91.2	95.6	87.6	33.5	56.1	51.7	52.0
2006	170290	230387	2528.1	1.22	11.9	15.8	35.1	8.3	7.0	90.7	96.5	90.0	39.2	60.2	52.2	55.7
2007	176988	240535	3260.2	1.36	21.6	15.2	35.3	9.0	7.2	91.7	97.0	91.7	47.6	62.1	62.0	62.9
2008	183555	252889	4123.3	1.49	21.1	15.1	37.4	9.7	7.6	92.4	97.9	93.5	53.4	64.3	66.8	70.2
2009	188991	253507	4636.6	1.33	23.9	15.1	38.2	10.7	7.8	94.2	98.2	94.3	60.8	67.0	71.4	75.3

4. 综合效率评价

本部分使用 EMS 1.30 软件对 2000 ~ 2009 年的中国环境规制绩效进行评价，结果见表 6 – 14 与图 6 – 11。

表 6 – 14　　　　　　2000 ~ 2009 年中国环境规制综合效率值　　　　单位：%

年份	综合效率值
2000	109. 41
2001	121. 28
2002	106. 06
2003	103. 72
2004	112. 33
2005	102. 98
2006	106. 18
2007	128. 92
2008	100. 38
2009	127. 48

237

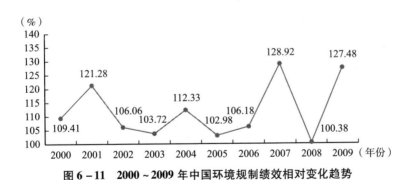

图 6 – 11　2000 ~ 2009 年中国环境规制绩效相对变化趋势

5. 实证结果说明

以下将从两个方面对基于国家层面的中国环境规制绩效的实证结果进行说明：

一方面，由表 6 – 13 可知，2000 ~ 2009 年伴随着中国政府环境规制成本的逐年提高，环境规制的收益也显示出逐年上升的势头即中国环境规制的效果逐年改善（包括环境质量的提升和污染控制能力的增强）[1]，说明环境问题越来越得到中央政府的高度关注。

另一方面，由表 6-14 及图 6-11 可知，2000~2009 年中国环境规制综合效率值均超过 100%，这说明 21 世纪头十年中国政府的环境规制均是有效率的，且环境规制的投入资源均得到了充分的利用（即在 DEA 模型中其 θ 值均为 100%）；然而通过对这十年中国环境规制的综合效率值进行相对比较，我们发现：这十年的"超效率值"均是不同的，这说明中国政府环境规制的相对效率是处在不断变动中的，而其具体变动规律表现为：2000 年环境规制综合效率值相对较低且仅为 109.41%，2001 年环境规制综合效率值经历了第一次明显的提升且达到了 121.28%，2002 年与 2003 年环境规制综合效率值第二次处于相对低位且其综合效率值仅为 106.06% 与 103.72%，2004 年环境规制绩效值经历了第二次明显的提升且达到了 112.33%，2005 年和 2006 年环境规制综合效率值第三次处于相对低位且其综合效率值仅为 102.98% 与 106.18%，2007 年环境规制绩效值经历了第三次明显的提升且达到了 128.92%，2008 年环境规制综合效率值第四次处于相对低位且其综合效率值仅为 100.38%，2009 年环境规制绩效值经历了第四次明显的提升且达到了 127.48%。综上所述，2000~2009 年中国环境规制综合效率值共经历了四次提升与三次下挫（以 2000 年为基期），故其变动规律表现为振荡交错，即 2000~2009 年中国环境规制绩效没有表现出逐年上升或逐年下降的规律。

综上所述，近十年来，虽然伴随着中国政府在环境规制方面的人力、物力与财力等投入的逐年提高，环境规制的收益即污染控制能力与环境质量也在逐年的提高，但是环境规制的效率并没有得到根本性的提高。

通过以上对中国环境规制绩效的实证分析，可以得出：在国家层面上，2000~2009 年中国中央政府环境规制的效率没有表现出逐年上

---

[1] 如果伴随着政府环境规制成本的提高，环境规制的效果没有改善，此时环境规制绩效必定是降低的；如果伴随着政府环境规制成本的提高，环境规制的效果是改善的，此时环境规制绩效是升高还是降低是不能确定的，其取决于环境规制成本与环境规制收益的一个相对比较。

升的趋势；在区域层面上，2003~2009年不同地方政府环境规制的效率并不相同。一些省份的环境规制绩效表现为高效稳定或逐年上升的趋势，如天津、上海、海南、甘肃、宁夏、福建、广东和四川，其中天津、上海、福建与广东四省市实现了政府环境规制与市场经济发展的双赢；而其他省份的环境规制绩效表现为低效稳定、逐年下降或无规律波动的趋势，如北京、江苏、山东、内蒙古、辽宁、河北、山西、陕西、广西、安徽、湖南、云南、浙江、江西、河南、湖北、重庆、贵州、新疆、吉林和黑龙江。中央政府和各地方政府环境规制绩效变动趋势如表6-15所示。

表6-15　　　　中央政府和各地方政府环境规制绩效变动趋势

变化趋势	稳定度	各地方政府
有利的变动趋势	高效稳定	天津市政府
		上海市政府
		海南省政府
		甘肃省政府
		宁夏回族自治区政府
	逐年上升	福建省政府
		广东省政府
		四川省政府
不利的变动趋势	低效稳定	北京市政府
		江苏省政府
		山东省政府
		内蒙古自治区政府
		辽宁省政府
		河北省政府
		山西省政府
		陕西省政府
		广西壮族自治区政府

续表

变化趋势	稳定度	各地方政府
不利的变动趋势	逐年下降	安徽省政府
		湖南省政府
		云南省政府
	无规律波动	中央政府
		浙江省政府
		江西省政府
		河南省政府
		湖北省政府
		重庆市政府
		贵州省政府
		新疆维吾尔自治区政府
		吉林省政府
		黑龙江省政府

注：中央政府环境规制绩效变动的评价区间为 2000~2009 年，各地方政府环境规制绩效变动的评价区间为 2003~2009 年。

6.4　社会性规制绩效评价启示

社会性规制的绩效评价正在成为规制研究的一个焦点领域。首先，社会性规制作为政府规制的一个方面，必然存在着政府规制的缺陷与弊端：规制的公共利益与部门利益的冲突、规制俘虏现象的表现、规制的需求与供给的矛盾、规制的成本—收益衡量的困难、规制的失灵等。更因为社会规制的对象较经济规制抽象，涉及生命价值、道德伦理、风险水准、政治影响等不确定因素更多，因此，社会规制所面临的问题更为突出。无论社会规制可能带来什么样的好处（这些好处也许很大），但同时也都会付出代价。对成本控制的忽视易于产生浪费和缺乏效率，政府缺乏判断其干预行为的适当标准，政府干预存在任意性，政府规制的公正性和有效性难以体现等。政府规制不仅是政府对公众权益的保护与对社会可持续发展的重视，更是政府对实现其社会责任的一种回应。但是它有选择地把更大的限制和更大的成本强加在那些过去享有更多自由和更多净收入的人身上，以达到改善其他人的福利的特殊目的。

中国目前的社会性规制理论研究主要集中于从政府职能完善的角度出发，这有利于对规制主体——政府及其职能部门行为的规范，缺乏从经济学角度对规制措施的成本收益分析。例如，政府在社会性规制方面所投入的成本几乎无据可查，原因主要有两方面：一是中国关于规制这一经济范畴的系统研究较晚，欠缺对于规制行为的系统统计和整理，以致无法合理确定既有的规制成本；二是未能建立起规制制定阶段的成本收益审核制度，美国自 20 世纪 70 年代以后所有社会性规制的投入成本就已经做到了有据可查，因为每一项规制措施的出台都必须经过专门的管理与预算办公室的审批；而其中一个重要的审批内容就是规制条例的成本与收益分析，它要求该条例的规制收益必须超过其成本定量分析与定性分析相结合，有利于实现经济效益与社会效益的统一。然而与此同时，细致的成本收益分析同样需要花费大量成本。目前美国每年的规制成本占 GDP 的 2%，远高于其他的发达国家，并且在联邦政府规制机关的支出方面，自 80 年代的后半期起，社会性规制支出的总额已远远高于经济性规制。由于美国社会性规制拘泥于形式和严格的惩罚措施往往造成很多冲突（如罚金的争论），在司法判决过程中也经常发生很多的无法预测的经济成本：迅速积累的法律支出、规制执行成本、社会的机会成本，类似社会性规制的政策制定和执行过程给美国带来了很多不必要的立法和执行成本。

因此，就中国的社会性规制绩效评价而言，一方面，需要重视其对政策制定的指导意义，从发现规制整体与局部的效率入手，确定规制实施的时间、地点与范围，也即需要大力提高成本收益分析方法在中国社会性规制中的应用水平，扩大其在指导规制实践方面的影响；另一方面，考虑到成本因素，也需要引入对于期望成本和收益进行定性分析的规制影响评估方法，而侧重事后说明规制合理性、并且偏于指导性原则的这一评估方法要求适宜的规制治理环境，以免规制俘获的发生。整体来看，规制绩效将更多地与规制治理结构和水平的影响结合在一起。具体到中国目前的特定发展阶段，其规制权力配置的决定性影响在规制绩效中还没有得到充分揭示。为此，在规制绩效的研究中需要进一步深入理解规制的治理框架与运作，充分考虑反映规制内容与质量的指标体系设计以及规制负担水平，从而判断规制设计对于规制目标的实现是否融洽。

第7章 政府规制政策的现实选择

转轨时期市场机制的复杂性、脆弱性，要求政府积极、合理地干预和培植市场机制。本书对规制绩效的实证研究已表明中国的政府规制效率较低，规制效果较差，究其原因主要是政府与市场竞争之间的界限仍然没有得到合理划分，政府规制结构、规制模式不尽合理。一般而言，政府与市场之间存在"市场不发育—政府替代""市场残缺—政府补充（增进）""市场失灵—政府矫正"三种特定关系。目前中国政府规制政策制定面临"干预市场与限制竞争"以及"增进与扩展市场"的难题，政府应根据市场实际状况对规制政策方向进行适时调整，进一步明确规制界限和目标。同时，依据规制绩效实证研究基础，找到目前政府规制结构、规制模式存在的缺陷，在中国制度禀赋的现实条件下，找寻经济性规制与社会性规制的最优模式，集中精力和财力在需要管理的环节加强管理，在进一步开放市场和增进市场功能的基础上推进经济性规制与社会性规制的政策改革，这正是本章的意义所在。

7.1 规制政策改革方向

规制改革的核心内容是政府重构调节市场经济活动参与主体的激励机制，通过重构这一激励机制，增进市场主体的能力成长，使之趋于良好的经济绩效。根据前面章节对中国规制改革历程的回顾以及规制绩效的评价，曾经长期处于计划经济体制指导、目前市场体系尚待进一步健全的中国，转型过程中许多看似"市场失灵"的现象，实则是市场制度缺失和政府对微观经济规制过多的结果，体现出规制失灵或治理制度的局限性，其指导思想则是"市场不发育—政府替代"以及"市场残缺—政府补充"的二元选择。通过全面加强政府的微观规制，特别是经济性规制来替代市场或治理所谓的"市场失灵"将更多地成为南辕北辙之举，会进一步导致规制失灵，治理制度缺陷更加难以根除。由此，中国的规制政策改革取向应是：一方面，主要从干预市场与限制竞争调整为增进与扩展市场，开拓市场主体分散协调试验的空间，加强公共品供给，以此带动规制绩效的提升。也就是，通过放松经济性规制，增强和扩展市场的协调功能来弥补市场缺陷，为市场主体能力的成长提供制度条件。另一方面，加强社会性规制，纠正市场失灵，并从根本上健全治理结构、完善规制制度基础，确保国民经济的可持续发展能力。

7.1.1 修正垄断产业规制边界，推进市场主体能力成长

目前中国的经济性规制政策尚存直接干预市场、替代市场的特征，前面相关研究表明，这类规制政策无论在理论基础还是经验证据方面都面临强烈的质疑。作为规制经济学新的研究进展，制度分析方法已然摒弃了既往研究中政府与市场之间对立的二分法，将市场和政府统一起来分析规制制度与市场机制、法律体系以及各种非正式制度安排之间相互作用的过程。也就是，市场与政府的互补关系应建立在政府必须提供市场机制有效运转所依赖的基础制度的基础上，并不断增进与扩展市场。

奥尔森在《权力与繁荣》一书中详尽阐述和论证了一个重要命题，经济繁荣取决于政治权力的恰当有效运用，而检验政治权力有效运用的标准，要看市场是否得到了扩大，也就是政府是否属于"扩大并强化市场型政府"。强化市场型政府的核心是扩展市场机会的集合与范围，这一政府发挥作用的基础的建立对于培育和发展中国政府规制的动态效率，从而提高整体规制绩效具有关键意义。

为此，当前中国转轨时期的规制指导思想，应当以自然垄断行业进入规制放松，以及清理、取消各种限制性和歧视性规定等作为修正规制边界的主要内容。在市场进入方面，通过引入民间投资进入竞争性环节，或引入能参与垄断环节的特许权竞争等形式，对现有垄断企业进行改造，使之成为产权多元化的现代公司制企业。对自然垄断产业是否规制和怎样规制，要视自然垄断的强弱、进入障碍的大小、是否可维持、永久性和短暂性而定。

由于技术进步等影响因素，规制过程的不确定性日益增强，给予规制者更大的调整压力。这就要求不断创新规制工具，在垄断与竞争之间寻求平衡。大量的实践表明，激励性规制工具逐渐被引入自然垄断规制中，以取代传统的命令控制型规制工具，以增加透明度、减少规制成本；针对现实中的信息不对称问题（规制者相对于被规制者经常处于信息劣势地位，导致规制利益受损）和合谋现象（规制机构被俘获），应适度引入提高市场主体激励水平的规制措施。通过给予企业一定的自由裁度权（如价格自主决定），引导企业正确地利用信息优势，选择规制者所期望的行为，提高经营绩效；进一步探索引入微观规制之外的各种竞争方式，如特许经营权竞标、可竞争市场等，以发挥规制与竞争的互补作用，提高生产效率与配置效率；同时搞好国有制企业，代替部分规制。

7.1.2　加强社会性规制，改进公共品供给

就社会性规制而言，主要目的是保护和实现公共利益。这一目标取向不仅集中体现在最为传统的规制理论——公共利益规制理论之中，同时也仍然在规制理论的纵深发展中不断得到新的理论支持和实践验证。例如，当规制理论发展至规制框架下的竞争理论，规制经济学就已经重拾公共利益目标，因为无论是作为竞争的前提还是竞争的结果，规制者都要实现社会福利的最大化。此外，一些最新的实证研究也表明，规制者往往努力保护或增强自身的声誉，不仅如此，还受到"政府应做什么"概念框架演变的影响，规制者也会关注不断扩大的公共品范围，从而加深对于公共利益目标的认识。因此，随着规制研究主题的再度更迭——市场失灵与规制范围的扩展，环境、健康与安全保护问题以及基于此的社会性规制理论的兴起，规制的公共利益目标最终得以回归。

与之形成鲜明对照的是，当前中国环境、健康、安全、社会分配等领域的问题与矛盾依然严峻，纠正此类市场失灵亟待强化。由于普遍的环境污染、严峻的产品安全质量及其对健康的威胁以及职业安全条件始终难以保障等外部性威胁越来越突出，"政府—市场"框架内的社会性规制效果，如中国的食品安全领域问题层出不穷，随之展开的食品安全规制起伏反而时常起到推波助澜的作用。这就要求扭转社会性规制实践

及其理论的发展相对滞后的现状，针对社会性规制改革具体措施开展设计研究，改变规制机构公共利益职能的实质性缺位，真正履行"市场失灵—政府矫正"的基础职能。相应地，政府与社会关系的新发展也就成为未来规制改革的重要内容之一。以新时代中国特色社会主义思想为指导、按照高质量发展的要求，体现在规制改革方面，就是要建立经济自由、经济安全、经济效率、社会效益以及经济民主的价值目标体系，形成"政府—市场—社会"的规制框架。根据这一价值目标体系，中国政府规制目标不应局限于关注维护竞争的效率目标，还需要考虑平衡经济社会系统的公平、安全和稳健性等问题。特别是政府规制的社会公平目标不仅包含代内人的公平，还需要进一步拓展至代际人之间的公平。随着当代社会环境资源问题的持续恶化，积极引入政府干预促进代际公平和可持续发展进程也成为重要的研究课题。诸如对于资源实行掠夺式开发、罔顾环境污染、以牺牲后代人利益换取当代社会经济的发展反映的即是代际公平问题，而且这类问题也构成了安全与稳健性的严重隐患。

虽然中国经济发展取得了巨大成就，但所付出的资源、环境以及其他社会成本的代价很大，寻求改进公共品供给机制的制度创新是经济新时代下高质量发展的重要内容。在社会性规制领域，需要持续加强社会性规制力度，力求以良好的规制绩效放松气候、经济、能源和其他资源条件的约束，在资源价格、资源开发利用、能源管理、节能减排、环境评价等诸多方面推进规制改革，增加节约资源和保护环境的激励，加大浪费资源和破坏环境的成本，为实现更高质量、更有效率、更加公平、更可持续的发展奠定良好的制度基础。

在社会性规制发展初期的现阶段，主要依靠惩罚和限制特定的行为或活动进行规制，难以避免成本高和效率低的弊端，这就要求政府进一步发展和补充激励措施，在明确产权的基础上，以经济激励代替或改善传统规制方式。发展以合同关系为主线的新型激励工具，如激励性合同、组合税收、收益分享、排污权交易等。同时，鉴于社会性规制针对所有可能发生外部性和信息不对称行为的主体的活动，更加需要注重建立政府横向制约机制，由规则规制转向信息规制，增强信息披露和提高规制透明度，应用信息公开计划、自愿协议等新工具。此外，在规制决策和实施中，理顺中央和地方之间的委托—代理关系，由中央政府设定政策目标的多个参数，并发布规制制定的指导意见，建立有效的监督机制，地方政府则切实承担起社会性规制的主要职责。建立供给方和需求方规制结合的优化模式，强化需求方的规制，引导消费者偏好改变，实现生产方式、消费方式以及资源配置方式的全面转型。

7.2 经济性规制政策最优模式

经济性规制政策最优模式的选择前提在于增进与扩展市场，以规制改革加强经济增长和经济社会发展的制度基础建设，从而扭转粗放式经济增长方式、改进产业结构、弥合经济发展与社会发展之间的不协调，完善经济社会的内生增长机制，推动良好经济绩效的可持续实现。以下，我们将从经济性规制改革的稳态目标与现实的差距入手，探讨作为改革重心的进入规制与价格规制最优模式。

7.2.1 经济性规制政策均衡及其实现

经济性规制改革的目标在于实现规制政策的均衡。均衡一般是指经济体系中变动着的各种力量处于平衡，因而变动的净趋向为零的状态。均衡可以分为两类：一类是变量均衡，即经济中变量相等的状态，如市场中需求量和供给量相等时实现市场的均衡；另一类是行为均衡，行为均衡是从经济中的行为主体来说的，指的是决定经济变量（如需求量、供给量）的各种行为主体不能通过改变自己或他人行为来获得更多收益，从而不再改变自己的行为，各种变量处于一种平衡的均势状态中。政府规制均衡是与市场结构相匹配或对称并可以实现资源最优配置和社会福利最大化的政府规制或规制结构。政府规制均衡存在形式上的和实质上的两种表现形式：从形式上来看，政府规制均衡是规制的净收益最大化和规制需求与规制供给相等时的一种状态；从实质上来看，政府规制均衡是一种行为均衡，是在经济中的各种行为主体（厂商、规制者、消费者）力量的均衡，这种均衡是各行为主体在经济活动中不断博弈从而实现的一种均势状态，即各行为主体无力也无意通过改变自己或他人行为来获得更多收益，从而不再改变自己的行为。从前期改革的效果来看，放松进入规制和价格规制改革部分解决了一些关键行业的供需矛盾，一些垄断性行业的外资等非国有资本比例有所增加，这充分说明了我国的规制政策远没有达到均衡，既没有实现变量均衡也没有实现行为均衡。政府规制过程中存在规制成本过高而效率低下的问题，规制各方均未实现净收益最大化。同时，政府规制存在规制过剩与规制不足同时并存的结构性失衡。

政府是规制政策的供给方，出于纠正经济失调、优化资源配置、实现社会福利最大化等目的而供给规制政策。政府对于规制结构的供给选择是基于成本收益分析的结果。政府规制的规制成本包括两个方面：一是可以直接反映在政府预算中的会计成本，即预算支出；二是隐性成本，即由政府实施规制引致的但没有或难以反映在政府预算之中的成本。会计成本可以通过机构的预算支出得到，而隐性成本则又可以分成寻租成本、行政性垄断租金、X—非效率成本和时滞成本①。垄断造成的超额利润使得垄断企业激励维持这种垄断优势，寻租成本可以看作取消规制所带来的社会福利的增加，大约大于或等于哈伯格（Harberger）三角形；行政性垄断租金包括在垄断价格中体现出来的社会福利损失即塔洛克（Tullock）四边形和由于行业垄断部门巧立名目非法收取的各项费用，将自身低效运营的成本和发展的投资强加给广大消费者所造成的损失；X—非效率理论由莱宾斯坦（Leibenstein）提出，该理论认为垄断性大企业由于外部市场压力小，内部组织层次多、机构庞大，加上所有权与控制权的分离，它们往往并不追求成本最小化，造成效率损失；规制政策的出台往往存在一定的时滞性，这将导致时效性较强的投资项目遭受损失，另外，技术与市场的变化将会导致自然垄断产业结构发生变化，需要相应的规制政策及时转变，倘若落后于市场环境和技术的变化，将会使产业内的新进入者、在位厂商蒙受不必要的损失。政府在进行成本—收益分析之后，选择净收益大于零且最大的规制结构。企业与消费者是规制政策的需求方，他们都是在成本收益分析的基础上追求个人收益最大化。因此，规制政策的静态均衡需要满足以下三个条件：一是净收益大于零；二是净收益最大；三是各利益方净收益最大。前期的规制改革绩效评价显示某些产业的规制改革不仅没有真正实现产

---

① 肖兴志：《中国垄断性产业规制机构的模式选择》，载于《山东经济》2009 年第 2 期，第 5~17 页。

业效率的改进反而导致了全要素生产率增长幅度的下降，个别产业反而因规制改革造成供给不足等现象，因此，产业层面远未实现净收益最大，甚至有些产业还是负值。

市场结构与技术条件总是在动态变化的，如果规制政策不随之改变，将会与市场结构发生错位，规制结构就会偏离均衡点，出现政府规制的非均衡，此时的社会福利没有达到最大，存在福利损失。由非均衡向均衡的调整过程并不是一个自然而然的演化过程，而是一个经济中各行为主体通过博弈进行利益重新分配的过程。当规制结构偏离均衡点时，原有规制结构中的各方利益出现失衡，获益的利益集团会竭力维护现状，反对或延缓新的与市场结构相匹配的规制制度的产生，受损的利益集团会极力争取新的对自己有利的规制制度的产生，于是各行为主体进行利益重新分配的博弈，最终实现规制结构的动态均衡。规制改革绩效评价中凸显的两个问题是进入规制改革对于技术效率的贡献为负，而价格规制的激励作用效果不明显。而这两方面都需要政府在改革过程中充分调动利益各方的积极性，发挥政策引导作用，实现规制改革的动态均衡。

规制改革中需要综合考量国家层面战略目标、企业利益以及消费者利益即公共利益三方面的诉求。由于利益集团利益与公共利益存在内在的矛盾，因此任何规制政策的实施都难以直接达到同时增加企业利益和公共利益的目标。规制政策的制定和实施中涉及三方利益的博弈，最终的政策选择也往往是这种博弈的一个均衡。

结合中国目前处于经济社会全面转型阶段的现实来看，中国的自然垄断产业具有与发达国家不同的特点：发展中国家在经济社会全面转型过程中，自然垄断产业所占比重和对国民经济的贡献相比于发达国家更大，自然垄断产业的改革涉及国民切身利益、牵涉面广、改革难度大，产权结构和所有制模式也是尚未完全解决的问题[1]。因此在对于自然垄断产业进行规制改革中，规制方式、产权结构都必须与经济发展阶段、市场完善程度、产业发展水平相适应。在自然垄断性质已经发生改变的产业和领域逐步放松甚至取消规制，实行行业重组，引入竞争机制，并在放松规制的基础上实施激励性的价格规制；同时考虑到现有的制度环

---

[1] 张晖、曲延芬：《经济转轨中自然垄断行业规制改革——竞争、所有制与激励机制选择》，载于《财经科学》2006 年第 9 期，第 44～51 页。

境，在进行规制改革的过程中，要注意保持国有经济的控制力，把握市场放开和民营化的尺度，总的来说就是在非自然垄断环节和自然垄断性不断弱化的领域充分利用市场机制，同时在自然垄断环节和仍具有较强自然垄断性的产业建立起科学合理的规制体系①。

无论是采用何种规制手段，其根本目的是结合中国当前的国情和改革现状，更好地协调国家层面战略目标、企业利益和公共利益之间的关系。一切规制政策和规制手段的选择都必须以实现规制目标为宗旨，而规制政策的效果往往也取决于该种政策是否与产业的特性和发展进程相适应，是否有效实现了企业利益与公共利益的平衡与双赢。具体而言，首先，针对不同产业进行不同程度的规制改革，实施不同种类的规制政策，如对于垄断性相对较弱的银行业、民航业逐步放宽进入限制，允许民营资本甚至外资进入，同时加快其市场化改革步伐，充分提高产业的竞争性，而对于铁路这种特殊行业目前仍应维持国家控制。而在产业放松进入规制和市场化程度加深的基础上，改革价格规制的手段，实行包括价格上限规制在内的激励性价格规制，以收到更明显的价格规制效果。其次，针对产业存在的不同类型的问题，采用不同的规制手段，对被规制企业自身的非效率因素，可以通过同时放松价格规制和进入规制，引入更多的竞争机制来克服。一般而言，当价格规制放松到新的企业进入已变得有利可图时，放松进入规制就会使新的企业积极加入该行业，因此二者可以相辅相成。

单纯地以生产效率、生产总量、企业利润以及价格水平来衡量规制绩效都难以全面概括各项规制政策真正产生的效果。规制改革涉及包括国家、垄断企业以及消费者在内的多方利益主体，任何一方利益受损都会影响到规制政策实施的效果，规制政策的制定对各主体利益和基于主体利益的多重规制目标的考量也使得改善规制绩效的问题更为复杂。规制政策的制定者和研究者应该全面系统地研究规制对各利益主体的影响以及各利益主体对各种规制政策的态度和影响力，寻求主体间的博弈均衡。中国政府规制改革的最终目标应该是实现国家战略目标、集团利益以及广大消费者利益的最大平衡，而规制目标是否实现的最终标准也应该是是否能够通过规制实现各方利益的共赢。

① 于良春：《论自然垄断与自然垄断行业的政府规制》，载于《中国工业经济》2004 年第 2 期，第 27~33 页。

通过以上分析可知，中国规制政策距离实现规制稳态还有很长的路要走。为了实现规制政策的均衡，我们需要找到适合中国特殊制度禀赋下的最优规制策略。下面就我国经济性规制改革的两个重点——进入规制和价格规制分别进行分析，以寻找最优规制之路。

7.2.2　规制改革重心之一：进入规制

在经济学中，准入是指一个厂商进入新的业务领域并生产或提供某一特定市场上原有产品或服务的充分替代品的行动集合。市场准入的经济学含义是指政府对市场交易主体和交易对象进入市场的程度和范围所施加的某种限制，这种限制既包括直接限制一定数量的企业、人员进入或者不容许某些企业、人员进入特定的市场领域，也包括政府要求企业、人员进入市场时必须达到某种条件。政府对自然垄断行业的进入退出规制，实际上是一种法定垄断，它是由国家的权力、甚至通过专门的法律来规定，只能由某一个人或某一个组织从事经营，而其他人或组织都不能介入。

251

1. 实施进入规制的理论依据

进入规制首先是对市场失灵的一种回应，是预防市场配置资源缺陷的一种必要的制度安排。在现实经济中往往存在信息不对称、外部性和不完全竞争，政府规制是解决这些问题的手段之一。而自然垄断行业本身所具有的经济特性更是导致是否实施进入规制的主要依据。

自然垄断产业一般具有以下经济技术特征：

（1）规模经济和范围经济效应明显。自然垄断行业的一个显著特征是，当企业的生产水平达到一定规模时才能进行有效生产，规模经济和范围经济效应明显高于其他行业。

（2）"关联经济"效应显著。"关联经济"是指在时空上联系紧密的产品或产业所表现出来的生产要素间的互补现象。当存在关联经济效应时，上游企业和下游企业单独提供生产和服务的成本大于纵向一体化生产企业的成本，即纵向一体化的生产方式存在成本节约。

（3）网络经济性强。自然垄断的网络系统由多个结点和联系结点的连接构成，一般认为网络的产出水平与参与结点的数量成正比例变化，即具有较强的网络经济性，社会净收益函数在任意的产出水平都具有严格的劣加性，所以网络由一家企业经营比由多家企业经营能形成更大的社会收益。

（4）投资成本沉淀性高。自然垄断产业一般需要大规模的初始投资，而且有些基础设施和设备还具有很强的资产专用性，难以转做它用，企业一旦决定退出，这些资产就会形成一笔不可回收的资本损失。如果多个企业进行竞争，其破坏性和浪费程度将是巨大的。

（5）具有普遍服务性。自然垄断产业提供的产品和服务，往往缺乏弹性，具有公共性，是社会经济发展的基础部门。多数情况下，保持产品或服务的普遍性、供给的稳定性、质量的可靠性和可信赖性比单纯地追逐企业利益的实现显得更为重要。如果放开市场进入，将会造成企业"撇奶油"式的进入，使得农村、远郊等这些提供成本较高的地区的生产或服务难以保证，这也是自然垄断产业成为典型的规制对象的重要原因。

根据现代自然垄断理论的观点，规模经济和范围经济都不是自然垄断的必要条件，自然垄断的特点在于代表性生产企业成本的劣加性。成本劣加性可表示为：

$$Q = \sum_{i=1}^{k} q_i \tag{7.1}$$

其中，Q 表示市场容量，q_i 表示第 i 个企业生产的产品数量（多产品生产情况下，表示产品向量），k 表示市场上的 k 个不同企业。成本劣加性表明无论是否处于规模经济生产范围内，当一个企业生产一定数量的某种（或多种）产品的成本小于多个企业生产同样数量的产品所花费的成本之和时，就表明该产业是自然垄断的。成本劣加性是自然垄断的充要条件，而规模经济和范围经济都不必然导致成本劣加性。按照成本劣加性思想，当产业生产成本具有劣加性时，为保证生产成本的最小化，防止无序、低效竞争，需要政府实施进入规制，保持企业的垄断地位。

但是并非所有具有成本劣加性的行业都需要进入规制，鲍莫尔等提出的可维持性理论进一步缩小了进入规制的范围。在这一理论中，自然垄断企业被认为是产业中的主导企业，它在做出价格和产量决策时要受到一系列约束条件的制约，当自然垄断企业在这些约束条件下进行生产时，如果没有新企业企图进入市场，则垄断企业就是可维持的，市场结构也是可维持的，不需要政府实施进入规制。伯格与奇尔哈特对新竞争者进入市场的背景进行补充，提出了强、弱自然垄断理论。在一定的产出范围内，如果企业的成本函数满足 $C(q_i)/q_i < C(q_j)/q_j$，同时 $q > q_i > q_j > 0$，那么该企业就是强自然垄断；如果成本函数不满足上式，但满足 $C(Q)/Q < \sum\limits_{i=1}^{k} C(q_i)/Q$，$Q = \sum\limits_{i=1}^{k} q_i$，那么该企业就是弱自然垄断。对于 U 形成本曲线来说，当生产的边际成本处于递减阶段时，该企业属于强自然垄断，当平均成本处于最低点向上递增时，企业属于弱自然垄断。

当不存在进入障碍时，如果垄断的企业是可维持的，垄断者有能力制定一个价格向量使得任何不高于这个价格向量的新进入者的预期利润为零，此时不需要政府进行进入规制，而且在潜在进入者的威胁下，垄断企业将会制定一个利润为零的价格水平。当垄断企业不可维持时，需要政府实施进入规制，同时政府还需要进行价格补贴或实行偏离边际成本的定价方式防止垄断企业亏损。当存在障碍时，处于强自然垄断的企业如按照 MC 定价原则将导致亏损，此时不会吸引任何潜在进入者，政府不需实施进入规制，只需进行价格规制，消除在位企业亏损和防止企业垄断定价即可；处于弱自然垄断的企业如果预期净收益大于零，则企业将选择进入，此时需要政府实施进入规制，如果预期净收益小于零，企业无进入动力，政府不需要实施进入规制。

行业的垄断经济特征并非一成不变，永久性和暂时性自然垄断的划分主要基于长期平均成本曲线的特点。如果从长期来看企业的边际成本一直是处于下降趋势，这种自然垄断就是永久性自然垄断；如果企业的平均成本刚开始处于下降阶段，当市场需求扩大，平均成本开始出现上升并随市场的逐步扩大继续上升直至失去了成本的劣加性时，此时的生产已不再具有自然垄断性。当垄断企业属于永久性自然垄断时，政府在决定是否实施进入规制时，需要按照上述方法逐一判断，即：企业是否具有可维持性、属于强自然垄断还是弱自然垄断和有无进入障碍，进行综合分析；当垄断企业属于暂时性自然垄断时，在一定的产出范围内，自然垄断是存在的，但当产出超过一定规模时，自然垄断的特性便不复存在，从而成为可竞争市场，因此，当产业属于暂时性自然垄断时，首先需要对自然垄断的边界进行断定，进而判断是否需要实施政府进入规制。

2. 中国实施进入规制的最优模式

通过对中国规制改革的绩效评价研究，可以证明放松进入规制，对重点行业的产权结构进行改革，逐步降低国有企业在工业行业中的比重，允许多种所有制形式的企业进入，对于中国工业经济的发展具有推动作用，对于整体产业的技术进步也有积极意义。因此，中国进入规制改革的首要工作是取消行政垄断，将进入规制实施的范围退回到其原有边界。政府实施进入规制的应该以优化资源配置、提高社会福利为依据，而不应该以保护利益集团的既得利益为目的。

在进入规制的边界方面，正如张维迎指出的那样，既然是一个企业最优，那么即使让其他企业进来它也进不来，也不愿进来。所以如果是自然垄断，就没有理由又是法定垄断。法定垄断就是在市场准入上设置政策壁垒，以防止恶性竞争，同时履行普遍服务义务。但判断是否属于恶性竞争不能基于 $P > MC$，而是要看按 $P = C$ 定价的企业是否都离开了市场。因此，只要政府的市场管理部门及时公开市场现有的企业数目信息，竞争的市场中企业可以根据最低盈利水平来决定是否进入市场。管理部门适当通过技术标准、许可证、行业协会等附加准入条款的设定来提高企业进入市场的固定成本，从而可以宏观调控市场中的企业数量，保证行业的最低利润水平。在企业本身还难以理性地决定市场进入行为的现阶段，更应当发挥市场管理部门的作用，利用主体准入管理的工具合理配置主体资源，保持市场中合理的结构配置。

在进入规制政策的结构方面，政府应当经过成本收益分析，选择净收益大于零，且总体净收益最大的规制政策。在此，我们假设：首先，规制前的成本和收益分别为：C_0 和 R_0。其中，C_0 包括由于过度竞争、重复建设产生的资源浪费、环境恶化、对公平的损害及其他由进入过多引起的社会成本；R_0 主要包括由于企业相互竞争带来的产品种类的多样化、服务水平的提高、价格水平以及其他由企业相互竞争带来的社会收益的增加。其次，规制实施的成本和收益分别为：C 和 R。其中，C 包括政府实施准入规制的行政成本、受规制企业的遵循成本、消费者对产品多样化选择机会的丧失、垄断价格造成的福利损失以及其他由于准入规制政策的实施所引起的成本；R 包括由于保持自然垄断行业的成本劣加性所实现的资源节约、某些负外部性的消除或减少、环境的改进、社会公平维持以及其他由准入规制的实施所带来的社会收益。

因此，可知政府实施准入规制前的社会净收益为：$R_0 - C_0$，准入规制后的社会净收益为：$R - C$。经过分析发现，准入规制实施前的社会成本和规制后的收益其实是相同的，即 $C_0 = R$。另外我们比较一下 R_0 和 C，也可以发现 $C = R_0 + C'$，其中 C' 是所有与政府准入规制直接联系的成本，如准入规制的行政成本，企业为遵循规制政策的遵循成本以及企业为取得准入资格所发生的寻租成本等，这些成本的共同特点是：它们都是由准入规制政策本身诱发产生的。

根据准入规制成本—收益分析的基本思想，我们判断政府是否应当实施准入规制也即实施准入规制时机的根本判断标准是：规制后的社会净收益与规制前的社会净收益的比较结果。如果以 $f(c_o, c', r_o)$ 代表前者减去后者的差值，则当 $f(c_o, c', r_o)$ 为正值时，准入规制的实施能增加社会效益，政府应当实施准入规制；当 $f(c_o, c', r_o)$ 为负值时，政府则不宜实施准入规制。即：

$$\begin{cases} f(c_o,\ c',\ r_o) > 0 & \text{准入规制} \\ f(c_o,\ c',\ r_o) < 0 & \text{不规制} \end{cases} \qquad (7.2)$$

由于 $f(c_o, c', r_o)$ 表示准入规制前后社会净收益的差，即：

$$f(c_o,\ c',\ r_o) = (R - C) - (R_0 - C_0) \qquad (7.3)$$

代入 $C_0 = R$ 和 $C = R_0 + C'$，有：

$$f(c_o,\ c',\ r_o) = 2(C_0 - R_0) - C' \qquad (7.4)$$

因此不等式（7.2）可以变化为：

$$\begin{cases} 2(C_0 - R_0) > C' & \text{准入规制} \\ 2(C_0 - R_0) < C' & \text{不规制} \end{cases} \qquad (7.5)$$

不难发现，$2(C_0 - R_0) - C'$ 事实上是指规制前社会净效益的 2 倍与政府实施准入规制所产生的一系列与规制本身直接相关的成本的差，当这个差值为正时，即当规制前社会福利净损失的 2 倍超过准入规制所引起的直接相关成本的时候，就应当实施准入规制；当差值为负，即当规制前社会福利净损失的 2 倍未超过准入规制所引起的直接相关成本的时候，就不应当实施准入规制。因此，只要规制前的社会福利损失足够大，只要政府的相关直接规制费用是低廉的，对自然垄断行业的准入规制就是必要的和合理的。

在进入规制改革的实践方面，中国不宜采取"激进式"的改革模式，而应该根据产业发展的不同阶段，考虑现有市场发育程度、市场容量、市场发展前景、市场主体的进入能力、市场惯例等因素，采取有步骤、有重点的渐进式改革。同时要注意规制政策的时效性，要与行业经济特性的发展实现动态一致。另外，通过经济性规制改革的绩效研究，我们发现扩大或维持企业规模以充分发挥规模经济效应与反垄断之间存在着一种平衡关系，因此规模经济也是在工业企业规制改革中需要综合考量的问题。放松进入规制要求重点改革行政审批制度，包括投资项目审批、许可认可制度、资格制度、标准检查制度等内容。在行政审批制度改革上，一是继续减少审批范围，取消不必要的审批；二是不断提高政府审批的投资项目资金规模起点；三是逐步改革范围广、程度严的审批制，沿着审批、审核、核准升备案的思路和方向，将"事先审批型模式"逐步过渡到"事后审批型模式"。

因此，我国政府应当首先取消行政垄断，在非自然垄断型行业按照 P > MC 定价的原则放松进入规制，同时通过政策的调整保证各利益集团净收益最大化。进入规制的改革应当采取渐进式的方式进行，在变革中寻找均衡路径，最终实现动态均衡。具体来讲，应从以下五个方面入手：

（1）打破行政垄断。打破行政垄断需要严格对政府公权进行规制，实行政企分开、政资分开、政事分开。行政垄断之所以能够实现其最直观的成因就是对具有威信的政府公权的滥用，所以，首先，应明确确立行政公权的非营利性质，强调其对市场经济的从属性和对市场经营主体的服务性。其次，加快制定规范政府公权行使的程序和规则，以减少政府公权行使的随意性和人为性。最后，打破政府行政性垄断格局，废弃政府人为制定的各种不符合公平、效率原则的条条框框，大大减少政府机构的寻租空间。

（2）构造有效竞争格局。根据可竞争理论，如果市场是可竞争的，在位企业的行为会受到潜在进入者的威胁和约束，潜在进入者的威胁是优化资源配置的一种有效机制，最终该产业的在位企业只能赚取零经济利润和选择有效率的经济行为。因此，即使存在自然垄断，只要市场是可竞争的，完全可以依靠潜在的竞争达到社会资源的最优配置和经济效率的最大化，政府无须对在位企业进行规制；规制机构所要做的不是限制进入，而是降低产业的进入和退出障碍，创造可竞争的市场环境①。因此，政府应当充分利用世界贸易组织（WTO）规则所允许的规制手段，合理调整进出标准，引导并调节市场的产业结构和竞争结构，并根据产业发展的不同阶段，考虑现有市场发育程度、市场容量、市场发展前景、市场主体的进入能力、市场惯例等因素，采取不同的规制手段，维护有效的市场竞争。

（3）加快政府审批制度改革。目前中国的"进入许可证"制度并没有提供一个非常明确的分类进入数量标准，这种单一的"进入许可证"制度为政府寻租和俘获发生提供了相当大的制度空间。为此，必须加快政府审批制度的改革，明确市场准入管理部门的职责和权限，明确提出其在主体资源配置工作中的权力和要求，真正完善其在主体准入工作中的职能；同时建立健全更加公正、透明的企业信息披露机制和政府审批程序，尽可能减少政府规制的主观意志色彩。

（4）深化规制体制改革。真正做到政监分离，形成有效的监督和制约机制，切实解决"谁来规制规制者"的问题。重点是要提高规制的透明度和公众参与程度，特别是对那些直接涉及公众重大利益的决策，都应提前通报公众，听取他们的意见。要提高我国目前市场准入规制的信息化水平，简化准入手续之后，要将工作重点放到强化数据库建设，加强市场中企业进入的信息服务。通过适时披露产品供求、行业进入状况等方面的准确信息来防止企业的盲目进入、过度进入或进入不足，为企业投资、经营服务。

（5）加强和完善法律制度建设。首先要健全和完善反垄断法律体系，设立具有独立地位的反垄断执法机构。目前中国的产业竞争政策还存在着一定的部门性和地域性色彩，产业组织政策还没有提到建立反垄断法律体系的高度。规范市场竞争行为的政府机构庞杂，没有一个具有独立地位的反垄断执法机构。从中国对加入 WTO 所作出的承诺看，必须要履行世贸组织有关司法审查的义务，这就要求我国的反垄断法也应与国际接轨，建立完善的反垄断法律体系。其次，建立严密的责任承担制度，只有这样才能真正触动行政机关及其工作人员的传统思维定式。既然行政垄断是一种滥用权力限制竞争的违法行为，就应当对其规定严

---

① 张红凤：《自然垄断产业的治理：一个基于规制框架下竞争理论的视角》，载于《经济评论》2008 年第 1 期，第 93~99 页。

格的民事责任、行政责任甚至刑事责任。这符合我国宪法的规定，一切国家机关必须遵守宪法和法律，一切违反宪法和法律的行为，都必须予以追究，任何组织或个人都不得超越宪法和法律而享有特权。再次，建立司法审查制度。目前我国的行政诉讼法和行政复议法还没有将行政垄断行为纳入其调整的范围，建立司法审查制度对行政机关所实行的行政垄断行为，有异议的企业和消费者有权提出行政复议。如对行政复议不服，可以依法向人民法院提起行政诉讼。

7.2.3　规制改革重心之二：价格规制

价格规制是经济规制的一种重要形式。所谓价格规制，就是政府从资源有效配置出发，对于价格（或收费）水平和价格结构进行有依据的规范和控制。价格规制的目的是在一定程度上恢复价格的本来职能，使它能够确实反映资源的稀缺程度，使其能够真正成为一种激励因素，成为沟通经济活动参与者信息的有效方式并切实地反映市场关系。

价格规制的主体是政府；价格规制的对象是企业的价格行为；价格规制的依据是市场的活动因外部性、垄断、信息不对称等偏离帕累托标准；价格规制不是对于市场和市场机制的替代，而是在市场机制作用不充分的时候或地方，由政府的作用为市场作用的发挥创造条件；价格规制广泛存在于市场经济活动中，只要市场机制的作用不充分，就应该有价格规制；价格规制有直接价格规制和间接价格规制，前者是以介入的方式直接限制拥有定价权的垄断企业的价格行为，而后者则以不介入的方式来为市场价格机制的作用创造有效的运作环境。

价格规制的形式，是为了实现价格规制目标、提高规制的效率而采用的办法与手段。就价格规制的权限来看，价格规制的形式包括政府定价、政府指导价以及对政府定价和指导价的调整；就价格规制的属性来看，价格规制形式包括政策制定层面与政策执行层面，前者包括编制定价目录、听证目录、价格规制法规制定等；后者包括价格听证会的举办、成本监审、价格调整、价格规制模型选用等。

价格规制的内容包括：价格水平规制与价格结构规制，二者的侧重点不同。价格结构主要解决的是短期内生产者的资源配置和不同用户群的利益分配问题；而价格水平规制主要是从长期来看，讨论如何在被规制企业和其用户之间进行风险和利润的分配问题。价格结构规制的目标主要有四个方面：优化资源配置、促进社会分配效率、激励企业生产、保障企业利益。

1. 价格规制的理论依据

在现代经济学中，经济学家通常是从市场失灵的角度来解释自然垄断行业价格规制的原因。垄断造成的市场失灵会产生三个福利问题：垄断企业会制定垄断价格，从而造成哈伯格三角形福利损失；垄断企业缺乏市场竞争的激励作用，会形成莱本斯坦所谓的X—非效率问题；争夺垄断利润的寻租行为是非生产性的，对社会稀缺资源造成浪费，降低社会福利水平。

在新古典经济学框架内，上述三个问题的核心是价格问题。理论上，为了克服上述问题，实现社会福利最大化，可通过以下三种方式确定自然垄断产品价格。

（1）边际成本定价。在自然垄断行业，按边际成本定价可以实现社会福利最大化，消费者将获得全部消费者剩余。自然垄断分为强自然垄断与弱自然垄断，前者的边际成本小于平均成本，而后者的边际成本大于平均成本。因此，若采取边际成本定价法，强自然垄断企业将亏损，弱自然垄断企业将获得超额利润。为了弥补企业亏损，保证强自然垄断产品的供应，政府需要对企业进行补贴，此时将引起扭曲性税收、征税和转移支付产生交易成本、诱导企业寻租等问题，都将降低社会福利水平。

（2）平均成本定价。按平均成本定价，企业可以实现盈亏平衡，但是存在消费者福利损失。而且企业在按平均成本定价时往往通过发展其他业务，如上下游一体化经营等，利用其他环节的高价来实现交叉补贴。这样就会减少其他行业的社会福利。拉姆齐价格就属于平均成本定价，该定价针对一家自然垄断企业生产多种产品的情况，寻求在企业盈亏平衡条件下实现福利最大化的价格，其求解方法是求一定约束条件下的极大值。其公式为：

$$P_i = C_i/(1 - R/E_i)，其中 R = \lambda/(1 + \lambda) \tag{7.6}$$

式（7.6）中，P_i、C_i 分别为第 i 种产品的价格及边际成本，E_i 为第 i 种产品的需求价格弹性，λ 为企业盈亏平衡约束的影子价格。按照拉姆齐价格公式，对于自然垄断产品定价，为实现企业盈亏平衡，允许确定高于边际成本的价格。但由公式可知，对于具有不同需求价格弹性的产品，提高程度是不同的。产品的弹性高，定价与其边际成本差额小，反之亦然。

（3）两部收费模式。在实际中，按成本定价时，常常采用两部收费的办法。所谓两部收费就是根据固定成本和边际成本，将价格分为两部分：一部分反映基础设施投入的固定费用，另一部分反映单位价格，就是每提供一个产品或服务的边际费用。

2. 两种价格规制方法比较

从国外价格规制的实践来看，发达国家对自然垄断行业的价格规制形式主要有两种：投资回报率规制和价格上限规制。

（1）投资回报率规制。实行投资回报率规制，政府规制机构不直接制定自然垄断行业产品的最终价格，而是通过制定投资回报率来控制价格构成中利润的大小，使自然垄断行业能够补偿其运营成本，并给投资带来公平的回报率，以此实现对自然垄断行业价格水平的间接控制。

单一产品的投资回报率规制模型为：

$$R(pq) = C + S(RB) \tag{7.7}$$

多产品投资回报率规制模型为：

$$R(\sum_{i=1}^{n} p_i q_i) = C + S(RB) \tag{7.8}$$

其中，R 为企业收入函数，p、q 分别为产品的价格和数量，C 为成本费用，S 为投资回报率，RB 为投资回报率基数。公正报酬率规制的关键在于确定投资回报率 S 和投资回报率基数 RB。前者决定了企业投资是否能获得正常回报，后者则关系到企业在一定回报率下能够获得的利润总额。投资回报率的确定过程一般是规制者与被规制者之间讨价还价的过程。

投资回报率规制属于低强度的激励规制方式，它以成本为基础定价，企业没有定价权和剩余索取权，消费者是成本变化风险的承担者。垄断企业往往都需要大量投资，实行投资回报率规制能使企业的投资都能得到"合理"的回报，可以刺激企业对基础设施产业进行投资，有利于企业正常经营，向社会稳定地提供产品和服务，同时由于企业没有成本压力，有利于企业提供高质量的产品。

与此同时，投资回报率规制在实践中也表现出以下几方面的缺陷：首先，对企业降低成本的激励不足。由于消费者是全部成本变动风险的承担者，企业没有收益增量的剩余索取权，而规制者对企业在降低成本上的懈怠行为监督有限，所以高成本、低效率的现象便出现了。其次，容易诱导企业进行过度的资本投资，产生 A – J 效应。在投资回报率价格规制下，企业缺乏减少费用支出的动力，产生一种尽可能扩大资本基数的刺激，以在既定的投资回报率下，能获得较多的绝对利润。因而在生产某项产品时，企业会用过多的资本投入代替其他生产要素的投入，从而形成过度资本投资，降低生产效率。最后，对信息充分性的依赖程度较高。政府在定价时需要以被规制企业上报的成本为依据，而政府一般又难以获得充分的成本信息，往往是企业报多少，政府批多少。因此留给企业大量因信息租金而产生的超额利润。

（2）价格上限规制。价格上限规制是指规制者与被规制企业之间签订一份价格变动合同，该合同规定了企业平均价格变动的上限，在这个上限价格以内，企业可以自由变动价格。该规制方式的目的是通过刺激企业提高内部效率从而减少行政费用。

价格上限规制的基本模型为：

$$P_t = P_{t-1}(1 + RPI - X) \qquad (7.9)$$

式（7.9）中，P_t 表示 t 期价格变动的上限，P_{t-1} 表示 t – 1 期实行价格上限规制的产品的平均价格，RPI 为零售价格指数，表示一年的零售物价上涨率即通货膨胀率，X 表示生产率的上涨率。

价格上限规制属于高强度的激励规制方式，企业拥有定价权及剩余索取权，企业是成本变化风险的承担者。实施价格上限规制，由于规制价格的构成并不直接包括企业成本，所以规制者无须完全掌握企业的成本信息，因此减少了对被规制企业成本信息的依赖。同时，由于价格上限被固定，企业为了实现利润最大化，只有通过优化现有的各种生产要素，积极采用新的技术手段，不断提高管理水平，从而使企业的实际生产率上升率超过签订合同时确定的生产率。唯有这样，被规制企业才能更多地分享由此带来的利润。因此，该规制方式向企业提供了充分的激励。而且，在这种规制下，企业会更加注重各种生产要素的合理组合以达到最好的产出效果，而不会过分强调资本的比重，因此不会出现 A – J 效应。

261

但是，价格上限规制在实施过程中也会产生一系列的问题，例如由于企业出于利润最大化的目的会极力降低生产成本，从而有可能以牺牲产品质量为代价，或者忽视对产品质量的改进与提升；又如，在签订合同时所产生的"棘轮效应"会弱化激励强度。"棘轮效应"指当已签订的价格上限规制合同执行完后，规制者会发现被规制企业具有较大的提高生产效率的潜力，因此在下一次修改合同确定生产率上升率时，规制者便会进一步调高数值，从而对企业提出更高的要求。随之而来的便是企业增加利润的空间相对缩小，而且越是效率高的企业，其受到的不利影响也越大，这将导致企业出现懈怠情绪，从而不利于对它的正向激励；再如，价格上限很可能导致"规制俘虏"。价格上限规制为被规制企业提供了高强度的激励，企业会因此而获得较多的信息租金。由于规制者拥有确定价格上限的权力，而这又直接关系到被规制企业可能获取利润的多少，所以其俘虏规制者的动机会大大增强。

（3）投资回报率规制与最高价格上限规制的比较。投资回报率规制和最高上限价格规制是对自然垄断行业进行价格规制的具体方式，二者各有利弊，存在很多不同之处：

第一，价格规制的着力点不同。在投资回报率规制形式下，政府只能通过控制投资回报率来间接控制价格，而最高价格上限规制中规制机构可以直接控制产品的最高售价。

第二，对技术进步的影响不同。在投资回报率价格规制形式下，企业没有技术革新、降低成本的动力；而在最高上限价格规制下，由于采取零售价格指数和企业生产效率挂钩的办法，而零售价格指数相对企业来说是一个外生变量，企业要取得较多的利润，只有努力提高生产效率，使生产效率的实际增长率超过规制者规定的增长率（即 X 值），这就会促使企业自觉进行技术革新，挖掘各种生产潜力，以提高生产效率、降低成本，即其具有动态技术效率。

第三，产生的社会福利效应不同。实施回报率规制，价格水平位于平均成本曲线与需求曲线的交点处，企业盈亏平衡，但与边际成本定价相比，产生哈伯格三角形面积的社会福利损失。并且由于回报率规制会产生 A – J 效应，导致平均成本曲线上升，规制价格也相应上升，社会福利损失进一步扩大。而实施价格上限规制，产品售价从垄断价格下降为最高限价，从而使社会福利损失减少；与此同时，企业通过提升内在效率，使边际成本曲线下降，可以获得额外收益，这些额外收益可以部分补偿甚至有可能超过由于边际成本定价而形成的社会福利损失。

第四，适用性不同。投资回报率规制属于低强度的激励方式，由于它有利于促进投资、保证产品的稳定供给、促进产品质量的改善，因此比较适合于关系国计民生、需求弹性比较低的产品，或者适用于在产品供求矛盾尚未解决的阶段推行。而最高上限规制属于高强度的激励方式，它可以促进企业进行技术改进，但不利于产品质量的改进，因而比较适合于产品质量标准化程度较高且规制机构规制水平较高的产业。

3. 最优价格规制模式

（1）价格规制的目标。一般认为，一个好的经济机制应满足三个要求：实现资源的有效配置，有效利用信息，以及激励相容。

对于自然垄断产业的价格规制也体现出多目标性：价格规制首先需要纠正垄断造成的社会分配扭曲，促进社会分配效率的提高；其次要向企业提供激励机制，促进生产要素的优化组合及技术管理创新，实现生产效率最大化；再次要保证有效供给与企业生存，自然垄断产业的产品大多都是关乎国计民生的产品，随着国民经济的增长，自然垄断产业的需求有着加速增长的趋势，为适应这种大规模、不断增长的需求，就要求垄断产业不断进行大规模投资，所以政府在制定规制价格时，也要考虑到企业应具有一定的自我积累、不断进行大规模投资的能力，以维护企业的发展潜力。

价格规制目标体现着政府规制者对价格规制的偏好。然而，这些目标之间呈现出相互影响、相互制约，甚至相互冲突的关系。因此规制政府不得不在多重目标之间寻找均衡区域并确定比较合理的均衡点，导致各种价格规制在目标的实现上呈现出有限性和次优的特点。

（2）影响最优价格规制模式的因素。

第一，具体业务的垄断性质。在制定价格规制模式的时候，要对自然垄断产业的具体业务进行区分，分为垄断性业务和非垄断性业务。在非垄断性业务领域依靠竞争激励企业提高效率，在垄断性业务领域用规制政策提供激励。这样不但可以降低规制成本，也为价格上限规制等高强度激励合同的运用创造了条件。

第二，产业发展阶段。当产业处于成长和扩张时期，供求矛盾比较突出，基础设施作为国民经济发展的必要支撑条件需要保持一定的发展速度。此时比较适合采用激励强度相对较弱的价格规制模式，这将有利于基础设施部门快速筹集资金进行投资，扩大生产规模，满足市场需求。当产业发展到成熟阶段，供求不再是主要矛盾，市场竞争趋于激烈，提高效率、改进技术、增强市场竞争力成为市场扩张的主导时应采用高强度的激励模式，使市场机制发挥更大的作用，引导企业进行技术创新、管理创新，不断刺激企业降低成本和改善成本结构，进一步提高资源配置效率和生产效率。

第三，产业的技术革新。垄断产业或其具体业务的垄断性质并非一成不变。随着技术的不断更新，很多传统的垄断部门的垄断性质正在减弱，趋于竞争，例如电信业。因此在不同的技术发展阶段应该采取不同的价格规制模式，以最大限度地发挥市场竞争的作用，减少信息不对称造成的资源配置扭曲程度。同时，在价格规制模式选定之后，规制机构也应当定期根据技术发展的水平调整价格规制的基础，如回报率规制中的回报率水平、价格上限中的生产率等。

第四，规制机构的规制效率。每一种价格规制方式都有其弊端，都会引发一些负面影响，如投资回报率规制容易导致 A–J 效应，引起过度投资，导致资源配置失衡；价格上限规制容易刺激企业为了降低成本不顾产品质量和安全标准，同时还容易引发规制俘获。这些由于企业投机和寻租造成的效率损失会大大抵消规制的正面效果，使政府为规制付出的代价付诸东流。因此，政府监控能力便成为价格规制模式选择的一个重要影响因素。高强度激励政策只有在质量安全标准完备且配以有效的检验机制的条件下才能够实施。如果规制者无法确定标准或者难以监督标准的执行情况，则只能采用低强度的激励方案。另外，高强度的激励往往伴随着高水平的信息租金，企业通过向政府寻租有可能得到巨额利润，而低强度的规制方式需要规制机构掌握较多的信息，任意性大大减少，对规制俘获的抵御能力比高强度的激励政策要强。因此，只有在比较完善的法律、法规监督机制的作用下，才能有效抑制寻租冲动和受租欲望，使高强度激励政策的目标能够较好地实现。

第五，普遍服务义务。由于垄断产业大多都是关系国计民生的重要行业，其提供的产品是日常生产、生活必不可少的必需品，需求弹性很低，因此在确定价格规制方式时还要考虑到普遍服务的义务。普遍服务是指对任何国民都要提供无地域、质量、价格等方面的差别，且能够负担得起的基本产品。普遍性体现在：第一，产品要有可获得性，即不论何时何地，只要有需求，都应该有覆盖全国范围的产品提供；第二，产品要有非歧视性，即无论所处的地理位置、种族、性别、宗教信仰，用户在价格、服务和质量等方面都应得到一视同仁的产品提供；第三，产品要有可购买性，绝大多数用户能够支付基本的产品购买费用。

（3）最优价格规制模型。纵观发达国家价格规制的实践，不同国家、不同产业实施价格规制的作用效果因发展基础、市场化程度、目标导向、供需状况、制度环境、技术特点等不同而有所差异。虽然价格规制的复杂性使各国在模式选择中缺少具有普遍推广价值的标准，但我们还是可以通过考虑某些主要影响因素来探求模式选择的一般思路。

中国现有的自然垄断产业主要有电信、电力、铁路运输、民航运输、自来水以及燃气业等产业。我们根据各个产业的发展阶段、与人民生活的密切程度、技术特征等将这些垄断产业分为两类：第一类包括电力、自来水、燃气等需要大量资本投入、与人民生活关系非常密切、自然垄断性质比较强的产业；第二类包括电信、铁路、民航运输等与人民生活联系比较密切、具有一定竞争性的产业。根据这两类产业特征的不同，我们设计出两类价格规制模式：激励水平较低的价格规制模式和激励水平较高的价格规制模式。

第一类产业应当采用激励水平较低的价格规制模式，主要考虑到要充分满足人民生产和生活的需要，刺激投资，保证平稳供应质量稳定的产品；第二类产业应当采用激励水平较高的价格规制模式，主要偏重于在竞争中刺激企业改进技术、提高效率，同时兼顾普遍服务义务和保证质量。

激励水平较低的价格规制模式的具体模型为：

$$P_t = \left\{ TVC + \left[\frac{D}{V}i + \frac{E}{V}\rho \right] V \right\} (1 + RPI - X) \qquad (7.10)$$

其中 P_t 代表 t 期产品价格，TVC 代表总可变成本，D 为受规制企业的负债资产，V 为受规制企业总资产，D/V 为负债资产比率，E 为企业自有资产，E/V 为自有资产比率，i 为负债资产利率，ρ 为自有资产利润率，RPI 表示通货膨胀率，X 表示生产率的增长率。

这个价格规制模型主要适用于第一类垄断产业的价格规制。由于这类产业的产品与居民生产和生活关系都非常紧密，需求价格弹性较低，而且在中国仍处于成长和扩张期，因而应当把重点放在鼓励投资，保证持续稳定的供给上。但同时为了防止 A－J 效应，也增加了价格变动上限，避免了由于过度投资导致的资源配置不合理。

激励水平较高的价格规制模型的具体形式为：

$$P_{t+1} = \frac{C_t^s + C_t^G}{1-r}(1 + RPI - X)Q \tag{7.11}$$

其中，P_{t+1} 代表 t＋1 期产品价格，C_t^s 和 C_t^G 分别代表 t 期非普遍服务和普遍服务总成本，r 代表销售利润率，RPI 表示通货膨胀率，X 表示生产率的增长率，Q 代表质量系数。

这个价格规制模型主要适用于第二类垄断产业的价格规制。由于这类产业普遍发展相对成熟，市场需求已经得到基本满足，市场竞争趋于激烈，规模性扩张的主要矛盾更多需要向提高效率、改进技术、增强市场竞争力方向转换，因而这类产业更适合于激励性强的价格上限规制。但是由于中国的特殊国情，东西部经济发展不平衡，城市农村发展差距逐渐加大，很多垄断产业的产品还要兼顾普遍服务的义务，所以我们增加了普遍服务的成本分担。另外，模型用销售利润代替了投资回报率，因为销售利润率比较客观，销售量受市场约束，企业要增加销售量就必须通过增加投资，扩大经营范围，提高产品或服务质量等措施，以更好地满足市场需要。与此同时，为了克服价格上限规制对产品质量的负面影响，我们增加了产品质量系数，以保证企业提供符合质量标准的产品。

（4）模型相关参数的说明。

TVC 的确定。可以用运营支出代表总可变成本 TVC。

D/V、E/V 的确定。负债资本和自有资本的结构，是企业在考虑内部资金筹措能力、资金成本的基础上，为实现自己的投资计划而通过自己的谈判来选择的。因此，只要企业在资产筹措方面采取的行动是恰当合理的，那么就可以采用。一般以企业的高效率为前提，根据临近估算收费期间的实际经营成果来确定资产构成比率。

i 的确定。由于负债资产包含着各种各样的资金（公司债、长期借入资金、短期借入资金等），所以负债资产利率不能以偏概全。但是，由于受规制产业一般为规定资产比率很高的产业，企业的长期借入资金比例较大，在中国国有企业中更是如此，因此负债资产利率应着重考虑长期资金的借入利率。

ρ 的确定。自有资产的利润率一般采用正常的利润率，按长期资金的存款利率确定，如按照中长期国库券利率或 5 年以上的存款利率来去顶。

RPI 的确定。RPI 可以直接来源于政府公布的商品零售价格指数，它反映的是零售生产资料价格和主要生活消费品价格的综合变化情况。

X 的确定。确定 X 值要考虑的因素相对复杂：从技术角度讲，需考虑被规制企业的历史生产率增长率、国外同行业的先进水平、特定自然垄断产业的技术进步率以及经营管理效率等因素。如果现有生产效率较低，则挖掘生产效率的潜力越大，X 值也应较大，反之则反。由于各自然垄断产业的技术进步率不同，因而不同垄断产业之间的 X 值必然有较大的差异。从制度角度讲，为了能让制定出来的 X 值在模型中发挥其应有的作用，应实现规制者与自然垄断企业的真正分开，避免规制俘获和无效规制。

C_t^G 的确定。普遍服务成本的定义是普遍服务的提供商经营普遍服务业务的利润亏损。也可以用根据可避免的净成本（企业如果不提供普遍服务就可以避免的净成本）来计算。因此，计算普遍服务净成本可用以下公式计算：

$$普遍服务净成本 = 可避免的成本 - 所获收入$$

其中，可避免成本是指不提供普遍服务业务就可以避免的成本，它等于运营成本、折旧补贴和资本的机会成本的总和超出假设不在该地区提供普遍服务的上述成本的总和的那部分成本。可避免成本是根据高效率运营商采用前瞻性技术进行测算得出的成本。这样可以鼓励普遍服务提供商采用有效率的流程和技术，否则效率不高的话，其得到的补贴就不够弥补其低效率。所获收入也是指如果企业不提供普遍服务业务就不可能获取的收入。

C_t^s 的确定。C_t^s 为 t 期平均企业成本、费用，不包括普遍服务的成本。

Q 的确定。确定质量系数 Q 是以政府规定的产品和服务质量标准为依据，具体表现为相关产业的产品和服务质量法律、法规。它会根据不同产业的技术特点设定相应的技术指标，通过运用专业的测量方法，来确定企业达到的质量水平。通过为不同的技术指标设定权数，然后综合整体情况，计算出 Q。质量系数 Q 的最大值一般为 1，如果企业提供的产品与服务质量完全达到政府规定的标准，则质量系数为1，否则，按照实际质量水平确定 $Q < 1$。

为进一步完善我国价格规制的改革，具体建议如下：

（1）区分价格规制的不同目的，建立适合我国国情的价格规制体系。规制价格的制定主要以刺激企业提高效率为目的。由于被规制企业通常具有市场垄断力量，要求规制价格制定者首先能识别企业的两种利润来源，即较高的生产效率或市场垄断力量，然后客观评价企业应该达到的一般成本水平。在此基础上确定一个已基本剔除企业利用市场垄断力量谋取利润的因素的最高限价，以维护社会分配效率。企业在规定的最高限价下，要取得较多的利润，不断得到自我发展，其前提条件是只有通过技术革新，加强内部管理等途径以降低成本水平，提高生产效率。另外根据前面的模型分析，在我国发展的现阶段，既要保证公共必需品的充分供应，又要刺激技术效率的提高，因此应该区分两种不同的利润来源，采取相应的价格规制模式。

（2）对自然垄断产业的垄断性业务和非垄断性业务进行区分。由于垄断性业务和非垄断性业务的技术经济特征存在很大差异，政府在制定规制价格时，应该考虑到不同业务阶段现有的和潜在的生产率发展水平，作为制定规制价格的重要依据。同时，价格规制主要是针对自然垄断性业务，以防止少数企业滥用其市场垄断力量谋取高额利润；而在非自然垄断性业务领域，由于多家企业竞争性经营，竞争机制会自动调整价格，因此，政府只需制定指导性价格。

（3）建立多元化的价格规制体系。在强调规制体制的规范化建设的同时，还必须根据实践的要求做到规制方式多样化，做到理论和实际相结合，静态和动态相结合，激励和约束相结合。首先，要实行差别定价。要根据自然垄断产品的不同环节、不同时间、不同地理位置制定不同的价格，以形成合理的差价体系，使价格真实反映产品的成本差异、供求差异。如水价，应在大量调查、分析、计算的基础上，制定出根据不同用户经济情况所规定的使用量标准，在此基础上制定出标准用量价格和超额用量价格，超额用量应是标准用量价格的多倍。而电价，应采用分时段用电方式，高峰高价、低峰低价与平峰平价，引导平衡用电。此外，对低收入居民，可在水、电、燃气等公用事业服务方面享受减免价格服务，由政府每年审定一次低收入标准。其次，要实行灵活的激励性定价方式，以刺激垄断企业提高效率。在具备条件的产业尽快用价格上限规制等高强度激励规制模式代替目前的公正报酬率规制等具有成本加成性质的价格规制模式。这既有利于解决目前规制机构面临的价格规制失效问题，也有利于规范垄断产业收入。在其他产业可以通过改进公正报酬率规制或提供"规制菜单"等方式来提高规制效率。

（4）规制价格的调整周期。规制价格的调整周期对企业利用政府规制滞后效应，降低成本，增加利润的积极性会产生直接影响：如果规制价格的调整周期太短，由于基础设施产业的投资回报期较长，就会抑制企业通过大规模投资进行技术革新降低成本，提高生产效率的积极性；相反，若规制价格的调整周期太长，这虽然会刺激企业进行大规模投资，以取得投资的长期效益，但会使现实的成本水平大大低于当时核定的成本水平。而具体的规制价格的调整周期则应根据特定基础设施产业的特点而定，如英国在电信、电力等产业的规制价格调整周期一般为4~5年，而自来水供应产业为10年。

（5）设立独立的规制机构。首先，增强规制机构相对于政府部门的独立性。在实践中，制约某些价格规制方式运用的诸因素通常与规制机构缺乏相对于政府的独立性，规制机构之间的冲突以及缺乏有关反垄断机制，所以为了更好地利用价格上限规制，应通过改革，整合协调各机构的规制政策，并尽快建立健全反垄断机制。其次，实行政企分离，实现规制机构相对于被规制企业的独立性。一方面，在政企分离的政府规制体制下，企业没有政府权力的支撑，失去了行政性垄断经营的地位，使企业真正成了按市场经济原则开展经营活动的主体，拥有从事生产经营活动的活力、动力和压力，形成了高效的企业经营机制。另一方面，通过建立独立性较强的政府规制机构，使政府从基础设施产业的垄断经营者转变为了竞争性经营的组织者和监督者。要实现政企分离，必须在政府管理体制上作出重大变革，改革政企合一的体制，打破规制机构与被规制企业之间的利益联系，使规制机构能够超然地行使经济性规制职能；必须撤销现有各行业的主管部门，建立新的监督管理机构，这些新规制机构在组织上必须完全独立于原来的各行业主管部门，以便切断其与企业之间的联系，使其能够公正地履行规制职能。要参照国际上通行的做法，以价格规制为中心，将价格规制机构与市场进入、运行规程等规制机构合并，建立综合性的物价规制机构，使成本规制与价格规制脱节的问题得到根本解决。各级价格规制部门要加强自身建设，提高规制人员的业务水平和职业素质，理顺办事程序和规范，形成依法行政、高效运转、配套完善的行业管理体制，并在此基础上提高对自然垄断行业的监管水平，促进自然垄断行业在健康有序的轨道上发展。

（6）提高价格规制的规范化水平，防止价格规制俘获。第一，要以法律法规明文规定实行规制的行业范围、政策目标、组织机构等。第二，规制机构以公开、公正的方式为被规制企业制定或调整价格。定价或调价的内容要具体化，步骤要合理化。第三，规制机构根据有关法规对被规制企业的执行情况进行严格的监督，规制的内容集中在价格政策执行情况以及服务质量是否下降等问题上。规制的手段包括规制机构接受消费者投诉并在查实后给予行政罚款或者向法院提出诉讼。第四，我们必须通过规范价格规制的程序，建立相互约束的行政、立法、司法联动制衡机制，完善价格听证以及建立多渠道的社会监督机制等来矫正价格规制对社会福利的偏离。

前期经济性规制改革的演进及其面临的诸多困境表明，中国的经济性规制远没有达到政策均衡，需要依据制约规制制度变迁的供求因素构建和完善规制制度。综上所述，实现经济型规制政策的最优模式需要做到以下几点：

（1）完善规制立法，明确经济性规制的合理边界。中国的政府规制处在市场机制不完善、法治不健全，旧有制度惯性、行为模式与思维方式尚有较大影响的市场环境中，其改革路径必然是从行政垄断向有效规制转变，逐步放开市场的同时发挥政府对市场的补充及调节作用。因此，建立现代规制机制的关键在于以法律为先导，明确政府规制的合理边界，规范规制职能，建立市场机制与政府规制相互交融的调节机制。市场失灵是实施政府规制的原因，但政府在力图弥补市场缺陷的过程中，又不可避免地产生政府失灵现象。市场解决不好的问题，政府未必能解决得好。因此，以法律为先导，明确政府规制的边界，确立有限政府的理念是进行经济性规制改革的关键所在。

（2）确保规制机构的独立性，构建利益协调的博弈框架。在政府规制系统中，政府、企业、消费者三个主体的地位不同，政府以其特有的授权凌驾于其他二者之上；而企业和消费者，理论上处于平等地位。三者两两主体之间相互作用，构成一个闭合循环系统。政府本应处于其他二者之间的、不偏不倚的中立位置，是一个理想点的均衡。然而，处于经济体制转轨中的中国政府面临多元化的规制目标，自然而然会出现非对称规制、行政垄断，甚至是以放松规制的手段加强规制。这些做法都会使政府失去中立地位，使整个规制系统处于一种极度不稳定的状态。因此中国经济性规制改革的首要工作是取消行政垄断，确保规制机构的独立性，构建利益协调的博弈框架。

政府规制机构如何保持独立公正，作为中立的第三方为企业和消费者树立博弈规则至关重要。在经济型规制改革中，规制机构斩断一切与国有垄断企业的利益关系，对所有被规制企业一视同仁是确保规制机构独立公正的前提条件。在实践中，规制机构开放基础设施领域，放松进入规制，是瓦解政企利益同盟的重要举措。另外，确保规制机构的独立公正还需要政府引导各种社会力量参与规制博弈，构建利益协调的博弈框架。在消费者与企业的博弈中，由于分散的消费者群体组织成本高，"搭便车"现象严重，规制机构更应该扶植消费者群体组建大的消费者社团组织，增强与企业谈判的能力。只有在消费者与企业集团博弈充分的条件下，政府规制机构才更能显示处于中立地位，构建博弈规则，并予以裁决。

（3）确立成本—收益分析的规制政策制定原则。经济性规制政策的制定应当以规制绩效为目标导向，将成本—收益分析确立为制定经济性规制政策的基本原则，将政府规制的主观目的引向深入和延伸的分析，考虑不同风险之间的替代关系，对不同监管措施的成本有效性进行评估，这就需要政策制定者就现有目标的规制对社区成员的潜在的经济社会效果进行大量的调查分析，从而使广泛的社会需求成为确定规制改革方向的基本依据。

具体改革实践中，在进入规制政策的结构方面，政府应当经过成本收益分析，选择净收益大于零，且总体净收益最大的规制政策。根据产业发展的不同阶段，考虑现有市场发育程度、市场容量、市场发展前景、市场主体的进入能力、市场惯例等因素，采取有步骤、有重点的渐进式改革。同时要注意规制政策的时效性，在变革中寻找均衡路径，最终实现动态均衡。在价格规制改革方面，应区分价格规制的不同目的，建立适合我国国情的价格规制体系。在我国发展的现阶段，既要保证公共必需品的充分供应，又要刺激技术效率的提高，因此应该根据不同产业属性，采取相应的价格规制模式，同时根据产业特点确定规制价格的调整周期。

（4）实现政监分离，形成有效的监督和制约机制。规制改革是国家层面战略目标、企业利益即利益集团利益以及消费者利益即公共利益三方面诉求的综合考量，三方利益尤其是利益集团利益与公共利益存在内在矛盾。政府作为规制政策的供给者在面临多重目标冲突时，"常常选择相对低效率却更能保证租金最大化的产权制度"。同时，政府或规制机构只是理论上的规制供给者，实践中，规制的供给则需要通过三重委托—代理关系来实现。洛佩兹和密特拉（López & Mitra，2000）指出，与工业化国家相比，发展中国家影响政府决策的主要是寻租行为而不是社会福利，所以在经济发展水平较低时，上述三重委托—代理关系对规制的负面影响更大。因此，为确保规制绩效，对规制机构的监督至关重要。

经济性规制改革的有效保障是建立和完善规制权的司法审查制度，通过司法审查和司法救济制度，加强司法机构对规制立法、规制执法行为的审查，为被规制者和公众合法权益提供合理的法律保障和及时救济。同时，通过不断完善人民代表大会的监督机制、改善人民代表的选举办法、建立人大代表和选举单位的联系制度等，使人民代表真正代表人民的利益，人民通过选举有效制约政府。通过"人民—人大代表—规制机构"的代理链层级传递，以宪法规定的基本原则为保障，实现对规制机构的有效制约。

7.3　社会性规制政策最优模式

在社会性规制领域，虽然社会性规制整体已进入了规范和健康的发展阶段，但是社会性规制中仍存在局部规制过剩和规制不足，以及由社会性规制中的多层委托代理关系导致的规制主体目标偏离、政策制定结果偏离等方面的结构非对称，严重制约着社会性规制绩效的实现。对社会性规制绩效的实证检验已表明，中国社会性规制的效率较低，总体质量不高，因此，社会性规制改革仍落后于经济社会发展的要求。为了确保健康、安全、环境及教育、文化、福利等目标的实现，有必要对社会性规制随着经济社会发展实现相应变革，力求以良好的规制绩效放松气候、经济、能源和其他资源条件的约束，为实现可持续发展奠定良好的制度基础。因此以下在阐述社会性规制改革初始条件的基础上，构建统一的社会性规制目标模型，并以此为前提提出具体的环境规制、职业安全与健康规制以及消费者安全与健康规制方面的最优模式探讨。

7.3.1　社会性规制改革的初始条件

在推行社会性规制改革，构建社会性规制政策最优模式之前，需要对其改革的初始条件有清晰的认识，而社会性规制涉及领域众多，各领域的初始条件都不相同，因此，这里选取环境规制、职业安全与健康规制以及消费者安全与健康规制三大领域介绍其改革的初始条件。

1. 环境规制改革的初始条件

环境规制改革的初始条件主要包括环境规制职能管理现状、规制手段现状、法律环境现状及政策执行现状四个方面。

（1）职能管理现状与问题。在 2015 年以前，中国实行各级政府对当地环境质量负责，环境保护行政主管部门统一监督管理，各有关部门依照法律规定实施监督管理的环境管理体制。如图 7 - 1 所示。多部门联合管理的规制模式造成各部门多头管理的混乱局面，部门之间分工不清楚，权责不明确，职能相互交叉，导致部门之间协调困难，严重影响到政府的环境执法工作。

2015 年，根据《中共中央关于制定国民经济和社会发展第十三个五年规划的建议》，提出"十三五"期间要建立省以下环保机构监测监察执法垂直管理制度（即"垂改"），主要指省级环保部门直接管理市（地）县的监测监察机构，承担其人员和工作经费，市（地）级环保局实行以省级环保厅（局）为主的双重管理体制，县级环保局不再单设而是作为市（地）级环保局的派出机构。这是对我国环保管理体制的一项重大改革，有利于增强环境执法的统一性、权威性、有效性。2018年 3 月，第十三次全国人民代表大会表决通过《国务院机构改革方案》，该方案规定以原环境保护部为主体组建新的生态环境部，生态环境部的职责不仅囊括原环境保护部的所有职责，还涵盖了自然资源部、国家发改委、水利部、农业农村部、国家海洋局以及国务院原南水北调工程建设委员会办公室有关环境保护、污染治理的相关职责，即多部门职责统一划归到生态环境部门。这次改革是以污染防治为主的环境管理模式向以环境质量改善为核心的管理模式的转变，将污染防治与生态保护职责统一起来。环保部门的"垂改"与"国务院机构改革"，既是环保管理体系的进步，又是一种挑战。一方面，它实现了省级生态环境部门对市、县两级环境监测、监察的直接管理与实质约束，摆脱了以往通过下级"书面汇报"的方式侧面了解相关信息，由间接管理转为一线的直接管理，减少了行政执法与信息传递的"折扣"；另一方面，大部分环境监察、应急事件、信访投诉受理、减排监测等职责都划归到环保部门，会造成其他政府部门环保工作力度降低，对环保部门的工作开展提出了更高的要求。

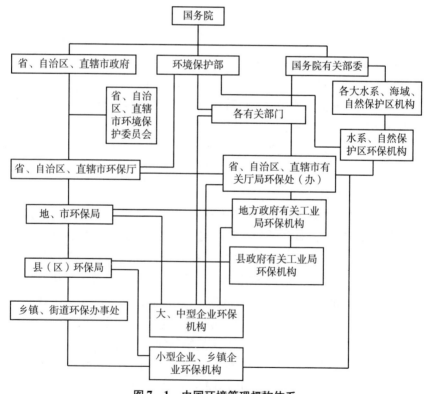

图 7-1 中国环境管理机构体系

（2）规制手段现状与问题。在环境规制的实践中，中国的环境规制手段也处在一个不断完善的过程中。目前，中国已经发展了以"三大政策、八项制度①"为核心的命令—控制型手段为主、经济激励型手段为辅的环境管理制度体系。即：一是命令—控制型手段。命令—控制型手段是一种传统的环境规制手段，其主要方法是规制机构通过法律和行政手段制定并执行各种不同的标准来改善环境的质量。主要包括环境影响评价制度、"三同时"制度、限期治理、集中污染控制、排污许可证制度和城市环境综合整治定量考核等；二是经济激励型手段。经济激励型手段又被称为基于市场的环境手段，这种手段通过市场信号激励人的行为动机，而不是通过明确的环境控制标准来约束人的行为。经济激励型手段设计可以使私人在追求自身利益的过程中，同时实现环境政策的目标，取得良好的社会效益。中国经济激励型的手段主要有排污收费、排污权交易制度等。

（3）法律环境现状与问题。近些年来，虽然中国颁布了大量的环境与资源保护单行法，但中国环保方面的法律规定（尤其是地方性的法律规定）过于零散混乱，缺乏统一的立法规划，不同法律、法规之间的不协调问题比较突出。基本法与单行法、单行法与实施细则、国家法与地方法以及环境法与其他相关法之间，均存在着不够协调的问题，某些方面的规定甚至相互矛盾和冲突。由于立法上的冲突，实践中常常让人无所适从和难以抉择，导致守法和执法领域的混乱与困难。

（4）政策执行现状与问题。近年来，在环境行政执法实践中存在着一系列的行政异化现象，其职权行使偏离了环境行政目标和行政法制原则。地方保护主义把本地区的行政权行使同国家行政总权割裂开来，从自己地区的狭隘利益出发，在行政执法实践中对自己主管下的企业、组织和其他经济实体采取有意偏袒不与环境行政机关合作；对其他行政地区行使职权采取不合作、不支持、不协助的消极对策。一些地方政府和部门甚至知法犯法，做出明显违反环境法律规范的经济发展决策。个别政府部门领导的环境意识和环境法制观念极其淡薄，为了追求地方经济总量和发展速度而千方百计阻碍环境主管部门的行政执法。

---

① 三大政策指"预防为主，防治结合""谁污染，谁治理""强化环境管理"三项政策；八项制度指"环境影响评价""三同时""排污收费""环境保护目标责任""城市环境综合整治定量考核""排污申请登记与许可证""限期治理""集中控制"八项制度。

2. 职业安全与健康规制改革的初始条件

（1）职业安全与健康管理现状与问题。2003 年，国家安全生产监督管理局（国家煤矿安全监察局）成为直属机构，成立了国务院安全生产委员会。2005 年初，国家安全生产监督管理局升格为总局，由副部级升级为正部级。2006 年初，国家安全生产应急救援中心成立。2008 年 9 月份，国家安监总局成立职业安全健康监督管理司，专司职业安全健康规制工作。职业健康监督管理工作由处一级，提升为司局一级，为中国政府加强职业安全健康规制工作、保障劳动者生命健康权益做出了组织保障。2013 年，国务院机构改革，合并卫生部、国家人口与计划生育委员会相关职能，建立国家卫生和计划生育委员会，由国家卫生和计划生育委员会下设疾病防御控制局，负责原卫生部的职业危害监督管理工作。同时，国家职业安全健康规制体制不断理顺、部门沟通协调和规制机制逐步建立。2018 年 3 月，根据第十三届全国人民代表大会第一次会议批准的国务院机构改革方案，将国家卫生和计划生育委员会的职责整合，组建中华人民共和国国家卫生健康委员会；将国家卫生和计划生育委员会的新型农村合作医疗职责整合，组建中华人民共和国国家医疗保障局；不再保留国家卫生和计划生育委员会。下设综合监督局，承担公共卫生、医疗卫生、计划生育综合监督，按照职责分工承担职业卫生、放射卫生、环境卫生、学校卫生和计划生育的监督管理，组织开展公共场所、饮用水安全、传染病防治监督检查，整顿和规范医疗服务市场，组织查处违法行为，督办重大医疗卫生违法案件，指导规范综合监督执法行为①。

中国职业安全规制体制虽历经数次变化，但是职能相互交叉、政出多门等问题尚未得到完全解决，职业安全规制效率较低，部门在各自职权范围内对用人单位执行与落实国家劳动安全卫生法的情况实施监督。由于各个规制主体的分工不明确，规制主体之间职能相互交叉，使得这些规制机构之间常常缺乏相互配合，安全事故得不到及时有效处理，难以实现全局内统一的规划，更难以集中各方面的力量增加预防事故危害的能力。

---

① 十三届全国人大一次会议批准国务院机构改革方案。

（2）规制手段现状与问题。中国职业安全与健康规制手段的变迁与中国社会主义经济体制的变化密切相关。在计划经济体制下，政府主要是应用行政法规直接进行规制；而市场经济是法制经济，在市场经济体制下，政府主要依据法律法规的命令—控制型手段进行规制。所谓命令—控制型手段是指政府通过立法或制定行政部门的规章、制度来确定职业安全与健康规制的目标、标准，并以行政命令的方式要求企业遵守，对于违反相应标准的企业进行处罚。即规制目标的确定、规制机构的建立以及规制政策的执行、监督和处罚都要经过法律的确认，具体规制政策的制定、实施都是由行政部门以命令的方式进行，对企业的处罚也以行政部门的罚款或其他行政处罚为主。这种手段是自上而下的单一规制渠道，中国政府对企业的职业安全与健康规制的命令—控制型手段通常主要包括制定职业安全与健康法律法规，设立安全生产标准，规定安全监察的规制过程。

（3）法律环境现状与问题。中国现行的职业安全与健康的相关法律很多都是政策性的原则与纲领，规定过于笼统模糊，缺乏具体的实施细则与明确的执行标准。如《职业病防治法》和《安全生产法》虽说是国内职业安全领域立法中最为完善的，但在立法内容上还存在以下问题：职业安全与卫生权的法律保护的技术性、投入保障及职业伤害防范等措施不够具体，缺乏操作性；劳动安全三方管理机制和代行检查制度没有规定；工会维权制度不明确，机制没有建立起来，不能有效地维护劳工权益；工伤保险的覆盖率很低，缺乏有效的企业缴费措施；从业劳动者的安全代表的处置权、职业安全训练权没有明确规定；《安全生产法》和《职业病防治法》仅仅是针对显而易见的和容易发生的职业事故以及最基本的职业病，但很难达到《职业安全和卫生及工作环境公约》第155号公约所要求的全面地、系统地预防职业事故和职业病；职业灾害补偿制度不完善，还没有劳动力康复与重建的概念等[①]。

（4）政策执行现状与问题。在职业安全与健康的规制过程中存在部分规制者被"俘获"而损害劳动者权益的现象。如在煤矿安全规制过程中，某些企业通过各种手段"俘获"规制者严重地扭曲了正常的市场竞争活动，也使得职业安全政策变得苍白无力，劳动者权益无法获

---

① 郭捷：《论劳动者职业安全权及其法律保护》，载于《法学家》2007年第2期，第9~14+1页。

得保障①。

3. 消费者安全与健康规制改革的初始条件——以食品安全规制为例

（1）职能管理现状与问题。新中国成立以来我国食品安全监管演变大致可以划分为三个阶段。一是指令型阶段。该阶段是 1949～1977 年，对食品安全的管理主要包括卫生防疫、思想教育、技术指导、质量竞赛、行政处分等内容。这一阶段我国实行的是计划经济，企业缺乏经济利益诉求，食品以次充好、假冒伪劣的现象并不常见，卫生问题是食品安全管理工作的重点。二是混合型阶段。该阶段是 1978～1992 年，十一届三中全会将党和国家的工作重心转移到经济建设上来，生产力得到释放与发展。而食品行业具有门槛低、需求大等特点，在这一时期，吸引了大量劳动力，得到了快速发展。食品产业日渐壮大、日趋复杂，食品污染、包装质量、添加剂水平、疫病霉变等问题的监管，都取得了明显的进展。三是监管型阶段。该阶段是从 1993 年至今，1995 年我国正式颁布了《食品卫生法》，食品监管工作正式步入法制化道路；2009 年《食品卫生法》被废止，取而代之的是《食品安全法》，监管由卫生层次向安全层次的转变。紧接着，十八届五中全会提出实施食品安全战略，党的十九大提出健康中国战略，食品安全逐渐被提升到国家战略、共享发展的高度。通过对我国食品安全监管历程的简单梳理，可以发现，我国食品监管工作在一步步加强，进一步加强食品安全监管也是未来食品安全监管的发展走向。

2018 年 4 月，根据国务院机构改革，整合了国家工商行政管理总局、国家质量监督检验检疫总局、国家食品药品监督管理总局食品安全规制的相关职责，组建国家市场监督管理总局，目前负责食品安全规制的主要有农业农村部、国家市场监督管理总局，如表 7－1 所示。食品安全规制机构的这一重大变革，反映的是食品安全问题治理从"九龙治水"向"一龙治水"的转变。

---

① 李新光：《政府管制俘虏房理论对我国非法小煤矿监管的启示》，载于《哈尔滨商业大学学报（社会科学版）》2007 年第 5 期，第 117～121 页。

表 7 – 1　　　　　　　食品安全规制各主要负责部门具体分工

部门	具体分工
农业农村部	1. 拟订农业各产业技术标准并组织实施； 2. 承担提升农产品质量安全水平的责任，依法开展农产品质量安全风险评估，发布有关农产品质量安全状况信息，负责农产品质量安全监测； 3. 组织实施农业各产业产品及绿色食品的质量监督、认证和农业植物新品种的保护工作； 4. 组织协调种子、农药、兽药等农业投入品质量的监测、鉴定和执法监督管理； 5. 组织国内生产及进口种子、农药、兽药、有关肥料等产品的登记和农机安全监理工作
国家市场监督管理总局	1. 负责宏观质量管理。拟订并实施质量发展的制度措施。统筹国家质量基础设施建设与应用，会同有关部门组织实施重大工程设备质量监理制度，组织重大质量事故调查，建立并统一实施缺陷产品召回制度，监督管理产品防伪工作； 2. 负责产品质量安全监督管理。管理产品质量安全风险监控、国家监督抽查工作。建立并组织实施质量分级制度、质量安全追溯制度。指导工业产品生产许可管理。负责纤维质量监督工作； 3. 负责食品安全监督管理综合协调。组织制定食品安全重大政策并组织实施。负责食品安全应急体系建设，组织指导重大食品安全事件应急处置和调查处理工作。建立健全食品安全重要信息直报制度。承担国务院食品安全委员会日常工作； 4. 负责食品安全监督管理。建立覆盖食品生产、流通、消费全过程的监督检查制度和隐患排查治理机制并组织实施，防范区域性、系统性食品安全风险。推动建立食品生产经营者落实主体责任的机制，健全食品安全追溯体系。组织开展食品安全监督抽检、风险监测、核查处置和风险预警、风险交流工作。组织实施特殊食品注册、备案和监督管理； 5. 负责统一管理检验检测工作。推进检验检测机构改革，规范检验检测市场，完善检验检测体系，指导协调检验检测行业发展

资料来源：笔者根据相关资料整理所得。

在机构改革以前，延续的是 2004 年提出的"分段监管为主、品种监管为辅"的食品安全监管方式，食品安全规制是典型的多头分散规制的体制：农业农村部门负责初级农产品生产环节的规制；质检部门负责食品生产加工环节的规制；卫生部门负责餐饮业和食堂等消费环节的规制；食品药品规制部门负责对食品安全的综合监督、组织协调和依法组织查处重大事故；农业、发展改革和商务等部门按照各自职责，从事种植养殖、食品加工、流通、消费环节的行业管理工作。这个监管方式看似覆盖全过程，然而，食品是一个连续性的生产过程，各部门各自针对本环节出台法律法规，规制的主体多元复杂，就可能会引发不匹配、不连贯的冲突现象。各主体之间各行其是，相互制约的情况比较严重。这种相对独立的、分散式的监管模式，就容易导致各环节之间上下联动、协调工作成本高、工作量大等问题，难以形成全国统一的食品安全监管网络。由分散式的监管向集中式监管发展，正是当前食品安全规制的一个重要发展趋势，此次食品安全规制机构改革，符合当下的发展趋势。

（2）规制手段现状与问题。对食品安全规制的手段包括司法手段和行政手段两种。司法手段的作用机制是确立责任规则，如果加害人违反规则，他必须对受害人实施损害赔偿。直接的行政手段则恰恰相反，首先是借助法律法规竭力防止侵害的发生，而不是对受害人实施损害赔偿。司法手段主要包括严格责任、惩罚性赔偿，其经济目的是促使食品厂商内部化由其自身导致的损害成本。食品安全规制的行政手段主要包括准入制度、披露制度、认证制度、追溯制度、召回制度、处罚。

对中国目前采用的多头分散规制的食品安全规制体制略加审视即可发现，多个规制部门都是政府部门，整个规制过程都由政府部门来操作，规制手段属于政府垄断型。从主体结构角度看，该模式意味着政府是唯一的规制主体，规制什么、怎样规制、规制到何种程度等，都由政府这个单一的规制主体来确定；从过程视角看，政府以垄断的方式包揽整个规制过程，没有其他主体介入其中。政府垄断型的规制手段受到政府规制部门能力和信息有限的制约，而目前，中国政府在规制能力和信息获取能力上都显得较为薄弱，造成食品安全规制效率低下。

（3）法律环境现状与问题。中国目前已形成了由《食品安全法》为主导，《产品质量法》《消费者权益保护法》《动物防疫法》等基本法律为补充，以及《食品安全行政处罚办法》《肉与肉制品管理办法》等数部单行的食品安全行政法规为配套的法律体系。我国现已颁布的涉及食品安全规制的法律法规虽然数量较多，但一些法律规定比较原则和宽泛，缺乏清晰准确的定义和限制，留下了执法空隙和交叉。并且因分段立法，条款相对分散，单个法律法规调整范围较窄。从总体上看，目前我国的食品安全法制尚未涵盖"从农田到餐桌"的全过程。我国食品标准也与国际接轨的程度很低，目前我国采用国际标准的企业还不到一半，这使得很多跨国企业为了获得更多的利益，就拟订两套标准，在中国生产销售的食品中使用较低标准，而在国外则使用较高标准。

（4）政策执行现状与问题。中国目前还没有建立完善而有力的规制执行体系，仍旧处在危机推动性反应的阶段，往往是危机事件发生之后，运用调查处置和专项整治、进行突击式检查和拉网式排查等运动式的规制。在食品安全规制领域，缺乏持续性和规范性的、突击式的执法已经成为有关部门惯用的方式。然而，中国的食品安全规制尚未制度化，这种上级行政机关发布条文、执法部门突击检查、个别问题的专项整治难以建立起长效机制。缺乏制度保证的、不规范的、没有持续性的"运动式"执法，使执法部门成为"灭火队员"，在各种突发事件中疲于奔命。

7.3.2 社会性规制政策最优模式

相对于经济性规制而言，社会性规制所涉及的行业和领域更为广泛，中国目前在各个不同的社会性规制领域存在着诸多内容不同的具体问题，但是无论具体到哪一个领域，其作为社会性规制行为的组成要素和根本性质仍然是一致的。因此，解决中国诸多领域存在的社会性规制问题，应当首先建立一个总体的目标模式，然后应用这一模式去解决各行业的具体问题。

1. 最优规制模式理论模型

假设：市场里只有一种商品，这种商品可以用不同的技术来生产，不同的技术能够反映出社会性规制的环境规制、职业安全与健康规制、消费者安全与健康规制（包括食品、药品、普通产品质量规制、医疗等领域）三大领域中相关商品会引发的环境问题、职业安全与健康问题以及消费者安全与健康问题。这里，不同的技术用 x 来表示，其取值在 [0, 1] 之间。使用技术 x 意味着生产商品的固定边际成本是 $c(x)$，$c(x)$ 随 x 的增加而增加，假设 $c''(x) \geq 0$。每个单位的商品还会发生由所有消费者承担的外部成本 $b(x)$，$b(x)$ 随 x 的增加而减少，假设 $b''(x) > 0$，$b(1) = 0$。假设 $c(x)$ 和 $b(x)$ 对 x 都是一元二次连续可微。并且，每单位商品的社会成本为 $c(x) + b(x)$，其社会成本随 x 的增加而减少。假设大多数消费者有准线性的选择权，每消费一个单位的商品所带来的效用 $v > 0$，效用 v 足够大消费者会一直购买。

当所有的消费者都选择用同样技术生产商品时，社会福利最大化等同于消费的社会成本最小化，社会成本中包括由所有消费者承受的负效用。也就是：

$$\min_x c(x) + b(x) \qquad (7.12)$$

假设，对于任何 x 的一阶导是负的，所以：

$$c'(x) + b'(x) < 0 \qquad (7.13)$$

因此，$x^s = 1$ 是最优解。这意味着如果所有的厂商都选择用技术 $x = 1$ 生产的话整个生产的社会成本是最小的。换句话说，只有在使用最好的技术时整个社会的福利是最大的。从一个社会的立场看，较高水平的技术 x 能够减少商品生产的社会成本从而增加整个社会的福利。但这个结果没有将消费者购买高外部效应产品的私人成本考虑进来。通常，是由政府确定一个最低的技术标准 $\bar{x}$，政府将依据这个最低标准对厂商进行规制。消费者同时决定购买什么商品，厂商决定使用的技术 $x \geq \bar{x}$。

外部效应会对消费者发生两种成本：一个是所有消费引起的外部效应，另一个是消费者从他自己的消费中得到的不好的感觉。假设消费者的第一个成本都是齐次的，但是第二个成本非齐次的，这个异质性用参数 θ 表示的函数 $F(\theta)$ 来表示，并且 $F(0) = 0$ 和 $F(1) = 1$。我们把 θ 解释为消费者的参与程度，这个参与程度一方面与从市场上得到的信息水平相关，另一方面也和社会中间层的推动有关，并且市场信息水平和社会中间层的推动越强，消费者的参与程度就越高，也就是 θ 水平越高，消费者会把产生的大部分外部效应内在化。

这两种由外部效应产生的负效用能够解释如下：

首先，对其他人的外部效应使其效用减少，特别是，一个技术选择 x 意味着对其他人的外部效应为：

$$\int_0^1 b(x)dF(\theta) = b(x) \qquad (7.14)$$

故一个 θ 类型的消费者消费了 x 技术的商品相应要承受 $\theta b(x)$ 负效用。换句话说，θ 衡量的是消费者从其自身的消费中得到的不好的感觉。

其次，由其他人产生的聚集起来的外部效应 B 也会使其效用减少。如果 $x(\theta)$ 是 θ 类型的消费者所购买商品的技术，B 可以被定义为：

$$B \equiv \int_0^1 b(x(\theta))dF(\theta) \qquad (7.15)$$

这样，我们能把一个 θ 类型的消费者购买一个单位用 x 技术生产的价格为 $p(x)$ 的商品所得到的效用表示为：

$$U(\theta, x) = \nu - p(x) - \theta b(x) - B \tag{7.16}$$

假设厂商是在完全的竞争市场中，因此，竞争会使得所有的厂商都使用 x 技术生产商品，并且确定的价格为边际成本 $p(x) = c(x)$。

消费者从用技术 $[\bar{x}, 1]$ 区间生产出的商品中选择一个能使其自身效用最大化的商品，假设消费者对总的外部效应的影响都是微不足道的，一个 θ 类型的消费者选择用技术 x 生产的商品，所以：

$$\max_{x \geq \bar{x}} U(\theta, x) \tag{7.17}$$

即：

$$\max_{x \geq \bar{x}} \nu - c(x) - \theta b(x) \tag{7.18}$$

消费者只内在化了 θ 比例由他们消费所引起的外部效应。这个问题的一阶条件意味着消费者的最优技术选择 $x^*(\theta)$ 满足：

$$\theta = -\frac{c'(x^*)}{b'(x^*)'} \tag{7.19}$$

无论何时 $x^* \geq \bar{x}$。否则，最低标准是有约束力的，将会 $x^* = \bar{x}$。因此，最优技术选择被定义为：

$$\hat{x}(\theta, \bar{x}) \equiv \max\{x^*(\theta), \bar{x}\} \tag{7.20}$$

这里，$x^*(\theta)$ 是连续的并且对于 θ 是完全递增的，所以，参与程度高的消费者会选择购买外部成本小的商品，同时一个更高的最低标准 $\bar{x}$ 意味着消费者选择的商品是用更高的 x 来生产的，产生的外部效应水平就是较低的。

根据上面的推导，我们可以得出结论：社会性最优规制模式不能是单纯的政府部门的单一规制，而是需要政府、社会中间层、市场多方的参与。一方面政府对社会性规制领域中的相关行业制定行业标准时，标准在合理的基础上还要严格，这样才能控制生产中所带来的外部效应；另一方面消费者参与程度的提高依赖于社会中间层的推动，也依赖于市场所提供的信息，只有这两者的结合才能使消费者具有较高的参与程度，从而能够减少其消费产生的外部效应。所以，最优的社会性规制模式应该是政府、社会中间层和市场多方参与的模式。

2. 环境规制政策最优模式建构

中国经济快速增长中的企业污染是造成环境恶化的重要原因，而企业污染居高不下又是因为缺乏政府规制和公众参与的约束。因此，加强政府环境规制、提高公众参与程度是解决中国环境问题的重要手段,通过政府、公众的环境规制作用,对企业污染行为形成有力约束,推动企业环境绩效的提高,达到改善环境质量的目的。为了实现这一目标,应建立以政府环境规制为主导、公众参与相协助、企业环境经营相配合的环境规制模式,以促进政府、公众、企业共同为改善环境而努力。

(1)以政府环境规制为主导。从总体上看,在当前中国人们主要追求物质产品的富有,舒适的环境基本上是一种奢侈品,公众对环境保护的主动性仍主要从自利的角度考虑,难以对污染企业形成强有力的约束。并且由于环境问题对人类造成的危害,往往不是马上就能显现出来,它有一个潜伏期,具有滞后性,公众通常是在受到环境污染侵害后才会作出反应。因此,就中国国情而言,政府有必要在环境管理中处于主导地位。

第一,提高政府环境意识,树立"绿水青山就是金山银山"的生态观。加强政府环境规制,首先需要提高各级政府的环境法律意识,普及和加深政府对环境法律的认识,明确环境执法的严肃性,形成良好的环境执法氛围。在此基础上,树立和践行"绿水青山就是金山银山"的理念,坚持节约资源和保护环境的基本国策,充分认识保护环境就是保护生产力,改善环境就是发展生产力,增强环境忧患意识和做好环保工作的责任意识,为严格执行环境规制提供思想保障,也有助于形成正确的政绩观。推进和深化制度改革和创新,建立和完善政绩评价标准、考核制度及奖惩制度,形成合理有效的激励、监督、约束机制,为树立正确的政绩观提供制度和机制保证。

第二,改革环境管理体制,破除地方保护主义。追溯地方保护主义的产生,主要有两点原因:一是中国目前以实现经济目标为主导的压力型考核体制,对地方官员的政绩考核只以经济增长为主,而忽视对环境责任的考核;二是中央和地方的"分税制"。在此制度下,地方政府的收入绝大多数以所辖企业上交的税收为主,其财政支出包括治理环境的支出均依靠企业的利税,地方政府必然维护当地企业的利益。解决此问题,可在地方设立区域性的环保机构,强化中央政府对环境保护的垂直管理,打破地方政府"供养制"的限制,也便于在处理跨区域跨部门的环境问题中不同地区和部门之间相互协作。同时,应该把环境保护绩效纳入到对地方政府官员的考评中,实行环境质量状况年度考核制和领导干部离任环境审核制。此外，针对收入较少而环境问题突出的地方，中央应该给予补贴，必要时可以开征环境治理税来解决财政不足的问题。

第三，健全环境执法机构建设，加强部门之间的联系。环境执法机关必须独立，且配备适当的先进设备、资金和专业人员。同时，内部机构也应健全，职权明晰。在省、市级建立环境行政执法稽查机构，自上而下对辖区内排污者及环境保护部门实行监控，解决地方政府过多干预环境行政执法的问题。各部门分工协作、密切配合，建立一套省、市、县环境综合信息系统；建立起全面覆盖的管理、联络信息网，实现环境保护信息大范围、多方面、多层次地快速流动和处理利用，使部门间联系更加紧密，实现环境行政执法管理的现代化。

第四，完善环境执法监督机制，提高执行效率。完善环境执法监督机制，应该从三个方面的监督入手：一是加强内部监督，在环境保护行政主管部门内部建立强有力的执法监督约束机制。在环境保护行政主管部门内部全面推行执法责任制，将具体执法单位、部门的职责、执法任务和权限结合起来，并明确执法尺度和运作程序，以签订责任书的形式，使各项规章和考核制度得到落实；二是加强司法监督，加强环境行政诉讼，通过司法审查严格监督环境保护行政主管部门违法或不当的行政行为；三是加强社会监督，各级政府的环境保护行政主管部门要提供公众参与的机会，定期向社会发布环境状况公报，增加执法透明度和决策公开化，对生态或居民生活有重大影响的建设项目要听取居民的意见。鼓励、支持和接纳社会民间环保组织、社会新闻媒体的工作参与，推进全社会对环境的重视和维护。

（2）以公众参与相协助。目前各国越来越重视用经济手段控制环境污染，中国也制定了一系列措施，如排污收费制度、押金制度以及正在大规模试行阶段的排污交易制度，它们背后暗藏的是巨大的经济利益，如果缺少监督，很容易形成另一个腐败的温床。因此公众参与除了协助政府加强环境规制以外，也起到对政府行为的监督和约束。

第一，构建环境教育体系，增强公众环保责任感。增强公众参与责任感的重要方面就是要强化公众对环保重要性的认识。而要实现这一目标，则必须充分发挥环境教育的功能。首先，要制定专项法律法规，用国家强制力来保障环境教育的顺利开展，明确公众接受环境教育的权利、义务以及环境教育资金的投入使用、分管部门和监督机构的归属及各自职责，使环境教育有法可依、按法执行。其次，针对中国不同地区和人群开展相适应的环境教育，运用多目标、多形式的教育手段有效提升公众环保意识，形成学校教育、社会教育、在职教育三位一体化的多层次综合体系。

第二，健全环境信息公开制度，降低公众参与的信息成本。建立规范的政府和企业的环境信息公开制度，及时、全面地发布有关环境方面的监测信息和科技标准，让公众可以及时了解和获取关于环境的信息和资料，增加影响环境状况的决策的"透明度"。企业主要以环境信息披露的形式向社会公布环境治理状况、环境保护的相关工作情况及可能对环境产生不利影响的行为等环境信息，尤其是因超标排放污染物或者超过污染物排放总量规定限额而被列入污染严重企业名单的企业，必须对环境保护方针、污染物排放总量状况、企业环境污染治理情况、环保守法情况、对政府环境管理的执行情况等环境信息给予详细公开，降低公众参与的信息成本，为公众参与奠定一个良好的信息基础。

第三，完善公众参与的法律机制，提高公众参与能力完善中国公众参与的法律制度，对公众环保参与的途径、方式和程序做进一步扩展，鼓励公众多层次参与环保。例如通过立法明确规定公民有权自愿成立环境保护社会团体或者非政府环境保护群众组织，并通过这类组织参与环境管理，开展环境保护活动；环境保护群众组织有权依法就环境资源问题或者其他环境事务进行信访等活动；公众有权对企业或个人的各种违法行政行为进行监督、检举，有权依法提起行政复议、行政诉讼、民事诉讼和参加刑事诉讼；公民有权旁听立法机关讨论与环境问题有关的会议、人民法院公开审理有关环境问题的案件，参加各级政府环境行政管理部门举行的有关行政执法公开听证会等。此外，公众有权对有关影响环境质量的重要计划、政策、立法、区域开发和建设项目等做出环境影响评价，参加有关环境保护及环境执法检查等。并切实维护参与人的正当权益不受侵害，如果侵害一旦发生，司法部门应当做出迅速反应，严惩肇事者，保护受害人的权益，给予受害方一定的经济补偿。只有以完善的法律机制作保障，降低公众环保参与的机会成本、侵害成本等不确定风险，形成公众参与的组织化、规范化，减少参与"搭便车"行为，增强公众参与的谈判能力，才能促使公众的环保意识转化为实际行动。

（3）以企业环境经营相配合。中国广大中小企业受资金、技术的限制，实施环境经营战略的难度较大，企业主动性不强，因此，由污染治理向环境经营的更高层次转变，需要政府、公众提供引导和帮助，企业来积极配合。

第一，加强环境宣传教育，提高企业环境经营意识。目前，中国大多数企业仍片面强调经济效益，忽视社会效益和环境效益，以牺牲社会的长远利益来换取企业的当前利益，首先是企业管理者在经营理念上就没有树立起正确的观念，认为发展经济必定会产生污染，缺乏对环境保护的重视。因此，政府应大力加强对企业的环保宣传和教育力度，向企业管理者灌输保护环境，降低资源消耗，促进环境资源永续利用的价值理念。通过政府的教育引导，使企业管理者认识到，不论从短期还是长期来看，环境保护不仅关系到人类生存且和企业发展密切相关。就短期而言，企业面对日益激烈的市场竞争，日益严重的资源和日益强大的环保呼声，必须节约资源，减少污染排放，降低环保费用，扩大竞争力。从长期来讲，企业要树立积极的企业形象，争取良好的环保信誉给企业带来长期效益，也应具备环境与经济发展并重的观念。

第二，转变政府与企业的对立关系，加强政府对企业环境经营的服务功能。企业作为环境污染的主要来源一直被置于被管理者的对立面上，政府环境法律法规的最低要求成了企业的标准。企业由于处于环境管理的被动地位，总是试图逃避政府的环境规制，企业环境经营的内在需求没能调动起来。因此，我们应该向发达国家学习，转变政府与企业在环境问题上的对立关系，通过政府的政策引导和服务功能，激发企业环境经营的动力。结合中国国情而言，政府对企业的环境经营服务包括两个层面：一是在末端污染治理方面，政府应发挥信息科技优势，降低企业治理污染设备的运行成本，增收节支。并且，针对目前企业的污染治理基本上一厂一设施，基建费运行都过高的现状，政府环保部门应积极引导企业实行污染治理上的联合，从根本上降低污染治理投入，提高企业污染治理的积极性。二是在达到污染治理的最低标准基础上，政府进一步推动企业的环境经营绩效，充分发挥法律法规、技术、信息等各方面优势，为企业开展清洁生产和 ISO 14000 认证工作服务，提高企业产品的绿色含量；帮助企业通过清洁生产审计，找出实行清洁生产的技术方法，使企业真正由被动的污染治理向更高层次的环境经营迈进。

第三，推动企业参与社区环保活动，营造环境经营消费市场。成功的环境经营与环保型的社会风气紧密相关，只有环保型市场秩序形成后，通过环境经营提高企业竞争力才有可能。因此，在政府的推动下，企业应积极参与解决社区环境问题，努力保持社区生态体系。如定期检查对社区环境的影响，实施反映社区居民意见的改善环境计划；公开企业有关环境的信息，建立与社区通畅的沟通渠道；通过媒体加强环保宣传，促进形成环保性市场秩序；加强企业内外环境教育，开发行业共同的环境教育计划，建立环境教育场所；自觉抵制不环保的广告活动，扩大环保公益广告，展示环保型消费模式；提供环保型购买决策信息，传播健康的环保价值观以及制定并实行对环保型活动的奖励制度等。

3. 职业安全与健康规制政策模式的建构

改革开放以来中国的职业安全规制水平明显提高，安全事故与职业病的发生也都有了明显的好转，但是与发达国家相比还有很大的差距，形势依然十分严峻。要进一步提高中国职业安全规制的水平，就必须从中国的实际国情出发对现有的职业安全规制模式进行改革与完善，构建政府、企业、社会三方参与的机制。

（1）政府主导规制。要想企业履行职业安全与健康的社会职责，需要政府提供强有力的外部监督管理保障。在政府的主导规制下，完善职业安全立法，加大联合执法力度，形成职业安全健康监管和职业病防治的强大合力；建立健全相关部门各司其职、各负其责、密切配合、联合监管的职业安全与健康规制的协调机制。

第一，完善职业安全立法，加大处罚力度。职业安全规制改革首要的问题是完善职业安全法律法规。职业安全规制立法目的，应该以保证劳动者为宗旨，经济发展目标不应该成为职业安全规制立法的最终目标。目前中国已经初步建立了以《安全生产法》为核心的职业安全法律体系，安全生产已经初步实现了有法可依、有章可循。但是，由于配套法规不健全，《安全生产法》规定的许多制度在实践中缺乏可操作性，在现行的法规下，企业的违法处罚难定量，违法成本比较低，因此法规对企业的威慑力不够。完善职业安全立法就必须建立健全相关的配套法规，明确企业的违法成本，只有提高企业的违法成本，才能对企业形成足够的威慑力，才能保障企业遵守各项法规标准。

第二，建立独立规制机构，提高规制效果。目前中国职业安全规制是由一些国家行政管理部门按照各自的职能共同执法。这种由多个行政管理部门共同执法体制的一个突出问题是，把对特定对象的管理职权分散于多个行政管理部门，缺乏一个统一的、具有权威性的机构实行统一执法，存在着较严重的职能交叉现象，这又必然会引起各行政管理部门职权不明，执法严肃程度不统一，相互推诿责任和重复执法等问题。而且不少地方政府为了片面追求本地区的利益，往往对本地企业的违法行为采取宽容态度，千方百计地隐瞒职业安全事故。因此，为了维护职业安全规制法律法规的统一性和权威性，在一些重要的、技术性较强的职业安全领域，中国需要设立一批直属于全国人大的规制机构，在全国各地可以设立垂直领导的规制机构，以排除地方政府的干扰。

（2）社会积极参与。对职业安全的社会监督力量主要是指新闻舆论机关、各种社会团体和个人通过各种渠道，以多种形式，对所有损害社会公众职业安全与健康的行为进行监督，各种社会监督力量相互联系、相互影响，形成一个监督体系。

第一，发挥社会监督作用。在社会监督中，新闻舆论机关发挥着重要作用。新闻舆论的社会监督主要是通过报纸、杂志、广播、电视等信息传递媒介进行，由这些媒介的特点所决定，新闻舆论的社会监督具有影响面大、效果显著、监督及时等优点。这些新闻媒介有的借助文字，随时可查，有的借助电波，传及中外，有的现场录音，原样反映，其社会监督效力各有所长。社会公众在社会监督中作用同样不可忽视，社会公众由每一个社会成员组成，数量巨大，分布广泛，事实上，各种安全事故、职业伤害事件往往首先是由公众发现的，然后通过举报或建议等形式，借助有关政府行政管理机关或者社会团体的力量加以规制、阻止。从这个意义上讲，社会公众是社会监督的基础。重要的是通过宣传教育，增强社会公众的职业安全意识，自觉地、主动地对所见所闻的各种损害社会公众利益的行为进行监督。

第二，建立工会、政府、企业三方平等的利益协商机制。从三方协商机制产生和发展的社会现实和长期运行实践的客观效果看，政府、企业、工会的相互合作，在一定程度上缓和了劳资矛盾，减少了劳资纠纷。在职业安全领域，关键就是强化工会职能，切实发挥工会、政府、企业三方平等协商机制的作用。工会是劳动者的群众性组织，调动劳动者在职业安全工作中的能动作用，就需要发挥工会的组织优势，把劳动安全工作做到工作现场，做到群众中去，从而凝聚职工群众的力量，挖掘职工群众的潜力。而这种群众性的特点正是工会监督不同于企业管理和政府监察之处。因此，职业安全工作只有以这种自下而上的群众监督对接政府自上而下的监察管理，才能显示出工会在职业安全生产格局中应有的作用；当前的经济社会转型时期更应将工会职业安全工作的重点转向私营企业，转向农民工，这些企业通常是工会工作的空白点。

（3）企业严格自律。企业是职业安全与健康防治的第一责任人，对产生的职业安全与健康危害要承担责任。因此，要落实企业职业安全与健康管理主体责任，促使企业严格自律。

第一，加大安全生产投入，保障企业安全生产。企业安全投入的多少以及企业高层决策者对安全生产的重视程度会影响到职业安全事故的损失，为了改善职业安全领域由于投入不足而导致安全事故频发的状况，一方面坚持落实有关法规和政策提取安全费用，切实强化企业的安全生产投入主体责任机制。同时，拓宽安全生产投融资渠道，促成国家、企业、地方政府及全社会多元化的安全生产投入机制。各级财政预算，特别是财政应规划出安全生产专项资金，对安全生产进行定期刚性投资。另一方面要明确规定安全费用的使用范围，确保安全经费的合理使用。安全生产水平的提高不仅需要注重设备、设施的投入，还需要建设安全文化、安全教育培训、加强安全管理等软件投入。只有软硬兼顾，才能从根本上促进企业安全生产水平的提升。职业安全费用使用缺乏科学决策、随意性大等低水平决策使中国安全投入需求增长与安全投入不足的矛盾更加突出。

第二，为劳动者提供充分的职业安全信息与培训。劳动者在职业安全信息收集上所花费的成本是高昂的，而信息作为一种公共产品具有非竞争、非排他性特征。政府在提供信息方面具有特殊的优势。因此政府应该依据企业特点，对不同程度的风险加以甄别，增强工人对待风险的防范意识。政府提供相关信息的主要途径就是对劳动者进行培训，加强对劳动者特别是农民工的安全健康保护知识教育与培训，提高安全生产技能水平。由于受教育程度的限制，文化层次较低的劳动者获取法律知识的渠道相当有限。再加之他们通常没有经过任何的法律知识教育，法律意识还相当的薄弱。通过对劳动者的安全健康保护教育与培训，使劳动者树立"安全第一，预防为主"的安全意识，使其行为更加符合生产中的安全规范和要求。要使劳动者了解职业安全、生产安全等方面的安全知识，懂得如何预防危险的发生以及发生事故后如何应对。

4. 消费者安全与健康规制政策的建构

一个系统完善的规制模式，能够有效监控食品从农田到餐桌的各个环节，提高规制效率。中国改革开放40多年来的历史进程使得社会结构、制度建构和价值取向发生了重大转变，为新的食品安全规制模式构建提出了要求和赋予了可能。相对于市场来说，政府提供食品安全规制的成本更低，尽管可能受到政府失灵的制约。而社会中间层是为政府干预市场，市场影响政府和市场主体之间的相互联系起中介作用的主体，具有辅助政府管理的作用。消费者则有权利监督政府行为和社会中间层行为。无论是政府、社会中间层还是社会公众都无法成为食品安全规制的单独的有效力量，只有通过政府的主导、社会中间层的整合以及社会公众这一基础力量的积极参与，构建"政府—社会中间层—社会公众"三位一体的食品安全规制模式，方能有效解决食品安全问题。

（1）以政府为主导型主体。在食品安全领域，政府作为社会公共利益的主要代表，在立法、执法、司法、法律监督方面具有天然的成本优势。

第一，完善食品安全的法律法规。从食品安全标准方面看，一方面，标准太老太少，未与国际接轨；另一方面，中国食品标准又太多太乱、重复交叉，亟须对现行食品安全标准体系进行优化清理，在制定、修订食品标准时，力争与国际接轨。因此，完善食品安全法律法规体系的总体思路应当是构建一个以《食品安全法》为龙头，其他具体法律相配合，附以食品安全技术法规和标准的多种层次的法律法规体系。具体而言，《食品安全法》应该在法律体系中处于核心地位，是各政府部门制定食品安全政策、规章和制度的立法依据；各种单行法律法规对《食品安全法》所涉及的需要调整的领域进行更明确的规定，为行政部门行使食品安全规制职权、履行食品安全保护职责的具体行动或措施提供法律依据；食品安全标准也应作为食品安全法律体系的重要组成部分，为食品安全规制提供技术规范。

第二，合理配置规制机构的权力。对食品安全规制机构的权力进行重新配置必须在两个方面进行权衡：一是职权范围扩大能使信息的沟通和传递速度比较快，但将带来规制和协调成本的增加；二是规制层级增加有利于工作任务的衔接与控制，但将影响信息的传递速度，使信息失真度加大。根据中国目前的食品安全规制机构现状，可以分为短期调整目标和长期调整目标。从短期看，在现有的管理体制基础上进行小幅度调整，首先对现有分工存在的交叉和重叠之处进行重新分工，做到一个环节只有一个部门规制，其他部门退出；其次对无人规制的空白区进行明确分工，做到各个环节能有具体负责的部门规制。并且，在制定分工方案时要充分考虑到各个部门现有的基础和强项，做到优势互补，齐抓共管。从长期来看，要逐步把现在分散在各部门的食品安全规制机构有机整合在一起，改分散型规制为集中型模式，成立一个独立的管理机构——国务院食品安全委员会，彻底解决现有矛盾，但必须考虑到，这种改革的难度很大，阻力也会很多，将是一个长期的过程。

（2）以社会中间层为社会型主体。社会中间层作为社会公共事务管理的补充主体，它具有市场和政府所不具备的优势，作为政府与市场的纽带，它既在市场主体的竞争与交易中起到媒介和经纪作用，又在政府间接干预市场主体中发挥连接、沟通和传导作用。在食品安全领域，社会中间层主体主要包括：工商业者团体（食品行业协会、商会、个体工商会协会）、消费者协会等；食品安全危险评估机构、产品质量检验机构、质量认证机构、信用评估机构、高校食品安全研究中心等。社会中间层主体的非营利性、公益性和专业性的特征能够协助政府履行好食品安全规制的职责。

第一，通过行业自律发挥对食品企业的规制。行业协会要不断创新和完善协会管理服务体系，包括加强对成员的食品安全教育、树立行业荣誉感；组织会员进行业务培训、正确掌握确保食品卫生质量的先进方法；保持与政府部门的联系，提供业内信息数据、获得最新政策信息；应对行业内食品安全突发事件，加强与政府的沟通、消除不良影响、妥善处理善后工作等。

第二，给政府规制提供完整的食品安全信息。社会中间层主体掌握食品行业、消费者、食品技术等生产、消费和技术信息，能够给政府规制提供完整的食品安全信息。特别是专业、中立的检验检测机构通过提供技术、标准等服务，提供准确的食品安全信息，增加社会受规制主体对规制行为的接受程度，使食品规制的规定利于执行，同时降低食品安全规制的成本。

第三，持续开展食品安全研究。食品安全规制是一个持续的过程，对食品安全的研究也应该持之以恒，研究机构应发挥其在食品安全方面的专业研究特长，通过研究食品工业发展趋势、探讨各类食品安全加工新工艺，进行相关数据汇总和分析，把食品安全工作经验和存在的不足上升到理论高度，以此推动食品安全工作的不断深入和完善。研究机构还可以通过承接政府部门或企业委托的食品安全研究课题，为政府或企业重大食品安全工作的决策提供专业意见和建议。

（3）以公众为基础性主体。食品安全直接关系到公众的健康甚至生命的安全，因此，公众在将食品安全管理权力委托给政府行使后有必要对政府进行监督。要做到这一点，需要建立社会公众监督的利益驱动机制，鼓励、促进社会公众监督，只有让公众参与到食品安全规制中来，我们的食品才能真正安全。

第一，形成公众监督参与机制。一是政府要关注公众的食品安全需求，以公众满意度作为政府运行的最大使命。政府在食品安全规制中应该将关注的焦点对准消费者的需要，通过各种方式及时了解消费者的需要并设法去满足，尽量向消费者提供充分的食品安全信息，如通过定期召开公众听证会、公众代表座谈、信息发布会等形式来咨询、反映公众的意见。二是政府要建立公众参与机制，保证公众全过程监督食品安全。食品安全涉及种养殖、生产、流通、餐饮消费等诸多环节，这些环节的立法、执法和司法的全过程应随时听取公众意见，接受舆论监督。可采用食品安全信箱、热线电话、新闻曝光等多种方式，充分发挥人民代表、新闻记者等社会各界力量的作用。

第二，完善公益诉讼途径。考虑到食品安全的特殊性、公共利益性等特征，应当完善公益诉讼制度，使社会公众具有公益诉讼的起诉主体资格，保证社会公众更好地在司法环节履行监督职能。在具体的制度设计上要充分考虑公众的弱势地位，做出减轻社会公众在食品安全诉讼中的举证责任，延长起诉时效，提高受规制主体对社会公众的民事赔偿标准等倾斜性安排，使社会公众愿意通过起诉维护自己的权利，这样社会公众发挥基础性力量的监督职能就不仅局限于立法、执法环节，还在司法环节发挥作用，社会公众可以充分利用法律所赋予的监督途径来维护合法利益。

第三，强调规制政策设计的情境特征。从世界各国规制实践来看，规制政策通常针对不同经济、社会问题设计政策组合体系，单一的规制模式同样不符合中国国情。目前中国的经济社会发展呈现出明显的空间和区域分布差异，由东向西梯次分布，而且国家提出若干重点区域带动战略，进一步使得各大重点区域的产业布局、经济发展状况以及相关规制政策呈现不同的特征。因此，相应的规制政策的制定和实施，应基于各区域经济社会发展及其规制体系不同的基础和起点，分类实施、区别对待，发展具有区域针对性的规制体系。例如，就产业规制而言，针对经济发展水平高、临近库兹涅茨曲线拐点或拐点以右的地区，实施产业调整—技术进步型规制；针对欠发达地区、距离库兹涅茨曲线拐点尚远的地区，实施能源效率改善—排放控制型规制；针对经济发展水平领先、规制绩效较好的沿海发达地区，尝试碳税型规制，作为现行命令—控制型规制方式的补充。

鉴于各地方规制机构的规制路径选择在决定经济社会发展路径中起到关键作用，它们对于改变经济发展方式和改善生态环境质量的规制要求所做出的政策反应，将直接影响区域内规制绩效表现。特别是在部分落后地区具有很强的增长和赶超动机的情况下，更需中央政府协调安排区域型经济性规制和社会性规制的激励性机制设计，缓解欠发达地区的GDP冲动，更有效地和更加激励相容地实施两类规制。与传统命令—控制型规制模式不同，政府的经济性规制、社会性规制的政策协调模式包括：第一，建立市场机制与公共企业的替代规制的竞争模式。试点并扩大省内县域间、企业间的双层市场，面向重点国有大中型企业建立基于DEA的标尺竞争，设立效率前沿标准。第二，推行信息披露的规制政策。发挥信息披露机制与市场交易机制的协同作用，推行信息公开计划、自愿环境协议、环境标签和环境认证。第三，将供给方规制与需求方规制结合起来。在现行的单一供给方规制基础上，强化需求方规制，充分发挥消费者对政府规制的"用脚投票"机制。

第8章 中国政府规制的生态演化及其平衡

　　在制度禀赋影响下，规制有效性成为规制绩效的重要衡量标准。近年来，规制有效性引起各国政府、学术界越来越多的关注。学术界在分析规制有效性的过程中，认识到影响规制有效性的多种因素之间呈现出错综复杂的关系。从规制主体的角度看，有来自规制机构、规制目标和规制方式选择等因素；从规制环境的角度看，既有来自规制需求的硬约束，又有来自社会、经济、法制和文化等环境因素的软约束，即制度禀赋约束。

　　中国的政府规制实践形成和发展于计划经济向市场经济转轨过程之中。市场经济是通过自上而下的政府主导型整体社会变迁来完成的。中国的规制改革是以放松经济性规制和加强社会性规制为主要内容的，其阶段性与特殊制度禀赋（特殊制度环境）交互影响，共同决定了中国政府规制的独有特性，如规制总量过剩与不足同时并存、规制结构非对称性特征明显、规制行为与宏观调控高度相关。这种政府规制与经济社会发展阶段，市场化程度以及政治、法律、社会、文化传统等制度禀赋交互影响的关系用"规制生态系统"来分析无疑是一个科学的范畴。

　　规制生态性是借用仿生学的概念，以生态学、行政生态学、演化经济学和制度变迁理论等相关学科与理论为基础而建立的。将生态学、行政生态学的相关概念与演化经济学、制度变迁理论的相关分析框架与方法引入到规制分析中，形成规制生态性。本章基于国内外相关问题的前沿研究成果和中国规制改革的现实，构建中国规制改革生态性分析框架，将影响规制系统的经济、政治、法律、文化传统等制度禀赋因素纳入规制生态模型中，对中国的经济性与社会性规制演化过程进行剖析，更加清晰地展现规制系统内部各因素之间及规制系统与规制环境的互动，从而得到规制系统的演化动力。进而在规制制度均衡的基础上，建立相应模型，对规制生态平衡进行分析，厘清中国规制改革趋向生态平衡的动态路径。

8.1　相关文献综述

本章所提出的规制生态性研究主要涉及制度变迁理论、行政生态学与演化经济学的相关概念与研究，故在本部分对这三个领域的国内外相关研究进行理论综述。

8.1.1　制度变迁的文献综述

制度变迁理论主要涉及制度变迁动力、制度演化、制度环境等研究领域，本章中的规制制度变迁、规制生态演化、规制生态平衡等内容就是借鉴了制度变迁相关理论，并结合中国规制体制沿革及现状对规制体系进行生态性分析。

1. 国外相关文献综述

对制度变迁的研究始于19世纪末20世纪初，其代表人物有凡勃仑和康芒斯。凡勃仑的著作《有闲阶级论》《企业论》和康芒斯的著作《制度经济学》，已经开始将制度和制度变迁作为经济学研究的核心并试图构建一套制度经济理论体系。凡勃仑（Veblen，1898）认为古典主流经济学没有提供一个动态和演化的框架来分析人类社会的经济活动，而只是运用一些静止的和先验的固定模式来研究，其结果只能是与实际社会的脱离。

真正将制度和制度变迁纳入统一科学分析框架的是以科斯、诺斯等为代表的新制度经济学派，该学派运用新古典经济学的逻辑和方法进行制度和制度变迁分析，沿用了新古典"需求—供给"框架下的均衡分析方法，展开对制度变迁的研究。新制度经济学派分析了两种制度变迁方式或性质，即诱致性制度变迁和强制性制度变迁，这种分析也被纳入

"需求—供给"的理论框架①。而对中国而言，大多数的制度变迁都属于强制性制度变迁即权力主导下的制度变迁，所以在此特别将该种制度变迁的研究进行独立综述。

奥尔森（Olson，1993）较早开始从权力的角度来探究制度与经济增长，他将"在共容利益指引下使用权力"称作"看不见的左手"，认为这是引导人类社会发展的基本力量。当前分析制度和经济绩效作用机理的文献，仍基本上沿袭了奥尔森的"权力观"，将权力及其分配作为这些分析的焦点，并得到了相关实证分析结果的充分支持。佩尔森和塔贝里尼（Persson & Tabellini，2004）利用数据测度正式制度的影响，揭示民主宪法对经济决策和绩效产生的影响，后又为对比分析不同的政治体制，从微观视角设计了一个政治模型，分析了正式制度的作用机理。

拉古诺夫（Lagunoff，2009）尝试解决如下问题，政治制度何时是稳定的、何时倾向于改革？他的论文《政治制度的动态稳定和变迁》与《内生性动态政治制度模型中的马尔科夫均衡》，建立了一个动态的内生性制度变迁模型来解释制度的稳态及动态过程。并引入了一种动态政治博弈（DPGs），在该博弈中，$t+1$ 期的政治加总规则，是由 t 期的规则来选定的，制度选择作为结果发生，并不直接影响即期的支付和技术条件。当一个政治规则能够对下一期执行的政治规则实现自我选择时，这种政治规则就是稳定的。当可替换的其他规则被选择时，改革便会发生。

比较制度分析视角的内生制度变迁理论。格雷夫和莱廷（Greif & Laitin，2004），青木（Aoki，2006）从比较制度分析视角发展了内生性制度变迁理论，试图回答制度为什么变迁以及怎样变迁，在一个变迁的环境中一种制度怎样维系下去，某种制度不断放松限制直到其消亡的过程又是怎样发生的。格雷夫和莱廷以博弈理论为基础，考虑历史制度主义者对这一理论基础的批评，引入了拟参数（quasi-parameters）和自加强（self-reinforcement）的概念。利用这些概念，并以重复博弈为基础，提出了制度分析的动态方法，以此来解释制度的内生性变迁。通过分析现代欧洲早期的正式治理制度，和当代世界裂散结构（cleavage structure）的非正式制度，解释并验证了其主要观点。

297

---

① ［美］道格拉斯 C. 诺思：《经济史中的结构与变迁》，陈郁、罗华平，译，上海三联书店 1994 年版，第 125 页。

在引起制度变迁的因素中，非正式制度的影响是不可忽视的，因为每一个社会中都存在着大量的非正式制度，这些非正式制度对制度选择及制度变迁的影响力非常巨大。部分学者展开非正式制度对制度变迁影响的深入研究（Greif & Laitin，2004；Aoki，2006），进一步发展了内生变迁理论。贝德纳和佩奇（Bednar & Page，2006）关注文化和制度、制度绩效间的关系；玛丽和文森特（Marie & Vincent，2009）通过对组织变革的审查发现制度变迁的主要因素为制度环境的演化、技术进步及制度自身演化。维亚切斯拉夫（Vyacheslav，2011）通过对社会转变与规制制度转变不同步的现实，探讨制度与制度环境之间的互动关系。文化、演化、比较制度分析等视角下的制度变迁理论，强调制度变迁在偶然性、文化、信念、知识等作用下的内生性；其整体性的研究方法，关注经济、政治、社会和组织等因素之间的动态相互作用；其分析工具的使用也有突破，博弈论和历史制度主义的方法得以综合，部分研究还将路径依赖、有限理性等内容成功引入模型分析中。

2. 中国制度变迁的理论假说

中国的制度变迁不仅具有一般制度变迁的共性，而且由于中国所处的特殊历史发展阶段，中国的制度变迁还具有很大的特殊性。西方的制度变迁理论从一定程度上可以解释中国制度变迁的相关问题，而国内的相关文献能更加紧密地结合中国国情，准确并深入地对中国制度变迁问题展开描述与分析，国内制度变迁的相关理论研究为本章生态性分析框架和生态性模型的构建提供了重要的参考。

国内对于制度变迁的研究具有代表性的主要有林毅夫（1991）、黄少安（2000）、林岗（2001）、李汉林等（2005）、周雪光等（2010）、朱富强（2012）等，众多学者从不同角度探究了制度变迁的主要影响因素及动力机制，并指出制度环境的变化是制度变迁的主要影响因素之一。

"制度变迁二元并存论"用"需求—供给"这一经典的理论构架把制度变迁方式划分为诱致性变迁与强制性变迁两种。需要指出的是，该假说不仅仅是针对中国制度变迁而言的。林毅夫（1991）认为，在技术条件给定的前提下，交易费用是社会竞争性制度安排选择的核心，用最少费用提供给定量服务的制度安排将是合乎理想的制度安排。从某种现行制度安排转变到另一种不同制度安排的过程，是一种费用昂贵的过程；除非转变到新制度安排的个人净收益超过制度变迁的费用，否则就不会发生自发的诱致性制度变迁。由于靠自发的诱致性制度变迁存在着较高昂的交易费用，且存在着"搭便车"问题，导致提供的新制度安排的供给大大少于最佳供给，因此，就需要政府采取行动来弥补制度供给不足，从而产生强制性制度变迁。林毅夫认为，诱致性制度变迁指的是一群（个）人在响应由制度不均衡引致的获利机会时所进行的自发性变迁；强制性制度变迁指的是由政府法令引起的变迁。由定义可知，诱致性制度变迁必须由某种在原有制度安排下无法得到的获利机会所引起，而强制性制度变迁则不需要，只要政府预期收益高过费用时，政府就愿意进行制度变迁，但由于受到多种因素的影响，如意识形态刚性、集团利益冲突以及社会科学知识的局限性等，政府又不一定能够建立起最有效的制度安排。因此，两种制度变迁方式应并存互补[1]。

虽然林毅夫从供给与需求角度提出的两种制度变迁方式——诱致性制度变迁与强制性制度变迁具有经典的理论价值，但是仅仅用这两种制度变迁方式来解释中国制度变迁的现实路径还是不够的。

黄少安（2000）认为，制度的设定和变迁不可能发生在单一主体的社会里，社会中不同利益主体都会参与制度变迁，只是他们对制度变迁的支持程度不同而已。根据支持程度的不同，可区分出"主角"和"配角"。但是，这些主体在制度变迁中也会发生角色的转换，而且其角色转换是可逆的。在此基础上，黄少安提出"制度变迁主体角色转换假说"，并运用此假说阐释了中国经济体制变迁的历程。他提出中央政府即"权力中心"，地方政府、民众及其他主体的角色定位和转换的情况要复杂得多，在不同方面的改革中、在改革的不同阶段上，都是变化的，而且角色转换是可逆的。

3. 简要评价

当前制度变迁理论的研究表现出两个新的转变：一是研究重心，从以往仅侧重于对制度与经济绩效作用机理的考察，向理论和制度实证分析并重转变；二是研究方法，从过去的运用历史事件和案例分析

---

[1]　林毅夫：《关于制度变迁的经济学理论：诱致性制度变迁与强制性制度变迁》，引自 R. 科斯、A. 阿尔钦、D. 诺思：《财产权利与制度变迁——产权学派与新制度学派译文集》，刘守英等译，格致出版社、上海三联书店、上海人民出版社 2014 年版，第 260～287 页。

进行描述性论述为主，转向描述和计量分析并重，制度的计量分析得以快速发展。

当前制度变迁理论研究的主要特点：一是利用制度和经济绩效间相关性的实证分析，为制度变迁理论提供强有力的数据支持；二是模型化制度及其变迁，更好地阐释了已有的实证分析结果，也促进了理论分析制度变迁的发展。制度相对而言比较难以度量，产权制度、民主宪法和专制体制等成为首要研究对象，进而开展其对经济绩效的影响研究。相应的研究方法也存在差异，由涉及的样本大小、衡量指标、工具变量选取与计量方法运用等来确定。

目前规范分析多集中在对已有的实证分析进行阐释，利用博弈论等工具，分析和模型化制度和经济绩效的作用机理。模型化制度及其变迁的研究，更多的文献以权力为主线，寻找制度和经济绩效的相互作用，即权力主导下的制度及其变迁分析。其研究对象主要有产权、民主宪法、政治体制、选举制度等正式制度，长期存在的无效率制度也包括在内，除了静态的制度分析，学者们也对动态的制度变迁等进行了深入的研究。在已有文献中，权力及其分配是学者们分析的焦点。同时也有学者关注资源、文化、认知对制度变迁的影响，发展了制度演化、制度和文化路径依赖、内生性制度变迁等观点，以此来阐释制度与经济绩效间的关系。

制度变迁的相关研究为本章规制制度变迁的研究提供了有益的参考，尤其是制度变迁中内生性、制度环境及制度绩效的相关研究为规制生态性理论分析框架的构建奠定了坚实的理论基础。

8.1.2　行政生态学的文献综述

行政生态学是规制生态理论构建的主要参考理论。行政生态学是一门新兴的交叉学科，是将生态学的概念与研究方法引入到行政学分析当中，形成独特的研究视角和分析框架。政府规制是政府社会管理的重要形式，在某种意义上可以理解为政府行政的一种表现形式，所以规制的生态性与行政生态性间存在许多共同之处，行政生态学的相关概念和分析方法，为构建规制生态性理论及其分析框架奠定重要的理论基础。

1. 生态学与行政生态

1947 年，美国哈佛大学教授高斯（Gaus，1947）首次把"生态学"引入公共行政学的研究领域，认为一个国家的公共行政受其所处的特定社会环境的影响与制约，对一国公共行政活动的研究，不能仅考虑公共行政系统本身，还应当深入研究公共行政系统所处的特定社会环境。里格斯（Riggs，1961）进一步发展了高斯的理论，在《公共行政生态学》中，将行政生态学定义为研究"自然以及人类文化环境与公共政策运行之间的相互影响情形"的一门公共行政边缘学科。国内学者王沪宁认为，行政生态学是借用生态学研究生命主体与其环境的相互关系和相互作用的理论和方法，是研究行政系统与社会圈之间相互关系的方法。由此可见，行政生态学把行政系统看作一个有机整体，一方面，其一切活动要受到各种社会条件的制约和影响；另一方面，行政系统也通过一定的行政行为对其所处的生态环境产生反作用。行政生态学的研究范围主要为：一是研究各国的政治、经济、文化社会等生态要素如何影响并塑造该国的公共行政；二是探讨各国的公共行政活动对社会变迁的反作用。

2. 国外研究现状

行政生态环境与生态环境因素的相关研究清晰地反映出了行政体系演进和发展的内在规律（Riggs，1961；Gaus，2006）。高斯在《政府生态学》一书中，强调外部环境对行政管理的作用，正式把生态学一词引入行政学研究领域，首次提出行政生态学的概念，指出公共行政生态学包括对人、地区或财产、人所期望的自然和社会技术、思想、个体和紧急状态的研究。在行政学的理论研究中，借用生物界的生态理论和名词，为公共行政学的理论发展探寻出新的源生点。

对行政生态理论做出重要发展的是里格斯，他于 1957 年和 1961 年先后发表了《比较公共行政模式》和《公共行政生态学》。里格斯的论著确立了行政生态学的基本思想，开创了行政管理学的一个新途径，被认为是行政生态学的代表作。里格斯通过研究美国、泰国、菲律宾等国社会经济结构及文化历史与公共行政的相互影响，指出了解行政行为必须超出行政系统本身，要从社会背景去了解行政与外部环境间的相互关系。里格斯在《公共行政生态学》一书中，从比较的角度，运用生态学的观点研究政府的行政管理与行政环境的互动关系，创立了以生态学研究行政管理理论的新体系。里格斯认为行政生态学是研究自然、人类文化环境与公共政策运行之间的相互影响情形的学科，突破了一般的行政学理论，归纳出经济因素、社会因素、沟通网络、符号系统和政治架构五个公共行政的主要影响因素。从里格斯行政生态学来看，行政环境是行政系统赖以生存和发展的外部条件总和，即政府行政赖以生存和发展的基本条件。它影响或制约着行政管理目标的制定、机构的设置和行政行为方式的选择以及行政目标的实现。与此同时，政府的行政行为也影响和改变着行政环境。研究行政管理，不仅要着眼于行政规范、行政过程、行政行为等，更要研究行政环境对行政行为的影响和制约、行政行为对行政环境的影响。

3. 国内研究现状

国外学者对行政生态学的研究具有重要的启发意义。从 20 世纪 80 年代开始，我国行政学界也以极高的热情研究这一问题，并结合我国实际出版了一批有影响的著作。最早引入行政生态学的是我国台湾学者金耀基，其所著《行政生态学》是根据里格斯所著 *The Ecology of Public Administration* 译述而成，金耀基在书中认为研究社会行政行为不能仅局限于其自身的视域，而必须要跳出行政本身之范畴，要重视其所处的社会背景，要重视公共行政与其环境之间的关系。随后，王沪宁（1989）出版了国内第一版《行政生态分析》，从行政系统和行政生态环境两个方面来分析行政生态系统。认为行政系统由整个行政组织和行政人员构成，其重要任务是满足来自社会圈的各种需求、解决矛盾和冲突、保持与社会圈的平衡关系。并指出，行政系统与社会圈之间的动态平衡在于行政系统能否充分吸收社会圈的需求，能否有效融合社会的各种利益，进而有效地满足社会圈的需求。此后，刘京希（2007）将行政生态这一概念引入政治学、社会学等领域，以生态学的理论方法来研究政治系统自身的生态问题，他根据政治系统中各方面所体现出来的现实表征以及侧重点的不同，构建了以政治体系为核心的"政治—社会—自然"三位一体政治生态理论体系，并且厘定了三者之间双向互动的递进关系，明确了自然体系、社会体系、政治体系等诸多体系之间的双向互动辩证联系。后续又有部分学者将定量方法引入行政生态评估中来，深入剖析了行政生态环境、行政活动、行政绩效之间的关系（朱新林和魏小文，2012；楚永生，2011）。

4. 简要评价

行政生态学将生态学的概念引入到行政学分析当中，关注行政系统、政治系统等社会子系统与社会环境变化之间的动态契合关系，形成了独特的研究视角和分析框架。对行政生态环境及生态环境因素的研究清晰地反映出行政体系演进和发展的内在规律。特别是里格斯对影响公共行政的因素的研究、过渡型社会公共行政的研究都具有重大的理论和现实意义。而本章的规制生态性研究也是借用里格斯的相关研究，将行政生态学的相关理论和研究方法引入到对规制系统的研究中，得到影响规制体系的环境因素，并对规制体系的演化和发展规律进行探讨。

8.1.3　演化经济学的文献综述

演化经济学是规制生态性理论构建的另一个重要理论基础，演化经济学与规制生态性理论都是建立在生物学及生态学的基础之上，运用生态学的相关概念和方法进行本领域的研究，故具有一定的共同理论基础和共通性。另外，演化经济学的分析方法为本章规制生态演化分析提供了重要的工具和技术。

演化经济学这个术语最早是由凡勃仑于 1898 年在《为什么经济学不是一门演进科学》一文中提出的，在旧制度经济学家眼中，制度经济学就等同于演化经济学。20 世纪 80 年代以前，人们一般也倾向于把演化经济学等同于凡勃伦传统的旧制度学派。第二次世界大战结束后，演化思想开始在社会科学中复兴。1981 年，博尔丁出版了《演化经济学》，1982 年纳尔逊和温特出版了目前已成经典的《经济变迁的演化理论》。随后演化经济学视野和范围都大大拓展，涉及旧制度主义传统、"新熊彼特"、奥地利经济学、复杂系统理论、演化博弈论等。国内学者基于演化的理论视角与方法对制度变迁的研究也日渐繁盛，如雷国雄和陈恩（2009），朱宪辰和黄凯南（2004）通过构建生物演化模型，并将制度置于其中进行拟生物演化，发现制度变迁类似于生物演化，制度环境影响着制度的演进速度及制度效率。由此可见，现代演化经济学的发展总是和生物学有着密切的联系，其方法论要么采取生物学隐喻，要么就直接将社会经济系统的发展类比于生物演化。

1. 从演化到共同演化

共同演化是指不同互动者之间存在相互的反馈机制，它们的演化动力交织在一起，一个互动者的适应性会通过改变另一个互动者的适应而改变其演化轨迹，后者的变化又会进一步制约或促进前者的变化。不同层级之间的互动者的共同演化将促使社会经济系统的演化更加的复杂和充满不确定性。

因此，达尔文的演化逻辑并不仅仅在个体层面上发生，还会在高于个体（例如社会组织和制度）或低于个体（例如脑神经系统）的层面上发生。经济系统的复杂性在于存在多层级的共同演化过程，层级之间不是线性的关系，而是具有复杂的网络式反馈环。当演化在不同层级历时或共时作用时，我们必须尽量找出层级间的信息交流和反馈机制，这样才能准确预测系统演化的趋势。由于互动者是分析的行为主体，不同层级存在不同的互动者。一个多层级的演化过程必须伴随着多层级的互动者体系。层级划分标准主要是依据互动者之间的生成关系[①]。

2. 多层级共同演化动态

皮特（2005）假设存在着一种"系统"和一种"环境"，而且在特定的环境下，通过获得系统组成部分的知识就能够理解系统的运转。为简化分析，通常假设环境是不变的，或者环境变化是已知的。通过类型学的分析，对系统的组成部分进行分类（包括分层），在此假设下，较高层级的"互动者"和较低层级的"互动者"能够通过一种非机械的互反馈过程协同演化。在此情况下，简单的系统动态模型（无论是非线性动态或是自组织动态）无法准确描述系统的演化，只有运用多层级的共演动态来刻画各层级之间的反馈关系，才能更加准确地描述系统各个层级对于环境的适应性特征，以及这些特征交互作用所具有的适应性含义。

---

① 黄凯南：《西方演化选择理论新进展》，引自《中国制度经济学年会文集》，2006年，第1081~1092页。

多层级共演动态是一种更具有演化本质的演化模型。它不仅考虑了中观层面（例如规则）和宏观层面（例如秩序）的适应性过程，还明确考虑了微观个体的适应性过程，为描述社会经济复杂系统演化提供了合适的工具。多层级共演动态充分体现了社会经济系统中人类的主观能动性，是描述社会经济复杂系统演化的合适工具。

3. 简要评价

共同演化和普通演化的重要区别是，共同演化存在双向或多向的因果关系，而普通演化则是一种单向的因果关系。共同演化分析通常具备以下一些特征：一是运用纵向的时间序列来分析组织历时的适应性变化；二是将组织的适应特征置于一个更为广阔的背景和社会环境中；三是明确考虑到组织微观演化和环境宏观演化的多向因果关系；四是考虑到组织的复杂性特征；五是路径依赖不仅在企业层面制约企业的发展，也作用于产业层面；六是考虑到制度系统不同层面的变化，并且企业和产业是内嵌于这些制度系统中；七是考虑到经济、社会和政治等宏观变量随时间的变化，以及这些变化对于微观演化和宏观演化的结构性影响。

共同演化的相关研究成果为本章的规制生态性理论研究提供了可借鉴的理论基础，规制体系与规制环境之间的共同演化分析正是运用演化经济学及共同演化的理论对规制系统的运动、平衡进行分析，从而探析出规制系统的生态性演化特点和规律。

8.1.4　文献评价

综上所述，制度变迁理论、行政生态理论与演化理论分别从各自的视角对社会制度变迁的原因、变迁的动力、变迁路径、相关影响因素等进行了分析。现有研究以规制环境的问题研究居多，鲜有研究将制度变迁理论、行政生态理论与演化理论进行整合，从系统、生态的视角对制度变迁进行整体而深入的研究。

本书正是基于目前理论研究的空白，将制度变迁理论、行政生态理论及演化理论进行有效整合，从新的角度分析规制系统的生态演化和生态平衡。将规制视为一种仿生系统，以行政生态学相关概念为基础，以制度变迁理论和演化经济学的分析方法为工具，通过建立相应的数理模型，构建规制生态性理论的分析框架，并结合中国的政府规制实践，对中国的经济性与社会性规制演化过程进行剖析，更加清晰地展现出规制系统内部子系统及规制系统与规制环境的互动，进而对规制生态平衡进行分析，厘清中国规制改革趋向生态平衡的动态路径，并找到中国规制系统的演化动力。

8.2 基本概念描述

规制生态是一种开放复杂的巨系统，具体包括规制生态主体、生态环境、生态调节三个方面，是规制与其环境之间相互关系的总和。规制生态作为一个新的理论范畴，必须对其内涵和外延进行科学的界定（基本性状描述），然后在此基础上验证其特征，并由此引出规范的评价指标体系和行动策略。故在此部分首先对规制生态性理论的相关概念进行定义和描述，基于此展开后续的分析及模型构建。

8.2.1 规制生态的主体与客体

现有研究普遍认为政府规制的主体为政府行政机关，通常称为规制者；规制的客体为各种经济主体，如产业、企业或其他利益集团，通常称为被规制者。但实际上，政府规制生态系统中规制的供给者与被规制者都具有主观能动性，即规制供给者与被规制者的行动都会对规制模式、规制绩效产生影响，即对规制环境和规制结果产生影响，故我们将被规制者也纳入规制主体中。同时，现有研究往往忽视了规制的规制者，而这一角色同样也对规制模式的选择及规制绩效具有重要影响，因此，我们将规制的规制者也视为规制主体。由此，规制生态系统主体主要是由规制者、被规制者和规制的规制者构成。与现有研究不同，我们认为规制客体为规制实践的作用对象即规制内容，故将规制客体定义为市场结构、区域发展结构和社会经济结构，如图 8 - 1 所示。

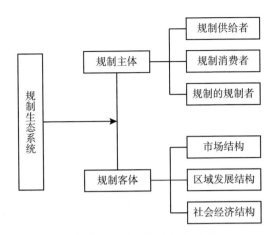

图 8 – 1 规制生态系统主体与客体构成

8.2.2 规制生态环境

规制生态环境是指环绕规制系统周围的外部境况，即各种直接和间接影响或作用于规制行为的客观因素的总和，包括规制体系所赖以依存的整个社会系统中除规制制度外的与规制系统发生相互关系的行为形态、价值观念和其他制度成分。归纳起来，在整个生态环境中对规制发挥重大影响作用的不外乎政治因素、经济因素、社会因素和文化因素。规制生态环境具有关联性、适应性、依存性和演进性四个特点。它可分为硬环境和软环境，其中法律制度是硬环境的核心。规制生态环境具有内生和外生两种机制，外生环境指规制体系外部因素的作用和引导，一般由政府部门采取自上而下的方式逐步建立；内生环境主要指规制在一国经济社会的内生机制启动下一种自下而上的形成过程。

8.2.3 规制生态演化

规制生态演化主要体现为规制体系共同演化，是指规制体系内各要素间相互作用，实现整体力量大于部分之和的结构演化。规制体系共同演化中的每一要素最终都要与整个规制体系共同演化，因而规制体系的共同演化表现为，系统内制度集聚而成的具有特定结构和外在联系的，在系统中实现相同或类似功能、体现整体协同效应并不断演化的过程。

具体表现为规制系统内部通过制度聚类和演化形成了经济性规制与社会性规制两个子系统。在共同演化的过程中，规制系统内部的经济性与社会性规制子系统之间会产生互动与共同演化，同时规制系统作为一个整体又会与外在的环境产生互动，一方面规制系统受到规制环境的约束与影响，另一方面规制系统的演进与变化也会引起规制环境的变化与演进，如此循环，构成了规制体系共同演化的生态系统运动。

8.2.4 规制生态平衡

所谓规制生态平衡是指规制主体之间的数量平衡及其相互关系的协调，以及规制主体与其外部生存和发展环境之间的相互适应状态。规制生态平衡包括规制主体间的平衡和规制主体与外部环境的平衡。

规制主体之间的平衡主要表现在以下四个方面：一是规制者与被规制者之间的平衡；二是规制者之间的平衡；三是被规制者之间的平衡；四是规制的规制者与规制者之间的平衡。规制主体与外部环境的平衡主要体现在两个方面：一是外部环境需为规制主体的规制活动提供行为规范和各种必要的条件。二是规制主体需自觉遵守外部规则和维护良好的外部环境。

规制生态平衡强调的是规制系统与规制环境变化间的动态平衡关系。在这一过程中，规制环境发出某种诉求，规制主体通过制定相应规制政策来协调规制系统和规制环境，实现平衡，规制环境对规制主体的诉求反应做出一定反馈，形成动态平衡，这一"环境—规制主体—环境……"的循环过程维持了该系统的动态平衡。

8.3 规制制度的生态演化及其动力

中国的规制制度变迁表现为一种强制性制度变迁，即政府推动为变迁的主导力量，其演化过程表现为政府驱动下的规制制度与规制环境的共同演化以及规制制度内部的共同演化。

8.3.1　规制制度变迁

在中国规制制度强制性变迁中，政府基于对所处的社会、经济环境进行全面的考量和对影响制度供求诸因素进行分析，实施规制制度改革以适应经济社会发展对规制制度的需求。在政府主导下，中国的规制制度改革表现为阶段性的变迁。主要可以划分为四个阶段（如图8-2所示）：高度计划经济体制下的政府规制，改革开放至1991年的政府规制，20世纪末（1991~2002年）的政府规制，2003年以来的政府规制。

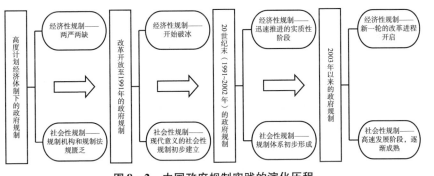

图8-2　中国政府规制实践的演化历程

第一阶段：高度计划经济体制下的政府规制。该阶段中国政府实行高度集中的计划经济体制，与此经济环境相应，经济性规制方面，呈现两严两缺的格局，即严格的进入规制与价格规制，缺少独立规制机构和规制法规。具体表现为采取严格国家定价的价格规制，排斥市场机制，企业的亏损由财政支出弥补，造成多数产业发展缓慢，连年亏损。政府主管部门往往也是垄断产业的经营者，造成政企不分。经济性规制的法律建设滞后，规制法律环境缺失。对自然垄断产业的管理主要依靠由其行业主管部门负责起草或指定的行业法律法规。该阶段经济性规制整体效果不佳。社会性规制方面，在集中管理的计划经济条件下，社会性规制机构与行政准则、条例（如生产安全、劳动保护、产品质量、环境保护等）虽已出现，但尚不能满足规制需求，由于计划不完善和缺失，社会性规制领域还存在许多空白。因此，该时期社会性规制领域

309

问题主要集中在规制机构和规制法规数量的匮乏上。社会性规制在该阶段较为薄弱。

第二阶段：改革开放至1991年的政府规制。1978年十一届三中全会的召开，开启了以经济建设为中心的改革开放，中国经济体制改革由此全面展开。经济性规制方面，随着经济体制改革的全面推进，经济性规制改革开始破冰，价格规制、进入规制逐渐放松，政府开始有步骤地放权让利，甚至开始了名义上的政企分开，经济性规制取得了初步的成果。社会性规制方面，随着中国经济体制改革全面展开并向前推进，经济活动产生的社会性问题日益突出，如假冒伪劣产品问题、工作场所安全问题、环境保护问题等。加之法律法规制度不完善、信息不对称较为严重，造成市场失灵问题严重，极大降低了社会的总体福利水平。因此，国家加强社会性规制活动，出台一系列有关社会性规制的法律、法规，建立社会性规制机构，逐步明确社会性规制主体，由此，现代意义上的社会性规制初步建立。

第三阶段：1991~2002年的政府规制。1992年召开了党的十四大，明确提出了经济体制改革的目标是建立社会主义市场经济体制。这一体制与社会主义基本制度结合在一起，其本质是要使市场在社会主义国家调控下对资源配置起基础性作用。经济性规制方面，伴随着社会主义市场经济体制建设步伐的推进，经济性规制进入迅速推进的实质性阶段。即在初期改革的基础上，政府进一步放松价格规制与进入规制，同时成立了很多名义上的规制机构，逐渐实现政企分离，在该时期经济性规制取得了较大进展。社会性规制方面，伴随着市场经济体制的完善，中国社会性规制体系初步形成，基本形成了比较完善的社会性规制法律体系，同时对政府的规制职能和机构也进行了较大的调整，进一步明确与细化了各部门的规制职责。社会性规制取得了实质性的进展。

第四阶段：2003年以来的政府规制。2003年，十六届三中全会通过了《关于完善社会主义市场经济体制若干问题的决定》，全面部署建立完善的社会主义市场经济体制工作。伴随中国经济体制改革进入新阶段，经济体制改革政府规制也更加全面铺开。经济性规制方面，以各个垄断行业的经济性规制为代表，在总结前期规制改革经验的基础上，纷纷开始了新一轮的改革进程。但相对于之前的改革阶段而言，规制改革在市场与政府作用相互交织下，步入了更彻底、更深入的攻坚阶段。社会性规制方面，规制部门职责分工更加明确，同时加强对规制部门的法律责任约束，改进部门在信息和行动方面的沟通与配合，政府构建了一系列规制职能协调机制，从而减少了各部门由于利益目标不一致所带来的激烈冲突，社会性规制绩效提升，进入高速发展阶段，并逐渐成熟。综上，中国的规制改革，一方面，在不同阶段规制主体的规制活动受到该阶段经济、社会发展情况的制约；另一方面，规制主体的规制活动对规制环境改善提出诉求并推动规制环境演化。这种规制主体与规制环境之间的交互影响使得规制制度表现出阶段性的演化特征。由此可知，规制制度的变迁实质上是一种生态演化过程。

8.3.2　规制生态演化分析

规制的生态演化实质上为一种共同演化。共同演化要求双方必须拥有改变对方适应特征的双向因果关系，"共同"并不一定强调时间上的同时或瞬时，而是强调必须存在一种相互的反馈机制。因此，共同演化可定义为：是指互动者之间必须存在相的反馈机制，它们的演化动力是交织一起的，即一个互动者的适应性会通过改变另一个互动者的适应性而改变其演化轨迹，后者的变化又会进一步制约或促进前者的变化[①]。

经济性规制与社会性规制也表现出相互影响、相互促进的共同演化特征。社会性规制的发展和完善为经济性规制的深化提供了良好的社会环境，而经济性规制的推进又为社会性规制提供了有效的规制手段和工具。此外，中国的经济性规制与社会性规制表现出改革的同步性，当经济性规制与社会性规制相协调时，规制绩效均较高；而当其中一方遇到瓶颈时，另一方规制绩效也会下降，共同演化特征显著。

规制系统的生态平衡受经济性规制、社会性规制和规制环境的共同影响。经济性规制与社会性规制作为规制系统的内部子系统为共同演化关系，同时规制系统与外部环境也呈现出共演关系。因此，目前中国的规制生态演化主要包括规制系统内部的共同演化和规制系统与规制环境之间的共同演化，如图 8-3 所示。

---

① 约翰·福斯特：《演化经济学前沿：竞争、自组织与创新政策》，高等教育出版社2005 年版。

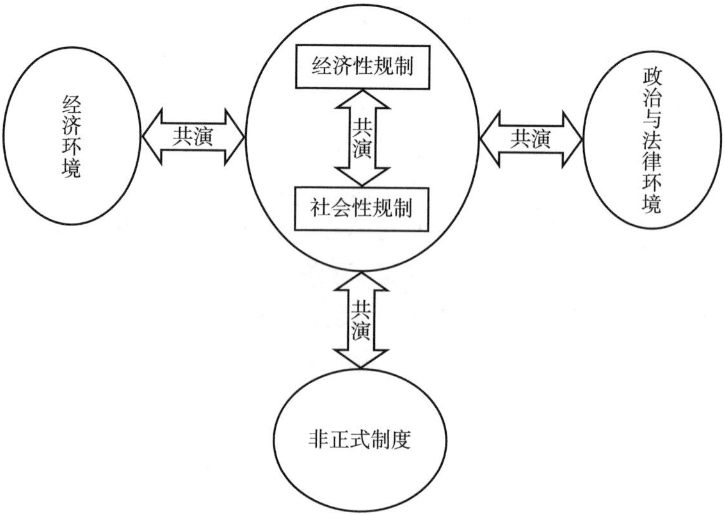

图 8 - 3　规制系统的共同演化

规制系统内部的生态演化指经济性规制与社会性规制之间的共同互动与反馈。一方面，在规制系统内部，经济性规制与社会性规制相互交织、相互适应并相互影响，二者之间互为因果且相互推动。在规制实践中经济性规制的顺利实现通常需要社会性规制的辅助，而社会性规制实践往往又是在经济性规制的基础之上，它们的演化动力相互交织，经济性规制的适应性变化往往会改变社会性规制的适应性，故经济性规制与社会性规制是一种共同演化。另一方面，规制系统内部的经济性规制与社会性规制子系统也表现出契合性，随着经济性规制改革的推进，社会性规制改革呈现出相辅相成的全面铺开，两者形成均衡，实现子系统协同。社会性规制的发展和完善为经济性规制的深化提供了良好的社会环境，而经济性规制的推进又为社会性规制提供了有效的规制手段和工具；然而子系统的均衡极不稳定，伴随着经济性规制与社会性规制自身的改革深化，两者的均衡稳态不断被打破，故而表现出摩擦与不适应。当经济性规制与社会性规制相协调时，规制绩效均较高，而当其中一方遇到瓶颈时，另一方规制绩效也会下降，经过不断调整再次实现均衡，如此反复。综上，可知中国的政府规制在均衡与非均衡状态中不断推进、深化，最终趋向规制系统内部与外部的演化均衡。

规制系统外部生态演化为规制系统与规制环境之间的共演互动。规制系统的存在与演化依赖于所处的社会、经济、法律环境，环境中任一因素的变化都会引起规制系统的适应性变化，由此规制系统产生演化。在中国政府规制生态系统中规制实践与目前转轨期经济体制、政治法律体制、传统文化和价值观念交互影响，即规制实践与规制的宏观、微观环境相适应并随着规制环境的变化而演化。另外，规制实践的发展对规制环境产生反作用，即随着规制的不断深入，政府规制嵌入到经济、社会的各个领域，尤其是在宏观调控过程中，政府规制起到了矫正宏观经济失衡的重要作用，对中国宏观经济发展具有重大影响，并推进了行业整合、优化及调整。进一步，规制实践的深化对中国的市场经济体制建设、法律环境建设及公民社会发展提出了新的要求，促进了规制宏观与微观环境的演化。

8.3.3 规制演化动力分析

与西方国家成熟的市场经济体制不同，中国经历了由计划经济体制向市场经济体制转轨的特定阶段。中国在 1978 年以前曾实行高度集权的计划经济体制，由此决定的政府规制更多地表现为适应计划经济体制运行的需要而采取的统制方法（典型的如政府审批制度）。与发达市场经济国家相比，中国政府对经济与社会的控制力较强。同时，由于中国是一个发展中国家，其要建立的是社会主义市场经济，这决定了政府不仅要担负对市场竞争制度、对经济运行中的总量和结构以及市场分配结果和社会发展进程进行调节和干预的任务，而且还要在促进国家工业化发展、保障社会公平、实现共同富裕和可持续发展方面发挥重要作用，这也决定了中国政府主导的规制特征，规制演化的主要动力则必然来源于政府。故中国规制制度演进的动力机制为层级更新（hierarehieal renewal）即管理层驱动机制（administrative engines）①。规制制度演化是由政府的战略意图驱动，政府塑造了对规制环境的理解和解释、规制目标、规制制度、方法集合和规制发展方向等，并通过各个层级来实施这些战略意图。因此，制度的演化是由最高管理层驱动的，是一种自上

---

① Hodgson, G. M. Opportunism is Not the Only Reason Why Firms Exist: Why Explanatory Emphasis on Opportunism May Mislead Management Strategy, *Industrial and Corporate Change*, Vol. 13, No. 2, 2004, pp. 401 – 418.

而下的动力过程。这种演化过程是一个具有高度主体理性和能动的过程，高层管理者扮演了包括建立目标、监督任务单元、评估单元能力、搜寻和评估可替代的行动方案、发展各种计划以达到组织目标等各种角色。在中国政府规制演化的过程当中，无论是经济性规制还是社会性规制，都是由政府对目前规制的宏观及微观环境进行审视，同时对现有规制政策或措施进行效果评估，进而进行信息搜寻、政策选择，并最终进行规制实践改革，从而推动规制系统的生态演化，如图 8 - 4 所示。

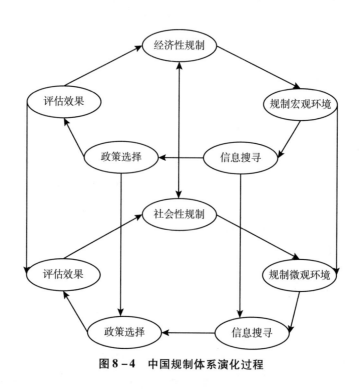

图 8 - 4　中国规制体系演化过程

8.3.4　规制制度变迁的数学模型

我国的规制制度变迁以外在强制性变迁为主导，故对规制制度变迁建立如下的数学模型，记 t 时刻的规制制度存量为 B(t)，t + Δt 时刻的规制制度存量为 B(t + Δt)，则规制制度变迁可表示为：

$$\lim_{\Delta t \to 0} \frac{B(t + \Delta t)}{B(t) \cdot \Delta t} = \frac{B(\dot{t})}{B(t)} \tag{8.1}$$

　　t 时刻的规制制度变迁为制度在单位时间内的瞬时变化率。引入一个外生的强制因子 ω 来表示规制制度变迁的历时性关联，即假定规制制度变迁持续以不变的速度 ω≥0 往前推进，则可得：

$$\frac{\dot{B(t)}}{B(t)} = \omega \tag{8.2}$$

　　一般情况下，当时 t = 0 时，B(t) = B(0)，其中 B(0) 是 0 时刻的规制制度存量，可解读为基础性制度安排（fundament institutional arrangement），例如经济环境、基本的法律法规、文化背景、传统价值观等是制度变迁的起始点，决定和影响了其他所有之后的规制制度安排。

$$\begin{cases} \dfrac{dB(t)}{dt} = \omega \cdot B(t) \\ s.t.\ t = 0,\ B(t) = B(0) \end{cases} \tag{8.3}$$

　　两边同乘以 dt，除以 B(t) 可得：

$$\frac{dB(t)}{dt} = \omega \cdot dt \tag{8.4}$$

　　取不定积分可得：

$$\int \frac{dB(t)}{dt} = \int \omega \cdot dt \tag{8.5}$$

$$\ln B(t) = \omega t + const \tag{8.6}$$

　　其中 const 为积分常数。两边取指数则有：

$$\exp[\ln B(t)] = \exp(\omega t + const) \tag{8.7}$$

$$B(t) = e^{const} \cdot e^{\omega t} \tag{8.8}$$

　　因 t = 0 时，B(t) = B(0)，则可知：

$$e^{const} = B(0) \tag{8.9}$$

　　最终解得：

$$B(t) = B(0) e^{\omega t} \tag{8.10}$$

　　其中，强制因子 ω 衡量了政府主体推动规制制度变迁对制度演进的总体效果。给定初始的制度存量 B(0)，B(t) 的历时性图像形状 ω。ω 越大，规制制度变迁的轨迹越陡峭，如图 8-5 所示。

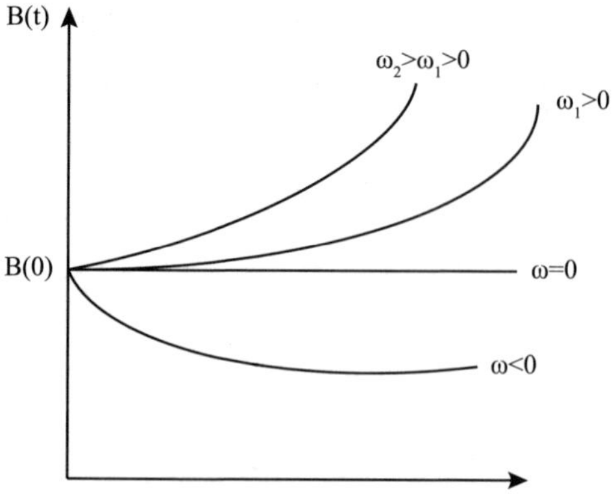

图 8-5　规制制度变迁轨迹

强制因子 ω 所表示的总体效果由规制系统与规制环境之间的演化效果所决定，存在如下三种情况：

（1）ω>0，此时政府推进规制制度变迁为正向作用，规制系统与规制环境之间表现为相互促进的共同演化互动。

（2）ω=0，此时政府推进规制制度变迁的正向作用达到最大，规制制度表现为此时点下的帕累托均衡，规制系统与规制环境之间同时达到均衡。

（3）ω<0，此时政府推进规制制度变迁的作用力为反作用，即政府的作用阻碍了规制系统的演化，规制系统与规制环境之间的共同演化出现矛盾。

根据以上分析作图，可得到规制总体效果为一条类似正态分布的曲线，如图 8-6 所示。

以我国的经济性规制制度变迁为例，经济改革之前，我国的经济体制为高度计划经济体制，相应的规制为严格政府规制，在当时的经济、社会环境下，政府的严格规制在一定程度上对经济发展发挥了积极作用，此时政府规制的总体效果 ω>0；随着经济的发展，过多过严的政府直接干预渐渐显现出弊端，市场机制无法建立，多数产业发展缓慢，连年亏损，产业发展受到严重制约，此时的规制系统与规制环境之间表现为非协调互动，政府规制的总体效果为 ω<0，从而引发了放松规制的浪潮；经济体制改革之后，规制改革经历了破冰阶段，在 20 世纪 90 年代进入到规制改革的迅速推进阶段，在该阶段，价格规制、进入规制

进一步放松，竞争机制逐步形成，规制机构逐步建立，规制系统与规制环境正向互动，共同演化，此时的政府规制总体效果又回到 $\omega > 0$。

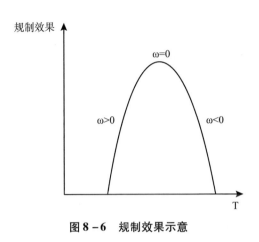

图 8 – 6　规制效果示意

8.4　制度均衡下的规制生态平衡

规制生态平衡即规制系统内部及规制系统与规制环境同时达到平衡。而规制的生态平衡一定是在制度均衡的前提之下，故接下来首先对制度均衡概念进行描述，在此基础上建立相应模型，对规制生态平衡进行分析，厘清中国规制改革趋向生态平衡的动态路径。

8.4.1　规制的制度均衡

所谓规制制度均衡，就是人们对既定制度安排和制度结构的一种满足状态或满意状态，因而无意也无力改变现行规制制度，即政府规制的供求达到平衡。政府规制的供求取决于成本收益的比较和利益集团的博弈。政府规制制度均衡的形成是由以经济利益为核心的一系列因素促成的，它由规制制度的成本与收益所决定、由利益集团的博弈所形成，并受到正式规则和非正式规则的制约。

中国的规制制度均衡不同于西方国家的规制制度均衡。一方面，政府的规制制度总是能在一定的时期内相对稳定，政府的规制政策总体上具有一定的延续性，这表明政府规制制度均衡在转型经济中客观存在；另一方面，无论是在经济性规制还是在社会性规制中，同时存在着不均衡情形。

8.4.2　规制的生态平衡

规制生态平衡是制度均衡下的平衡，是制度均衡的一种具体表现，规制生态平衡具有以下几个特点。

（1）开放和非平衡。生态系统只有在开放的条件下才能够进行自组织、自优化，开放是生态系统演化的根本。系统只有开放，不断与外界环境进行物质、能量和信息的交换才能获得足够的负嫡，并且处于非平衡状态才能使系统向嫡减方向即有序方向演化，从而形成新的自组织结构。普利高津的耗散结构理论表明，"非平衡是有序之源"，这里的非平衡是指系统内部组分的差异性、分化性和不均等性等状态。规制生态系统的非平衡集中体现在规制体系要素间的作用力大小和方向的不断转变上。在规制生态的演化中，规制体系必须通过分化和非平衡的差异才能实现更高效率的多样功能，规制体系发展的综合能力才会越来越强，这是一个平衡性的破坏过程。有了差异和不平衡，各种规制行为在执行中才会产生信息、资金、物资、人才和思想的交换与流动。

（2）普遍的依存与制约。规制生态所包含的各种关系如生态系统内的各个种群之间、群体之间以及构成食物链的个体之间一样，表现为一种依存与制约关系，没有一个因子离开其他因子而能持续存在或继续生存下去，缺乏其中任何一种机制的系统都是没有生命力的系统。这种依存关系可能是错综复杂的，也可能是和谐平衡的。错综复杂主要是指任何一个规制生态都要有多种利导因子主导其发展，并有多种限制因子抑制其发展，它们的平衡依赖于规制体系组分与功能的相互适应性，族群的多样化是生存能力的主要因素，而高度同一性是很危险的事情。

（3）双向反馈、自然演替。规制体系不断地与其他社会经济子系统之间进行着物质与信息的流通与交换，规制生态系统内部包括多重反馈机制，既有负反馈也有正反馈。规制生态自组织的实现很大程度上依赖于系统的反馈机制，只有依靠反馈机制系统才能不断地进行修正以实现其目的。系统出现的新的结构、模式、形态在开始时总是弱小的，需要靠系统的自我放大（自我激励）机制才能生长、壮大，这就是正反馈机制。新系统常常是先生成它的基核，再凭借正反馈机制逐步长大。只有两者有机结合，系统才能够自我创造、维持和更新。

（4）相互适应的协同演化。竞争和协同是生态系统演化的基本规律，组成规制生态系统的各个成分之间既有竞争又有协同。竞争是机构保持个体性的状态和趋势的因素，规制体系中各个机构的运行状态不同，竞争在保持势差的条件下，能激发整个规制体系高水平的运作，并建设性地向前发展。而且竞争的结果也并非仅仅是淘汰，还有一个更为重要的结果是优势互补的综合超系统的建立。竞争可以激活整个规制生态系统，有利于规制系统功能的实现和优化。在发展上，竞争的作用也表现为带动系统非平衡式的发展，某些条件下，一些要素获得了优先发展，对其他要素产生较为强势的影响力，以带动整个系统非平衡式的发展。从单个规制子系统来看，协同的最基本的作用是它对机构内各个要素的目标具有整合功能使机构产生了一个共同的目标模式。尽管各个要素的行为方式和所需执行的职能有所不同，但都是为了组织的功能能够达到一定的经济和社会效益。协同是竞争基础上的协同，竞争是协同基础上的竞争才是规制生态系统发展的动力与源泉。

（5）生态阈限。生态平衡是指生态系统的动态平衡。在这种状态下，生态系统的结构与功能相互依存、相互作用，从而使之在一定时间、一定空间范围内，各组分通过制约、转化、补偿、反馈等作用处于最优化的协调状态，表现为输入和输出动态平衡，信息传递畅通和控制自如。生态阈限决定于环境的质量和生物的种类、数量及其相互联系。在生态阈限范围内，生态系统能承受一定程度的外界干扰和冲击，并可以通过自我调节恢复到稳定状态。当外界干扰超过生态阈限，生态系统不能通过自我调节恢复到原初状态，则称为"生态失调"。生态阈限的大小决定于生态系统的成熟程度。生态系统越成熟，它的种类组成越多，营养结构越复杂，稳定性越强，对外界的压力或冲击的抵抗能力也越大。

8.4.3　规制生态平衡演化模型

本书采用状态空间模型分析规制生态系统的平衡演化，定义规制生态系统与经济增长之间具有如下关系：

$$Y = AF \tag{8.11}$$

Y 表示经济增长变量，可用国民收入或国内生产总值表示，F 表示规制生态系统变量。A 定义为除规制生态系统外的所有影响经济增长的元素集合。规制生态系统发展可以定义为表征规制生态系统一系列基本性状的发展过程。现将规制生态系统发展定义为：

$$F = X_1^{\alpha_1} X_2^{\alpha_2} \cdots X_n^{\alpha_n} \tag{8.12}$$

$X_1^{\alpha_1}$，$X_2^{\alpha_2}$，$\cdots$，$X_n^{\alpha_n}$ 代表规制生态系统的基本性状变量，即规制生态系统中对规制效果会产生影响的各种要素，整理可得：

$$Y = AX_1^{\alpha_1} X_2^{\alpha_2} \cdots X_n^{\alpha_n} \tag{8.13}$$

两边取对数可得：

$$\ln Y = \ln A + \alpha_1 \ln X_1 + \alpha_2 \ln X_2 + \cdots + \alpha_n \ln X_n \tag{8.14}$$

由于规制生态系统各个子系统的发展对经济发展的影响作用不同，对经济发展的影响处于不断变化中，因而，传统的固定参数模型并不适合反映规制生态与经济发展之间的动态关系。如在经济性规制绩效分析中可知，规制改革在跨越了最初的脱离计划经济体制并产生强大的生产力释放效应后，改革的边际效应有所递减，甚至效果出现反复。同样的问题也出现在社会性规制当中，以环境规制为例，虽然在长期中环境规制与经济增长呈现正相关关系，但环境规制带来的规制成本在短期内增加的社会、经济成本对经济绩效会产生负面影响。总之，规制效果并不是固定不变的，在不同的时期，不同的条件下，规制对经济发展的影响处于不断的变化中。故在规制生态平衡模型中应用动态参数来替代传统的固定参数，以便能够更加准确和真实地反映规制与经济绩效之间的动态关系。则对模型进行修正：

$$\ln Y_1 = \ln A + \alpha_{11} \ln X_{11} + \alpha_{21} \ln X_{21} + \cdots + \alpha_{nl} \ln X_{nl} + \mu_1 \tag{8.15}$$

$$\alpha_{11} = \varphi_1 \alpha_{11-1} + \varepsilon_{11} \tag{8.16}$$

$$\alpha_{21} = \varphi_2 \alpha_{21-1} + \varepsilon_{21} \tag{8.17}$$

$$\alpha_{nl} = \varphi_n \alpha_{nl-1} + \varepsilon_{nl} \tag{8.18}$$

$$(\mu_1, \varepsilon_1) \sim N\begin{pmatrix} 0 \\ 0 \end{pmatrix}, \begin{pmatrix} \sigma^2 & 0 \\ 0 & Q \end{pmatrix}, l = 1, 2, \cdots, T \tag{8.19}$$

式（8.15）为测量方程，表示规制生态系统各性状与经济发展的动态关系。其中 a_{11}，a_{21}，$\cdots$，a_{nl} 为状态变量，反映在各个时点上，产

出对规制生态系统各性状的敏感程度，即：规制生态系统各性状的产出
弹性。lnA 为常数，反映除规制生态系统外的所有影响经济增长元素对
经济的影响，在模型中可采用自然资源（resource）、教育（education）、
对外开放度（openness）、投资率（invest）、人口增长率（n）来测度。
式（8.18）是状态方程，描述了状态变量的生成过程，规制系统中本
期的规制政策制定是依赖于上一期的政策实施及效果的，故在状态方程
中各变量的设定选择采用滞后一期的形式。a_{11}，a_{21}，…，a_{n1} 均为不可观
测变量，但可表示为一阶马尔科夫过程。μ_1 和 ε_1 分别为测量方程和状
态方程的扰动项，相互独立且服从均值为 0，方差为常数的正态分布。

　　对该模型的分析是建立在之前经济性规制与社会性规制绩效分析所
得到的结果之上。规制生态系统变量 F 可划分为经济性规制与社会性规
制两大类，对经济增长变量 Y 产生影响。生态系统基本性状变量 $X_1^{a_1}$，
$X_2^{a_2}$，…，$X_n^{a_n}$ 根据之前的分析，经济性规制中可采用市场化率指数；而
社会性规制中，情况较为复杂，社会性规制分为环境规制、消费者安全
与健康规制和职业安全与健康规制三个方面，这三种规制绩效均会对社
会性规制的总绩效产生影响。故在此处的模型分析中，对社会性规制基
本性状变量采用环境规制绩效、消费者安全与健康规制绩效和职业安全
与健康规制绩效进行测度，而在对此三种类型社会性规制绩效的具体分
析中采用投入类指标、监管过程指标和规制结果类指标。由此，模型可
表示为：

$Y = Af(X_1, X_2)$，X_1 为经济性规制，X_2 为社会性规制

$X_1 = f(market, resource, education, openness, invest, n)$

$X_2 = f(\alpha_{environment}, \alpha_{health}, \alpha_{safe}, \varepsilon)$

$\alpha_{environment} = f($投入类指标，监管过程指标，规制结果指标$)$

$\alpha_{health} = f($投入类指标，监管过程指标，规制结果指标$)$

$\alpha_{safe} = f($投入类指标，监管过程指标，规制结果指标$)$

$\alpha_{invironment} = f($污染治理投资总额比重，治理设施数量，投资总额，
保护规章，垃圾处理率，工业废水废气处理量$)$

$\alpha_{health} = f($从业人员数量，机构数量，合格率，损失率，一等品率$)$

$\alpha_{safe} = f($从业人员数量，规章数量，安全事故死亡率，死亡率是控
制指标$)$

$A = f(resource, education, openness, invest, n)$

8.4.4 演化实证结果分析

根据系统生态演化模型，本书分别从经济性规制与社会性规制领域进行规制绩效实证分析，结合构建的生态演化模型探究中国政府规制生态演化规律。

1. 经济性规制

在经济性规制方面，将动态面板（DPD）模型、GMM 估计方法置于经济增长的研究框架中，对放松经济性规制的规制改革对中国经济增长的影响进行研究。我们采用樊纲等（2000，2001，2004，2007）构造的"中国各地区市场化进程指数"，选择市场化指数作为规制改革指标。通过实证研究发现，在控制相关规制生态系统外影响经济增长的因素以后，反映规制改革进程的制度因素对经济发展有正向的影响，并且在统计上是显著的（5% 的显著性水平）；从影响程度来看，每上升 10 个百分点，人均 GDP 将提高大约 0.20 个百分点，影响效果在经济上是有意义的，在中国省际层面是成立的。计量检验结果表明，中国 1997～2005 年的规制改革，对于经济增长有正面促进作用，但是没有达到预期的显著带动作用。

2. 社会性规制

在社会性规制方面，我们综合环境规制、消费者安全与健康规制及职业安全与健康规制三方面绩效的结果，系统评价中国社会性规制绩效的整体水平及其变化趋势，构成评价中国社会性规制绩效水平的一级指标。在此基础上，依次构建二级、三级评价指标，建立"投入—结果"二维度的理论框架，从规制投入、规制结果两个角度依次评价环境规制绩效、消费者安全与健康规制绩效和职业安全与健康规制绩效，将整个规制过程纳入考察范围内。以此为基础，进一步构建评价模型，选取 2003～2008 年相关数据测算中国社会性规制绩效指数、中国环境规制绩效指数、中国消费者安全与健康规制绩效指数以及中国职业安全与健康规制绩效指数。

2003～2008 年中国社会性规制绩效呈现整体上扬趋势。经济发展水平与环境规制绩效、职业安全与健康规制绩效呈正相关关系，与消费者安全与健康规制绩效呈现负相关关系，而与社会性规制绩效呈正相关关系的是上述三种影响效果的综合表现；对外开放与环境规制绩效、消费者安全与健康规制绩效负向相关，职业安全与健康规制绩效正向相关，将三种影响效果加总后，对外开放程度对社会性规制绩效产生负向影响，但不显著。受教育程度对环境规制绩效、消费者安全与健康规制绩效、职业安全与健康规制绩效皆能产生正向影响，因此对社会性规制绩效具有一定的提升作用。市场化程度与社会性规制绩效具有正相关关系，将该关系分解为市场化对环境规制绩效等三方面的影响时，效果并不显著。

　　社会性规制绩效的计量结果表明（如图 8 - 7 所示），环境规制的绩效呈逐年上升趋势，而消费者安全与健康规制和职业安全与健康规制则都表现出一定的波动。消费者安全与健康规制绩效从 2004 年开始下滑，2005 年绩效为负值，至 2006 年达到近年来的最低点，之后开始回升，整体绩效呈现 U 形。而职业安全与健康规制绩效虽整体表现出上升趋势，但也在 2004 年和 2005 年表现出下滑，绩效评估值均为负值。综合环境规制、消费者安全与健康规制、职业安全与健康规制分析可知，社会性规制绩效为波动性变化，2003～2005 年社会性规制绩效基本保持平稳，略微下降，基本保持在 - 0.3 左右，从 2005 年开始绩效大幅提升，至 2006 年初绩效由负转为正值，2006～2007 年为社会性规制绩效提高最为明显的阶段，之后提升的效果放缓。社会性规制平衡点呈现动态变化。由此可知，规制系统的平衡一定为动态平衡。

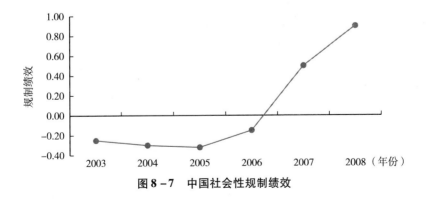

图 8 - 7　中国社会性规制绩效

由经济性规制与社会性规制实证结果可知，自 1994 年起至 2004 年前后，制度改革为经济性和社会性规制带来了快速的发展，规制系统与外在的制度环境较为协调，规制绩效不断提升；2004 年之后制度改革效果逐渐开始消退，规制环境与规制系统逐渐产生不适应，经济性规制和社会性规制都表现出绩效的下滑；而 2005 年之后我国的经济自由度重新开始上升，经济性规制和社会性规制新一轮改革的效果也逐渐开始显现，故在 2006 年后规制系统绩效呈逐年上升趋势，经济性规制与社会性规制波动基本呈现一致。由此可知，规制环境的改变要求政府随之对规制系统进行积极调整，以适应规制环境的变化，当规制环境与规制系统协调时，规制绩效较高，规制系统也会得到较快发展，反之，则规制系统绩效下降，规制系统发展受阻。同时，经济性规制与社会性规制子系统具有高度相关性，当经济性规制绩效较高时，社会性规制绩效也较高，反之，则二者绩效均较低。在所设计的平衡演化模型中，经济性规制与社会性规制作为规制系统的组成部分，对经济增长产生影响。规制系统的生态平衡受经济性规制、社会性规制和规制环境的共同影响。根据前面的分析可知，经济性规制与社会性规制都表现出绩效的动态波动性，故规制系统的总绩效也为动态波动，对经济增长产生波动性影响。特别是第六次、第七次宏观调控期间，经济性规制的结构性调整作用显著，社会性规制的调节作用也逐渐显现，在此期间经济性规制、社会性规制的绩效都处于上升时期，规制系统的总体绩效提高，中国的经济发展速度也较快。由此可知，在该模型中可得到的规制的生态平衡并不会表现为一个固定的均衡点，而表现为在不同时期不同环境之下的动态规制平衡点。在该平衡点上，规制环境、社会性规制、经济性规制达到瞬时的生态平衡，而一旦影响该平衡的任一因素发生改变，该点的平衡将会被打破，制度环境和规制系统将分别进行调整，以达到下一次的平衡，所以规制生态平衡表现出周期性、阶段性的波动，中国的规制改革进程也表现出明显的阶段性和波动性，符合生态平衡规律。

8.5 小　　结

本章基于制度变迁理论、演化经济学和行政生态学，提出政府规制的生态性分析框架。通过分析可知规制系统是一个开放的巨系统，规制系统与规制环境之间为生态共演关系，即二者之间互为因果，共同演化。规制系统的生态平衡是制度均衡的一种具体形式，是制度均衡下的生态平衡，不仅仅是规制系统内部的平衡，还包括规制系统与规制环境之间的平衡。最终，通过建立规制生态演化和平衡演化模型，进一步对规制系统与规制环境之间的共演互动进行分析，并探究其规律。

通过实证分析发现，中国的规制制度变迁呈现明显的阶段性特征，在不同阶段规制主体的规制活动均受到该阶段的经济、社会发展情况的制约和影响，同时规制行为也对规制环境产生反作用。由此可知，中国的规制制度变迁实际为一种共同演化过程，表现为规制系统内部经济性规制与社会性规制子系统的共同演化，规制系统与规制环境的共同演化。而由于中国规制制度变迁为强制性制度变迁，故规制生态系统的演化动力主要来自政府驱动，由政府对目前规制的宏观与微观环境进行审视，并对现有规制政策或措施进行效果评估，开展信息搜寻、政策选择，最终进行规制实践改革，从而推动规制系统的生态演化。制度变迁或演化的效果取决于作为外生变量的政府驱动力，政府驱动力越大，规制生态系统演化的效果越明显，规制变迁的强度越大。规制生态系统通过不断演化，最终会实现规制生态平衡。

第9章 政府规制治理结构的重构

政府规制作为一种行政行为，并不能够独立于规制活动所涉及的各个利益主体，政府规制的过程是一系列相关主体的博弈过程。实现规范的政府规制过程需要一系列制度安排，而良好的规制治理结构则是这一系列制度的有效保障。如前面的分析，中国特殊制度禀赋形成了中国政府规制及其改革的基本约束条件，由此决定了在规制实践中，行政权处于主导地位，政府规制表现出典型的"政府主导型"特征。与此相对应，政府规制治理结构也表现为以政府为单一治理主体和权力中心的单中心治理结构。随着中国经济、政治与社会转型的不断深入，政府规制面临诸多困境，规制绩效受到严重削弱。因此，如何重构规制治理结构，为规制政策的有效性提供最终的制度保障，成为中国政府规制改革的关键所在。

9.1 规制治理结构的相关界定

治理结构的概念最先出现在公司理论中，其含义是为了平衡各利益相关者的利益要求而做出的一系列制度安排，简单来说，就是关于公司治理的制度性安排。规制治理结构（regulatory governance structure）则是关于规制治理的正式制度安排。在规制过程中，规制主体不仅包括直接参与规制过程的规制机构和被规制企业，也包括间接参与规制过程的立法机构、司法机构、消费者等。立法机构赋予规制机构行使规制职能的权力并依法对其实施监督，司法机构对规制机构行使审查和监督权，消费者因为在规制中有切身利益，间接委托规制机构维护自身利益，同时也成为对规制机构的重要监督力量。而在规制实践中，规制机构具有相当的自由裁量权是现实中的普遍现象。通常规制机构的法定规制行为来源于立法机构通过的一系列法律法规和一些规章制度给予的授权，但这些法律法规等规制依据通常都是规定了规制的基本原则、准则，而大量具体而详细的规制细节需要进一步的完善和制定。并且考虑到实际情况，常常赋予规制者很大的执行空间和回旋的弹性，即给予规制机构或者规制者较大的自由裁量权。因此，规制机构能否有效行使自由裁量权也就成为规制治理的中心议题。如果没有相应的约束与制衡，很可能会导致规制权的滥用，从而影响规制的质量和效率，而这正是由规制治理结构来解决的问题。

利维和斯皮勒（Levy & Spiller，1996）将规制治理结构定义为："社会用来约束规制机构的自由裁量权（regulatory discretion）以及解决约束冲突的机制。"他们认为，在规制过程中，只有当规制治理结构到位，规制激励才能充分发挥作用。但利维和斯皮勒并没有对规制治理机制给出实质性的建议，只是强调规制治理结构应与一国的制度禀赋相适应。霍尔伯恩和斯皮勒（Holburn & Spiller，2002）在分析发达国家和发展中国家的电力产业重组后认为，规制治理比产业结构问题更重要，因为如果没有建立健全的治理结构，即使是很好的激励制度，最终也只能流于形式，而事前建立好的规制制衡机制能更有效地减少市场参与者的机会主义行为。规制者采用什么样的规制方式和规制政策，既不取决于规制者的权威，也不取决于各方面因素的适应程度，而是取决于各方力量的较量，当博弈各方均对规制方式较为满意时，就达到了规制的均衡。王思懿（2017）基于新公共治理范式下高等教育系统的变革趋势，指出构建"混合法"规制结构，通过国家法律秩序的"框架立法""分类设计"与"地方创新"培育大学自治秩序和行业规范的生长，实现国家法律秩序与大学自治秩序、外部规制与内部规制间的理性界分与良性互动。

基于前人研究和本书的研究目的，我们将规制治理结构界定为：在政府规制过程中，关于规制机构（政府）、立法机构、司法机构、被规制者和公众（消费者）之间的权力配置、责任分工和利益分享的一系列制度安排。从本质上讲，规制治理结构主要解决的是规制权力的制衡和利益实现问题，其核心在于实现对规制机构（者）的规制，即规制规制者，它既要授予规制者规制权力以完成规制任务，又要制约规制的

327

随意性，制约规制者滥用规制权力，即要在两者之间取得有效的平衡，并最终实现规制目标。规制治理结构规定了规制者在规制活动中的权力及其行使方式，是规制者制定规制政策的基础和前提条件，同时也是规制政策有效性的最终制度保障。

9.2 规制治理结构重构的现实需求与时代背景

作为一种制度安排，规制治理结构是与各个国家的制度禀赋密切相关的，制度禀赋的差异决定了规制治理结构的差异。与西方发达国家具有成熟的市场、完善的规制体制和合理的政府定位不同，转型时期中国市场发育仍在持续，规制体制尚处于完善过程中，政府的作用在广度和深度上都较之不同。在中国，由于改革的最大推动力是政府，规制的实施过程离不开政府，再加上政治体制与法律体系尚待完善、社会组织发展的不完善以及受特定社会传统与文化等诸多因素的影响与制约，中国的政府规制基本是一个以政府为中心的单向规制过程，其特点是特别突出政府在规制中的地位和作用。在这一治理框架下，政府的主导地位使政府的作用无形中被强调和放大，规制机构集准立法权、执行权、自由裁量权和准司法权于一身，规制权力大、范围广，而政府行为监督机制的缺失又使得对规制机构的权力约束实际上处于"真空"状态。就本质而言，这是一种带有政府行政色彩的"治理垄断"。随着中国经济体制和社会结构的转型，政府规制治理结构及其引发的问题日益凸显，单纯依靠政府的力量，难以更加有效地实现政府规制的良好治理。

9.2.1 政府规制单中心治理结构引发的治理困境

在中国的政府规制实践中，规制的单中心治理结构引发诸多治理困境。这些困境主要表现为：

（1）参与规制的各行为主体力量对比失衡，规制过程无法做到充分博弈。

从规范的意义上讲，政府规制既是政府的行政过程，又是"由被规制市场中的消费者和企业、消费者偏好和企业技术，可利用的战略以及规则组合来界定的一种博弈"①。政府规制机构只是"博弈的仲裁者或规则的制定者"及执行博弈结果的代理人。独立、成熟的企业和消费者集团及其互动协调是实现合理规制过程的制度前提，同时也是保证政府规制过程的结果尽可能与社会公共利益保持一致，防止政府操纵规制过程的必要保障。然而，与应然情况相反的是，在中国政府规制的各行为主体中，能够充分表达自身利益，进行合理博弈的独立、成熟、强大的消费者主体和企业主体尚未形成，政府规制机构的力量相对强大，往往在规制中处于优势地位，并由此导致行政机关对市场规制权力形成垄断状态。目前，除了按行政区划成立的消费者委员会这一半官方的机构挂在各级工商局之下以外，国内至今仍未形成能真正代表消费者利益的组织，也未形成按行业建立的消费者协会。消费者的弱组织性和缺乏集体行动能力的特点，使其自身的利益得不到集中表达，无法正常参与政府规制过程，从而影响政府的规制行为。有时即使参与了，也由于力量弱小而难以与强大的政企同盟抗衡，难以影响政府的规制决策，其结果是一些给公众带来不利或不公正影响的规制政策得以通过，损害了广大公众的合法权益，也使得规制政策的社会认同程度较低。同时，由于传统体制的惯性，使得中国企业在很大程度上依然保留着对政府权力的"依附性"。国有企业由于与政府关系特殊，在市场经济运行中总能享受到一些"特殊待遇"，如利用政府的行政权力来封锁和瓜分市场，阻止和压制竞争对手等。当然，国有企业也为此付出了高昂的代价，甚至在一些情况下会牺牲企业利益，如兼并那些不能给企业带来盈利或没有兼并价值的企业。民营企业由于先天不足，也想方设法地和政府搞好关系，以期得到政府的扶持，再加上民营企业与国有企业力量对比差距悬殊，使其利益在有关的规制博弈中不能合理体现。

　　此外，就政府规制机构与立法机构、司法机构的关系而言，如前面的分析，在规制过程中，立法机构与司法机构并没有发挥应有的约束和制衡功能。立法方面，由于立法程序缺乏公开性，行政主导立法现象严重，规制机构几乎垄断了整个规制立法过程，在不同程度上排除了相关利益主体的参与，一般的企业和消费者甚至还被剥夺了知情权。消费者除了在规制立法过程中处于信息弱势地位以外，在向规制机构提供有关

①　施蒂格勒：《产业组织和政府管制》，中译本，上海三联书店 1996 年版，第 210 页。

信息影响规制机构决策方面相比垄断企业力量也明显不足。而司法审查与司法救济机制的缺失，又使得消费者等弱势群体在利益受损时无法及时获得有效的司法援助，规制机构的权力不能被有效监督和制约，政府和市场主体之间的争议也不能得到妥善的解决。规制各主体力量不平衡、地位不平等往往使规制博弈均衡解没有达到最优，这种规制的结果往往是"非帕累托改进"，规制结果不理想也就成为必然。

（2）规制分权改革不到位，规制各行为主体之间缺乏权力共享与互动机制。

公共行政学者弗雷德里克森在《公共行政的精神》中曾发出过这样的呼求："我们生活在一个权力分享的世界里，在这个世界中，政府组织、准政府组织、非营利组织，私人组织共同参与政策的制定和政策的执行。"[1] 特别是在公共事务日益庞杂、政府有限理性的情况下，作为公共事务治理的主要承载者，政府有必要推行权力的分享和部分治理权的让渡，让在传统治理框架下长期被忽视和遗忘的边缘和个体进入公共事务治理的中心视界，参与政策的制定和执行，其本质是实现公共事务的合作共治。权力分享和治理权让渡实质上标志着社会治理结构的转型，这种转型能否成功兑现，依赖于治理主体权力分享和互动的制度资源的供给和安排，依赖于治理主体之间以相互承认的平等姿态就公共事务的治理展开对话和协商。审视当下中国政府规制的治理模式，虽然改革开放以来，作为传统治理主体的政府在向社会分权方面做出了制度设计和安排的探索和努力，但由于政治体制改革力度的有限性以及缺乏足够的政治包容性使得具备一定社会自治能力的非政府组织和个人依然无法获得政府体制内的平等承认和身份认同，进而在规制治理中依然处于边缘地带。在中国现有的制度禀赋约束下，在政府与立法机构、司法机构、被规制企业以及公众（消费者）的互动中，政府始终处于主导地位，由此导致了政府规制体制及其政策的制定与实施带有明显的国家行政化色彩。在中国，规制政策的制定与出台往往缺乏足够透明的谈判过程，立法程序的非公开化、规制程序的非法制化以及缺乏西方式的公开听证会机制，使得普通消费者与一般企业的意愿无法体现在规制中，无法保证规制法律、法规真正代表社会公共利益。而在规制政策的实施阶

---

① ［美］乔治·弗雷德里克森：《公共行政的精神》，张成福等译，中国人民大学出版社 2003 年版，第 4 页。

段，由于规制机构拥有较大的自由裁量权，再加上对规制机构有效监督的缺失，极易造成规制机构与垄断企业等利益集团之间的合谋现象，致使政府规制偏离公共利益和社会福利目标。

（3）规制治理工具理念落后，规制治理方式倚重于命令—控制型方式。

就规制治理工具而言，中国缺乏对现代规制工具的合理、有效运用。由于中国长期以来的政府规制都是从政府的角度来认识规制者和被规制者的关系，规制实践更多体现出公共权力配置的集中化和权力自上而下的单向运行，规制方式也表现出命令—控制型的特征。这种规制方式的主要特点是从政治角度来考虑规制措施的效果，虽然对政府规制措施的出台也进行了可行性分析，但这些可行性的论证也往往是为了论证而论证或者是为了满足领导者的政绩需要而进行，并没有考虑到规制所带来的直接成本和间接成本、直接收益和间接收益，即从成本—收益的角度来衡量规制，许多规制的成本远远大于规制的收益。没有建立在成本—收益分析之上的规制政策在很大程度上会强化规制的自由裁量权，从而给规制机构留下较大的发挥空间。另外，由于中国目前尚未形成权威、统一、独立的规制机构，统一的规制权被不同规制机构（甚至包括宏观政策部门和其他执法部门）分割，彼此之间缺乏有效的沟通协调机制，在一定程度上加大了规制成本，降低了规制效率。尤其是处于经济社会全面转型时期，规制机构不独立、多头监督等造成了无法对规制机构进行有效监督，从而使规制机构无法履行规制责任。

由此可见，规制治理主体的单一化使得政府规制面临诸多困境，规制越位、错位、缺位以及规制俘获现象不可避免，并最终影响到规制绩效。因此，如何打破政府单一治理主体和权力中心的地位，实现规制治理主体和权力中心的多元化，并通过多元治理主体之间的治理权配置和权力互动实现制度化的合作共治，成为中国政府规制治理结构重构的目标所在。

9.2.2　公共服务型政府建设的内在要求

目前，中国特色社会主义进入新时代，社会主要矛盾已经转化为人民日益增长的美好生活需要和不平衡不充分的发展之间的矛盾。中国的新发展阶段给政府管理提出新要求，主要表现为：经济快速增长与发展不平衡（表现为城乡之间、区域之间、经济与社会之间、国内与国外之间）、资源环境约束（人与自然之间）的结构性矛盾。另外，面临公共需求的全面快速增长与公共服务不到位，基本公共品短期缺失的矛盾。同时，经过经济、政治、文化和社会的不断变迁，特别是市场经济体制的不断完善，中国出现了利益多元化、主体多样化、表达多样化的趋势，多元利益主体日益活跃，社会关系呈现出新的特点。行政生态环境的变迁客观要求政府治理模式的变革，一方面，化解社会利益主体之间的各种矛盾和问题，适时而有效地为民众提供公共物品和公共服务以满足其日益多样化的需求，为多元主体参与公共治理创造条件；另一方面，政府应基于新的角色定位和职能转变，由单纯的行使权力转变为服务社会、管理社会、协调社会并使社会自身具有自我管理的能力。在此背景下，建设公共服务型政府，为公众提供良好的公共服务和社会管理，成为中国政府治理模式变革的重要目标，而政府规制作为当代政府干预经济和社会的主要治理工具，也正面临着改革的严峻挑战。

所谓公共服务型政府，是基于公民本位、社会本位理念的指导并以提供公平、优质、高效的公共服务为标志的政府形态。2005 年，时任总理温家宝在第十届全国人大三次会议所做的《政府工作报告》中指出："努力建设服务型政府，创新政府管理方式，寓管理于服务之中，更好地为基层、企业和社会公众服务。"2006 年，中共十六届六中全会通过的《中共中央关于建构社会主义和谐社会若干重大问题的决定》明确提出了"建设服务型政府"的目标要求，进一步强调要强化各级政府的社会管理和公共服务职能，并就服务型政府的宗旨、职能配置、管理方式、行为模式等方面做出了原则性规定①。2008 年，中国进行了改革开放以来的第六次政府机构改革，此次机构改革发布了《关于深化行政管理体制改革的意见》，作为未来十年行政管理体制和机构改革的纲领性文件。该意见按照建设服务政府、责任政府、法治政府、廉洁政府的要求，第一次明确提出实现政府职能向创造良好发展环境、提供优质公共服务、维护社会公平正义的根本转变。这意味着政府角色从"积极的经济主体"向"制度保障者、市场环境缔造者、公共服务提供者

---

① 上海社会科学院当代中国政治研究中心：《中国政治发展过程 2007 年》，时事出版社 2007 年版，第 110 页。

和公正仲裁者"转移。2010 年，时任总理温家宝在《政府工作报告》中再次强调指出，要"努力建设人民满意的服务型政府"，要以转变职能为核心，深化行政管理体制改革，大力推进服务型政府建设，努力为各类市场主体创造公平的发展环境，为人民群众提供良好的公共服务，维护社会公平正义。2011 年 8 月，中共中央办公厅、国务院办公厅印发的《关于深化政务公开，加强政务服务的意见》中，明确提出深化政务公开，加强政务服务，对建设服务型政府具有里程碑式的意义。2013 年党的十八大明确指出，深化行政体制改革，建设人民满意的服务型政府，完善决策信息和智力支持系统，推动政府职能向创造良好发展环境、提供优质公共服务、维护社会公平正义转变。2017 年党的十九大报告提出，转变政府职能，深化简政放权，创新监管方式，增强政府公信力和执行力，建设人民满意的服务型政府。

公共服务型政府可以从经济、政治和社会等不同层面来理解：从经济层面看，政府存在是为了纠正"市场失灵"，主要为社会提供市场不能够有效提供的公共产品和公共服务，制定公平的规则，加强监管，确保市场竞争的有效性，维护市场机制在资源配置中的决定性作用。政府不应该直接作为微观经济主体参与市场竞争，或者依靠垄断特权与民争利；从政治层面上说，政府的权力是人民赋予的，政府要确保为社会各阶层，包括弱势群体提供一个安全、平等和民主的制度环境，实现有效的治理；从社会层面上说，政府要从社会长远发展出发，提供稳定的就业、义务教育和社会保障，调节贫富差距，打击违法犯罪等，确保社会健康发展。不同于传统的政府管理模式，公共服务型政府要求政府从全能政府向有限政府转变，从单向控制的行政体制向协商合作的管理机制转变。在公共服务型政府建设中，政府规制作为政府管理经济和社会活动的必要手段，也是公共服务的制度基础[1]。而增强政府规制质量、效率、能力，建立一个公开、透明、高效的政府，无疑是建设公共服务型政府的要务，这必然要求政府规制的理念、规制职能以及规制治理结构进行相应的转变。

333

---

① 王健：《中国政府规制理论与政策》，经济科学出版社 2008 年版，第 336 页。

9.2.3 全球性规制改革与创新的发展趋势

20 世纪 80 年代以来，全球化的挑战、财政的压力、技术进步的冲击以及公众要求政府提高公共服务水平的呼声，促使西方各国政府掀起改革浪潮。而政府规制作为政府的重要职能，伴随着政府的全面改革也在进行着深度的变革。西方国家规制改革的目标是促进各国经济的发展及提升其应变能力，并通过制度与流程的设计以引导发展出一个更为健全及符合民主治理精神的规制体制，同时促进多元规制治理主体间的协调与配合，以期最终能矫正规制失灵现象，并完成社会各组成部分的自我治理与自我规制。

从西方国家政府规制的实践看，自 20 世纪 70 年代以来，秉承公平、正义和安全原则的社会性规制呈现持续加强的态势，尤其是在社会安全、公众健康、公共环境等领域。而秉承效率原则的经济性规制则经历了从放松规制到再规制（re-regulation）与放松规制并存的动态演进过程。70 年代开始，放松规制成为政府规制改革的重要内容。放松规制意味着修正或废除现有规制，重建有序竞争市场规则，并强调政府干预经济范围的缩小和私有经济涉及领域的扩大。到了 80 年代，放松规制领域甚至涵摄电力、电信、航空、铁路等自然垄断行业。80年代后期，再规制作为规制改革进一步发展的结果，与学者对规制与竞争关系的深入认识有关。政府规制的应然目标是实现公共利益的最大化，竞争和规制都不是目的，只是促进社会和个人福利的手段。"规制的敌人并不是竞争，而是过度的干预和对类似竞争者的不公平待遇。某些政府规制显然可能严重影响增长，但某种形式的政府规制不但对经济发展具有积极作用，而且对于维护市场秩序还是必不可少的"①。因此，再规制的出现，表明规制改革和整体的自由化导致了新的规制环境而不是减少规制，即通过一些新的规制主体和体制，促进曾经处于垄断地位的公共事业和企业的效率，倡导更有效的公共服务，提高规制质量。

20 世纪 90 年代至今，后规制（meta-regulation）更多出现在学者和

---

① 张千帆：《宪政、法治与经济发展》，北京大学出版社 2004 年版，第 17 页。

政策制定者的话语中。作为一个后现代话语概念，"后规制"强调规制本身和经济主体自规制的重要性，强调多元规制主体的共同参与。"政府规制不仅要求直接规制社会经济主体和规制机构的行为，它还要求规制过程也处于规制之中"，即现代话语下的政府规制要求实现传统的直接式干预向对经济主体自规制的转变[①]。相对于传统规制，后规制改革更强调多元规制以提高规制质量，"以一种更加具有参与性和合作性的模式代替新政模式下的等级制和管理制，重新定义国家与社会之间的互动关系，鼓励多元主体分享治理角色。"[②] 在实践中，后规制改革在控制过程中包含了更多的主体，例如，行政部门、立法部门、司法部门、独立机构、地方机构、自规制机构、私人规制者等，工会和非政府组织也被正式授权作为规则的执行者，尤其在职业健康与安全、福利及消费者保护方面。后规制改革吸纳多种社会力量参与政府的经济和社会规制以及对规制者的规制，解决了许多规制失灵问题，成为西方规制改革的重要形式。

在全球性规制改革浪潮中，尽管中国与西方国家相比较，在经济、政治、法律、社会等制度禀赋方面存在较大差异，中国的规制改革进程也不同于西方国家的规制改革进程，但提高规制质量，实现政府规制的良好治理无疑是当今时代各国政府规制改革的共同目标，西方国家的规制改革也为我们改革政府规制体制重构规制治理结构提供了现实依据和实践经验。

9.3　规制治理结构重构的理论依据

20 世纪 90 年代以来，治理理论在全球的风靡成为政府规制的重要生态。在此背景下，政府作为唯一规制主体的地位受到动摇，强调权力向度多元化和治理主体多元化的治理理论及相应理论被引入公共管理实践，成为规制设计的重要组成部分。治理理论提供了一个包含集体和个人行为层面以及政治决策的纵横模式在内的相当宽泛的理解，它强调上

---

① 张波：《政府规制理论的演进逻辑与善治政府之生成》，载于《求索》2010 年第 8 期，第 62 ~ 64 页。

② 王新艳：《法学视角下的新治理——解读"新新政"：现代法学思想中管制的衰落与治理的兴起》，法律出版社 2006 年版，第 375 页。

下互动的管理过程。多中心治理强调的是社会治理主体的多元化及主体间的协同与合作。治理理论和多中心治理理论为我们重构政府规制治理结构提供了一种新的理念和分析视角，而良好规制治理原则则为我们重构规制治理结构提供了可借鉴的衡量标准和参考依据。

9.3.1 治理理论

治理（governance），最早源于拉丁语，其本意含有"以规则进行管理、统治或规范，以形成一定的秩序"的意思①。长期以来，治理常与统治（government）一词交叉使用于与国家公共事务相关的管理活动和政治活动之中。自 1989 年世界银行报告首次以"治理危机"来概括当时非洲的发展情形之后，治理一词的涵盖范围开始远远超出传统意义。治理理论的主要创始人之一詹姆斯·N. 罗西瑙认为，治理是一系列活动领域里的管理机制，它们虽未得到正式授权，却能有效发挥作用。治理是一种由共同的目标支持的活动，这些管理活动的主体未必是政府，也无须依靠国家的强制力量来实现。换句话说，与统治相比，治理的内涵更加丰富，它既包括政府机制，同时也包括非正式的、非政府的机制②。罗茨认为，治理意味着统治的含义有了变化，意味着一种新的统治过程，意味着有序统治的条件已经不同于以前，或是以新的方法来统治社会。治理至少有六种不同定义：一是作为最小国家的管理活动的治理；二是作为公司管理的治理；三是作为新公共管理的治理；四是作为善治的治理；五是作为社会控制体系的治理；六是作为自组织网络的治理③。关于治理，到目前为止，最具代表性和权威性的是全球治理委员会的界定。该委员会于 1995 年发表了一份题为"我们的全球伙伴关系"的研究报告，并在报告中将治理界定为各种公共的或私人的个人和机构管理其共同事务的诸多方式的总和。它是使相互冲突的或不同的利益得以调和并且采取联合行动的持续过程，它既包括有权迫使人们服

---

① 《柯林斯英语词典》，中译本，上海外语教育出版社 2000 年版，第 229~230 页。

② 胡祥：《近年来治理理论研究综述》，载于《毛泽东邓小平理论研究》2005 年第 3 期，第 25~30 页。

③ 皮埃尔·塞纳克伦斯：《治理与国际调节机制的危机》，载于《国际社会科学》1999 年第 1 期，第 91~103 页。

从的正式制度和规则，也包括各种人们同意或认为符合其利益的非正式的制度安排①。

从根本上说，治理是对经济与社会发展以及社会组织兴起的一种回应，旨在对政府治理的局限性和市场失灵进行救治，通过政府与社会的合作来实现对国家和社会的有效治理。治理既是一种治理活动，也是一种治理过程，体现的是政府与社会的一种新型关系。从治理行为主体看，治理强调政府并非治理中的单一主体，社会组织、私人机构也应该成为参与治理的主体，多元治理主体通过相互沟通、相互合作，形成一种多中心、互动式、开放型的治理结构。从治理过程来看，不同于传统治理过程中权力自上而下的单向度运行，治理是一个上下互动的管理过程，它主要通过合作、协商、伙伴关系、确立认同和共同的目标等方式实施对公共事务的管理②。各治理主体在不同层面、不同领域上，发挥着各自的功能和作用，这种既互补又竞争的协作关系，使得各主体在治理这一过程中持续的互动，从而实现社会最优目标。在政治权威方面，治理不着重强调政府的意志和命令，而是以参与治理主体的利益共识和共同目标为权威。从治理方式看，治理主张管理手段、方法的多样性，即政府在管理社会公共事务方面可以而且应当拥有多种手段和方法。在治理范围上，不仅限于一个国家，甚至可以跨国或跨地区。因此，治理在很大程度上是对传统公共行政的一种超越，是人类回应经济全球化带来的治理危机而做出的治道变革。

治理的实质在于建立市场原则、公共利益和公众认同之上的合作。社会的管理机制不仅依靠政府的权威，而且依赖于合作网络的权威。权力运行是多向度的、相互的，而不是单一和纯粹自上而下的。因此，从这一意义上讲，治理实质上是一种合作管理③。理想的治理模式是"善治"（good governance），即实现公共利益最大化，并在公共利益最大化的前提下实现参与者的利益。善治的标准则包括：合法性、法治、透明性、责任性、回应性、参与、有效、稳定等④。

---

① 俞可平：《治理和善治：一种新的政治分析框架》，载于《南京社会科学》2001 年第9 期，第 40 ~ 44 页。

② 俞可平：《从统治到治理》，载于《中国社会报》2004 年 4 月 13 日。

③ 陈振明：《公共管理学》，中国人民大学出版社 2005 年版，第 70 页。

④ 世界银行和联合国开发计划署等有关国际组织提出的善治标准主要是八条，俞可平认为根据发展中国家的实际情况应再加上廉洁和稳定两条标准。

9.3.2 多中心治理理论

"多中心治理"是由美国学者文森特·奥斯特罗姆和埃莉诺·奥斯特罗姆提出的。他们将公共秩序领域的"多中心"① 问题引入公共治理领域，试图在保持公共事务处理有效性的前提下，通过公共产品提供者的多种选择来打破传统的垄断局面。他们认为，在市场、司法、政治选择、公共服务等领域中共存着多中心结构，在这一结构中则存在着许多形式上相互独立的决策中心，它们在竞争关系中相互重视对方的存在并开展多种契约性和合作性的事物，或者利用核心机制来解决冲突。在现代公共事务的管理中，政府的垄断会造成公共物品提供的单一，无法满足多种偏好，并且会导致政府效率的损失和寻租腐败等问题的产生。多中心治理的逻辑起点是公共问题，"管理好现代公共事务不能只有政府一个公共权力中心，除政府外，还需要诸多社会性组织参加政治、经济与社会事务的管理与调节；现代公共事务的治理是一个'国家、社会、市场'上下互动的管理过程，而非仅仅运用政府的政治权威对社会公共事务实行单一向度的管理。"

与传统的政府单中心治理不同，多中心治理更加强调参与者的互动过程和能动地创立治理规则。在多中心治理中，作为一个制度性子系统的政府不再是最高权威，它变成了多中心治理系统中许多成员之一。虽然政府在其中起着重要的协调和裁判的作用，但是多中心治理又排除了任何中央集权的组织和控制的思想，它主张的是具有多种组织、多个层次和决策当局的模式，"政府与其他治理主体是平等的关系，需要通过对话、建立伙伴关系和配置其他主体的资源来实现单一中心的政府无法实现的公共目标。"所以，政府必须转变自身的角色，打破自身的垄断地位，管理方式由直接管理变为间接管理。但这并不意味着政府从公共领域的退出和责任的让渡，而是为各种公共的或私人的机构及公民个人

---

① "多中心"一词，最早由麦克尔·波兰尼（Polanyi, M.）教授提出，他认为组织任务中存在两种秩序：一种是设计或指挥的秩序；另一种是自发的或多中心的秩序。前者是单中心或一元的，通过终极权威对社会系统进行控制；后者则是指系统中存在多个相互独立的主体，每个主体决策者既可以自由追求其利益，同时又受到一定规则的约束。随着社会的发展，多中心秩序自然地成为单中心指挥秩序的替代。

制定参与治理的规则，运用法律、政策等多种手段为公共事务的处理提供便利，以形成一个由多个权力中心组成的治理网络来共同分担解决公共问题的责任。

多中心治理是一个分担公共责任的治理机制，因其对现代社会公共事务多样、复杂、动态等特征的准确把握，对社会多元主体参与和协调互动的深刻理解为我们提供了一个改革规制治理结构的分析框架。

9.3.3 良好规制治理原则

20 世纪 90 年代以后，随着多元治理成为时代特征，政府规制作为一种治理模式和一种制度现实进入人们的研究视阈中，规制治理逐渐成为西方理论界关注的焦点。在此背景下，追求更好的规制质量与绩效，以实现一种"良好规制"成为西方国家规制改革的目标取向。在实践中，尽管西方各国的政府规制体制与规制改革内容各有特点，但对于良好规制的理解还是趋于一致的，即良好的政府规制乃是真正实现经济效益与社会公正之价值的高质量规制。这一理念正与治理中追求"善治"的目标不谋而合。如前面章节所分析，关于良好规制治理原则目前理论界与实务界并没有完全统一的标准，但一般而言，为实现良好的规制制度安排，政府规制改革应在确立以下基本治理原则的基础上展开。

1. 目标性原则

目标性原则是指规制机构应聚焦于其所要解决的问题（如市场失灵）。具体而言，则包括：从立法角度对规制机构的功能和职责做出规定，若做不到这一点，也至少在具备法律效力的文件中正式说明规制机构的功能和职责；规制机构应该是一个决策者角色，而不是一个顾问角色，即在上述第一点所说的法律规定的授权范围内，规制机构的决定具有执法性质，而且这种决定无须其他政府部门批准就可生效；规制机构应避免与其他行政机构有功能交叉或功能界定模棱两可的情况；规制机构不要涉及任何商业活动。

2. 独立性原则

独立性与政府规制目标能否得到有效实现有着密切的关联，是规制机构能否扮演好公共利益维护者角色的关键性因素①。一个成功的规制体制首先应做到政府和规制机构之间的职责分离，即政府设定政策框架，规制机构在这个政策框架内进行规制。理想的基于"独立规制者"模式之上的国家组织应有这样的特点：从制度设计上，规制机构应该独立于它要规制的企业或相关利益集团，又相对独立于立法机关或行政机关，同时，规制机构的运行必须具有很高的透明度。从价值偏好上看，"规制者的主要工作是为市场参与创造一个公平竞争的环境，公平地运用规则而不管那些参与者是谁，从而促进竞争并消除市场失灵"②。

3. 可问责原则

可问责原则是指规制政策必须对公众或是公众的议会代表负责，这也是民主治理的最基本原则③。可问责原则要求政府规制机构和管理人员必须以公民利益为出发点对公民的要求做出及时的和负责任的反应。具体而言，可问责原则包括：不仅应存在让被规制企业（或其他社会团体）挑战规制决定的正式机制，而且应有让他们批评和挑战规制决定的非正式渠道（如通过媒体，直接向政府首脑陈述等）；规制机构最好直接对立法机构或法院负责，并应定期地向问责机构述职和回答质问；对失职的规制官员应予以解雇；在规制立法中应有司法审查方面的规定。

4. 透明原则

透明原则是解决政府失灵，实施依法行政的重要保障。在政府规制的批评者看来，利益集团的"俘获"行为就是缺乏透明性的典型表现与结果。政府规制行为的透明性主要是指规制程序透明、规制过程透明以及规制结果透明的统一。规制程序透明表明了让规制各方在公平的条件下尽可能实现公平博弈；规制过程透明则要求规制行为要按照符合规范的方式开展，避免寻租、设租等行为的发生；规制结果的透明则为经

---

① 马英娟：《政府监管机构研究》，北京大学出版社 2007 年版，第 34 页。

② Pearson, M. M., The Business of Governing Business in China: Institutions and Norms of the Emerging Regulatory State, *World Politics*, Vol. 57, No. 2, 2005, pp. 296 – 322.

③ Majone, G., The Regulatory State and Its Legitimacy Problems, *West European Politics*, Vol. 22, No. 1, 1999, pp. 1 – 24.

济社会发展提供了一个明确的参考方向，可以减少不确定性带来的风险。一个符合透明原则的规制制度应向公众提供充分的相关信息，使公众确实了解规制的理由与目的，并应在决策过程中纳入公共协商的程序，以使公众具有制度性的渠道来参与及了解规制决策的制定与形成①。

5. 参与原则

参与原则是透明原则的必然延伸，公众知情的目的正是为了参与，只有有效地参与才能完全体现知情权的价值。参与原则要求充分吸收企业、消费者及相关者直接或间接地参与规制过程，使其各自的利益能够在规制博弈中得到尽可能充分的表达。具体而言则包括：规制机构在做出重要决策及其决策程序方面，应有正式途径让被规制者、其他产业领域企业、消费者以及其他利益相关者参与；规制机构对上述参与者的建议或疑问应（逐一或集体）做出公开回应，对所持观点做出公开解释，并说明这将如何影响到最后决策；规制机构应不断创新和完善利益相关者参与规制决策的途径和方式，提高参与效率。

6. 法治原则

法治是社会的真谛和民主的基础，是现代政治文明的普遍准则，现代国家一切公权力的行使均应纳入法治的轨道。法治原则要求政府行为必须被限制在法律许可的范围内，政府规制作为一种政府行为，也必须遵循法治原则，政府规制必须以宪法、法律等具有法律效力的规范为依据。规制规则的制定必须依据一定法律程序，规制规则的内容不得与宪法及其他相关法律冲突，现行规制规则之间也需要相互协调。同时，规制的执行也必须遵守现行法律的相关规定，规制者的行为不得超出法律许可的范围，更不能做出违法的行为。

7. 效率原则

效率是规制制度产生的一个重要历史原因，也是规制制度存在的基础②。把效率原则作为规制治理的原则，主要是因为：一是实现规制目

---

① Morrall Ⅲ. J. F., Regulatory Impact Analysis：Efficiency, Accountability and Transparency, mimeo, Washington, D. C.：US Office of Management and Budget, 2001.

② 周汉华：《政府监管与行政法》，北京大学出版社 2007 年版，第 100 页。

标的需要。面对复杂多变的规制事务，只有以效率原则指导合理设计规制机构，才能使其高效运转，实现规制目标；二是有效利用规制资源的需要。规制机构的存在与运转需要耗费人力、物力和财力等规制资源，只有以效率原则指导合理设计规制机构，才能使有限的资源发挥最大的效能；三是保护公民权益的需要。规制目标能否实现，规制资源是否得到充分有效的利用，都直接或间接地影响着公民的权益，只有以效率原则指导合理设计规制机构，才能保护好公民的权益。

8. 一致性原则

一致性原则是指规制决策的一致性与可预测性。政府规制政策的不稳定所导致的反复性和短期性危害性极大，因为"政府的可信度（政府的规则和政府的可预见性及与实施中的一致性）对于吸引私人投资而言，与这些规则和政策的内容一样重要，脆弱而专制的国家机构往往采取不可预见的、前后不一致的行为，从而使问题更加复杂化。这些行为不仅不能对市场的成长有所帮助，反而会损害政府的信誉，损害市场的发展。"[1] 规制的一致性原则包括：规制机构的功能与职责一旦确定，就不应轻易更改，若确有必要，应有事先设定的程序或途径；关键规制文件（如许可证、特许合同等）不能朝令夕改，变动这些关键文件内容须遵循严格程序；规制决定应具备一定的前后连续性；对未来若干年时期内的重要规制事项应该有一个时间表，并予以公布；对某一产业的规制而言，有强调其特殊性的一面，但不要忽视其应与其他领域规制协调的一面。由此可见，所谓一致性原则，实际就是规制承诺问题。

9.4 规制治理结构重构的目标模式

改革开放以来，中国经济体制和社会结构的转型与治理变革，为政府规制改革的善治取向提供了基础和条件。伴随中国政府在公共事务管理中扮演的主导性角色有所变化，在日益多元化的社会发展格局中，地方政府的自治权有所扩大，企业有了较大或完全的自主权，民间组织等

① 世界银行：《1997年世界发展报告：变革世界中的政府》，中国财政经济出版社1997年版，第4页。

第三部门蓬勃兴起、新闻媒体有了广泛的话语权等。这种变化使得企业、社会公众等多元主体参与社会问题治理的积极性日益高涨。而治理理论与多中心治理理论则为我们重构规制治理结构提供了一种新的理念和分析视角，即现代市场经济的发展赋予了政府规制新的内涵，规制者与被规制者之间不再是不可调和的对立状态，政府规制者与相关主体共同构成了多元利益主体。多元利益主体要求一种开放、动态的规制模式，政府须打破垄断地位，还权于多元主体，对他们积极参与予以充分的尊重和保障，使各主体能够从自身的地位、职能和要求出发，发挥在规制中的功能和作用，最终实现政府和社会的良性互动以及规制目标。

根据当前政府规制治理结构的内在缺陷与现实冲突，借鉴治理理论、多中心治理理论以及良好规制治理原则，我们认为，中国政府规制改革的重要方向应是：构建包括立法机构、司法机构、规制机构（政府）、被规制者、公众（消费者）等多元主体共同参与的多中心治理结构。其核心目标则是围绕多主体及其间的委托代理关系，建立稳定的博弈框架、协调各主体间的利益，有效约束政府和规制机构，建立良好的公共治理环境，如图9-1所示。

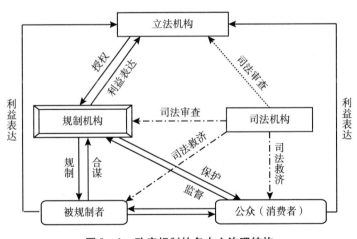

图9-1 政府规制的多中心治理结构

9.4.1 多中心治理结构中各治理主体的角色定位

根据规制治理结构的内涵，为有效约束规制者及其自由裁量权，提升规制绩效，规制治理结构重构的重点应强调规制各主体间关系的重塑和各自作用的充分发挥，以建立主体间博弈规则，形成合作博弈。在多中心治理结构中，各行为主体互相博弈、互相调适、共同参与合作，而各行为主体的角色分工和功能互补也形成其基本构架。

规制机构（政府）作为规制制度的执行者和实施者，是治理结构重构的主导因素，在整个规制体制中处于中心地位。根据新制度经济学理论，规制制度是不完全的，即在规制制度执行的过程中，由于决策者的有限理性和不确定性，规制制度不可能解决实践中出现的所有问题，所以规制机构负责对相关的规制制度进行解释和执行，并且规制者还需要根据实际情况制定相关的条例和规定，所有这些内容都表明规制机构在整个规制体制中发挥着中心作用。然而，规制机构拥有一种广泛的行政自由裁量权，因此存在规制自由裁量权被滥用的风险。由于规制机构具有独特的专家理性优势，规制自由裁量权是保证规制有效、高效所必需的，所以在规制治理结构设计中不能消除规制自由裁量权，而是通过有效的制约、监督机制来保证规制的合理性、公正性和有效性。

多中心治理的核心内容之一是政府分权。将多中心治理结构引入到政府规制领域，要求政府向体制外分权，政府规制过程应该受到立法机构、司法机构、被规制者、公众等多方面的控制与约束。其中，规制立法是形成稳定的博弈框架的基础，因而重构规制治理结构应强调立法机构的作用。法治所要求的并不是消除广泛的自由裁量权，而是法律应当能够控制它的行使①。通过规制立法，以法律的形式将政府规制机构的目标、工作程序及其权力确定下来，并使规制机构在法律框架下依法行使规制职能。但是，由于立法机构的授权不可能达到详尽，以及规制机构的多重目标和任务，因此，仅仅是立法机构本身并不能够有效地控制规制机构滥用自由裁量权。在规制领域，司法审查以事后监督的方式与立法机构事前审查的方式互为补充，共同对规制权力进行制约，是多中心治理结构中不可或缺的制衡力量来源。司法机构拥有对违反宪法规定的法律、法规宣布无效和对违法的行为进行司法裁判并予以纠正的权力。因此，一般把司法权作为约束国家权力的最后防线。但由于司法机构没有规制机构的专业性优势，因此应该通过以司法审查为核心的相关

① ［英］威廉·韦德：《行政法》（第十版），骆梅英、王瑞雪等译，中国人民大学出版社 2018 年版，第 55 页。

制度设计，实现在尊重政府规制机构专业化权限的基础上，对规制权的行使行为进行有效监督。对自由裁量权的审查，就是对规制机构自由裁量权的行使进行司法矫正，避免权力滥用，促进良好规制。政府规制的司法审查机制既是被规制企业合法权益的救济者，又是规制机构权力行使的监督者，"司法审查的实施，是为因某一特定机构的裁决而为遭受损害的个人提供帮助……司法审查通过对行政机构决定合法性的独立裁决，来加强其可接受性。在此方面，它又可以促进官僚机构规章的政治合法性。"①

此外，在多中心治理结构中，公众不只局限于传统规制模式中单一的委托人身份（公众将规制任务委托给代议机构和政府机构），公众同时也参与到整个规制活动中。通过自发的社会组织，如工会、职业组织及其他权益保护组织，公众也承担着规制过程中的某些功能环节。社会组织利用其灵活性、分散性优势，可以对企业行为进行及时的监督，为规制机构提供信息，降低信息获得成本，并可以弥补由于信息不对称导致的规制失灵。除此之外，公众还要协助立法机构对政府规制机构进行监督，为立法机构提供相关信息。而行业协会则协助政府规制机构，通过自我规制来实现对企业行为的规制。

由此可见，政府规制的多中心治理的实质是通过严格的程序和利益相关者的广泛参与以及决策机制、监督机制、激励约束机制和自我调控机制等设置，来规定不同主体的权力和责任，发挥他们在各自领域的中心作用，从而在他们之间建立相互制衡机制，并最终达成实现公共利益最大化的政府规制目标。

9.4.2　多中心治理结构应遵循的基本规则

在公共事务的治理上，一定的制度安排规定并约束着治理主体之间的互动行为，影响着治理主体对资源和信息的获得性。而良好的制度安排内容涉及以下方面：力求形成完善的权力分配制度为各治理主体提供充足的制度资源支撑以确保治理权的有效行使；规定各治理主体之间相应的权力运行边界以及权力之间的关系和相互作用方式；在公共事务的

---

① ［美］奥内斯特·吉尔霍恩、巴瑞·B. 鲍叶：《美国行政法和行政程序》，崔卓兰等译，吉林大学出版社1990年版，第38页。

治理上实现信息的自由流动和共享进而增强公共事务治理的效率性和回应性；以及分配与权力相对应的各治理主体应当承担的公共责任等，通过这些制度设计和安排实现治理主体对公共事务的合作共治。依据良好的规制治理原则，我们认为，要提升政府规制能力，实现政府规制的目标，政府规制的多中心治理须遵循一定的规则。

1. 各治理主体要相互独立

各治理主体的相互独立，是良好治理实现的重要保障。政府规制过程是相关利益主体共同参与的一个博弈过程，被规制企业和消费者既是被规制者，又是规制过程中的博弈方。只有被规制的企业成为拥有独立的地位、自主经营、自负盈亏、自我发展的独立利益市场主体，完全独立于政府，不完全按照政府的意愿行事，与规制过程中的其他利益主体进行讨价还价，才能保证政府规制的有效性。消费者是政府规制过程中处于特殊地位的另一主体，在政府规制过程中消费者常常成为弱势群体，但消费者又是与被规制行业利益集团相抗衡的重要力量，是政府规制过程中不可缺少的重要角色。强大而有组织的消费者集团是制约被规制行业和政府行为、防止政企"联手"共同侵害消费者利益、保证政府规制行为尽可能落在公共利益区间的不可或缺的力量。由此可见，只有当被规制主体成熟和壮大了，才真正具备了能够相互博弈和足以制约、监督政府规制行为的力量，也才能够实现规范意义上的政府规制过程。政府规制机构是由特定领域的专家组成的、专门行使规制职能的行政组织。它既是消费者和被规制行业博弈的仲裁者，又是规制规则的制定者和实施者。政府规制机构能否忠于职守，关系到能否实现规范的、有效的政府规制过程。规制者一定要摆正其在规制过程中的位置，在克服政府规制职能"缺位"的同时，还必须在指导思想上对政府行为的内在扩张性保持应有的警惕，防止"过度"规制倾向的发生。而在多中心治理结构中，强调立法机构在规制立法中的主体地位以及司法机构的独立性，不仅是对行政权力有效约束与制衡的必要条件，也是社会精神的基本体现。

2. 各治理主体之间要信息畅通

多中心治理必然是信息通畅的治理方式，这也源于政治民主文明的要求。在规制过程中，各治理主体由于所处的位置不同，其所获得的信息也存在差异。信息公开是实现公正、可信规制的前提，信息公开的程度和获取信息的途径将直接影响各治理主体参与规制过程的广度和深度。满足各治理主体的知情权，为其提供足够的信息，是促进和保证各治理主体共识能否达成的先决条件。这种信息交流的畅通，也就是当前我们所倡导的政府规制改革所必需的透明性原则。"透明度或者公开性保证了监管机构随时受到公众的监督，而公众参与实际上使监管过程拟制了传统的代议制民主过程。这样，公开参与不仅使监管机构获得了政治上的合法性，其巨大的权力也能获得民众的认可。可以说，透明度与公众参与是现代监管程序的必备条件。"① 政府规制之所以易于使规制机构被利益集团所俘获，就是因为其规制信息的透明性差，各治理主体之间可以相互利用信息不对称的优势，为自身谋求利益，从而使得利益集团最终获利。立法机构在规制法律法规制定过程中容易因为其立法权力广泛，同时又不易受到明确的限制，而侵犯到其他主体的利益，这就需要让被规制者、消费者等市场参与者参加，表达其利益诉求。同时司法机构应该根据市场参与者的信息反馈对立法机构进行司法审查，从而最终保证立法机构的权力得到限制，规制政策最终保证公共利益最大化。因此，实现多中心治理的重要前提就是规制机构要提高透明度，规制过程应该保持充分的透明度以及实现充分的相关利益主体参与，最大限度地让受规制决策影响的各种利益主体了解相关的信息，有机会参与决策过程，表达自己的观点，维护自己的利益。只有建立在信息公开和行政决策透明的基础之上，规制公正性的基础才会得到强化。

3. 各治理主体之间要实现功能整合

多中心治理所依据的治理机制包括政府机制、市场机制、社会机制和法律机制等，通过不同的治理机制，各治理主体能够发挥其在各自领域的中心作用，实现功能整合，最终实现规制治理的"善治"。其中，政府作为规制的重要主体，以行政权为后盾，通过强制机制履行经济调节、市场监管、社会管理、公共服务职能，实现公共利益。市场中的现代企业等主体通过市场机制实现个别利益与资源的合理配置。在市场机

---

① 周汉华：《行业监管机构的行政程序研究》，载于《经济社会体制比较》2004 年第 2 期，第 39～47 页。

制下，被规制者处于核心地位，通过市场竞争机制的调节，被规制者会越发重视其产品的质量标准、安全标准、价格性能比等，从而赢得自身利益最大化。此时规制机构的职能就是促进这种良性的竞争态势，保持市场的自身调节，而不是利用带有行政色彩的政策手段去管理被规制者。在社会机制下，社会组织通过对话、协商、妥协、平衡等沟通机制调节相关各方的关系、协调各方面的利益，使得公共利益和个别利益很好地统一起来并得以实现。在法律机制下，立法机构和司法机构的重要作用淋漓尽致地展现出来，通过完善规制立法，提高执法能力，加强司法监督。一方面，可以更好地维护被规制者、公众等的自身利益；另一方面，可以规制被规制者的不当行为，减少外部性，使得规制政策可以在更加法制化、公开化的环境下得以运行。而被规制者和公众则可以通过向司法机构申请司法救济，向立法机构表达自身利益等方式，充分发挥自身的民主权利。

4. 各治理主体要充分互动

政府规制往往是通过一系列规制规则实现的，这些规则是否公正、合理，在很大程度上取决于在政府规制过程中，立法机构、司法机构、规制机构、被规制者、消费者这些相关主体之间的互动是否充分。只有经过相关利益主体充分的博弈，各利益相关主体之间相互讨价还价而达成妥协，才可以形成比较公正合理的规制规则，有效避免权力寻租、规制失范等现象。多中心治理主体的互动首先是要求各主体作用的充分发挥，更强调各主体之间在同一法律规则框架和信息约束下，积极建立相互关联，在维护自身利益和行使自身职能的过程中通过相互间的充分博弈实现良好的治理效果。如消费者在权利受到侵害时应积极寻求司法救济，被规制企业可就规制政策制定与规制机构进行充分的信息交流，立法机构在规制立法中、规制机构在规制制定中均应提高透明度，通过听证制度等方式让社会公众充分参与到立法和行政决策的过程中，这些均是主体间互动关系的体现。建立在各主体认可并充分发挥自身能动性基础上的公平互动，是使参与主体均能实现自身利益最大化的基础，而治理机制本身的正当性也随之得以证明。

9.5　规制治理结构重构的路径

政府规制治理结构是规制体制的核心内容，不同的规制治理结构即规制权力安排会产生不同的规制过程。中国的特殊制度禀赋决定了中国政府规制治理结构的基本特征及其自身的缺陷，而中国政府规制治理结构自身的缺陷已经与孕育其成长的经济、政治、法律、社会以及文化传统等制度禀赋相互交织、相互牵掣。任何单兵突进式的改进举措都无法取得根本和稳定的制度绩效，唯有从整体上推进从经济、政治、法律到文化的全方位、深层次的改革，同时针对规制自身的缺陷对症下药才能真正重构规制治理结构，实现政府规制弥补市场失灵、维护公共利益的宗旨。政府规制的多中心治理是规制改革和发展的目标与方向，其过程具有艰巨性和长期性，其实现路径具体如下：

9.5.1　合理界定政府边界，规范政府职能

政府规制主要可归因于市场失灵，有关政府规制的必要性，植草益指出："在存在信息偏在的领域，主要为了防止资源配置低效和确保利用者的公平利用，政府机关用法律权限，通过许可和认可等手段，对企业服务的数量和质量等有关行为加以规制。"[①]　一般情况下，如果市场能够达成以下目标，政府规制将是没有必要的：一是市场能够确保社会经济的可持续增长、能够带来充分的社会就业和高水平的社会保障承诺等；二是能够确保社会公正的实现；三是在保护环境的同时能够给予各群体同等的发展机会。这就是市场的边界。然而，在现实经济社会中，上述目标市场是几乎无法达成的，也即市场失灵是普遍存在的。因此，政府规制于现实社会是必需的，它是市场经济成熟、发展和完善的制度保证。但事实证明，政府规制的作用也是有限度的，在规制制定和执行的过程中，规制者在利益集团的影响下和追求自身利益最大化的目标下难免会造成规制的失灵。由此可见，市场机制和政府规制均难

---

①　［日］植草益：《微观规制经济学》，朱绍文等译，中国发展出版社 1992 年版，第 27~28 页。

以单独发挥有效作用，二者均具有一定的边界，一旦超越边界，失灵现象就会发生。因此，合理界定二者之间的边界也就成为规制治理结构重构的关键。

1. 合理界定政府边界

正确界定政府规制的边界对于解决中国当前政府规制供求不平衡、规制机构权力缺乏限制的问题具有重要意义。而且合理规范政府行为，寻找市场力量和政府力量的均衡点，也符合多中心治理的理念。结合中国目前经济社会发展的实际，我们认为，政府的作用范围应界定为以下三个层面：首先，政府作用应该严格限制在市场失灵的范围内，对于市场机制能够有效发挥作用的行业和领域，应该尽可能避免行政干预对经济运行的扭曲；其次，政府的干预作用应限于能够修补的市场缺陷之内；最后，政府干预应同样要遵循成本—收益原则。规制机构在提供规制政策时也应该遵循上述三个层面的界定，而不是简单地因市场变化而改变供给规制政策，这种限定也在很大程度上规范了规制供给，防止出现规制供给过度的现象。

政府规制的历史是不断变换政府行为的重点和焦点的动态过程[①]。伴随着市场经济体制的发育完善，政府也相应对其职能范围进行动态化调整。在这一过程中，政府行为应与政府职能同步。一方面，现代市场经济中政府干预、调控、管理经济的职能应该是有限度的，受到约束的，政府在实现其职能过程中，扩大其职能范围，恣意运用政府权力，会损害市场正常运行的机理，反而致使市场运行混乱，加剧资源配置的失衡、失效。另一方面，政府行为不能与其职能同步，政府所实行的调控范围较小、力度不够，难以弥补市场失灵和维持市场经济的正常运行。因此，政府职能定位取决于市场和政府之间功能发挥的优势比较和平衡。在市场功能可以正常发挥、市场调节可以实现资源优化配置的地方，政府应充分放开，尽量让市场发挥作用。只有当市场无法正常有效地发挥自身的功能，或产生负外部效用时，政府的介入才是理性和适当的。

---

① ［美］丹尼尔·F. 史普博：《管制与市场》，贺小刚、李婧等译，上海人民出版社1999年版，第15页。

2. 有效规范政府职能

就政府与市场的关系而言，改革开放以来，中国市场化程度越来越高，市场竞争也在逐步成熟，但政府干预微观经济的现象仍然普遍存在。为进一步推进市场化改革，政府应当转变职能，创造市场竞争的基础环境，从参与或干预市场竞争中脱离出来，转而为鼓励自由竞争、禁止滥用垄断势力危害竞争等创造良好的制度环境。首先，完善市场经济体制的制度环境建设。有些政府规制需要强化，而有些需要精简。需要强化的部分主要表现为加强有关支持公平竞争和促进良好经济秩序形成的立法和执法工作，实行必要的市场监管和宏观调控，为市场的有效运转提供一个稳定的政治与法律环境；需要精简的部分主要表现为改革现有的行政审批制度，缩减不必要的行政干预，打破部门与行业的行政垄断，将更多的资源投入必要的公共物品供给方面。其次，需要继续深入推进一些关键性的经济制度改革与建设，提高市场经济体制的综合运行绩效。主要包括：深化国有企业改革，完善国有资产管理体制，鼓励和引导非国有经济的发展，为多种经济成分共同发展创建公平竞争的环境；在完善商品市场建设的基础上，大力发展包括资本市场、劳动力市场、土地市场在内的生产要素市场，健全和规范其内在运行机制，形成统一、开放和竞争有序的现代市场体系；深化财政、税收、金融和社会保障体制改革，建立起健全、完善的宏观调控体系；深入推进外贸、汇率体制改革，提高本国市场经济抵御外部冲击的能力，更加积极地融入国际经济体系。只有这样，政府规制才能达到预期效果，政府矫正市场失灵的作用才能得以准确地体现。

9.5.2　完善相关规制立法

"无授权则无权力"。现代法治社会，任何一项权力的行使都应该得到法律的授权。由于法律法规是规制机构授权建立、行使职能的基础，基于国家强制力和最高权威的法律为政府和规制机构政令行使提供了公信力的来源。因此，推动规制立法、充分发挥立法机构在多中心治理结构中的作用具有重要意义。同时，规制改革本质上也是法治化的演进过程，是法律关系的调整和法律制度的创新过程。因此推进规制立法应作为规制改革的基础和先导，并在公正合理透明的执法程序的基础上实现依法规制①。

1. 加强对规制权的立法控制

如前所述，中国政府规制改革中所面对的立法层面的约束包括：在经济性规制和社会性规制领域中相关规制法律的缺失以及规制立法部门化等问题。为了摆脱这一困境，防止国家权力的滥用以及规制者以权力谋取特殊利益，必须遵循依法规制的原则，加强对规制权力的立法控制。规制者的权利与责任、受规制者的权利与义务以及规制所保护对象的权利及权利救济的途径等，都应以立法的形式予以明确。同时要通过出台立法机构即全国人大及常务委员会制定的规制法律逐步结束部门立法的局面，以形成规制的"法治内生性治理秩序"。同时，要增强规制立法的民主程度和科学性，推动规制立法的不断完善。一是要强化全国人大的立法监督机制。目前我国规制机构的设立和运行缺乏相应的法律支持，这在客观上也制约了规制机构职能的充分发挥。通过全国人大的立法监督机制和立法否决制度可以有效限制部门立法的范围并对规制机构的自由裁量权进行合理有效的约束。二是鉴于中国目前存在大量的与体制改革相冲突的部门法律法规，应尽快建立行政法规和部门规章的审查和撤销机制，废止体现部门和行业利益的法律、法规和相关条款。

2. 实现规制程序的法律化和制度化

行政程序能够将规制权力的行使真正置于法律规范的约束之下，而中国目前的政府规制无论是规则的制定还是执行都缺乏应有的民主与透明，各级政府部门及规制机构的行政权力基本没有程序公开的约束。因此，在加强规制立法的基础上，应进一步推进政府规制程序的法律化和制度化建设，通过确保行政程序的公开化和法制化来提高行政活动的透明度。为了保障公众对规制程序的知情权和参与规制的有效性，需要建立相应的制度保障，具体来说包括以下几个方面：首先，通过制定和颁布《行政程序法》，建立有效的规制行政过程控制机制，以实现程序正义。其次，扩展公民参与规制决策的渠道。在社会转型时期，公民的参

---

① 唐要家：《法律缺失与管制体制改革困境》，载于《天津社会科学》2009 年第 5 期，第 72 ~ 77 页。

与热情与有限的参与渠道之间经常会构成一对矛盾，政府要为公民的参与提供更多的渠道。最后，规制执法的信息公开。信息公开可以使行政机关的权力行使运行在"阳光"之下，减少规制机构被俘获和规制权被滥用的风险，进而实现公共利益目标。从长远来说，政府信息公开制度的完善和有效实施的最终目标是通过全国人大或其常务委员会制定《政府信息公开法》，真正起到对政府部门信息公开进行法律监督的作用。

推进规制立法与健全规制程序的法制化二者之间具有相互促进的作用。加强规制立法尤其是制定和颁布规制的《行政程序法》可以为规制机构的执法提供规范的法律依据，从而有效保障社会公众对规制过程的知情和参与；而在规制行政程序法制化和公众参与程度普遍提高的基础上，规制立法程序进一步透明化，显然也有利于规制立法进程的进一步推进，使规制立法更多反映社会公众的意愿，维护公共利益。

9.5.3　加强司法机构在规制过程中的地位和作用

司法是社会正义的最后一道防线。相对于规制机构、被规制企业以及消费者而言，司法机构天然独立于整个规制过程的利益链条，扮演一种外在的监督者身份，因而司法机构在规制过程中的监督、审查作用具有不可替代性。针对中国司法审查需要进一步加强的现状，要形成多中心治理结构，有必要建立和完善对规制权力的司法审查制度，通过司法审查加强司法机构对规制立法、规制执法行为的审查，为被规制企业和社会公众的合法权益提供合理的法律保障。

1. 完善司法审查制度

针对目前司法机构不够独立，司法机构在规制中发挥作用不足的现实，应增强司法机构的独立性，进一步扩大司法部门对规制权力的审查范围和对规制立法、执法过程的参与程度，通过司法机构的审查、监督作用实现对规制权力的制衡，防范规制机构自由裁量权的滥用。任何公民认为政府规制行为侵犯其自身合法权益，有权依照法律规定的程序将有关争议提交法院进行司法审查。而作为中国重要司法机构之一的人民法院不仅有权对规制机构权力的不当行使进行监督，同时还应具备审查规制立法以及对规制法律、法规进行司法解释的权利。具体而言，人民法院对规制的司法审查体现在以下几个方面：有权对规制权的不当行使进行监督；有权对规制法律和法规进行司法解释；有权重新审查，搁置规制性法律、法规，甚至宣布其无效；有权在规制法律、法规的强制执行方面配合规制机构；在规制机构没有或拒绝履行其职责的情况下，人民法院有权裁决并强制规制机构履行其职责；最后，人民法院可对由于当事人对规制机构的裁决不服而提起的司法审查请求进行司法裁决。

2. 建立相关的司法救济制度

在司法审查基础之上的司法救济是司法机构在规制过程中的另一项重要作用。政府规制存在侵害公民权利以及社会公共利益的可能，对于政府规制可能造成的危害，在构建政府规制体制的时候，必须建立一种旨在对被侵害的权利进行救济的机制，即赋予公民通过法律框架进行救济的途径，以保障合法利益得以实现。这是因为，有权力的地方就要有监督制约，就必须要有法律的救济途径。司法救济制度的作用在于通过人民法院的审查和处理，严格地对行政权力的行使进行监督和控制，促进行政机关依法行政，保障行政相对人的合法权益。在规制政策的执行过程中，由于自身利益受损而对规制机构的裁决和执法提出异议者可以提请司法机构裁决，司法机构通过司法审查等方式对寻求司法救济的申诉者提供便捷有效的援助渠道，是实现多元主体之间力量制衡的重要途径。

9.5.4 改革政府规制机构

规制机构作为多中心规制治理结构中的重要主体，其优势集中表现于规制过程中可以通过国家权力对被规制者进行直接的行政干预或经济控制，利用其拥有的资源及强制力达到对被规制者规制和监督的目的。目前，在绝大多数领域中，政府部门履行着监督规制机构的职能，这意味着政府行政能力的充分发挥将直接关系到规制的效果。因此，一方面需要提高政府的行政和治理能力，另一方面应更加强调当前转变政府规制职能、构建多中心治理结构对规制权力的行使形成监督和制衡乃至促成规制机构独立于政府部门对深化规制改革、改善规制效果的重要意义。

1. 增强规制机构的独立性

　　规制机构的独立性是政府规制的重要特征，是规制公正目标实现的前提。规制机构之所以应该具有独立性，就其内在而言，被规制对象具有单一、复杂和易变的特征，产业规制、竞争规制和社会治理等要求专业化知识结构、技术化操作程式和灵活性调整机制。就外部而言，规制机构被赋予独立性的重要目的在于与政治相对隔绝，以维护规制的权威与公正。依据政策制定职能与规制职能分离的现代规制理念，规制机构的独立设置应有助于使规制职能的行使不受行政权力的影响，以促进公共利益为最终目标和价值诉求。

　　规制机构缺乏独立性是中国政府规制的突出问题。在规制机构职能与地位不独立的情况下，规制机构的利益与被规制者的利益高度一致，政府有可能利用它作为管理者所拥有的特殊权利，来谋取它作为所有者的利益，导致规制俘获的发生和规制成本的膨胀。因此，通过提高规制机构相对于政府部门的独立性，有助于完善对规制机构的制衡和监督机制，避免规制者自由裁量权在缺乏有效约束情况下的过度行使和规制俘获现象。而重塑政企关系，实现政企分开，打破政企同盟，结束规制机构与被规制的国有企业利益高度一致化的局面，则是实现建立高效、独立的政府规制机构目标的先决条件。加快推进政企分开的现实意义在于通过隔断规制机构与被规制企业之间的利益链条，保证规制行为的公正，避免规制机构与被规制者合谋或者被规制者进行规制俘获现象的发生，进而防止行政垄断对其他市场主体进入市场的限制，形成有效竞争。规制机构独立于政府部门还要求规制机构的设立和职能的行使不再单纯通过行政命令而是依托于规制法律，以相应的法律作为设立规制机构和权力行使的依据。要改变过去规制机构从属政府部门以及规制立法部门化的局面，就必须依靠全国人大在立法层面上赋予规制机构以完全独立的权力，并在法律中明确规制机构的权利和职责。因此，规制立法是保证规制机构独立性的前提和基础。

　　尽管在目前规制改革的背景下应建立独立性的规制机构已经成为国内学者的共识，但符合中国特有国情和制度禀赋的具体规制机构模式的选择仍需要综合考虑中国目前规制改革的进程、规制立法的情况、人力资本条件以及垄断产业的市场化等多方面因素。目前中国规制立法仍然相当薄弱，人力和物质资本的缺乏也导致规制机构难以完全脱离政府部门独立存在，自然垄断产业领域内由于市场化进程尚未完成，一些产业内国有资本仍需发挥重要作用，因而政企不分现象短期内难以根除。基于以上各种因素，建立完全独立规制机构的目标难以一蹴而就。长期以来中国已经形成了政府主管部门（往往同时作为产业规制机构）与企业之间的政企不分的体制，短期内打破现有政府主管部门与企业之间的联系较为困难。因此，我们更倾向于提倡规制机构在短期内相对独立于其政府主管部门，随着市场化进程的推进和规制机构在物质、人力资本以及管理能力方面的逐步提升，在成熟的时机建立完全独立于政府部门的规制机构。而一旦规制机构实现了与政府部门的完全脱离，则其与企业之间的关联也随之解除。

2. 提高规制机构的公正性、透明性和科学性

完善政府规制体制，实现政府规制的公正性、透明性和科学性，一是政府规制机构要实现准确的职能定位，实现由行政取向向市场取向的转变，实现规制机构的专业化、独立化和协作化。中国规制机构中专业人才缺乏，要加强对规制人员的专业培训，提高其专业素质和职业素养，在规制机构中增加专家等技术人员的比例，使规制部门拥有具有高度专业化和职业精神的行政官员和技术人员，提高规制效率，促进规制公平。在规制过程中，应当按照分权的原则理顺规制体制，从根本上把规制职能和行政职能彻底分开；保证规制机构行使规制职能的独立性不受部门利益、执法环境和地方保护主义的影响；在规则制定方面，超脱利益的争夺，致力于市场的需要，保证规则制定的客观性；在与规制对象关系上，控制权力欲望，割断与被规制机构的经济联系，实现政府的规制职能与国有资产所有者代表职能的彻底分离，保证规制的客观性、独立性、公正性。二是健全信息公开机制，增强规制的透明度。树立透明公开的规制程序理念，转变传统的、封闭的管理方式，并结合国情及政务公开的有效探索，贯彻落实政府信息公开条例；同时，加快电子政务建设，为规制机构等机关提供信息公开的统一制度框架，将政府信息公开纳入公开透明的法制化运作轨道。三是引入规制影响评估机制，实现科学规制。中国应实施规制影响评估程序的方式，以立法的形式明确

规制影响评估的要求，合理确定规制影响评估程序的适用范围，重视程序法在规制权力控制方面的作用，避免规制权力滥用，促进规制决策科学、理性，实现防止规制权力滥用和提高规制绩效的双重目的。

3. 加强对规制者的规制

"一切有权力的人都容易滥用权力，这是万古不易的一条经验。有权力的人们使用权力一直到遇有界限的地方才休止……"① 因此，任何权力都必须受到制约。如前面的分析，中国的规制权力从设置到运行都存在约束不足的问题。在重建规制机构的同时，需要强化对规制者的监督和约束。鉴于普遍存在于政府和规制机构内部的规制风险，加强对规制者的规制也是降低规制俘获发生概率的一种重要途径。规制者的权利和责任首先应通过法律明确加以规定，此外，还可以通过定期对规制机构进行信息披露和审查严格规范机构内工作人员的执法行为；健全责任制确保制定和实施规制政策的官员在行使权力的同时对自身行为负责；组织专家委员会和消费者对规制制定和实施进行评估，从而强化民主监督。对规制者进行监督的目的在于使政府规制不仅直接规制社会和个人行为，而且规制过程自身也处于规制之中，从而形成多元主体相互制约、相互监督的规制治理结构。

9.5.5　培养成熟的企业和消费者主体

政府规制是一个相关利益群体共同参与、多方主体相互博弈的过程。不仅规制主体的特征和行为影响规制的效率，规制对象的特征及行为同样也影响规制的效率。被规制企业和消费者虽然相对政府而言处于弱势地位，但作为整个博弈过程中的参与主体，却是实现有效博弈的重要力量。正是既相互独立又相互制约的规制机构、企业集团和消费者集团之间的博弈形成了规制中的博弈均衡，所以独立规制对象的存在与独立规制机构同样十分重要。如前所述，中国在被规制对象方面存在的问题体现为既缺乏真正独立的企业集团，又缺乏能与大企业集团抗衡的消费者组织，从而严重影响博弈均衡，降低了规制的效率。针对这种状况，

---

① ［法］孟德斯鸠：《论法的精神》，严复译，商务印书馆 1961 年版，第 154 页。

从被规制对象来看，要提高规制效率，形成多中心治理结构中多个主体的有效博弈，必须培养相对独立、强大、成熟的企业和消费者主体。

1. 深化国有企业改革，实现政企分离

政企不分是国有企业改革过程中一个始终需要面对的问题，逐步实现政企分开也是目前中国国有企业改革过程中在明晰产权和完善现代企业制度之外所关注的一个重要目标。在中国国有企业规制改革的进程中，国有资产监管部门的成立在很大程度上明确了政府和企业的关系，但并不能从根本上解决国有企业的绩效问题，与通过实现政企分离使国有企业成为独立于政府的市场距离尚远。实际上，对于国有企业而言，只要保持国家控股，就难以实现完全的政企分开，因而目前政企分开的重心在于政府如何规范对国有企业的干预行为，使国有企业真正成为独立的市场主体①。在政企分开的过程中，为解决政企分离与国有资本保值增值的矛盾，首先，应当明确国有资本的保值增值并不等同于行政垄断和完全的市场进入限制。针对国有企业的行政性垄断日益突出的现状，应正确处理垄断和竞争的相对关系，引入竞争不仅给整个产业注入活力，营造良性竞争环境，同时也有助于形成对国有企业提高经营和技术效率的激励。其次，要明确区分国有资本保值增值的责任与对企业规制的责任，分别由不同部门行使，规制机构仅承担依法规制的职责。只要明确界定规制机构的权责，并采取适应市场化改革的规制方式，国有资产保值增值的目标不应当也不会成为阻滞政企分开的障碍。综合考虑到中国目前市场化的程度、规制改革的进程以及规制体制的现状，我们认为，完全实现政企分开短期内难于实现，应是中国规制改革的一个长期目标。

2. 发展非国有经济，构建行业自我规制体系

非国有企业作为被规制对象在多中心治理结构中具有独立于政府和规制机构的先天优势，因而发展壮大非国有经济对于形成多元主体的博弈均衡避免规制俘获现象具有重要意义。要为非国有企业的发展壮大创造良好的条件和氛围，注意扶持中小企业的成长和提高其组织

---

① 谭芝灵：《国有企业规制改革的若干悖论思考》，载于《经济学动态》2009 年第 4 期，第 85～88 页。

程度，使企业成为真正独立的、不依附于政府的经济活动主体。同时，借鉴国外政府规制的经验，构建政府宏观管理、行业中观自我规制、微观企业相互配合、协同治理的规制体系。行业自我规制作为一种介于政府规制和市场规制之间的中间手段，在解决市场失灵方面具有独特的优势，它能够在一定程度上克服市场机制失灵和政府规制的不足①。建立行业协会有助于形成独立、强大的企业主体，增强对政府规制机构的监督，并与规制机构相互配合、相互补充，切实维护市场主体的公平竞争权。

3. 增强消费者的组织化程度和维权能力

凡是政府规制涉及的领域，往往也是消费者切身利益所系。针对政府规制中消费者处于弱势地位这一现状，要唤起消费者维护自身利益的主体意识，提高消费者的组织化程度和维权能力。而非政府组织对于团结消费者力量、形成消费者集团具有积极的推动作用。国内外许多研究都表明了非政府组织不管是在配置经济社会资源还是在调节经济社会方面都具有独特的优势。在中国，虽然也成立了许多行业协会和商会等非政府组织，但事实上这些组织往往是由政府有关机构延伸而来，并根据政府的授权或者委托履行部分行业管理职能，受到政府的严格管理，自主性受到很大程度的限制。发展非政府组织，一方面，要摒弃以往政府规制和市场机制两分法的观念，逐步树立政府、市场、非政府组织三分法的观念，大力发展行业协会、商会等与企业和市场密切相关的非政府组织和与环境、健康等有关的具有社会性质的非政府组织；另一方面，要坚持非政府组织的自我发展。非政府组织的发展必须要实现"以我为主"，过多的行政色彩会使非政府组织发展又会出现"政企不分"的矛盾与问题。从中国目前的情况看，行业协会或者商会要发展成具有完全独立性的组织，则可能与中国独特的市场经济环境不协调。因此，中国首先要探索半独立性行业或商会的行为方式，然后根据政府规制边界和市场边界的"复归"程度逐步实现完全自主。

---

① 杨志强、何立胜：《自我规制理论研究评介》，载于《外国经济与管理》2007 年第 8 期，第 16 ~ 23 页。

参 考 文 献

［1］B. 列维、P. 斯皮尔、罗燕明：《规制、制度和承诺：电信比较研究》，载于《经济社会体制比较》1999 年第 3 期。

［2］［美］V. 奥斯特罗姆、D. 菲尼、H. 皮希特：《制度分析与发展的反思——问题与决策》，王诚等译，商务印书馆 1992 年版。

［3］［美］W. 吉帕·维斯库斯等：《反垄断与管制经济学》，陈甬军译，机械工业出版社 2003 年版。

［4］［法］埃哈尔·费埃德伯格：《权力与规则——组织行动的动力》，张月译，上海人民出版社 2005 年版。

［5］［美］埃莉诺·奥斯特罗姆：《公共事务的治理之道》，余逊达、陈旭东，译，上海三联书店 2000 年版。

［6］［美］奥利弗·威廉姆森：《治理机制》，石烁译，机械工业出版社 2016 年版。

［7］［美］奥内斯特·吉尔霍恩、巴瑞·B. 鲍叶：《美国行政法和行政程序》，崔卓兰等译，吉林大学出版社 1990 年版。

［8］白让让、王小芳：《中国煤炭和电力业互动机理及效应分析》，载于《经济学家》2009 年第 9 期。

［9］白让让：《制度偏好差异与电力产业规制放松的困境——"厂网分开"引发的深层思考》，载于《中国工业经济》2006 年第 3 期。

［10］别涛、赵柯：《关于完善中国环境保护法律体系的设想》，载于《中国环境管理》2004 年第 3 期。

［11］曹锦周、戴昌钧：《基于 RPSCP 框架的中国民航产业组织研究》，载于《财贸经济》2009 年第 7 期。

［12］曹锦周、戴昌钧：《中国民航业规制改革及其绩效的实证研究》，载于《经济管理》2009 年第 5 期。

［13］曹廷求、崔龙：《国有企业民营化的政府动机：2003～2008

上市公司样本》，载于《改革》2010 年第 8 期。

[14] 曹艳秋、林木西：《电信行业管制的国际比较及对我国的启示》，载于《经济社会体制比较》2002 年第 6 期。

[15] 曹颖：《环境绩效评估指标体系研究》，载于《生态经济》2006 年第 5 期。

[16] [美] 查尔斯·A. 比尔德：《美国政府与政治（上）》，朱曾汶译，商务印书馆 1987 年版。

[17] 陈丹、陈阳：《共享经济背景下网约车规制路径研究》，载于《河北学刊》2018 年第 2 期。

[18] 陈东琪：《2004 年宏观经济调控的主题——兼论均衡增长思路》，载于《宏观经济管理》2005 年第 8 期。

[19] 陈富良：《放松规制与强化规制：论转型经济中的政府规制改革》，上海三联书店 2001 年版。

[20] 陈刚：《简政放权、职业选择与人才配置》，载于《南方经济》2020 年第 7 期。

[21] 陈伟民：《电信改革与中国电信业全要素生产率变动》，载于《求索》2010 年第 10 期。

[22] 陈学云、江可申：《航空运输业规制放松与反行政垄断——基于自然垄断的强度分析》，载于《中国工业经济》2008 年第 6 期。

[23] 陈勇、李小平：《中国工业行业的技术进步与工业经济转型——对工业行业技术进步的 DEA 法衡量及转型特征分析》，载于《管理世界》2007 年第 6 期。

[24] 陈勇：《烟草产业规制——基于需求面的分析框架》，载于《财经问题研究》2006 年第 12 期。

[25] 陈云生、马英娟：《论宪法修正案对私有财产权保障制度的完善》，载于《辽宁大学学报（社会科学版）》2004 年第 4 期。

[26] 陈泽等：《我国多层次资本市场的发展与完善》，载于《金融市场研究》2018 年第 11 期。

[27] 陈振明：《公共管理学》，中国人民大学出版社 2005 年版。

[28] 成金华、刘伦、王小林等：《天然气区域市场需求弹性差异性分析及价格规制影响研究》，载于《中国人口·资源与环境》2014 年第 8 期。

[29] 程波辉、奇飞云：《共享单车的政府规制：一个分析框架——基于15个城市的政策文本分析》，载于《学术研究》2018年第11期。

[30] 程启智：《政府社会性管制理论的比较研究》，载于《中南财经大学学报》2004年第5期。

[31] 楚永生：《基于行政生态学视角的我国政府职能定位（1949～1978年）研究》，载于《行政论坛》2011年第5期。

[32] 崔友平：《中国经济体制改革：历程、特点及全面深化》，载于《经济与管理评论》2012年6月特刊。

[33] [美] 丹尼尔·F. 史普博：《管制与市场》，贺小刚、李婧等译，上海人民出版社1999年版。

[34] [美] 道格拉斯·C. 诺思：《经济史中的结构与变迁》，陈郁、罗华平等译，上海三联书店、上海人民出版社1994年版。

[35] [美] 道格拉斯·C. 诺思、罗伯特·托马斯：《西方世界的兴起》，厉以平、蔡磊译，华夏出版社1999年版。

[36] [美] 道格拉斯·C. 诺思：《制度、制度变迁与经济绩效》，杭行译，格致出版社、上海三联书店、上海人民出版社1994年版。

[37] 邓富民、梁学栋：《宏观经济、政府规制与房地产市场发展——政策调控与中国房地产市场发展研究论坛综述》，载于《经济研究》2012年第12期。

[38] 邓晓红、徐中民、程怀文：《基于DEA模型的甘肃省经济运行和环境管理效率评价研究》，载于《冰川冻土》2009年第31期。

[39] 邓正来等：《国家与市民社会：一种社会理论的研究路径》，中央编译出版社2005年版。

[40] 董敏杰、梁泳梅、李钢：《环境规制对中国出口竞争力的影响》，载于《中国工业经济》2011年第3期。

[41] 董维刚、张昕竹：《银行卡产业特征与反垄断难题》，载于《数量经济技术经济研究》2007年第6期。

[42] 杜钢建：《政府职能转变攻坚》，中国水利水电出版社2005年版。

[43] 樊纲、王小鲁、马光荣：《中国市场化进程对经济增长的贡献》，载于《经济研究》2011年第9期。

［44］樊纲、王小鲁、张立文等：《中国各地区市场化相对进程报告》，载于《经济研究》2003 年第 3 期。

［45］樊纲：《中国各地区市场化进展状况》，载于《经济纵横》2005 年第 11 期。

［46］范合君：《放松规制对垄断产业收入影响的理论与实证研究》，载于《财经问题研究》2010 年第 8 期。

［47］范合君，柳学信：《中国垄断行业改革的全景路径与总体趋向》，载于《改革》2013 年第 5 期。

［48］范合君、戚聿东：《我国垄断产业改革进程测度研究》，载于《经济与管理研究》2011 年第 3 期。

［49］范合君、戚聿东：《治理模式、规制变迁及其下一步：由 5 类垄断产业破题》，载于《改革》2011 年第 1 期。

［50］范合君、戚聿东：《中国垄断产业规制体系的特殊性和模式设计》，载于《经济管理》2011 年第 10 期。

［51］范合君、王文举：《我国电力产业改革的潜在风险及其最优改革路径》，载于《经济与管理研究》2006 年第 6 期。

［52］冯雨、郭炳南：《基于主成分分析法的长江经济带环境绩效评估》，载于《市场周刊》2019 年第 1 期。

［53］［美］佛雷德·里格斯：《行政生态学》，金耀基译，（中国）台湾商务印书馆1978 年版。

［54］付强、于良春：《论中国电力产业输配管理体制改革路径选择》，载于《东南学术》2014 年第 2 期。

［55］付强、于良春：《政府竞争、规制失效与垄断行业高收入来源探析——以中国电力产业为例》，载于《产业经济研究》2012 年第 5 期。

［56］傅京燕、李丽莎：《环境规制、要素禀赋与产业国际竞争力的实证研究——基于中国制造业的面板数据》，载于《管理世界》2010 年第 10 期。

［57］傅英略：《激励规制理论与有效银行监管》，载于《社会科学辑刊》2007 年第 4 期。

［58］盖豪、颜廷武、张俊飚：《感知价值、政府规制与农户秸秆机械化持续还田行为——基于冀、皖、鄂三省1288 份农户调查数据的实证分析》，载于《中国农村经济》2020 年第 8 期。

[59] 干春晖：《规制分权化、组织合谋与制度效率——基于中国电力行业的实证研究》，载于《中国工业经济》2006年第4期。

[60] 高歌、张红凤：《基于经济学视角的环境成本不确定性研究》，载于《山东经济》2011年第1期。

[61] 高汉：《美国信用评级机构的责任演变与监管发展——从安然事件到次贷危机》，载于《华东政法大学学报》2010年第5期。

[62] 高秦伟：《食品安全法治中的自我规制及其学理反思》，载于《北京联合大学学报（人文社会科学版)》2020年第3期。

[63] 高世楫、秦海：《从制度变迁的角度看监管体系的演进》，载于《洪范评论》2005年第3期。

[64] 高伟娜：《电力产业价格规制的演变与改革》，载于《价格月刊》2009年第4期。

[65] 高锡荣：《基于DEA标尺的省际电信市场绩效比较》，载于《技术与创新管理》2010年第4期。

[66] 高玥：《自然垄断产业的产权改革与规制：我国航空运输业例证》，载于《产业经济》2012年第5期。

[67] 耿弘、童星：《从单一主体到多元参与——当前我国食品安全管制模式及其转型》，载于《湖南师范大学社会科学学报》2009年第3期。

[68] 龚刚：《论新常态下的供给侧改革》，载于《南开学报（哲学社会科学版)》2016年第2期。

[69] 龚强、张一林、余建宇：《激励、信息与食品安全规制》，载于《经济研究》2013年第3期。

[70] 谷志军：《委托代理矛盾、问责承诺与决策问责》，载于《江海学刊》2015年第1期。

[71] 顾成彦、胡汉辉：《基于Malmquist指数的我国电信业动态效率研究》，载于《软科学》2008年第4期。

[72] 顾强、郑世林：《中国电信体制改革政策配套效果研究》，载于《中国工业经济》2012年第8期。

[73] 顾昕：《俘获、激励和公共利益：政府管制的新政治经济学》，载于《中国行政管理》2016年第4期。

[74] 郭捷：《论劳动者职业安全权及其法律保护》，载于《法学

家》2007 年第 2 期。

［75］郭庆、李永超：《客运市场铁路与公路、民航竞争的实证分析——基于铁路运输业规制改革的视角》，载于《东岳论丛》2012 年第 10 期。

［76］韩升、高健：《现代社会治理需要警惕社会组织发展的丛林化》，载于《东南学术》2019 年第 1 期。

［77］韩天赐、刘晓琴：《归一化主成分及应用》，载于《天津师范大学学报》1999 年第 12 期。

［78］何东、卢志朋：《规制与自由：从跳蚤市场、夜市街到共享经济》，载于《浙江社会科学》2020 年第 5 期。

［79］何天立：《论自然垄断行业的政府规制》，载于《山东社会科学》2004 年第 4 期。

［80］何增科：《公民社会与第三部门》，社会科学出版社 2000 年版。

［81］和军：《自然垄断产业规制改革理论研究》，经济科学出版社 2008 年版。

［82］贺聪、尤瑞章：《中国不同所有制工业企业生产效率比较研究》，载于《数量经济技术经济研究》2008 年第 8 期。

［83］胡鞍钢、过勇：《我国反垄断改革的方向》，载于《经济研究参考》2002 年第 63 期。

［84］胡祥：《近年来治理理论研究综述》，载于《毛泽东邓小平理论研究》2005 年第 3 期。

［85］胡一帆、宋敏、郑红亮：《所有制结构改革对中国企业绩效的影响》，载于《中国社会科学》2006 年第 4 期。

［86］胡颖廉：《食品安全监管的框架分析与细节观察》，载于《改革》2011 年第 10 期。

［87］黄德春、刘志彪：《环境规制与企业自主创新——基于波特假设的企业竞争优势构建》，载于《中国工业经济》2006 年第 3 期。

［88］黄蝶君、赖作卿、李桦：《政府规制、生态创新与农业企业生态及经济绩效》，载于《软科学》2016 年第 9 期。

［89］黄秋菊、景维民：《后危机时代中国治理模式提升的策略选择》，载于《经济社会体制比较》2011 年第 1 期。

［90］黄少安：《关于制度变迁的三个假说及其验证》，载于《中国

社会科学》2000 年第 4 期。

［91］黄少安：《四元主体联合创新中国铁路体制——以广东省三茂铁路公司的创建和发展为例》，载于《经济研究》1997 年第 5 期。

［92］黄新华：《论我国政府社会性规制职能的完善》，载于《政治学研究》2007 年第 2 期。

［93］黄新华：《中国经济体制改革时期制度变迁的特征分析》，载于《财经问题研究》2002 年第 1 期。

［94］苏剑，陈阳：《中国特色的宏观调控政策体系及其应用》，载于《经济学家》2019 年第 6 期。

［95］金祥荣：《多种制度变迁方式并存和渐进转换的改革道路——"温州模式"及浙江改革经验》，载于《浙江大学学报（人文社会科学版）》2000 年第 4 期。

［96］经济合作与发展组织：《OECD 国家的监管政策：从干预主义到监管治理》，陈伟译，法律出版社 2006 年版。

［97］［美］凯斯·R. 桑斯坦：《权利革命之后：重塑规制国》，李洪雷、钟瑞华译，中国人民大学出版社 2008 年版。

［98］阙光辉：《销售电价：交叉补贴、国际比较与改革》，载于《电力技术经济》2003 年第 2 期。

［99］《柯林斯英语词典》，中译本，上海外语教育出版社 2000 年版。

［100］孔哲、杨慧：《基于供给管理的宏观调控理念及政策建议》，载于《天津商业大学学报》2010 年第 6 期。

［101］［瑞］库尔特·多普菲：《演化经济学：纲领与范围》，贾根良译，高等教育出版社 2004 年版。

［102］雷国雄、陈恩：《制度变迁：一个拟生物演化模型》，载于《经济学（季刊）》2009 年第 4 期。

［103］李斌、彭星、陈柱华：《环境规制、FDI 与中国治污技术创新——基于省际动态面板数据的分析》，载于《财经研究》2011 年第 10 期。

［104］李东红、李蕾：《竞争者联盟与政府规制》，载于《中国行政管理》2006 年第 7 期。

［105］李玲、陶锋：《中国制造业最优环境规制强度的选择——基于绿色全要素生产率的视角》，载于《中国工业经济》2012 年第 5 期。

[106] 李青：《自然垄断行业管制改革比较研究》，经济管理出版社2010年版。

[107] 李小平、朱钟棣：《中国工业行业的全要素生产率测算——基于分行业面板数据的研究》，载于《管理世界》2005年第4期。

[108] 李小平、朱仲棣：《国际贸易、R&D溢出和生产率增长》，载于《经济研究》2006年第2期。

[109] 李新光：《政府管制俘虏理论对我国非法小煤矿监管的启示》，载于《哈尔滨商业大学学报（社会科学版）》2007年第5期。

[110] 李郁芳：《国外政府行为外部性理论评介》，载于《经济学动态》2003年第12期。

[111] 李郁芳：《体制转轨时期的政府微观规制行为》，经济科学出版社2002年版。

[112] 李郁芳：《转轨时期政府规制过程的制度缺陷及其治理》，载于《管理世界》2004年第1期。

[113] 李再扬、杨少华：《中国省级电信业技术效率：区域差异及影响因素》，载于《中国工业经济》2010年第8期。

[114] 李真、张红凤：《中国社会性规制绩效及其影响因素的实证分析》，载于《经济学家》2012年第10期。

[115] 李志锴：《论地方政府间最低工资标准竞争及其治理》，载于《中南大学学报（社会科学版）》2017年第5期。

[116] 李自杰、李毅、刘畅：《制度环境与合资企业战略突变：基于788家中小中外合资企业的实证研究》，载于《管理世界》2011年第10期。

[117] [美] 里格斯：《公共行政生态学》，金耀基译，（中国）台湾商务印书馆1978年版。

[118] 励效杰：《关于我国水业企业生产效率的实证分析》，载于《南方经济》2007年第2期。

[119] 连玉君、程建：《不同成长机会下资本结构与经营绩效之关系研究》，载于《当代经济科学》2006年第2期。

[120] 梁波：《当代中国社会利益结构变化对政治发展的影响》，兰州大学出版社2007年版。

[121] 廖艳嫔：《论我国国有企业垄断行为的法律规制》，载于

《管理世界》2015 年第 5 期。

[122] 林木西、张婷婷：《我国烟草业企业规制路径选择》，载于《经济纵横》2007 年第 6 期。

[123] 林群惠：《乘势而生的政府环保绩效评估》，载于《环境经济》2005 年第 19 期。

[124] 林尚立等：《政治建设与国家成长》，中国大百科全书出版社 2008 年版。

[125] 林毅夫：《关于制度变迁的经济学理论：诱致性制度变迁与强制性制度变迁》，上海三联书店 1991 年版。

[126] 林永生等：《中国市场化改革绩效评估》，载于《北京师范大学学报（社会科学版）》2019 年第 1 期。

[127] 刘洪涛、张波、段磊：《土地利用规制强化与攻击过剩并存的解析及修正》，载于《经济体制改革》2009 年第 5 期。

[128] 刘纪山：《基于 DEA 模型的中部六省环境治理效率评价》，载于《生产力研究》2009 年第 17 期。

[129] 刘建民、陈果：《环境管制对 FDI 区位分布影响的实证分析》，载于《中国软科学》2008 年第 1 期。

[130] 刘京希、王彩霞：《公民社会理念与和谐社会建设——政治生态理论的视角》，载于《浙江学刊》2007 年第 2 期。

[131] 刘录民、侯军歧、董银果：《食品安全监管绩效评估方法探索》，载于《广西大学学报（哲学社会科学版)》2009 年第 4 期。

[132] 刘淼：《中国政府规制改革途径分析》，载于《当代世界与社会主义》2006 年第 4 期。

[133] 刘宁：《我国食品安全社会规制的经济学分析》，载于《工业技术经济》2006 年第 3 期。

[134] 刘圣中：《公共治理的"自行车难题"——政府规制中的信息、风险与价格要素分析》，载于《公共管理学报》2006 年第 4 期。

[135] 刘世锦：《经济增长模式转型需要注意的几个问题》，载于《求知》2006 年第 12 期。

[136] 刘树成：《经济周期与宏观调控》，社会科学文献出版社 2005 版。

[137] 刘小玄：《中国转轨经济中的产权结构和市场结构——产业

绩效水平的决定因素》，载于《经济研究》2003 年第 1 期。

[138] 刘晓明、吕廷杰：《我国电信市场的非对称规制规制措施探讨》，载于《北京邮电大学学报（社会科学版）》2010 年第 2 期。

[139] 刘亚平：《中国食品安全的监管痼疾及其纠治——对毒奶粉卷土重来的剖析》，载于《经济社会体制比较》2011 年第 3 期。

[140] 刘岩：《政府规制过程中的三方博弈》，载于《劳动保障世界（理论版）》2010 年第 11 期。

[141] 龙小宁，万威：《环境规制、企业利润率与合规成本规模异质性》，载于《中国工业经济》2017 年第 6 期。

[142] 卢峰：《从宏观调控宽泛化理解中国经济》，载于《2016 年两会大势观察》2016 年第 5 期。

[143] 鲁再平、许正中：《中国政府规制目标及效率分析》，载于《江汉论坛》2003 年第 5 期。

[144] 陆伟刚：《中国电信市场非均衡运行》，载于《中国工业经济》2001 年第 8 期。

[145] 陆旸：《环境规制影响了污染密集型商品的贸易比较优势吗?》，载于《经济研究》2009 年第 4 期。

[146] 吕为民、唐扬辉：《我国土地市场的发展变迁与展望》，载于《中国土地》2019 年第 1 期。

[147] 吕忠梅：《中国需要环境保护法》，载于《法商研究》2004 年第 6 期。

[148] 罗豪才：《行政法论丛（第 9 卷）》，法律出版社 2006 年版。

[149] ［美］罗纳德·科斯等：《财产权利与制度变迁》，刘守英等译，上海三联书店 1994 年版。

[150] 罗玉辉、廖敏伶：《中国农业发展机遇研究：基于政府规制的视角》，载于《兰州学刊》2020 年第 6 期。

[151] 骆玲：《对当前我国铁路客运定价的经济学分析》，载于《价格理论与实践》2007 年第 2 期。

[152] 马英娟：《政府监管机构研究》，北京大学出版社 2007 年版。

[153] 马俊：《独立规制：含义、实践及中国的选择》，载于《调查研究报告》2003 年第 47 期。

[154] 马凯：《从这次宏观调控的实践看我们党驾驭全局领导发展

的能力》,载于《价格理论与实践》2005年第2期。

[155] [美] 马克·艾伦·艾斯纳:《规制政治的转轨》,尹灿译,中国人民大学出版社2015年版。

[156] 马乐新:《中国药品管制的制度经济学研究》,中国经济出版社2005年版。

[157] 马唯星:《对中国民航产业结构与效率的实证研究》,载于《数量经济技术研究》2003年第1期。

[158] [美] 迈克尔·麦金尼斯:《多中心治道与发展》,毛寿龙译,上海三联书店2000年版。

[159] [英] 迈克·费恩塔克:《规制中的公共利益》,戴昕译,中国人民大学出版社2014年版。

[160] [美] 曼瑟·奥尔森:《权力与繁荣》,苏长和译,上海人民出版社2005年版。

[161] [法] 孟德斯鸠:《论法的精神》,严复译,商务印书馆1961年版。

[162] 苗红娜:《治理时代西方国家的政府规制改革》,载于《重庆大学学报(社会科学版)》2010年第2期。

[163] 木志荣:《混合经济:中西方不同的路径选择》,载于《理论探讨》2006年第4期。

[164] 潘霁、李子奈、金洪飞:《银行规制和银行业的整体绩效:基于世界银行数据的经验研究》,载于《世界经济》2006年第7期。

[165] 潘伟杰:《制度、制度变迁与政府规制研究》,上海三联书店2005年版。

[166] 彭文贤:《行政生态学》,(中国台湾)三民书局1988年版。

[167] 皮埃尔·塞纳克伦斯:《治理与国际调节机制的危机》,载于《国际社会科学》1999年第1期。

[168] 戚聿东:《从"去六化"入手深化国有企业改革》,载于《经济与管理研究》2015年第6期。

[169] 戚聿东、范合君:《"十二五"时期垄断行业改革的主攻方向:竞争化改造》,载于《学术月刊》2011年第9期。

[170] 戚聿东、柳学信:《自然垄断产业改革国际经验与中国实践》,中国社会科学出版社2009年版。

[171]［美］乔治·弗雷德里克森：《公共行政的精神》，张成福等译，中国人民大学出版社 2003 年版。

[172]［美］乔治·斯蒂格勒：《产业组织和政府规制》，上海三联书店 1989 年版。

[173]［日］青木昌彦、奥野正宽、冈崎哲二：《市场的作用、国家的作用》，中国发展出版社 2002 年版。

[174]［日］青木昌彦：《比较制度分析》，周黎安译，上海远东出版社 2002 年版。

[175] 邱士雷、王子龙、刘帅等：《非期望产出约束下环境规制对环境绩效的异质性效应研究》，载于《中国人口·资源与环境》2018 年第 12 期。

[176] 全国工商联：《2011 年中国中小企业调研报告》，中华工商联合出版社 2011 年版。

[177] 冉勇：《激励规制理论与商业银行监管》，载于《财经科学》2005 年第 3 期。

[178]［法］让－雅克·拉丰：《规制与发展》，聂辉华译，中国人民大学出版社 2009 年版。

[179]［法］让－雅克·拉丰、让·梯若尔：《政府采购与规制中的激励理论》，石磊、王永钦，译，上海人民出版社 2014 年版。

[180]［法］让－雅克·拉丰、泰勒尔：《电信竞争》，胡汉辉等译，人民邮电出版社 2001 年版。

[181]［比］热若尔·罗兰：《转型与经济学》，张帆译，北京大学出版社 2002 年版。

[182] 上海社会科学院当代中国政治研究中心：《中国政治发展过程 2007 年》，时事出版社 2007 年版。

[183] 邵海军：《转轨时期中国的政府管制发展》，载于《江汉大学学报（社会科学版）》2005 年第 2 期。

[184] 申慕蓉：《公共管理领域的政府社会性规制》，载于《法制博览》2018 年第 5 期。

[185] 沈宏亮：《中国规制政府的崛起：一个供给主导型制度变迁过程》，载于《经济学家》2011 年第 4 期。

[186] 沈坤荣、李莉：《银行监管：防范危机还是促进发展？——

基于跨国数据的实证研究及其对中国的启示》，载于《管理世界》2005年第 10 期。

［187］盛洪：《现代制度经济学》，北京大学出版社 2003 年版。

［188］施蒂格勒：《产业组织和政府管制》，中译本，上海三联书店 1996 年版。

［189］石国亮、廖鸿：《推动新时代社会组织高质量发展的战略思考》，载于《理论与改革》2019 年第 1 期。

［190］石良平、刘小倩：《中国电力行业规制效果实证分析》，载于《财经研究》2007 年第 7 期。

［191］石涛：《转型期政府规制改革的路径选择》，载于《中共浙江省委党校学报》2010 年第 1 期。

［192］［美］史蒂芬·布雷耶：《规制及其改革》，李洪雷等译，北京大学出版社 2008 年版。

［193］世界银行：《1997 年世界发展报告：变革世界中的政府》，中国财政经济出版社 1997 年版。

［194］宋马林、王舒鸿：《环境规制、技术进步与经济增长》，载于《经济研究》2013 年第 3 期。

［195］孙曙生、刘涛：《论行政公共权力的限度及其法律规制——以政府参与房屋拆迁案为对象的考察》，载于《国家行政学院学报》2007 年第 1 期。

［196］孙学敏、王杰：《环境规制对中国企业规模分布的影响》，载于《中国工业经济》2014 年第 12 期。

［197］孙燕铭：《我国政府干预下的市场壁垒对产业绩效的影响》，载于《经济理论与经济管理》2010 年第 10 期。

［198］谭芝灵：《国有企业规制改革的若干悖论思考》，载于《经济学动态》2009 年第 4 期。

［199］唐要家：《法律缺失与管制体制改革困境》，载于《天津社会科学》2009 年第 5 期。

［200］天则研究所：《国有企业的性质表现与改革》，2011 年研究报告。

［201］田国强：《经济机制理论：信息效率与激励机制设计》，载于《经济学（季刊）》2003 年第 1 期。

［202］田辉、陈道富：《制约多层次资本市场融资功能的因素与政策建议》，载于《经济纵横》2019 年第 3 期。

［203］仝尧：《"互联网 +"时代行政监管的转变》，载于《新华日报》2016 年第 16 期。

［204］涂正革、谌仁俊：《排污权交易机制在中国能否实现波特效应?》，载于《经济研究》2015 年第 7 期。

［205］涂正革、肖耿：《中国的工业生产力革命——用随机前沿生产模型对中国大中型工业企业全要素生产率增长的分解及分析》，载于《经济研究》2005 年第 3 期。

［206］［美］托马斯·R. 戴伊：《理解公共政策》，谢明译，北京大学出版社 2006 年版。

［207］王兵、吴延瑞、颜鹏飞：《环境管制与全要素生产率增长：APEC 的实证研究》，载于《经济研究》2008 年第 5 期。

［208］王沪宁：《行政生态分析》，复旦大学出版社 1989 年版。

［209］王慧：《我国环境管理机构的设置及职责分析》，载于《法制与社会》2009 年第 4 期。

［210］王冀宁、付晓燕、童毛弟等：《基于 ANP 的我国食品安全监管环节安全指数模型研究》，载于《科技管理研究》2017 年第 8 期。

［211］王建武、周尚斌：《我国土地市场运行特征与对策分析》，载于《中国土地》2017 年第 2 期。

［212］王健：《中国政府规制理论与政策》，经济科学出版社 2008 年版。

［213］王杰、刘斌：《环境规制与企业全要素生产率——基于中国工业企业数据的经验分析》，载于《中国工业经济》2014 年第 3 期。

［214］王静等：《双重分割视角下城市劳动力市场工资差异比较分析——基于 2013 年八城市流动人口动态监测数据》，载于《南开经济研究》2016 年第 2 期。

［215］王俊豪：《管制经济学原理》，高等教育出版社 2007 年版。

［216］王俊豪：《深化中国城市公用事业改革的分类民营化政策》，载于《学术月刊》2011 年第 9 期。

［217］王俊豪、肖兴志、唐要家：《中国垄断性产业管制机构的设立与运行机制》，商务印书馆 2008 年版。

[218] 王俊豪：《政府管制经济学导论》，商务印书馆 2017 年版。

[219] 王俊豪：《中国垄断性产业的结构重组、分类管制与协调政策》，商务印书馆 2005 年版。

[220] 王能、任运河：《食品安全监管效率评估研究》，载于《财经问题研究》2011 年第 12 期。

[221] 王萍、王靖：《中国民航业规制效果的实证分析》，载于《财经问题研究》2008 年第 3 期。

[222] 王书斌、徐盈之：《环境规制与雾霾脱钩效应——基于企业投资偏好的视角》，载于《中国工业经济》2015 年第 4 期。

[223] 王思懿：《迈向"混合法"规制结构：新公共治理范式下高等教育系统的变革趋势——基于美国、英国、新加坡三国的分析》，载于《中国人民大学教育学刊》2017 年第 2 期。

[224] 王廷惠：《微观规制理论研究：基于对正统理论的批判和将市场作为一个过程的理解》，中国社会科学出版社 2005 年版。

[225] 王薇、郭启光：《安全规制如何影响中国煤炭行业发展》，载于《产业经济评论》2016 年第 5 期。

[226] 王文群：《试论房地产市场失效与政府规制》，载于《经济理论与经济管理》2006 年第 5 期。

[227] 王吓忠：《基于特许开发权两段式竞价的中国限价房"两价"经济规制分析》，载于《福州大学学报（哲学社会科学版）》2007 年第 6 期。

[228] 王小兵、袁达：《供给侧改革背景下资源性产品价格机制的重构》，载于《价格理论与实践》2016 年第 7 期。

[229] 王小宁、周晓唯：《青海省环境规制对技术创新的影响研究》，载于《青海师范大学学报（哲学社会科学版）》2014 年第 2 期。

[230] 王晓宁、毕军、刘蓓蓓：《基于绩效评估的地方环境保护机构能力分析》，载于《中国环境科学》2006 年第 3 期。

[231] 王新艳：《法学视角下的新治理——解读"新新政"：现代法学思想中管制的衰落与治理的兴起》，法律出版社 2006 年版。

[232] 王志刚：《蔬菜出口产地农户对食品安全规制的认识及其农药决策行为研究》，载于《中国人口·资源与环境》2012 年第 2 期。

[233] ［英］威廉·韦德：《行政法》（第十版），骆梅英、王瑞

雪，等译，中国人民大学出版社 2018 年版。

[234] 魏素艳、肖淑芳、程隆云：《构建我国环境会计体系的研究》，经济科学出版社 2006 年版。

[235] 温桂芳：《深化资源性产品价格改革的基本思路与总体构想》，载于《价格理论与实践》2013 年第 7 期。

[236] 吴伟、韦苇：《管制对中国经济增长影响的实证分析》，载于《国家行政学院学报》2004 年第 1 期。

[237] 吴育华、卢静：《城市环境保护工作效率评价》，载于《天津大学学报（社会科学版）》2006 年第 8 期。

[238] 武晓利：《环保技术、节能减排政策对生态环境质量的动态效应及传导机制研究——基于三部门 DSGE 模型的数值分析》，载于《中国管理科学》2017 年第 12 期。

[239] 夏大慰、史东辉：《市场经济条件下地政府规制：理论、经验与改革》，载于《学术季刊》2001 年第 4 期。

[240] 夏大慰、史东辉：《政府规制：理论、经验与中国的改革》，经济科学出版社 2003 年版。

[241] 夏艳玲：《"放管服"改革背景下我国养老服务规制研究》，载于《经济体制改革》2020 年第 4 期。

[242] 夏友富：《外商投资中国污染密集产业现状、后果及其对策研究》，载于《管理世界》1999 年第 3 期。

[243] 鲜军：《我国多层次资本市场与创新型企业发展的关系》，载于《商业经济研究》2019 年第 5 期。

[244] [美] 小贾尔斯·伯吉斯：《管制和反垄断经济学》，冯金华译，上海财经大学出版社 2003 年版。

[245] 肖挺：《政府规制的歧视性与服务贸易：基于中国上市企业数据的检验》，载于《世界经济研究》2020 年第 10 期。

[246] 肖兴志、陈长石：《规制经济学实证研究方法的演进与展望》，载于《财经论丛》2011 年第 4 期。

[247] 肖兴志、陈长石、齐鹰飞：《安全规制波动对煤炭生产的非对称影响研究》，载于《经济研究》2011 年第 9 期。

[248] 肖兴志：《对中国电价规制效果的一种验证》，载于《统计研究》2005 年第 9 期。

[249] 肖兴志、郭启光：《体制改革、结构变化与煤矿安全规制效果——兼析规制周期的影响》，载于《财经问题研究》2014 年第 9 期。

[250] 肖兴志、韩超：《规制改革是否促进了中国城市水务产业发展？——基于中国省际面板数据的分析》，载于《管理世界》2011 年第 2 期。

[251] 肖兴志、韩超：《中国垄断产业改革与发展 40 年：回顾与展望》，载于《经济与管理研究》2018 年第 7 期。

[252] 肖兴志、姜晓婧：《中国电信产业改革评价与改革次序优化——基于产权、竞争、规制的动态面板模型》，载于《经济社会体制比较》2013 年第 2 期。

[253] 肖兴志、李少林：《环境规制对产业升级路径的动态影响研究》，载于《经济理论与经济管理》2013 年第 6 期。

[254] 肖兴志、齐鹰飞等：《转型期中国工作场所安全规制研究》，东北财经大学出版社 2010 年版。

[255] 肖兴志、齐鹰飞、郭晓丹：《中国垄断产业规制效果的实证研究》，中国社会科学出版社 2010 年版。

[256] 肖兴志、齐鹰飞、李红娟：《中国煤矿安全规制效果实证研究》，载于《中国工业经济》2008 年第 5 期。

[257] 肖兴志、孙阳：《中国电力产业规制效果的实证研究》，载于《中国工业经济》2006 年第 9 期。

[258] 肖兴志：《我国能源价格规制实践变迁与市场化改革建议》，载于《价格理论与实践》2014 年第 1 期。

[259] 肖兴志、吴绪亮：《反垄断与规制政策研究的最新进展——"反垄断与规制政策：新问题与新方法"学术研讨会观点综述》，载于《中国工业经济》2012 年第 10 期。

[260] 肖兴志：《中国公用事业规制改革模式的总体评价——兼论下一步价格规制改革的基本思路》，载于《价格理论与实践》2013 年第 8 期。

[261] 肖兴志：《中国垄断性产业规制机构的模式选择》，载于《山东经济》2009 年第 2 期。

[262] 肖竹：《论政府规制革新——兼顾中国的现实及改革方向》，载于《社会主义研究》2009 年第 3 期。

［263］熊艳：《基于省际数据的环境规制与经济增长关系》，载于《中国人口·资源与环境》2011年第5期。

［264］徐邦友：《自负的制度——政府管制的政治学研究》，学林出版社2008年版。

［265］徐湘林：《从政治发展理论到政策过程理论——中国政治改革研究的中层理论建构探讨》，载于《中国社会科学》2004年第3期。

［266］薛沂：《自然垄断、规模经济与规制改革——对我国铁路产业的实证分析》，载于《经济研究》2004年第1期。

［267］苏延芳、肖兴志：《反事实研究：放松规制与中国航空网络演变》，载于《财经研究》2006年第3期。

［268］燕继荣：《从行政主导到有限政府——中国政府改革的方向与路径》，载于《学海》2011年第3期。

［269］杨东：《互联网金融的法律规制——基于信息工具的视角》，载于《中国社会科学》2015年第4期。

［270］杨海生、贾佳、周永章、王树功：《贸易、外商直接投资、经济增长与环境污染》，载于《中国人口·资源与环境》2005年第3期。

［271］杨洪丰：《我国广告业规制执法效率实证研究》，载于《管理世界》2015年第3期。

［272］杨俊、邵汉华：《环境约束下的中国工业增长状况研究——基于Malmquist – Luenberger指数的实证分析》，载于《数量经济技术经济研究》2009年第9期。

［273］杨瑞龙：《我国制度变迁方式转换的三阶段论——兼论地方政府的制度创新行为》，载于《经济研究》1998年第1期。

［274］杨梅枝：《我国铁路业的发展现状与政府规制改革》，载于《经济研究导刊》2009年第3期。

［275］杨骞、刘华军：《中国烟草产业行政垄断及其绩效的实证研究》，载于《中国工业经济》2009年第4期。

［276］杨少华、李再扬：《中国电信业生产率变动及其分解：基于DEA – Malmquist指数法的分析》，载于《经济学家》2010年第10期。

［277］杨淑云、于良春：《中国电力产业效率和生产率变动的实证研究》，载于《财经论丛》2008年第3期。

［278］杨志强、何立胜：《自我规制理论研究评介》，载于《外国

经济与管理》2007 年第 8 期。

[279] 姚洋：《非国有经济成分对我国工业企业技术效率的影响》，载于《经济研究》1998 年第 12 期。

[280] 姚允柱：《自然垄断产业规制理论的演化与我国电信业的规制改革》，载于《江苏大学学报（社会科学版）》2006 年第 4 期。

[281] 叶祥松、彭良燕：《我国环境规制的规制效率研究——基于1999～2008 年我国省际面板数据》，载于《经济学家》2011 年第 6 期。

[282] 叶祥松、彭良燕：《我国环境规制下的规制效率与全要素生产率研究：1999～2008》，载于《财贸经济》2011 年第 2 期。

[283] 叶泽、常新菊、龚国强：《规制承诺不确定条件下的电网投资效应及其政策设计》，载于《中国工业经济》2006 年第 7 期。

[284] 叶振宇、叶素云：《要素价格与中国制造业技术效率》，载于《中国工业经济》2010 年第 11 期。

[285] 殷继国：《自然垄断行业不对称规制研究》，载于《广东商学院学报》2010 年第 3 期。

[286] 尹航：《江泽民与 1993 年治理经济过热》，载于《党的文献》2011 年第 10 期。

[287] 应瑞瑶、周力：《外商直接投资、工业污染与环境规制——基于中国数据的计量经济学分析》，载于《财贸经济》2006 年第 1 期。

[288] 于立宏、郁义鸿：《需求波动下的煤电纵向关系安排与政府规制》，载于《管理世界》2006 年第 4 期。

[289] 于立、姜春海等：《规制经济学的学科定位与理论应用》，东北财经大学出版社 2005 年版。

[290] 于立：《垄断行业改革与反垄断执法体制的构建》，载于《改革》2014 年第 5 期。

[291] 于立、唐任伍、汤益诚等：《中国宏观经济前景与政策选择》，载于《改革》2011 年第 8 期。

[292] 于立、张杰：《中国产能过剩的根本成因与出路：非市场因素及其三步走战略》，载于《改革》2014 年第 2 期。

[293] 于良春、程谋勇：《地方政府规制与水务行业纵向分离研究》，载于《理论学刊》2013 年第 7 期。

[294] 于良春等：《自然垄断与政府规制》，经济科学出版社 2003

年版。

［295］于良春、丁启军：《自然垄断产业进入管制的成本收益分析——以中国电信业为例的实证研究》，载于《中国工业经济》2007年第1期。

［296］于良春、付强：《中国电网市场势力的分析与测度》，载于《中国工业经济》2012年第11期。

［297］于良春：《论自然垄断与自然垄断行业的政府规制》，载于《中国工业经济》2004年第2期。

［298］于良春、田蕾：《自然垄断产业进入规制成本与相关政策分析》，载于《经济与管理研究》2005年第11期。

［299］于良春、杨骞：《行政垄断制度选择的一般分析框架——以我国电信业行政垄断制度的动态变迁为例》，载于《中国工业经济》2007年第12期。

［300］于良春、杨淑云、于华阳：《中国电力产业规制改革及其绩效的实证分析》，载于《经济管理与研究》2006年第10期。

［301］余晖：《受管制市场里的政企同盟——以中国电信市场为例》，载于《中国工业经济》2000年第1期。

［302］俞可平：《从统治到治理》，载于《中国社会报》2004年4月13日。

［303］俞可平：《改善我国公民社会制度环境的若干思考》，载于《当代世界与社会主义》2006年第1期。

［304］俞可平：《治理和善治：一种新的政治分析框架》，载于《南京社会科学》2001年第9期。

［305］俞可平：《治理与善治》，社会科学文献出版社2000年版。

［306］袁正、高伟：《中国电信业改革回顾、经验与问题》，载于《宏观经济研究》2009年第9期。

［307］原毅军、谢荣辉：《环境规制的产业结构调整效应研究——基于中国省际面板数据的实证检验》，载于《中国工业经济》2014年第8期。

［308］苑春荟：《管制治理：中国电信产业改革实证研究》，人民邮电出版社2009年版。

［309］苑韶峰：《我国房地产市场现状与政府规制》，载于《价格

理论与实践》2007 年第 3 期。

[310] [澳] 约翰·福斯特等:《演化经济学前沿:竞争、自组织与创新政策》,贾根良、刘刚译,高等教育出版社 2005 年版。

[311] 岳洋:《再论管制与法律的互动——中国与美国比较的视角》,载于《经济法论丛》2010 年下卷。

[312] 岳中刚:《银行卡产业规制研究探析》,载于《外国经济与管理》2006 年第 3 期。

[313] 曾贤刚:《环境规制、外商直接投资与污染避难所假说——基于中国 30 个省份面板数据的实证研究》,载于《经济理论与经济管理》2010 年第 11 期。

[314] 曾学文等:《中国市场化指数的测度与评价:1978～2008》,载于《中国延安干部学院学报》2010 年第 4 期。

[315] 张波:《政府规制理论的演进逻辑与善治政府之生成》,载于《求索》2010 年第 8 期。

[316] 张成、陆旸、郭路、于同申:《环境规制强度和生产技术进步》,载于《经济研究》2011 年第 2 期。

[317] 张东辉、初佳颖:《中国电信业的规制效率分析》,载于《财经问题研究》2008 年第 4 期。

[318] 张锋、胡婉峰:《论中国食品安全的社会性规制》,载于《社会科学辑刊》2007 年第 5 期。

[319] 张凤阳等:《政治哲学关键词》,江苏人民出版社 2006 年版。

[320] 张海洋:《R&D 两面性、外资活动与中国工业生产率增长》,载于《经济研究》2005 年第 5 期。

[321] 张汉林、刘光溪:《规制改革与经济发展》,上海财经出版社 2005 年版。

[322] 张红凤、陈小军:《我国食品安全问题的政府规制困境与治理模式重构》,载于《理论学刊》2011 年第 7 期。

[323] 张红凤:《从食品属性谈食品安全规制路径》,载于《光明日报》(理论版)2016 年 12 月 21 日。

[324] 张红凤、韩璆等:《转型期公共决策模式路径优化:从传统模式向动态协同模式的转变》,载于《中国行政管理》2014 年第 10 期。

[325] 张红凤、汲昌霖:《政治关联、金融生态环境与企业融

资——基于山东省上市公司数据的实证分析》，载于《经济理论与经济管理》2015 年第 11 期。

［326］张红凤、李倩倩：《利益集团规制理论在中国的适用性与局限性探析》，载于《山东经济》2009 年第 3 期。

［327］张红凤、刘嘉：《基于销售环节的山东省食品安全监管效果测度及提升策略研究》，载于《经济与管理评论》2015 年第 5 期。

［328］张红凤、路军：《市场的决定性作用与公共政策创新》，载于《经济理论与经济管理》2014 年第 12 期。

［329］张红凤、吕杰：《食品安全风险的地区差距及其分布动态演进——基于 Dagum 基尼系数分解与非参数估计的实证研究》，载于《公共管理学报》2019 年第 1 期。

［330］张红凤、吕杰：《食品安全监管效果评价——基于食品安全满意度的视角》，载于《山东财经大学学报》2018 年第 2 期。

［331］张红凤、吕杰、王一涵：《食品安全监管效果研究：评价指标体系构建及应用》，载于《中国行政管理》2019 年第 7 期。

［332］张红凤、宋敏：《中国特殊制度禀赋约束下规制困境与规制治理结构的重构》，载于《教学与研究》2011 年第 9 期。

［333］张红凤、王政：《清单式管理在政府食品安全规制中的应用》，载于《山东财经大学学报》2015 年第 3 期。

［334］张红凤：《西方规制经济学的变迁》，经济科学出版社 2005 年版。

［335］张红凤、杨慧：《规制经济学沿革的内在逻辑及发展方向》，载于《中国社会科学》2011 年第 6 期。

［336］张红凤、杨慧、吕少华：《政府规制体制改革整体框架的构建：一个国际经验的视角》，载于《教学与研究》2008 年第 8 期。

［337］张红凤、杨慧：《西方国家政府规制变迁与中国政府规制改革》，经济科学出版社 2007 年版。

［338］张红凤、杨慧：《政府规制的变革方式：国际经验及启示》，载于《改革》2007 年第 12 期。

［339］张红凤、杨慧：《政府微观规制理论及实践》，载于《光明日报》（理论版）2011 年第 4 期。

［340］张红凤、于维英、刘蕾：《美国职业安全与健康规制变迁、

绩效及借鉴》，载于《经济理论与经济管理》2008 年第 2 期。

［341］张红凤、张细松：《金融产业优化中的政府行政管理创新》，载于《光明日报》（理论版）2014 年第 5 期。

［342］张红凤、张细松：《论"新常态"下金融生态失衡的政府治理》，载于《教学与研究》2016 年第 12 期。

［343］张红凤、张晓莹：《中国特殊制度禀赋约束下的政府规制改革研究》，载于《浙江工商大学学报》2013 年第 1 期。

［344］张红凤、张新颖：《如何保障"舌尖上的安全"》，载于《社会科学报》2019 年 8 月 22 日。

［345］张红凤、张莹：《从食品属性谈食品安全规制路径》，载于《光明日报》（理论版）2016 年第 12 期。

［346］张红凤、张肇中：《所有权结构改革对工业行业全要素生产率的影响——基于放松进入规制的视角》，载于《经济理论与经济管理》2013 年第 2 期。

［347］张红凤、张肇中：《我国经济性规制改革的产业绩效评价》，载于《理论学刊》2012 年第 7 期。

［348］张红凤、周峰、杨慧、郭庆：《环境保护与经济发展双赢的规制绩效实证分析》，载于《经济研究》2009 年第 3 期。

［349］张红凤、周燕冬：《基于国际经验的公用事业治理模式探析》，载于《理论学刊》2009 年第 5 期。

［350］张红凤：《自然垄断产业的治理：一个基于规制框架下竞争理论的视角》，载于《经济评论》2008 年第 1 期。

［351］张晖、曲延芬：《经济转轨中自然垄断行业规制改革——竞争、所有制与激励机制选择》，载于《财经科学》2006 年第 9 期。

［352］张会恒：《论政府规制机构形式的选择》，载于《经济社会体制比较》2005 年第 3 期。

［353］张继亮：《国家的元治理问题》，载于《领导科学》2018 年第 18 期。

［354］张娟、耿弘、徐功文等：《环境规制对绿色技术创新的影响研究》，载于《中国人口·资源与环境》2019 年第 1 期。

［355］张军、陈诗一、Gary H. Jefferson：《结构改革与中国工业增长》，载于《经济研究》2009 年第 7 期。

［356］张军：《中国国有部门的利润率变动模式：1978～1997》，载于《经济研究》2001年第3期。

［357］张千帆：《宪政、法治与经济发展》，北京大学出版社2004年版。

［358］张涛：《食品安全法律规制研究》，厦门大学出版社2006年版。

［359］张维迎：《博弈论与信息经济学》，上海人民出版社2004年版。

［360］张维迎：《产权安排与企业内部的权利斗争》，载于《经济研究》2000年第6期。

［361］张维迎、盛洪：《从电信业看中国的反垄断问题》，载于《改革》1998年第2期。

［362］张伟、李虎林、安学兵：《利用FDI增强我国绿色创新能力的理论模型与思路探讨》，载于《管理世界》2011年第12期。

［363］张伟、于良春：《行业行政垄断的形成及治理机制研究》，载于《中国工业经济》2011年第1期。

［364］张晓莹、张红凤：《环境规制对中国技术效率的影响机理研究》，载于《财经问题研究》2014年第5期。

［365］张晓莹、张红凤：《中国经济性规制改革的动态演进及现实选择》，载于《教学与研究》2012年第9期。

［366］张昕竹、让－雅克·拉丰、安·易斯塔什：《网络产业：规制与竞争理论》，社会科学文献出版社2000年版。

［367］张莹、张红凤：《中国社会性规制改革的策略选择——基于改革实践与特征》，载于《教学与研究》2013年第11期。

［368］张颖、王勇：《我国排污权初始分配的研究》，载于《生态经济》2005年第8期。

［369］张肇中、张红凤：《我国食品安全规制间接效果评价——以乳制品安全规制为例》，载于《经济理论与经济管理》2014年第5期。

［370］张肇中、张红凤：《中国食品安全规制体制的大部制改革探索——基于多任务委托代理模型的理论分析》，载于《学习与探索》2014年第3期。

［371］赵昌文：《中国垄断性行业改革：评价及进一步改革思路》，

中国发展出版社 2015 年版。

[372] 赵连阁：《中国煤电定价实践、理论及其规范研究》，载于《经济学家》2009 年第 11 期。

[373] 赵萌：《中国煤炭企业的全要素生产率增长》，载于《统计研究》2011 年第 8 期。

[374] 郑惠：《社会性规制评述》，载于《生产力研究》2009 年第 5 期。

[375] [日] 植草益：《微观规制经济学》，朱绍文等译，中国发展出版社 1992 年版。

[376] 周汉华：《行业监管机构的行政程序研究》，载于《经济社会体制比较》2004 年第 2 期。

[377] 周汉华：《政府监管与行政法》，北京大学出版社 2007 年版。

[378] 周黎安：《中国地方官员的晋升锦标赛模式研究》，载于《经济研究》2007 年第 7 期。

[379] 周耀东、余晖：《市场失灵、管理失灵与建设行政管理体制的重建》，载于《管理世界》2008 年第 2 期。

[380] 朱富强：《契约主义国家观与有为政府》，载于《社会科学研究》2018 年第 5 期。

[381] 朱光磊、孙涛：《"规制—服务型"地方政府：定位、内涵与建设》，载于《中国人民大学学报》2005 年第 1 期。

[382] 朱红根、葛继红：《政府规制对农业企业绿色创业影响的理论与实证——以江西省农业龙头企业为例》，载于《华东经济管理》2018 年第 11 期。

[383] 朱美丽：《转型期政府社会性规制绩效评估研究》，载于《生产力研究》2014 年第 5 期。

[384] 朱平芳、张征宇、姜国麟：《FDI 与环境规制：基于地方分权视角的实证研究》，载于《经济研究》2011 年第 6 期。

[385] 朱宪辰、黄凯南：《基于生物学基础的行为假设与共同知识演化分析》，载于《制度经济学研究》2004 年第 2 期。

[386] 朱新林、魏小文：《行政环境对政府职能的影响——以西藏为例》，载于《技术经济与管理研究》2012 年第 9 期。

[387] 邹东涛：《发展和改革蓝皮书——中国改革开放 30 年

（1978～2008）》，社会科学文献出版社 2011 年版。

［388］邹涛、肖兴志、李沙沙：《煤矿安全规制对煤炭行业生产率影响的实证研究》，载于《中国工业经济》2015 年第 10 期。

［389］Acemoglu, D., Johnson, S. and Robinson, J. A., Reversal of Fortune: Geography and Institutions in the Making of the Modern World Income Distribution, Quarterly Journal of Economics, Vol. 117, No. 4, 2002, pp. 1231 – 1294.

［390］Aghion, P. and Howitt, P., A Model of Growth through Creative Destruction, Econometrica, Vol. 60, 1992, pp. 323 – 351.

［391］Aghion, P., et al., Competition and Innovation: An Inverted – U Relationship, The Quarterly Journal of Economics, Vol. 120, No. 2, 2005, pp. 701 – 728.

［392］Aghion, P., Harris, C., Howitt, P. and Vickers, J., Competition, Imitation and Growth with Step-by-Step Innovation, Review of Economic Studies, Vol. 68, No. 3, 2001, pp. 467 – 492.

［393］Agénor, P. R., Alper, K. and da Silva, L. A. P., Sudden Floods, Macroprudential Regulation and Stability in an Open Economy. Journal of International Money & Finance, Vol. 48, 2014, pp. 68 – 100.

［394］Akisik, O., Accounting Regulation, Financial Development, and Economic Growth, Emerging Markets Finance and Trade, Vol. 49, No. 1, 2013, pp. 33 – 67.

［395］Ali, O., and Osmanaj, V., The role of government regulations in the adoption of cloud computing: A case study of local government, Computer Law & Security Review, Vol. 36, 2020.

［396］Ambec, S. and Barla, P., A Theoretical Foundation of the Porter Hypothesis, Economics Letters, Vol. 75, No. 3, 2002, pp. 355 – 360.

［397］Ambec, S. and Barla, P., Can Environmental Regulations Be Good for Business? An Assessment of the Porter Hypothesis, Energy Studies Review, Vol. 14, No. 2, 2006.

［398］Aoki, M., Mechanisms of Endogenous Institutional Change,

SIEPR Discussion Papers, 2006.

[399] Aslan, L. , The Influence of European and U. S. Legislation on Turkish Capital Markets Regulation, Journal of Business, Economics and Finance, Vol. 3, 2014, pp. 60 – 70.

[400] Averch, H. and Johnson, L. , Behavior of the Firm under Regulatory Constraint, American Economic Review, Vol. 52, No. 5, 1962, pp. 1053 – 1069.

[401] Avner, G. and Laitin, D. D. , A Theory of Institutional Change, CDDRL Working American Political Science Review, Stanford Endogenous University, 2004.

[402] Bailey, S. J. , Public Sector Economics: Theory, Policy and Practice, London: Macmillan Press Ltd, 1995.

[403] Barbera, A. J. and McConnell, V. D. , The Impact of Environmental Regulations on Industry Productivity: Direct and Indirect Effects, Journal of Environmental Economics and Management, Vol. 18, No. 1, 1990, pp. 50 – 65.

[404] Baron, D. P. and Myerson, R. , Regulating a Monopolist with Unknown Costs, Econometrica, Vol. 50, No. 4, 1982, pp. 911 – 930.

[405] Baumol, W. J. , An Uprising in the Theory of Industry Structure, The American Economic Review, 1982.

[406] Bawua, S. A. , Owusu, R. , Analyzing the Effect of Akoben Programme on the Environmental Performance of Mining in Ghana: a Case Study of a Gold Mning Company, Journal of Sustainable Mining, Vol. 17, No. 1, 2018, pp. 11 – 19.

[407] Becker, G. S. , A Theory of Competition among Pressure Groups for Political Influence, The Quarterly Journal of Economics, Vol. 98, No. 3, 1983, pp. 371 – 400.

[408] Berggren, N. , The Benefits of Economic Freedom: A Survey, The Independent Review, Vol. 8, No. 2, 2003, pp. 193 – 211.

[409] Berman, E. and Bui, L. T. M. , Environmental Regulation and Productivity: Evidence from Oil Refineries, The Review of Economics and Statistics, Vol. 88, No. 3, 2001, pp. 498 – 510.

[410] Blanchard, O. and Giavazzi, F. , Macroeconomic Effects of Regulation and Deregulation in Goods and Labour Markets, Quarterly Journal of Economics, Vol. 118, No. 3, 2003, pp. 897 - 907.

[411] Blanchard, O. , The Economic Future of Europe, Journal of Economic Perspectives, Vol. 18, No. 4, 2004, pp. 3 - 26.

[412] Bonnafous, A. , The Economic Regulation of French Highways: Just How Private Did They Become? Transport Policy, Vol. 41, 2015, pp. 33 - 41.

[413] Braeutigam, R. R. and Panzar, J. C. , Effects of the Change from Rate of Return to Price Cap Regulation, American Economic Review, Vol. 83, No. 2, 1993, pp. 191 - 198.

[414] Braido, L. H. B. , Shalders, F. L. , Monopoly Rents in Contestable Markets. Economics Letters, Vol. 130, 2015, pp. 89 - 92.

[415] Brandao - Marques, L. , Ricardo, C. , and Horacio, S. , Government support, regulation, and risk taking in the banking sector, Journal of Banking & Finance, Vol. 112, 2020.

[416] Brennan, T. J. , Behavioral Economics and Energy Efficiency Regulation, Resources For the Future, Discussion Papers, 2016.

[417] Breyer, S. G. and Stewart, R. B. , Administrative Law and Regulatory Policy: Problems, Text and Cases, Wolters Kluwer Law & Business, 2007.

[418] Brökel, T. , Brenner, T. , Local Factors and Innovativeness: An Empirical Analysis of German Patents for Five Industries, Papers on Economics and Evolution, 2005.

[419] Brunnermeier, S. B. and Cohen, M. A. , Determinants of Environmental Innovation in US Manufacturing Industries, Journal of Environmental Economics and Management, Vol. 45, No. 2, 2003, pp. 278 - 293.

[420] Capie, F. , Trust, Financial Regulation, and Growth, Australian Economic History Review, Vol. 56, No. 1, 2016, pp. 100 - 112.

[421] Card, D. and Freeman, R. B. , What Have Two Decades of British Economic Reform Delivered, University of Chicago Press, 2004.

[422] Caves, D. W. , Christensen, L. R. and Diewert. W. E. , The

387

Economic Theory of Index Numbers and the Measurement of Input Output and Productivity, Econometrica, Vol. 50, No. 6, 1982, pp. 1393 – 1414.

[423] Cetin, T. and Eryigit, K. Y. , The Economic Effects of Government Regulation: Evidence from the New York Taxicab Market, Transport Policy. Vol. 25, 2013, pp. 169 – 177.

[424] Chung, Y. H. , Fare, R. and Grosskopf, S. , Productivity and Undesirable Outputs: A Directional Distance Function Approach, Journal of Environmental Management, Vol. 51, No. 3, 1997, pp. 229 – 240.

[425] Clark, J. M. , Toward a Concept of Workable Competition, The American Economic Review, Vol. 30, No. 2, 1940, pp. 241 – 256.

[426] Coase, R. H. , The Problem of Social Cost, Journal of Law & Economics, Vol. 3, 1960, pp. 1 – 44.

[427] Cole, M. A. , Elliott, R. and Zhang, J. , et al. , Environmental Regulation, Anti-corruption, Government Efficiency and FDI Location in China: A Province Level Analysis, Department of Economics, University of Birmingham, Working Paper, 2007.

[428] Conrad, K. and Wastl, D. , The Impact of Environmental Regulation on Productivity in German Industries, Empirical Economics, Vol. 20, No. 4, 1995, pp. 615 – 633.

[429] Coris, M. , Frigant, V. , Lung, Y. , Changements Organisationnels et Diversité des Formes Institutionnelles, Cahiers du GREThA, 2009, p. 23.

[430] Crafts, N. , Regulation and Productivity Performance, Oxford Review Policy, Vol. 22, No. 2, 2006, pp. 186 – 202.

[431] Cremer, J. , Khalil, F. and Rochet, J. C. , Contracts and Productive Information Gathering, Games and Economic Behavior, Vol. 25, No. 2, 1998, pp. 174 – 193.

[432] Crew, M. A. , Rowley, C. K. , Toward a Public Choice Theory of Monopoly Regulation, Public Choice, 1988, Vol. 57, No. 1, pp. 49 – 67.

[433] Daddi, T. , Iraldo, F. , Testa, F. , et al. , The Influence of Managerial Satisfaction on Corporate Environmental Performance and Reputation, Business Strategy and the Environment, Vol. 28, No. 1, 2019, pp.

15 – 24.

［434］Damania, R. , Political, Lobbying and the Choice of Environmental Policy Instrumental, Environmental Modelling & Software, Vol. 16, No. 6, 2001, pp. 509 – 515.

［435］Dasgupta, S. , Lall, S. and Wheeler, D. , Policy Reform, Economic Growth, and the Digital Divide: An Econometric Analysis, World Bank Publications, 2001.

［436］Davis, L. E. and North, D. C. , Institutional Change and American Economic Growth, Cambridge: Cambridge University Press, 1971.

［437］Dawson, J. W. and Seater, J. J. , Federal Regulation and Aggregate Economic Growth, Journal of Economic Growth, Vol. 18, No. 2, 2013, pp. 137 – 177.

［438］Dawson, J. W. , Institutions, Investment, and Growth: New Cross to County and Panel Data Evidence, Economic Inquiry, 1998, Vol. 36, pp. 603 – 619.

［439］Dean, J. M. , Lovely, M. E, and Wang. H. , Are Foreign Investors attracted to Weak Environmental Regulations? Evaluating the Evidence from China, The World Bank, 2005.

［440］Demsetz, H. , Why Regulate Utilities, Journal of Law and Economics, Vol. 11, No. 1, 1968, pp. 55 – 65.

［441］Downs, A. , A Theory of Bureaucracy, American Economic Review, Vol. 55, No. 1/2, 1965, pp. 439 – 446.

［442］Downs, A. , Inside Bureaucracy: A RAND Corporation Research Study, Boston: Waveland Press, 1967.

［443］Duca, J. V. , How Capital Regulation and Other Factors Drive the Role of Shadow Banking in Funding Short – Term Business Credit, Journal of Banking and Finance, Vol. 69, 2016, pp. S10 – S24.

［444］Dutz, M. A. and Hayri, A. , Does More Intense Competition Lead to Higher Growth? The World Bank, 1999.

［445］Ehiri, J. E. , Morris, G. P. and McEwen, J. , Implementation of HACCP in Food Businesses: the Way Ahead, Food Control, Vol. 6, No. 6, 1995, pp. 341 – 345.

[446] Ellig, J., Endogenous Change and the Economic Theory of Regulation, Journal of Regulatory Economics, Vol. 3, No. 3, 1991, pp. 265 – 274.

[447] Erickson, R. E., The Classical Soviet – Type Economy: Nature of the System and Implications for Reform, Journal of Economic Perspectives, Vol. 5, No. 4, 1991, pp. 11 – 27.

[448] Estache, A. and Wren – Lewis, L., Towards a Theory of Regulation for Developing Countries: Following Jean – Jacques Laffont's Lead, Journal of Economic Literature, Vol. 47, No. 3, 2009, pp. 729 – 770.

[449] Fare, R., Grosskopf, S. and Pasurka, Jr. C. A., Accounting for Air Pollution Emissions in Measuring State Manufacturing Productivity Growth, Journal of Regional Science, Vol. 41, No. 3, 2001, pp. 381 – 409.

[450] Fare, R., Grosskopf, S., Noh, D. W., et al., Characteristics of a Polluting Technology: Theory and Practice, Journal of Econometrics, Vol. 126, No. 2, 2005, pp. 469 – 492.

[451] Farrell, M. J., The Measurement of Productive Efficiency, Journal of the Royal Statistical Society, Vol. 120, No. 3, 1957, pp. 253 – 281.

[452] Flinn, C. J., Minimum Wage Effects on Labor Market Outcomes under Search, Matching, and Endogenous Contact Rates, Econometrica, Vol. 74, No. 4, 2006, pp. 1013 – 1062.

[453] Flores, C. and Newcomer, R., Monitoring quality of care in residential care for the elderly: the information challenge, Journal of Aging & Social Policy, Vol. 21, No. 3, 2009, pp. 225 – 242.

[454] Flores – Guri, D., Local Exclusive Cruising Regulation and Efficiency in Taxicab Markets, Journal of Transport Economics and Policy, Vol. 39, No. 2, 2005, pp. 155 – 166.

[455] Force, B. R. T., Principles of Good Regulation, London, Cabinet Office, Regulatory Impact Unit, 2003.

[456] Foster, J., The Analytical Foundations of Evolutionary Economics: from Biological Analogy to Economic Self-organization, Structural

Change and Economic Dynamics, Vol. 8, No. 4, 1997, pp. 427 – 451.

[457] Färe, R., Grosskopf, S. and Norris, M., et al., Productivity Growth Technical Progress and Efficiency Change in In-dustrialized Countries, American Economic Review, Vol. 84, No. 1, 1994, pp. 66 – 83.

[458] Fudenberg, D., Tirole's Industrial Regulation and Organization Legacy in Economics, Scandinavian Journal of Economics, Vol. 117, No. 3, 2015, pp. 771 – 800.

[459] Gaus, J. M., Reflections on Public Administration, University Alabama Press, 2006.

[460] Gilardi, F., Evaluating Independent Regulators, OECD Proceedings of an Expert Meeting in London, 2005.

[461] Gilbert, R. J., International Comparisons of Electricity Regulation, Cambridge University Press, 1996.

[462] Goff, B. L., Regulation and Macroeconomic Performance, Springer Science & Business Media, 1996.

[463] Gorgens, T., Paldam, M. and Wurtz, A., How Does Public Regulation Affect Growth? University of Aarhus, 2004.

[464] Graafland, J, and Bovenberg, L., Government regulation, business leaders' motivations and environmental performance of SMEs, Journal of Environmental Planning and Management, Vol. 63, 2020, pp. 1 – 21.

[465] Greenstone, M., List, J. A. and Syverson, C., The Effects of Environmental Regulation on the Competitiveness of US Manufacturing, NBER Working Paper, 2012.

[466] Greenstone, M., The Impacts of Environmental Regulation on Industrial Activity: Evidence from the 1970 and 1977 Clean Air Act Amendments and the Census of Manufactures, Journal of Political Economy, Vol. 110, No. 6, 2002, pp. 1175 – 1219.

[467] Greif, A. and Laitin, D. D., A Theory of Endogenous Institutional Change, American Political Science Review, Vol. 98, No. 4, 2004, pp. 633 – 652.

[468] Griffith, R., Harisson, R., The Link between Product Market Reform and Macro-economic Performance, Directorate General Economic and

Financial Affairs, European Commission, 2004.

[469] Hailu, A. and Veeman, T. S. , Environmentally Sensitive Productivity Analysis of the Canadian Pulp and Paper Industry, 1959 – 1994: An Input Distance Function Approach, Journal of Environmental Economics and Management, Vol. 40, No. 3, 2000, pp. 251 – 274.

[470] Hansen, B. E. , Threshold Effects in Non – Dynamic Panels: Estimation, Testing, and Inference. Journal of Econometrics, Vol. 93, No. 2, 1999, pp. 345 – 368.

[471] Hansjorg, H. , After the Financial Crisis: Reforms and Reform Options for Finance, Regulation and Institutional Structure, Journal of Economics Bibliography, Vol. 3, No. 2, 2016, pp. 172 – 202.

[472] Harnay, S. and Scialom, L. , The Influence of the Economic Approaches to Regulation on Banking Regulations: A Short History of Banking Regulations, Cambridge Journal of Economics, Vol. 40, No. 2, 2016, pp. 401 – 426.

[473] Hart, O. D. , The Market Mechanism as an Incentive Scheme, Bell Journal of Economics, Vol. 14, 1983, pp. 366 – 382.

[474] Héctor, M. , José – Fernando, C. , and Puerto, J. , et al. , A market regulation bilevel problem: A case study of the Mexican petrochemical industry, Omega, Vol. 97, No. 2, 2019.

[475] Hirshman, A. O. , Exit, Voice and Loyalty: Responses to Decline in Firms, Organizations, and States, Massachusetts: Harvard University, 1970.

[476] Hirsh, R. F. , Power Loss: The Origins of Deregulation and Restructuring in the American Utility System, Cambridge: MIT Press, 1999.

[477] Hodgson, G. M. , Economics and Evolution: Bring back Life into Economics, Cambridge: Polity Press, 1993.

[478] Hodgson, G. M. , Opportunism is Not the Only Reason Why Firms Exist: Why Explanatory Emphasis on Opportunism May Mislead Management Strategy, Industrial and Corporate Change, Vol. 13, No. 2, 2004, pp. 401 – 418.

［479］Holburn, G. L. F. and Spiller, P. T. , Institutional or Structural: Lessons from International Electriity Sector Reform, The Economics of Contracts: Theories and Applications, 2002.

［480］Iossa, E. and Stroffolini, F. , Price Cap Regulation and Information Acquisition, International Journal of Industrial Organization, Vol. 20, No. 7, 2002, pp. 1013 – 1036.

［481］Jacobs, C. , Improving the Quality of RIA in UK, Centre on Regulation and Competition, Working Paper Series, 2005.

［482］Jaffe, A. B. , Peterson, S. R. and Portney, P. R. , et al. , Environmental Regulation and the Competitiveness of U. S. Manufacturing: What Does the Evidence Tell Us, Journal of Economic Literature, Vol. 33, No. 1, 1995, pp132 – 163.

［483］Jefferson, G. H. , Albert, G. Z. and Xiaojing, G. , et al. , Ownership Performance and Innovation in China's Large and Medium-size Industrial Enterprise Sector, China Economic View, Vol. 14, No. 1, 2003, pp. 89 – 113.

［484］Jefferson, G. H. , Rawski, T. G. , China's Emerging Market for Property Rights: Theoretical and Empirical Perspectives, Economics of Transition, Vol. 10, No. 3, 2002, pp. 585 – 617.

［485］Kahn, A. E. , The Economics of Regulation: Principles and Institutions, MIT Press, 1988.

［486］Karpovich, M. A. , Calculation of Social and Economic Results of Measures of Regulation of Traffic on Multiband Highways, FES: Finance, Economy, Strategy, Vol. 65, No. 1, 2014, pp. 20 – 24.

［487］Kim, M. , Upzoning and value capture: How US local governments use land use regulation power to create and capture value from real estate developments, Land Use Policy, Vol. 95, 2020.

［488］Kirkpatrick, C. and Parker, D. , Infrastructure Regulation: Models for Developing Asia, ADB Institute Research Paper Series, 2004.

［489］Kirkpatrick, C. , Parker, D. , Zhang, Y. F. , Regulatory Impact Assessment in Developing and Transition Economies: A Survey of Current Practice, Public Money and Management, Vol. 24, No. 5, 2004, pp. 291 – 296.

[490] Knudsen, T. A. , Nesting Lamarckism within Darwinian Expla-nations: Necessity in Economics and Possibility in Biology? Edward Elgar Publishing, 2001.

[491] Koedijk, K. , Kremers, J. , Market Opening, Regulation and Growth in Europe, Economic Policy, 1996, Vol. 11, No. 23, pp. 443 – 467.

[492] Kridel, D. J. , Sappington, D. E. M. and Weisman, D. L. , The Effects of Incentive Regulation in the Telecommunication Industry: A Survey, Journal of Regulatory Economics, Vol. 9, No. 3, 1996, pp. 269 – 306.

[493] Kumar, S. , Environmentally Sensitive Productivity Growth: A Global Analysis Using Malmquist Luenberger Index, Ecological Economics, Vol. 56, No. 2, 2006, pp. 280 – 293.

[494] Laffont, J. J. and Tirole, J. , A Theory of Incentives of Pro-curement and Regulation, MIT Press, 1993.

[495] Laffont, J. J. and Tirole, J. , The Dynamics of Incentive Con-tracts, Econometrica, Vol. 56, No. 5, 1988, pp. 1153 – 1175.

[496] Laffont, J. J. and Tirole, J. , The Politics of Government Deci-sion – Making: A Theory of Regulatory Capture, Quarterly Journal of Eco-nomics, Vol. 106, No. 4, 1991, pp. 1089 – 1127.

[497] Laffont, J. J. and Tirole, J. , Using Cost Observation to Regu-late Firms, Journal of Political Economy, Vol. 94, No. 3, 1986, pp. 614 – 641.

[498] Laffont, J. J. and Zantman, W. , Information Acquisition, Po-litical Game and the Delegation of Authority, European Journal of Political Economy, Vol. 18, No. 3, 2002, pp. 407 – 428.

[499] Laffont, J. J. , Regulation and Development, Cambridge Uni-versity Press, 2005.

[500] Lagunoff, R. Dynamic Stability and Reform of Political Institu-tions, Games and Economic Behavior, Vol. 67, No. 2, 2009, pp. 569 – 583.

[501] Laplante, B. and Rilstone, P. , Environmental Inspections and Emissions of the Pulp and Paper Industry in Quebec, Journal of Environmental Economics and Management, Vol. 31, No. 1, 1996, pp. 19 – 36.

[502] Lau, L. J. , Qian, Y. , Roland, G. , Reform without Losers: An Interpretation of China's Dual – Track App. roach to Transition, Journal of Political Economy, Vol. 108, No. 1, 2000, pp. 120 – 143.

[503] Leonard, J. , Pollution and the Struggle for the World Product, Cambridge University Press, 1998.

[504] Leuz, C. , Wysocki, P. D. , The Economics of Disclosure and Financial Reporting Regulation: Evidence and Suggestions for Future Research. Journal of Accounting Research, Vol. 54, No. 2, 2016, pp. 525 – 622.

[505] Levy, B. and Spiller P. T. , Regulations, Institutions and Commitment: Comparative Studies of Telecommunications, Cambridge University Press, 1996.

[506] Levy, B. and Spiller, P. T. , The Institutional Foundations of Regulatory Commitment: A Comparative Analysis of Telecommunication Regulation, The Journal of Law, Economics &Organization, Vol. 10, No. 2, 1994, pp. 201 – 246.

[507] Lewis, T. R. and Sappington, D. E. M. , Information Management in Incentive Problems, Journal of Political Economy, Vol. 105, No. 4, 1997, pp. 797 – 821.

[508] Ljungwall, C. , Linde – Rahr, M. Environmental Policy and the Location of FDI in China, CCER Working Paper, 2005.

[509] López, R. , Mitra S. , A Decentralized Method for Utility Regulation, The Journal of Law and Economics, Vol. 22, No. 2, 1979, pp. 399 – 404.

[510] López, R. , Mitra S. , Corruption, Pollution, and the Kunzites Environment Curve, Journal of Environmental Economics and Management, Vol. 40, No. 2, 2000, pp. 137 – 150.

[511] MacAvoy, P. W. , The Natural Gas Market: 60 Years of Regulation and Deregulation Reviewed, Yale University Press, 2001.

[512] Ma, C., Self – Regulation versus Government Regulation: An Externality View, SSRN Electronic Journal, No. 12, 2018, pp. 1 – 31.

[513] Magat, W. A. and Viscusi, W. K., Effectiveness of the EPA's Regulatory Enforcement: the Case of Industrial Effluent Standards, Journal of Law and Economics, Vol. 33, No. 2, 1990, pp. 331 – 360.

[514] Magill, F., N., Rodriquez, J., Survey of Social Science: Psychology Series, Salem Press Inc, 1993.

[515] Majone, G., The Regulatory State and Its Legitimacy Problems, West European Politics, Vol. 22, No. 1, 1999, pp. 1 – 24.

[516] Mar T., Collusion under Asymmetric Information, Econometrica, Vol. 65, No. 4, 1997, pp. 875 – 891.

[517] McCallum, B. T. and Nelson, E., Performance of Operational Policy Rules in an Estimated Semiclassical Structural Model. University of Chicago Press, 1999.

[518] McChesney, F. S., Money for Nothing: Politicians, Rent Extraction, and Political Extortion, Harvard University Press, 1997.

[519] McChesney, F. S., Rent Extraction and Rent Creation in the Economic Theory of Regulation, Journal of Legal Studies, Vol. 16, No. 1, 1987, pp. 101 – 118.

[520] Mendeloff, J., An Evaluation of the OSHA Program Effect on Workplace Injury Rates: Evidence from California Through 1974, Report Rrepared for under Contract to the Office of the Assistant Secretary of Labor, 1976.

[521] Mendoza, J. P., Dekker, H. C., and Wielhouwer, J. L., Industry Self-regulation Under Government Intervention, Journal of Quantitative Criminology, No. 8, 2009, pp. 1 – 23.

[522] Metcalfe, J. S., Evolutionary Economics and Creative Destruction, Routledge, 2002.

[523] Mitnick, B. M., The Political Economy of Regulation: Creating, Designing and Removing Regulatory Forms, Columbia University Press, 1980.

[524] Mohr, R. D., Technical Change, External Economies, and

the Porter Hypothesis, Journal of Environmental Economics and Management, Vol. 43, No. 1, 2002, pp. 158 – 168.

［525］ Monsreal – Barrera, M. M., Cruz – Mejia, O., and Ozkul, S., et al., An optimization model for investment in technology and government regulation, Wireless Networks, No. 4, 2009, pp. 1 – 24.

［526］ Morrall, III. J. F., Regulatory Impact Analysis: Efficiency, Accountability and Transparency, mimeo, Washington, D. C.: US Office of Management and Budget, 2001.

［527］ Morrison, S., Winston, C., The Economic Effects of Airline Deregulation, Brookings Institution Press, 2010.

［528］ Murphy, K. M., Shleifer, A. and Vishny, R. W., The Allocation of Talent: Implications for Growth, Quarterly Journal of Economics, Vol. 106, No. 2, 1991, pp. 503 – 530.

［529］ Murty, M. N., Kumar, S., Win-win Opportunities and Environmental Regulation: Testing of Porter Hypothesis for Indian Manufacturing Industries, Journal of Environmental Management, Vol. 67, No. 2, 2003, pp. 139 – 144.

［530］ Navarro, P., On the Political Economy of Electricity Deregulation – California Style, The Electricity Journal, Vol. 17, No. 2, 2004, pp. 47 – 54.

［531］ Nelson, R. and Winter, S. G., An Evolutionary Theory of Economic Change, Cambridge University Press, 1982.

［532］ Nicolescu, R. O., Future Trends in Structuring Power and its Role in Social Self – Regulation, SEA – Practical Application of Science, Vol. 1, No. 1, 2013, pp. 304 – 309.

［533］ Nicoletti, G., and Stefano, S., Regulation, Productivity and Growth: OECD Evidence, Economic Policy, Vol. 18, No. 36, 2003, pp. 9 – 72.

［534］ OECD, Reviews of Regulatory Reform, Regulatory Policies in OECD Countries: From Interventionism to Regulatory Governance, Paris: OECD Publications, 2002.

［535］ Olson, M., Dictatorship, Democracy, and Development.

American Political Science Review, Vol. 87, No. 3, 1993, pp. 567 – 576.

[536] Panayatou, T. , Environmental Degradation at Different Stages of Economic Development, Technology Environment and Employment Geneva International Labor Office, 1995, pp. 13 – 36.

[537] Pautler, P. A. , A Brief History of the FTC's Bureau of Economics: Reports, Mergers, and Information Regulation, Review of Industrial Organization, Vol. 46, No. 1, 2015, pp. 59 – 94,

[538] Pearson, M. M. , The Business of Governing Business in China: Institutions and Norms of the Emerging Regulatory State, World Politics, Vol. 57, No. 2, 2005, pp. 296 – 322.

[539] Peltzman, S. , The Economic Theory of Regulation after a Decade of Deregulation, Brookings Papers on Economic Activity, Microeconomics, 1989, pp. 1 – 59.

[540] Peltzman, S. , Toward a More General Theory of Regulation, The Journal of Law and Economics, Vol. 19, No. 2, 1976, pp. 211 – 240.

[541] Persson, T. and Tabellini, G. , Constitutions and Economic Policy, Journal of Economic Perspectives, Vol. 18, No. 1, 2004, pp. 75 – 98.

[542] Persson, T. and Tabellini, G. E. , Economic Effects of Constitutions, MIT Press, 2005.

[543] Persson, T. and Tabellini, G. E. , Political Economics: Explaining Economic Policy, MIT Press, 2002.

[544] Porter, M. E. , Van der Linde, C. , Toward a New Conception of the Environment Competitiveness Relationship, Journal of Economic Perspective, Vol. 9, No. 4, 1995, pp. 97 – 118.

[545] Posner, E. A. , Controlling Agencies with Cost-benefit Analysis: A Positive Political Theory Perspective, The University of Chicago Law Review, Vol. 68, 2001, pp. 1168 – 1137.

[546] Posner, R. A. , Taxation by Regulation, Bell Journal of Economics and Management Science, Vol. 2, No. 1, 1971, pp. 22 – 50.

[547] Posner, R. A. , Theories of Economic Regulation, Bell Journal of Economics, Vol. 5, No. 2, 1974, pp. 335 – 357.

[548] Quigley, J. M. and Raphael, F. , Regulation and the High Cost of Housing in California, American Economic Review, Vol. 95, No. 2, 2005, pp. 323 – 328.

[549] Rassier, D. G. and Earnhart, D. , The Effect of Clean Water Regulation on Profitability: Testing the Porter Hypothesis, Land Economics, Vol. 86, No. 2, 2010, pp. 329 – 344.

[550] Riggs, F. W. , The Ecology of public Administration, Asia Publishing House, 1961.

[551] Roberts, M. J. and Spence, M. , Effluent Charges and Licenses under Uncertainty, Journal of Public Economics, Vol. 5, No. 2, 1976, pp. 193 – 208.

[552] Rossi, J. , The Electric Deregulation Fiasco: Looking to Regulatory Federalism to Promote a Balance between Markets and the Provision of Public Goods, Michigan Law Review, Vol. 100, No. 6, 2002, pp. 1768 – 1790.

[553] Sanchez – Vargas, A. , Mansilla – Sanchez, R. and Aguilar-Ibarra, A. , An Empirical Analysis of the Nonlinear Relationship between Environmental Regulation and Manufacturing Productivity, Journal of Applied Economics, 2013, Vol. 16, No. 2, pp. 357 – 372.

[554] Sancho, F. H. , Tadeo, A. P. and Martinez, E. , Efficiency and Environmental Regulation: An App. lication to Spanish Wooden Goods and Furnishings Industry, Environmental and Resource Economics, Vol. 15, No. 4, 2000, pp. 365 – 378.

[555] Science, P. , Better Regulation in Europe: Italy 2012, Organisation for Economic Co-operation and Development, 2013, p. 144.

[556] Silberberger, M. , Königer, J. , Regulation, Trade and Economic Growth, Economic Systems, Vol. 30, No. 6, 2016, pp. 308 – 322,

[557] Simões, P. , De Witte, K. , Marques, R. C. , Regulatory Structures and Operational Environment in the Portuguese Waste Sector, Waste Management, Vol. 30, No. 6, 2010, pp. 1130 – 1137.

[558] Sobel, J. , Information Control in the Principal – Agent Problem, International Economic Review, Vol. 34, 1993, pp. 259 – 269.

399

[559] Stern, J. and Cubbin J., Regulatory Effectiveness: the Impact of Regulation and Regulatory Governance Arrangements on Electricity Industry Outcomes, The World Bank, 2005.

[560] Stern, J. and Cubbin, J. S., Regulatory Governance: Criteria for Assessing the Performance of Regulatory System: an App. lication to Infrastructure Industries in the Developing Countries of Asia, Utilities Policy, Vol. 8, No. 1, 1999, pp. 33 – 50.

[561] Stigler, G. J., The Theory of Economic Regulation, Journal of Economics and Management Science, Vol. 2, No. 1, 1971, pp. 3 – 21.

[562] Thompson, R. B., Financial Regulation's Architecture within International Economic Law, Journal of International Economic Law, Vol. 17, No. 4, 2014, pp. 807 – 822.

[563] Tirole, J., Hierarchies and Bureaucracies, Journal of Law, Economics, and Organization, No. 2, 1986, pp. 181 – 214.

[564] Trebing, H. M., Assessing Deregulation: The Clash between Promise and Reality, Journal of Economic Issues, Vol. 38, No. 1, 2004, pp. 1 – 27.

[565] Veblen, T., Why is Economics Not an Evolutionary Science? Cambridge Journal of Economics, Vol. 22, No. 4, 1998, pp. 403 – 414.

[566] Vietor, R. H. K., Contrived Competition: Economic Regulation and Deregulation, 1920s – 1980s, Business History, Vol. 36, No. 4, 1994, pp. 1 – 32.

[567] Viscusi, W. K., Frameworks for Analyzing the Effects of Risk and Environmental Regulations on Productivity, The American Economic Review, Vol. 73, No. 4, 1983, pp. 793 – 801.

[568] Viscusi, W. K., Harrington, Jr J. E., Vernon, J. M., Economics of Regulation and Antitrust, MIT Press, 2005.

[569] Vyacheslav, V., Facilities of Original Institutional Economics in Research of Institutional Changes, Journal of Economic Regulation, Vol. 2, No. 4, 2011, pp. 24 – 38.

[570] Wei. Z., Varela, O. and Hassan, M. K., Ownership and Performance in Chinese Manufacturing Industry. Journal of Multinational Finan-

cial Management, Vol. 12, No. 1, 2002, pp. 61 - 78.

[571] Winston, C. , Economic Deregulation: Days of Reckoning for Macroeconomists, Journal of Economic Literature, Vol. 31, No. 3, 1993, pp. 1263 - 1289.

[572] Witt, U. , Self-organization and Economics - What is New? Structural Change and Economic Dynamics, Vol. 8, No. 4, 1997, pp. 489 - 507.

[573] Wu Y. , Is China's Economic Growth Sustainable? Productivity Analysis, China Economic Review, Vol. 11, 2002, pp. 278 - 296.

[574] Yandle, B. , Stagnation by Regulation in America's Kudzu Economy, The Independent Review, Vol. 20, No. 4, 2016, pp. 589 - 598.

[575] Yang, H. , Zhang, A. , Impact of Regulation on Transport Infrastructure Capacity and Service Quality, Journal of Transport Economics and Policy, Vol. 46, No. 3, 2012, pp. 415 - 430.

[576] Zheng, J. , Liu, X. , Bigsten, A. , Efficiency Technical Progress and Best Practice in Chinese State Enterprises (1980 - 1994), Journal of Comparative Economics, Vol. 31, No. 1, 2003, pp. 134 - 152.

[577] Zhou, P. , Ang, B. W. , Poh, K. L. , Measuring Environmental Performance under Different Environmental DEA Technologies, Energy Economics, Vol. 30, No. 1, 2008, pp. 1 - 14.

[578] Zhou, W. , Piramuthu, S. , Technology Regulation Policy for Business Ethics: An Example of RFID in Supply Chain Management, Journal of Business Ethics. Vol. 116, No. 2, 2013, pp. 327 - 340.

[579] Zhu, S. , He, C. , Liu, Y. , Going Green or Going Away: Environmental Regulation, Rconomic Geography and Firms' Strategics in China's Pollution-intensive Industries, Geoforum, Vol. 23, 2014, pp. 53 - 65.

[580] Zofio, J. L. and Prieto, A. M. , Environmental Efficiency and Regulatory Standards: the Case of CO2 Emissions from OECD Industries, Resource and Energy Economics, Vol. 23, No. 1, 2001, pp. 63 - 83.

[581] Özyurt, S. , Total Factor Productivity Growth in Chinese Industry: 1952 - 2005, Oxford Development Studies, Vol. 37, No. 1, 2009, pp. 1 - 17.

后　　记

　　规制作为政府干预市场经济的一种重要方式，与宏观经济政策共同构成政府调节体系。一方面，伴随着我国经济由高速增长转向高质量发展阶段，新时代背景下环境保护、公众健康与安全等社会管理领域矛盾日益凸显，市场失灵、低效率的行政垄断等问题也深刻影响着经济社会的全面协调可持续发展，亟待通过有效的政府规制解决市场经济中的矛盾与冲突；另一方面，中国的规制改革与西方发达国家政府规制改革背景迥异，作为经济社会全面转轨国家，中国转轨时期具有独特的经济、政治、法律和社会等制度禀赋，其阶段性与特殊制度禀赋交互影响，共同决定了中国政府规制的独有特性。这些问题客观上要求尽快建立适应中国特色社会主义市场经济发展动态特征的政府规制体制以及相应的规制理论。

　　近年来，我国规制理论研究方面取得了较大的进展，学者们提出了许多新的规制理论与方法，这极大促进了中国政府规制理论的形成与发展。但从以往研究来看，基于中国独特的制度禀赋进行规制理论创新的研究相对较少，仍然缺乏成熟而系统的中国政府规制理论来指导规制实践。本书通过构建基于本土的系统性的政府规制理论体系，填补了该领域的某些理论空白，同时为政府执行微观经济职能、构建与宏观调控相协调的政府规制体系提供了理论依据，顺应了时代发展的客观要求。

　　本书是我和我的合作伙伴们集体智慧的结晶，是在国家社会科学基金项目研究成果的基础上，进一步地深入与理论系统化。在研究初期，国家社会科学基金项课题组主要成员——杨慧、宋敏、张莹、李真、张肇中、周峰、张晓莹、张细松、初佳颖等博士，他们在本研究的项目构思、具体写作等方面做了许多工作；国家社科基金项目结题后又经过数年，中国经济社会形势发生了很大的变化，这不仅给我们的研究提供了丰富的沃土，更对我们的研究更新、完善和深化提出了新的要求。在这期间，山东财经大学李晓婷、邹涛、张溪、段培新、冯志艳、汪芳甜、冯蓓蓓、吕杰、何旭、魏淑影、王潇洋等博士或在读博士生，对研究的更新、完善和深化做了大量的工作，付出了辛勤的劳动；同时黄璐、赵胜利、陈艺、黄茂盛、潘敏等硕士研究生也为研究的资料收集和校对等工作付出了辛勤的劳动。在此，一并向他们表示衷心的感谢！

在撰写专著的过程中，我们参阅了国内外大量的相关文献，吸取和借鉴了许多很好的观点，在此谨向有关学者表示最诚挚的敬意！

专著获得国家社会科学基金和山东财经大学的大力支持，并得到经济科学出版社的支持和帮助，在此向有关单位领导和同志表示最衷心的感谢！

本书是对中国政府规制实践与规制理论研究的一种探索。对于政府规制理论而言，经济社会正处在快速的发展和演变过程中，有很多问题尚在探索之中，由于作者水平所限，难以完全准确地把握政府规制理论未来的发展脉搏，因此书中可能存在瑕疵和纰漏，恳请各位专家、同仁和读者批评指正。同时，我们也寄希望于更多的学者投入中国政府规制实践与规制理论的研究中。

张红凤

2020 年 11 月 23 日